기독교 교회사

현대인을 위한 신학총서 6

기독교 교회사

심창섭 지음

대한예수교장로회총회

발간사

이 땅에 복음이 들어온 지 불과 한 세기가 넘는 동안 한국 교회는 하나님의 크신 은총으로 괄목할 만한 성장을 이루어 세계 교회의 찬사를 받고 있습니다. 신앙의 열심과 세계 선교에 대한 큰 열정을 볼 때, 한국 교회를 통해 하나님께로부터 받은 사명이 꽃 피워지고 있다는 사실에 감사하지 않을 수 없습니다. 그러나 또 한편으로 한국 교회는 양적인 급성장에 비하여 질적인 성숙도가 부족하다고 우려하는 자성의 소리도 크게 들려옵니다.

각양 사상과 문화가 혼탁해지고 있고 상대주의, 다원주의의 물결이 넘쳐나는 혼돈의 시대에 그 어느 때보다도 성경적인 사고와 생활이 내면화되도록 지도자들과 평신도들을 질적으로 교육시키는 것이 시급하다고 판단됩니다. 그런 관점에서 이번에 총회 교육부가 기획한 신학총서는 개혁주의 신앙과 신학을 정립하고 성경적 삶을 살아가는 데에 많은 도움을 줄 수 있다고 생각합니다.

즉 하나님의 형상으로 창조되고 예수 그리스도의 피로 구속함을 입은 우리들은 이제 성경으로 돌아가 성경대로 사는 것을 구심점으로 삼아야 할 것입니다. "모든 성경은 하나님의 감동으로 된 것으로 교훈과 책망과 바르게 함과 의로 교육하기에 유익하니 이는 하나님의 사람으로 온전하게 하며 모든 선한 일을 행할 능력을 갖추게 하려 함이라"(딤후 3:16~17)는 말씀처럼 철저하게 성경을 근거로 세계관을 확립하고, 바른 신앙과 신학을 정립하여 성경적인 삶의 열매를 맺는 데에 본 신학총서가 도움이 되기를 바랍니다.

따라서 이 신학총서는 성도들이 효과적으로 신학을 이해할 수 있는 개론적 성격을 띠고 있습니다. 성경을 쉽게 이해할 수 있도록 하는 「구약개론」·「신약개론」, 초대교회 이후의 교회의 역사를 다룬 「기독교 교회사」와 개혁주의 핵심 진리를 다룬 「장로교 기본교리」, 예배와 교회행정, 그리고 섬김의 진정한 의미를 깨닫게 하는 「예배학」·「교회행정학」·「청지기론」, 말씀을 지켜 살아야 할 현대 그리스도인들의 사명과 윤리를 다룬 「기독교인의 생활윤리」 등을 주요 과목으로 선정, 발행하게 되었습니다.

신학생들과 평신도들이 본 신학총서를 숙독함으로 교회를 바르게 섬기고 나아가 한국의 복음화에 기여하는 선한 일꾼들이 되기를 간절히 기원합니다.

1998년 7월

교육부장

개정판 서문

　본 개정판을 내면서 초판에서 부족하였던 점들을 보완하려고 노력하였다. 특별히 인용구의 표기에서 미숙했던 점을 수정하고 불충분했던 내용도 교정 내지 보충하였다. 초판을 읽으면서 부족한 점들을 이해해 주신 독자들에게 감사드리며, 향후에도 부족한 점들에 대하여 아낌 없이 충고해 주길 바란다. 본서의 저작을 위해 초대교회사에서는 J. 포스터의 「초대교회의 역사」와 해리 R. 보어의 「초대교회사」를 주요 자료로 사용하였다. 중세교회사에서는 E. S. 모이어가 지은 「인물중심의 교회사」를 많이 참조하였다. 근·현대교회사는 시드니 M. 휴톤의 「기독교 교회사」와 윌리스턴 워커의 「기독교회사」를 주로 참고하였다. 그리고 내용 전반에 걸쳐 평신도를 위해 쉽게 저술된 유스토 L. 곤잘레스의 「초·중·근대교회사」를 많이 참조하였다. 특히 본서는 그동안 저자가 신학교에서 가르쳤던 강의안을 기초로 하여 집필되었다.

2007년 6월

심 창 섭

저자 서문

　동양에서 태어난 사람들이 서양의 역사와 문화를 이해한다는 것은 어려운 일이다. 총신에서 가르치면서 특히 신대원에 들어오는 신학생들이 생소한 서양교회사를 접하며 대단히 힘들어하는 모습을 지켜보았다. 우선 그들은 서양 역사에 대한 이해가 부족한 데다가 교회 역사 전반에 대한 이해도 부족하였다. 그래서 필자는 서양교회사에 대한 개론식 학습을 통해 보다 용이하게 서양교회사를 이해할 수 있는 책을 내야겠다는 계획을 가졌다. 그러던 차에 총회 교육부에서 평신도를 위한 책 저술을 청탁 받고 평소에 생각하고 있던 교회사를 집필하게 되었다. 본서는 단순히 서양교회의 역사 전개에 그치지 않고 서양교회가 걸어온 발자취와 위대한 교회 지도자들의 신앙 업적을 개괄적으로 서술하였다. 그리하여 독자들로 하여금 교회사를 통해 바른 역사 의식을 토대로 한 신앙을 키워나갈 수 있도록 하였다. 이 책을 통해 평신도와 신학생들, 그리고 목회자들이 교회사에 대한 이해를 바르게 하여 교회사 연구와 사역에 도움을 얻길 바라며, 이 책이 나올 수 있도록 도와 주신 여러 분들에게 고마운 마음을 표하는 바이다.

1998년 7월
심 창 섭

차례

발간사 ___ 4
개정판 서문 ___ 6
저자 서문 ___ 7

서론 ___ 11

제1부 초대교회사
1. 교회 탄생의 역사적 · 사회적 정황 ___ 17
2. 교회의 창설자 예수 그리스도와 제자들 ___ 22
   가정교회의 시작 | 성례에 관하여 | 예배에 관하여 | 교회의 치리에 관하여 | 구제에 관하여 | 기도에 관하여 | 축제들에 관하여
3. 박해로 이어지는 복음의 지구촌화 ___ 47
   로마제국의 기독교 박해 | 박해의 원인들 | 박해의 현장
4. 이단들의 위협과 교회 ___ 62
   영지주의 | 말시온 | 몬타니즘
5. 정통교회의 자리매김 ___ 68
   변증가들 | 교부들
6. 마지막 박해와 기독교의 전환기 ___ 82
7. 새로운 신앙생활 방식의 형성 ___ 86
8. 4세기의 위대한 지도자들 ___ 90
   암브로스 | 제롬 | 요한 크리소스톰 | 어거스틴

제2부 중세교회사

1. 중세교회사 서론 ___ 103

2. 중세의 여명 ___ 108
   야만족들의 침입 | 수도원 운동과 초기선교 | 교리 논쟁 | 유스티니안 황제

3. 중세 초기의 역사 ___ 135
   교황 그레고리 1세 | 대륙의 선교 | 교황청과 국가관계의 시나리오 | 동서방교회의 분리 | 성상숭배 논쟁 | 필리오쿠에 논쟁 | 선교지에서의 갈등

4. 중세의 암흑기와 교황권의 강화 ___ 164

5. 중세 중기의 역사 ___ 171
   수도원 갱신운동 | 그레고리 7세 | 십자군 운동과 동서교회 | 이단들의 등장 | 제3의 물결 | 중세의 대학과 학문 | 신비주의의 등장

6. 교황권의 마지막 전성기 ___ 203
   교황 인노센트 3세 | 교황 보니페이스 8세 | 민족주의의 발흥 | 교황의 아비뇽 유수 | 분열과 치유의 몸부림 | 존 위클리프 | 존 후스 | 사보나롤라 | 문예부흥

제3부 종교개혁사

1. 개혁의 갈망 ___ 227

2. 대륙의 종교개혁 ___ 232
루터와 독일의 종교개혁 | 스위스의 종교개혁과 츠빙글리 | 칼빈의 종교개혁 | 칼빈의 개혁사상 | 급진주의 종교개혁 | 영국의 종교개혁 | 스코틀랜드의 종교개혁 | 프랑스의 종교개혁 | 네델란드의 종교개혁

제4부 근대교회사

1. 17, 18세기의 교회 ___ 289
30년 전쟁 | 영국의 청교도 혁명 | 과학과 이성의 도전 | 경건주의 운동 | 웨슬리의 복음주의 운동과 영국교회의 부흥운동 | 18세기 북미신앙과 대각성운동 | 복음주의 운동과 근대선교 | 미국의 독립운동과 교회 | 독일교회와 18세기 계몽운동

2. 19세기의 교회 ___ 335
19세기 독일교회의 신학사상 | 19세기 영국의 개신교 | 19세기 유럽대륙의 교회 | 19세기 미국교회

결론 ___ 363
참고문헌 ___ 364

서론

서론

　교회사란 무엇인가? 어거스틴(Augustine of Hippo)이 말한 것처럼 교회를 하나님의 나라라고 정의한다면, 교회의 역사란 지상에서의 하나님 나라의 역사라고 할 수 있다. 곧 하나님을 믿는 사람들 즉 하나님의 백성들의 삶과 신앙의 역사라고 할 수 있다.
　하나님의 백성은 넓은 의미로 구약 시대의 백성과 신약 시대의 백성을 포함한 모든 성도들을 의미한다. 그래서 교회의 역사는 창세기에 기록된 창조의 역사로부터 현재에 이르는 하나님의 백성들의 총체적인 신앙과 삶의 파노라마이다. 이러한 장구한 역사의 중심에는 세상의 구원을 위해 구세주로 오신 예수 그리스도가 서 있다. 그는 모든 역사의 중심일 뿐 아니라 우주의 모퉁잇돌이다(요 1:3, 골 1:16, 18). 구약의 역사는 바로 그분의 오심에 대한 준비의 역사이며, 신약의 역사는 그분의 오심을 통해 형성된 인류 구속의 역사에 대한 실제 현장이다. 교회의 역사는 바로 이러한 그리스도의 인류 구속 사역을 계승하고 감당하기 위해 그리스도 자신이 세운, 믿는 자들의 공동체에 대한 역사인 것이다.
　그러나 지상에서의 가시적인 교회공동체는 그리스도의 오심으로부터 형성되었기 때문에 실제적인 교회 역사는 사도시대(신약교회)부터 다루는 것이 상례이다. 교회사의 시대적인 구분은 전통적으로 초대(A.D.1-590년), 중세(A.D.590-1517년), 근·현대(A.D.1517-현재)로 나뉜다.[1] 초대교회사에서는 기독교의 발생 배경, 사도시대의 교회, 그리고 325년 니케아 종교회의를 전후한 교부시대의 교회 역사를 다루며, 중세교회사에서는 교황제를 중심한 중세 1,000여 년간의 유럽의 기독교화 과정과 역사를 다룬다. 근·현대교회사에서는 16세기 종교개혁과 그 이후의 역사를 개신교 교회 중심으로 연구할 것이다.

요즘은 대체로 3단계의 구분보다는 고대와 근·현대로 나누어 2단계의 시대적 구분을 하는 경우가 있는데, 이는 종교개혁을 중심으로 고대와 현대를 구분하는 일반 사학자들의 도식을 교회사에 적용한 것이다. 또 어떤 경우에는 근·현대를 종교개혁(16세기), 근대(17-18세기), 현대(19-20세기)로 3등분하여 실제적으로 5시대가 되는 역사로 구분하기도 한다. 이는 각 시대의 특징과 내용을 더욱 세분화해서 연구하려는 의도일 것이다.

또 교회사의 해석에서도 여러 가지의 다른 견해를 가지고 서술하고 있다. 교회사를 구속사적 시각에서 하나님이 활동하신 흔적을 찾고 은혜를 받으려는 관점에서 접근하는 사람들이 있는가 하면, 어떤 이들은 일반역사의 관점에서 교회사를 조명하고 해석하려는 시도를 하였다. 또 어떤 이들은 교회사를 일반역사와는 전혀 무관한 거룩한 성도의 신앙과 고백을 담아

---

1) cf. Shaff, Philip 저, 이길상 역, 교회사전집1「사도적기독교」(서울: 크리스챤 다이제스트, 2004), pp.25-34.

내는 성역사(sacred history)로 인식하기도 하였다.[2]

  본서는 이러한 역사구분의 방법론이나 역사해석학적 연구보다는 평신도를 위해 평이하고 개괄적인 내용을 담으려고 한다. 그래서 각주도 비교적 넓은 범위의 내용을 포함하고 있다. 이는 독자들의 폭넓은 이해를 위해서이다. 그리고 원전의 인용도 재인용을 그대로 사용했으나 확인 결과 틀린 점은 없었다. 이것은 특히 포스터의 「초대교회사」에 나온 여러 원문의 재인용을 말한다. 내용 면에서도 용이한 내용으로 서술하여 평신도와 교역자들 그리고 신학생들이 교회사를 쉽게 이해하고 바른 역사의식을 가질 수 있도록 하였다.

---

2) cf. Diarmaid MacCulloch, Groundwork of Christian History(London: Epworth Press, 1987), p.3-9. Diarmaid MacCulloch 교수는 기독교역사에 대한 네 가지 해석을 시도한다. 제국주의적 견해(Imperialistic View), 종파적인 견해(Sectarian View), 서구 자유주의적 견해(Liberal Western View) 그리고 막스주의적 견해(Marxistic View)이다. 제국주의적 해석은 기독교신앙을 역사의 주된 동인으로 보고 기독교를 역사의 주역으로 보는 견해이다. 종파적인 견해는 기독교역사를 일반역사와 지나치게 분리하여 일반역사와의 공감대를 거부하는 견해이다. 서구 자유주의적 견해는 인문주의적인 해석이며 막스주의적인 해석은 기독교신앙을 유물사관적으로 이해하는 견해이다.

제1부 초대교회사

누가 우리를 그리스도의 사랑에서 끊으리요
환난이나 곤고나 박해나 기근이나 적신이나 위험이나 칼이랴

- 롬 8:35

1. 교회 탄생의 역사적 · 사회적 정황

지중해를 중심으로 형성된 로마제국의 영토 확장은 기독교의 요람지인 팔레스틴을 포함하여 복음 전파에 용이한 환경을 조성시키는 데 기여했다. 이 사실을 인지한 세례 요한은 '때가 찼으매 하나님의 나라가 가까이 임했다'고 선포하였다.3) 그리스도가 오시기 30년 전에 형성된 로마제국은 기독교의 번영과 확장을 위해 준비된 하나님의 섭리였다고 초대교회의 기독교인들도 인식할 정도였다. 로마제국이 형성한 그리스-로마세계(Greeco-Roman World)는 동으로는 유프라테스 강에서부터 서로는 대서양까지, 북으로는 다뉴브 강, 라인 강과 스코틀랜드까지 그리고 남으로는 북부아프리카까지 확장되어 있었다. 로마제국 이전에도 지중해 연안의 고대세계를 하나의 정치권으로 묶어보려는 시도가 수차례에 걸쳐 시도되었지만 모두 실패했었다. 그들은 고대 이집트, 바벨론, 앗시리아, 페르시아, 그리고 마케도니아와 같은 강대국들이었다.4) 이들이 남겨 놓은 역사적 교훈을 거울삼아 통일제국을 형성한 것이 바로 로마제국이었다. 로마제국은 제국 초기에는 기독교에 엄청난 박해와 탄압을 가했지만 기독교가 공인된 후에는 기독교 중심 국가로 변화하기 시작하였다. 이러한 로마제국의 출현은 기독교의

---

3) Lars P. Qualben, A History of the Christian Church(New York: Thomas Nelson and Sons, 1936), p.7.
4) Ibid., pp.8-9.

복음 전파에 지대한 공헌을 하는 환경을 형성하였다.[5]

정치적 통일

그리스도가 오시기 전 로마제국은 정치적인 통일국가를 이루고 세계를 하나의 정치권으로 묶음으로써 기독교의 복음 전파를 용이하게 할 수 있는 제반 여건을 조성하였다. 또한 로마제국은 관용, 인내, 화합, 동화 등을 국가의 정책기조로 삼고 통일제국 내에서의 자율성을 인정하였다.

문화적 통일

알렉산더 대왕 이후에 전파된 그리스문화의 보편화 작업은 로마제국의 팽창과 더불어 그리스-로마문화를 형성하여 단일화된 문화권 안에서의 복음 전파를 가능하게 했다. 그 예로 희랍의 철학, 사색, 로마인의 법률, 질서, 조직 등을 들 수 있다.

언어의 통일

희랍어가 당시에 세계적인 공용어로 사용되고 있었기 때문에 복음 전파를 위한 언어 소통이 쉽게 이루어졌다.

교통의 발달

로마를 중심으로 한 교통의 발달은 기독교의 확장과 발달에 지대한 영향

---

[5] 대부분의 교회사가들은 그리스도 이전의 지중해 연안의 역사, 정치, 문화 등의 활동을 예수가 이 땅에 오셔서 기독교를 형성하기 위한 예비적인 정황이나 배경으로 해석하고 있다. cf. Everett Ferguson, Backgrounds of Early Christianity(Grand Rapids: William B. Eerdmans Publishing Company, 1987); Elgin S. Moyer 저, 곽안전·심재원 공역, 인물중심의 교회사(서울: 기독교서회, 1986) pp.4-10; W. H. C. Frend, The Rise of Christianity(Philadelphia: Fortress Press, 1985), pp.11-52.

을 미쳤다. 많은 사람들이 쉽게 여행을 할 수 있었고, 동서양의 활발한 교역이 이루어질 수 있었다. 이는 사람들에게 쉽게 복음을 접할 수 있는 기회가 되었다.

다원주의적인 종교정책

로마제국은 제국 내의 모든 국가와 국민에게 종교의 자유를 허락하는 정책을 취했다. 이로 인하여 기독교도 황제 숭배 문제와 충돌하기 전까지 상대적인 자유를 얻으면서 복음 전파의 기회를 누릴 수 있었다.[6]

유대종교

유대종교는 기독교의 못자리 역할을 하면서 그리스도의 오심을 위한 역사적인 통로로서 이 모든 외형적인 환경보다 큰 역할을 하였다. 오리겐은 겔수스(Celsus)가 보인 기독교에 대한 냉소적인 태도에 답하면서 이 사실을 잘 표현하였다.

"하나님은 주무시지 않으신다. 인간들 가운데 발생한 모든 좋은 일들은 하나님의 역사이다. 그러나 그리스도의 오심은 오직 한 장소에서만 가능하였다. 그 장소는 인간들이 하나님은 한 분이라고 믿었던 곳이며, 그리스도를 예언한 선지자들이 글을 읽고 있었던 곳이며, 그리스도의 가르침이 온 세상으로 흘러 넘쳐야 할 바로 그 때에 그분이 오실 장소였다."[7]

---

6) cf. Lars P. Qualben, Ibid., p.7-28.
7) John Foster 저, 심창섭 · 최은수 공역, 「새롭게 조명한 초대교회의 역사」(서울: 웨스트민스터, 1998), p.25 재인용 in W.G. Young, A Handbook of Source Material for Students of Church History(Madras: Christian Literature Society), p.100, 이후로는 재인용의 경우 in Young p.10 등으로 표시함.

우리는 오리겐의 고백에서 구약성경은 그리스도를 기다리고 있는 역사이며, 유대종교는 그리스도의 가르침을 위해 준비된 것이었다는 사실을 알 수 있다. 복음서에서도 이 사실들을 확정하는 표현들이 있다. "이에 예수께서 그들에게 말씀하시되 이 글이 오늘날 너희 귀에 응하였느니라 하시니"(눅 4:21). 나귀를 타고 예루살렘에 입성하신 예수님의 경우도 같은 의미로 묘사되었다(마 21:2-5). 이는 스가랴서에서 이미 예언된 사건들이었다.[8] 물론 이사야 53장에는 그리스도의 사역의 진면목을 사실대로 묘사하는 표현도 기록되어 있다. 교부들은 이러한 유대종교의 그리스도에 대한 예시를 거침없이 인정하고 있다. 예로 140년경에 활동했던 순교자 저스틴은 다음과 같이 말하고 있다.

"선지자들의 책에서 최상의 증거를 발견할 수 있는데, 거기서 우리는 동정녀에게서 태어나시고, 병자들을 고치시고, 죽은 자를 살리시고, 저주함을 받은 바 되고 버린 바 되고 십자가에 못 박히시고, 죽었다가 다시 살아나시며, 하늘로 올리우신 그 분에 대하여 알 수 있다."[9]

유대종교가 기독교의 전파에 크게 기여할 수 있었던 장소는 디아스포라 이후에 생겨난 그들의 회당이었다. 사도행전의 바울을 비롯한 초기 사역자들은 가는 곳마다 이 유대인들의 회당에서 그리스도를 증거할 수 있었다.
이와 같이 유대종교는 예수가 이 땅에 오신 통로가 되었던 것이다.[10] 이는 이방세계에 교회를 세우기 위한 묘목의 역할을 하였다.

---

8) Ibid., p.26.
9) Ibid., p.26. in Young p.103.
10) Carol Smith and Body Klauber, The Ultimate Guide to Christian History(Weaton: Barbour Publishing, 2001) p.34; "하나님은 아브라함과 이삭과 야곱으로부터 예수가 탄생할 때까지 개인들을 통해 친히 역사하셨다."

사실 교회가 탄생하기 전에 로마제국은 제국의 지배 하에서 평화(Pax Romana)를 추구하고 있었고 이 정책에 의해 제국 내의 종교는 비교적 자유롭게 허용되는 분위기였다. 이러한 정책 가운데서 싹튼 제국 내의 관용의 정신을 바탕으로 상인과 군인 그리고 자유인들의 왕래도 활발하게 이루어질 수 있었다. 그리고 여러 민족의 이동과 접촉을 통해 형성된 사회적인 환경 역시 복음 전파에 유리한 못자리를 형성해주었다. 특히 제국 내 여러 지역에 분산되어 있던 유대인 공동체와 그들의 회당은 초기 기독교 복음 전파에 결정적인 교량 역할을 하였다. 이는 로마제국이 하나의 정치체제로 통일되어 있지 않았더라면 불가능한 일이었다.[11]

생각해 볼 문제

1. 초대교회가 처해 있던 역사적인 상황을 이야기해 보라.
2. 복음전파에 도움이 된 요소들은 무엇인가?

---

11) 참고. 에버렛 퍼거슨 저, 박경범 역, 「초대교회 배경사」(서울: 은성출판사, 1993), pp.72-74, 115-130, 173-192, 395-421.

2. 교회의 창설자 예수 그리스도와 제자들

예수 그리스도는 역사적으로 실재한 인물이며, 신인이었고, 교회를 창설하신 분이다. 예수를 만난 자들과 수많은 사람들이 예수에 대해 남긴 기록이 성경에 있다. 또한 1세기와 2세기의 비기독교 사료에도 예수의 역사성을 밝히는 자료들이 남아 있다.

그러나 근대(18-19세기)에 들어오자 어떤 이들은 예수 그리스도의 역사성을 부인하였고 예수의 모습이 그의 제자들인 사도들에 의해서 종교적인 동경과 표현으로서 발명된 것이라는 주장을 하였다. 그런가 하면 예수에 관한 이야기를 가상적이고 신화적인 것으로 간주하기도 하였다. 또 어떤 혁명가들은 예수의 생애와 예수가 설교하는 모습을 억압당한 민중들의 갈등 내지는 사회적 동경의 화신으로 해석하기도 하였다. 19세기와 20세기 초에는 자유주의 신학에 의해 성경의 본문 비평이라는 미명하에 복음서의 역사적 진실성과 확실성을 거부하는 운동이 일어났다. 이들은 예수의 역사적인 실재에 신화적인 요소를 첨가하여 이해하기 시작하였다. 즉 성경 속에 묘사된 그리스도를 그대로 받아들이려고 하지 않은 것이다.

그러나 이 모든 의심의 이론들은 오늘날 학문적인 입장에서 볼 때 확실한 근거가 없는 것으로 결론이 났고, 예수 그리스도는 신약성서의 본문에 묘사된 그대로 실재적 인물이며 그의 가르침에도 논쟁의 여지가 없다는 견해가 신빙성을 얻게 되었다. 이 예수 그리스도께서 역사 속에 자신의 가르침과 뜻을 성취하기 위해서 제자들에게 창설해주신 것이 바로 교회공동체이다. 이 사실은 그의 제자였던 마태에 의해 밝혀지고 있다(마 16:18).

바로 이 마태복음에서 약속하신 주님의 교회로부터 기독교 역사의 태동이 이루어진다. 따라서 교회는 "그리스도가 살아 계신 하나님의 아들이며 세상의 구세주"라는 제자들의 신앙고백에 뿌리를 두고 있다고 할 수 있다.[12] 이런 고백을 중심으로 형성된 교회는 예수의 죽음과 부활, 승천, 재림의 기대, 그리고 성령강림 등의 역사를 증거하는 주체가 되었다. 이 사실을 역사적으로 잘 기록한 자는 누가였다. 그는 교회가 설립되어 로마에까지 전파된 역사를 '사도들의 행전'이라는 기록을 통해 구체적으로 서술하고 있다. 그래서 이 시대를 전후하여 있었던 교회를 사도시대의 교회라고 부른다.

사도시대에 처음으로 가시화된 교회공동체는 예루살렘 교회공동체였다. 예루살렘은 예수님 당시 유대인들의 중심 도시였을 뿐 아니라, 초대교회가 처음 설립된 곳이요 기독교인들에게도 중심적인 도시였다. 이 공동체의 주역은 당시 예수님의 승천 후 위대한 지도자들이었던 베드로와 야고보였다. 그들은 예루살렘을 중심으로 포교 활동을 시작하였다(A.D. 30-44). 그 후에 바울이 시리아 지방의 안디옥(Antioch)을 세계의 선교 센터로 만들었다(A.D. 44-68). 바울부터 시작된 세계선교는 아시아로 번져갔고 사도 요한은 소아시아의 에베소를 또한 세계선교의 요람지로 만들었다(68-100년). 교회가 생성된 중심지는 예루살렘이었지만 실제적인 전도 사역에 공을 세운 시대는 안디옥의 전도시대와 에베소의 전도시대라고 볼 수 있다.

예루살렘 교회에는 오순절에 120명의 성도들이 회집된 것으로 나타나 있다(행 1:15). 이들 중에는 사도들도 있었으며 그 중에 베드로가 대표적인 전도자로 설교를 하였다. 이 오순절 집회는 3,000명의 회심자가 생기는 폭발적인 성과를 거뒀다(행 2:41). 이때 개종한 많은 사람들은 주로 세계

---

[12] 물론 베드로가 고백했으나 이는 제자들의 대표자로서 고백한 것으로 해석된다.

각 지역에 흩어져 있던 유대인들이나 기독교로 개종한 이방인들이었던 것으로 보인다. 이들은 이후에 그들의 지역으로 돌아가 복음을 전하며 가정교회를 시작한 것으로 보인다. 예를 들어 바울이 로마에 가기 전에 로마교회가 이미 그곳에 존재했던 것을 보아서도 그것을 짐작할 수 있다(롬 1:7). 이후 예루살렘 교회는 70년 로마에 의해 예루살렘 자체가 정복당할 때까지 초대 교회의 사도들과 야고보의 주도하에 그리스도의 복음 사역의 중심지 역할을 지속적으로 담당하였던 것으로 보인다.[13]

예루살렘 교회의 멸망 이전부터 복음의 전령자로 등장하여 멸망 이후에는 초대교회의 실질적인 대표가 된 공동체는 안디옥 교회였다. 물론 여기에 대한 믿을 수 있는 기사도 사도행전에 나타난다(행 11:19-30, 13:1-3). 또한 야고보서, 바울서신들 그리고 베드로 서신 등에서도 안디옥 교회에 대한 기록들을 볼 수 있다. 성경 외의 사료를 통한 증거로는 유세비우스의 기록들을 들 수 있다.

안디옥 교회의 특징은 초기부터 이방세계에 대한 복음의 전령자의 중추적인 역할을 담당했다는 것이다. 물론 이방세계에 대한 전도는 다양했다. 비유대지역에 대한 기독교 세력의 확장은 스데반의 순교와 더불어 발생한 핍박과 함께 시작되어 예루살렘 성도들이 사마리아 지역으로 이동하면서 더욱 활성화되었다(행 7:54-60, 8:4-25). 그리고 집사였던 빌립이 에티오피아의 내시를 개종시켜 세례를 베풀었고 이는 아프리카 지역의 이방인 세계에 복음을 전한 초창기의 기록이다(행 8:26-40). 그리스-로마세계에 복음의 사역자로 등장한 자는 욥바의 후손이었던 고넬료라는 로마 군대장이었다(행 10:1-48).

이렇게 이방세계에 복음을 전파한 흔적들이 교회 역사의 초창기부터 나

---

[13] 해리 R. 보어 저, 백성호 역, 「단편 초대교회사」(서울: 개혁주의 신행협회, 1989), pp.32-39.

타났지만, 그 중에서 서방교회의 맥을 이을 수 있는 독보적인 역할을 감당한 교회는 안디옥 교회였다. 안디옥 교회의 회중들은 대부분 유대인이었지만 그들의 마음은 이방세계를 위해 열려 있었다. 안디옥이 선교센터로 역할한 배경에는 위대한 사도적 영향력을 미쳤던 바나바와 바울이라는 선교사들의 공적이 있었다. 이들은 나중에 이방인들의 사도라 불릴 정도로 이방인 선교에 커다란 공을 세웠다. 바울과 바나바는 주의 깊게 교회를 조직하였으며 지역교회의 사역을 위한 영적 지도자로 장로들을 택하여 세웠다.14) 이들은 바나바의 고향인 구브로 섬을 경유하여 소아시아의 안디옥, 이고니온, 루스드라, 더베, 비시디아, 밤빌리아. 버가, 앗달리아에 복음을 전하였다(행 14:1-28).15) 이 지역들을 기점으로 해서 주변 지역까지 복음이 전파되었고, 이때 유대인들의 방해와 핍박이 일어났다.

이들의 첫 번째 전도여행 이후에 계속해서 교회 역사의 흐름을 잇는 복음 전파의 맥은 바울에 의해 이루어졌다. 바울은 마가의 문제로 동역자 바나바와 갈라서게 되고 디모데와 함께 두 번째 선교여행을 하면서 많은 결실을 보게 되었다. 이 두 번째 전도여행 동안 바울은 소아시아는 물론 특별히 유럽 지역에서 커다란 성과를 거두었다. 빌립보, 데살로니가, 베뢰아, 아덴, 그리고 고린도 등이 그 지역이었다(행 16:1-18:28). 바울의 3차 전도여행은 갈라디아와 프리기아를 거쳐 에베소에 이르는 과정이었다. 그는 이곳에서 3년이라는 최장의 전도시간을 보냈으며, 그런 후에 2차 여행 때 계획을 세웠던 마케도니아와 그리스 지역의 교회를 둘러보았다. 바울의 마지막 전도 목적지는 로마였다. 그는 로마에 가기 전에 로마서를 기록하였으며 서바나(스페인)까지 복음을 전파하는 것이 그의 소망이었다. 비록 로마

---

14) Ibid., pp.40ff.
15) 구브로 섬은 오늘날의 사이프러스 섬이고 소아시아는 오늘날의 터키지역이다. 제1차 전도는 주로 터키의 남부지역을 중심으로 이루어졌다.

에서 2년간은 영어의 몸으로 가택 연금식의 삶을 살았지만, 세계 복음화를 위한 그의 꿈은 종국에 그를 서바나까지 가게 했다. 바울이라는 한 사람을 중심으로 모든 초기교회의 역사를 설명할 수는 없지만, 바울의 이러한 공적은 사도시대에 복음 전파의 역사가 이미 세계 역사 속으로 빠르게 침투해 가고 있었음을 암시해 준다.

바울이 서양으로 복음을 전파하는 동안 중동과 아프리카, 그리고 아시아 지역에도 복음의 사역은 진행되었다. 인도에서는 예수의 제자인 도마가 선교사로 사역하였다. 중동에서는 예수의 제자인 다대오가 에데사의 왕이었던 아가바라스의 초청을 받고 파송되어 중동지역의 선교에 박차를 가했다고 전해진다.[16] 아프리카에는 예수의 십자가를 지고 갔던 구레네 시몬이나 에티오피아의 내시를 전도한 빌립에 의해 일찍이 복음이 전파되기 시작하였다. 이외에 베드로, 안드레, 마태, 야고보, 바돌로매, 요한 등 12사도들을 비롯한 모든 복음의 사역자들도 선교를 하다가 여생을 마친 것으로 전해진다. 초대교회의 이러한 복음 전파의 현상을 통하여 사도시대에 이미 지중해 연안을 중심으로 로마제국 내의 지역에 폭넓게 복음이 전파되었음을 알 수 있다.

복음의 전파와 함께 형성된 것은 바로 그리스도께서 말씀하신 교회공동체였다. 교회는 세상 속에 침투하면서 개인과 세상을 변화시키는 인류 역사의 새로운 신앙공동체로 탄생하였다. 하나의 겨자씨처럼 심겨진 교회는 지금까지 존재했던 인류 역사의 어느 공동체보다 특이한 성격을 갖고 있었다. 초대 기독교 공동체의 모습을 다음과 같이 묘사할 수 있다.

첫째, 초대교회 기독교인들은 로마제국의 다원주의 종교현상을 탈피하고 유일신론을 주장하였다.

---

16) Roy J. Deerrarl, Eusebius Damphili Ecclesiastical History(Washington: The Catholic University of America, 1981), pp.76-82.

둘째, 초대교회 기독교인들은 죄의 용서와 그리스도의 구원의 은혜를 주장하였다.

셋째, 초대교회 기독교인들은 유대주의적인 배타주의나 국수주의를 버리고 국제적이고 보편적인 세계관을 가졌다.

넷째, 초대교회 기독교인들은 하나님의 나라에 대한 종말론적인 실현을 주장하였다.

다섯째, 초대교회 기독교인들은 로마제국의 부패한 삶에 반대하여 개인적인 도덕성의 순결을 주장하였다.

여섯째, 초대교회 기독교인들은 사회정의의 보편성과 공동체성을 주장하였다.

일곱째, 초대교회 기독교인들은 하부구조에 속한 힘없는 사람들을 도우며 그들에게 희망을 주었다.

가정교회의 시작

예수는 복음을 전파할 때 회당에서 가르쳤고 또 제자들도 초창기에는 그렇게 했었다. 특히 바울의 전도 현장에는 항상 유대인의 회당이 있었다.[17] 그러나 기독교의 독자적인 예배행위의 시작은 가정에서 이루어진 것으로 보인다. 즉 가정교회의 형태로 시작된 것이다.[18]

초대 예루살렘의 가정교회에서 일어난 3대 사건은 성만찬(막 14:12-26), 부활한 그리스도의 만남(요 20:14-29), 그리고 성령 강림(행 2장)이었다. 이 모든 사건은 한 가정에서 일어난 것으로, 그 활동무대가 된 마가 요한의 다

---

17) 필립 샤프, Ibid., p.369.
18) 가정교회에 대한 좋은 자료를 제공한 J. 포스터의 책에서 가정교회에 대한 내용들을 발췌하였다(pp.33-51). 독자들의 양해를 구한다.

락방은 꽤 넓은 공간을 갖고 있었다. 이곳은 예수님의 제자들의 거처지로 사용되고 있었고 그층에는 120명 정도가 함께 있을 공간이 있었다(행 1:12-15). 마가 요한은 겟세마네 동산에서 예수님이 잡히실 때 다른 제자들은 도망하였지만, 자신에 대하여서는 "한 청년이 벗은 몸에 베 홑이불을 두르고 예수를 따라오다가"(막 14:51)라고 기록하고 있다. 아마 예수가 잡힌다는 소문을 듣고 침대에서 일어나 옷을 제대로 입지도 못하고 이불을 걸치고 나갔을 가능성이 높다. 초대교회의 처음 회집장소는 분명히 회당이 아니고 가정이었다. 이후에 가정교회들이 집주인들과 함께 언급되고 있는데, 예를 들면 빌립보(행 16:40), 고린도(행 18:7), 로마(롬 16:5, 14-15), 에베소(고전 16:19), 라오디게아(골 4:15), 골로새(몬 1-2)와 같은 지역의 교회들이다. 이런 장소들이 언급될 때 "그들과 함께 있었던 성도들" 혹은 "그들과 함께 있었던 형제들"이란 표현이 함께 쓰인 것을 보아서 이들 교회 내에는 여러 동역자들이 함께 있었던 것으로 추정된다. 또한 이들 중 다수는 여성들의 집이었다는 점으로 미루어 그 당시 예루살렘에는 마리아의 가정과 같이 과부가 많았다는 것도 짐작할 수 있다.[19] 유명한 교회사가인 필립 샤프의 연구에서도 가정교회가 거룩한 예배처소로 사용되었다는 내용이 언급되고 있다.

"초대 회심자들로서 유력한 교인들, 이를테면 예루살렘에 살던 요한 마가의 어머니 마리아, 가이사랴의 고넬료, 빌립보의 루디아, 데살로니가의 야손, 고린도의 유스도, 에베소의 브리스길라, 골로새의 빌레몬 같은 사람들은 공예배를 위하여 자기 집을 흔쾌히 제공했다. 로마와 같은 대도시에서는 기독교 공동체가 여럿으로 나뉘어 개인의 집에서 행해졌는데(롬 16:5, 고전 16:9), 이러한 가정공동체들은 그러면서도 동시에 회람 서신을 통하여 하나의 단위를 이루었다."[20]

---

19) J. 포스터, Ibid., p.33-34.
20) 필립 샤프, Ibid., p 379.

가정을 중심으로 한 형태의 이러한 신앙 공동체는 당시 종교문화에서 기독교인들만이 가지고 있던 유일한 형태였다. 보고서에 따르면 티그리스 강 동쪽 지역 아르빌(Arbil)이라는 곳에 148년 교회건물이 세워진 것으로 되어 있다. 그리고 아르빌에서 서쪽으로 300마일 떨어진 에데사(Edessa)에 교회 건물이 있었다는 증거가 있으며 이는 에데사의 왕이 기독교인이 된 후 180년 지나서였다. 이 교회당은 201년 홍수로 파괴되었다.[21]

로마제국 내 대부분의 기독교인들은 가정을 중심으로 모였다. 타종교들은 신전들을 소유하고 있었지만 기독교는 그렇지 못했다. 유대인들도 회당을 소유하는 것에 있어서는 자유로웠다. 하지만 기독교는 달랐다. 정부의 공인을 받기는커녕 의심을 받는 등 불안한 처지에 놓여 있었다. 그래서 기독교인들은 무덤으로 사용되는 땅을 사서 그곳을 모일 장소로 이용하기도 했다. 당시 로마제국에서는 무덤으로 사용할 땅을 확보하기 위해 사람들이 모임을 결성하는 것이 관례화되어 있었다. 따라서 이러한 땅에 운집하는 것은 가장 안전한 방법이었다. 그리고 이것이 기독교인들이 가질 수 있는 유일한 재산이기도 했다. 사람들 사이에서는 이러한 기독교인들의 모임이 상조회(Funeral Society)로 알려졌다. 250년경이 되어서는 기독교인들이 많았던 지역인 본도, 소아시아, 시리아, 이집트 등지에서 몇 개의 교회들이 나타나기도 하였다.[22]

그러나 250년경 제국의 핍박 가운데서 건물들은 상실되었다. 지금은 로마의 국경 요새였던 듀라-유로포스(Dura-Europos)에 하나의 가정교회 건물만이 잔존하고 있으며, 이것은 1934년에 고고학자들이 모래밭에서 발견하였다. 이 건물은 주후 100년 이전에 지어진 것으로 보이며, 232년 경에 예배를 드리기에 편리하도록 보수된 것으로 보인다. 내벽을 없애고,

---

21) J. 포스터, Ibid., p.35.
22) Ibid., p.35.

두 방을 합쳐 큰 방을 만들었으며, 그 안에 강대상을 설치하였다. 작은 방에는 욕조를 돌로 만들어 세례 장소로 썼다. 세례를 받은 방 벽에는 그림들이 그려져 있다. 중앙에는 잃은 양을 찾아 돌아오는 선한 목자의 그림이 있고(요 10:14-16), 양쪽 벽에는 치유함을 받은 중풍병자와(막 2:5, "너의 죄가 용서되었다") 예수께서 베드로를 물에서 끌어올리시는 장면(마 14:31, 배는 교회를 뜻한다)이 그려져 있다. 그리고 '생수'를 의미하는 물 항아리를 든 우물가의 여인(요 4:10)과 부활을 뜻하는 빈 무덤의 세 여인들(막 6:4)의 그림이 있다.[23]

그러면 기독교인들은 이러한 평범한 건물인 가정교회에서 무엇을 했을까? 그 답은 사료에서 생생하게 찾아볼 수 있다. 가정교회가 했던 일은 155년경 저스틴(Justin)에 의해 언급되고 있으며 그 외에도 교부들에 의해 기록되고 있다.

성례에 관하여(세례와 성찬)

초대교회의 세례는 크리스천이 예수의 제자로서 반드시 받아야 할 외적 표시이자, 구속의 언약에 들어가는 거룩한 의식이었다. 세례의 의미는 회심에 있었다. 즉 과거의 죄악된 생활에 대한 청산과 미래의 그리스도 안에서의 소망을 향한 출발을 의미했다.[24]

저스틴은 기독교인으로서의 삶의 시작에 대해 다음과 같이 언급하고 있다.

"우리는 초신자들과 더불어 금식하며 기도하는 가운데, 기독교적 교훈을 수용하고, 용서를 구하는 금식과 기도를 하며 기독교적 삶을 영위하겠다고 약속한

---

23) Ibid., p.36.
24) cf. 필립 샤프, Ibid., pp.373-377.

사람들에게 말한다. 그런 다음 우리는 그들을 물이 있는 곳으로 데리고 와서 세례를 베푼다. 그들은 모든 기독교인들처럼 다시 태어나게 된다. 이로써 그들은 성부, 성자, 성령의 이름으로 깨끗함을 받는다…… 우리는 그들을 다른 기독교인들이 모여 있는 곳으로 인도한다. 우리 모두는 우리 자신들을 위해, 새로이 세례를 받은 사람들을 위해, 그리고 각처에 흩어져 있는 사람들을 위해 기도한다. 우리는 진리를 아는 대로, 선한 시민으로서 모범을 보이기 위한 마음과 영원한 구원을 바라는 마음으로 기도한다. 기도 후에 우리는 형제처럼 서로서로 문안한다."25)

변호사로 법률을 전공하여 누구보다도 세례에 대한 바른 견해를 가지고 있었던 터툴리안은 세례에 관해 다음과 같이 말하고 있다.

"모든 것은 단순하다. 위대함도 보이지 않고, 새로운 것도 없고, 많은 대가를 치르지 않아도 된다. 한 남자가 물속에 들어가고, 몇 마디의 말이 주어진다. 그는 물에서 나오지만 실제적으로 그렇게 깨끗하게 보이지는 않는다. 죽음이 물 담금에 의해 해결된다니 이 얼마나 놀랍고 신기한 일인가?……"26)

터툴리안은 세례와 연관하여 '고기'라는 그리스어 익투스(Ichthus)를 사용하였다. 이것은 이후 기독교인들 사이에 믿음을 상징하는 하나의 브랜드로 사용되었다. 이것은 다섯 개의 그리스 단어 Iesus(예수), Christos(그리스도), Theou(하나님의), Uios(아들), Soter(구세주)의 첫 글자를 합쳐서 고기 Ichthus(물고기)를 뜻하는 단어를 이루도록 한 것이다. 그들은 이 고기의 표시를 반지, 인장, 장식, 묘비 등에 새겨 기독교인의 신앙 정체성을 확인

---

25) J. 포스터, Ibid., p.37 in Young p.117.
26) Ibid., p.38 in Young p.3.

하고 공유하였다.27)

"우리 기독교인들은 작은 고기들이며, 우리 모두는 우리의 익투스(예수 그리스도, 하나님의 아들, 구세주)와 같이 물에서 새롭게 태어난다. 작은 고기들을 없애는 방법은 그들을 물에서 꺼내는 것이다."28)

터툴리안은 세례를 기독교 신앙에서 가장 중요한 예식으로 간주하고 그것을 신자의 생명과 연관시켰다. 그리고 세례는 그리스도의 말씀에 따라 성도로서의 삶을 추구하는 의미를 담고 있다고 주장하였다.

"주일이라 하는 날에 도시나 농촌의 한 장소에서 기독교인들의 모임이 열린다. 사도들의 단편(예 : 복음서) 또는 선지자들의 기록이 장시간 낭독된다. 봉독자가 다 읽으면 회중의 대표가 설교를 통해 이러한 좋은 모범에 따라 살자고 권면한다. 곧이어 모두 일어나 기도한다."29)

세례 다음에 행해진 성찬은 세례 예식 다음으로 교회에 가장 큰 영향을 주었던 의식이었다. 그리고 이것은 예수가 직접 제정한 성례였다(마 26:17-30, 막 14:12-26, 눅 22:7-23, 요 13:21-30). 그리고 바울도 이 사실을 재확인하고 있다(고전 11:23-25).30)

초대교회의 성찬은 사도시대까지는 교제의 식사를 겸한 애찬의 형태로 매일 거행되었으나 교회가 늘어나고 2, 3세기를 지나면서 점차 그 자취를

---

27) Ibid., p.38.
28) Ibid., p.38 in Young p.4.
29) Ibid., p.39 in Young p.133.
30) cf. 필립 샤프, Ibid., pp.377-378.

감추어갔다.31) 애찬식이 성찬으로 변형되어 정착되면서 교회는 성찬에 대해 보다 더 의미를 부여하기 시작하였다. 저스틴은 성찬에 참여하는 대상을 정하는 것에 대해 엄격했으며, 세례를 받은 후 그리스도께서 가르치신 대로 사는 자들만이 성찬에 참여할 수 있도록 했다. 그는 성찬을 봉사와 섬김의 연장이라고 이해하였다.

"이러한 예배가 파한 후에 우리는 서로서로를 돌아보며 구제 대상자들을 선별하여 도움을 주고 항상 슬픔과 기쁨을 함께 나눈다."32)

일반적으로 성찬의 순서는 성경 봉독, 선포, 기도 후에 왔고 그 의미는 말씀을 통해 설명되었다. 이에 대해 저스틴은 다음과 같이 말한다.

"빵이 예배의 집례자에게 전해지고 포도주는 물에 섞인다. 그는 감사의 기도를 올리고, 회중들은 '그렇게 되기를 바라나이다'라는 히브리어 아멘으로 화답한다. 집사들이 떡과 포도주를 모든 참석자들에게 나누어 주고, 불참자들에게도 전해준다. 신앙이 건실하거나 자원하는 자들이 구제 물품을 수집한다. 이것을 예배의 집례자에게 맡기면, 그는 이것을 가지고 고아, 과부, 병든 자, 구제 대상자, 옥에 갇힌 자들, 유랑자들을 돌본다. 사실상 그는 도움을 필요로 하는 모든 사람들의 조력자가 된다.…… 죄사함과 중생을 체험하고, 그리스도께서 가르치신 대로 사는 신자들만이 성만찬에서 떡과 포도주를 받을 수 있다. 이것은 단순한 빵과 포도주를 의미하는 것이 아니라, 이것이 우리의 신앙과 밀접한 관계가 있기 때문이다. 예수 그리스도는 우리를 구원하시기 위해 우리의 살과 피가 되

---

31) Ibid., p.378; 에티엔느 트로크메 저, 유상현 역, 「초기 기독교의 형성」(서울: 대한기독교서회, 2003), p.44.
32) J. 포스터, Ibid., p.37 in Young p.133.

셨다. 그의 말씀이 기도를 통해 축성된 이 음식이 곧 예수의 육체와 피라고 우리는 배운다."[33]

성만찬에 사용된 물 섞인 포도주는 가난한 사람들이 식사 때에 포도주가 부족하여 물을 타서 먹던 관습에서 나온 것이다. 중요한 것은 그들은 빵과 포도주를 물질적인 것이 아니라 그리스도의 임재를 경험하는 것으로 이해했다는 것이다.

"우리는 하나님의 것들을 그에게 드린다. …… 빵은 지상에서 오지만, 하나님께 드려진 이것은 더 이상 단순한 떡이 아니다. 이것은 지상적일 뿐 아니라 천상적인 어떤 것이다. 그러므로 죽게 될 우리의 육체는 성찬을 받음으로 영생을 약속받게 된다."[34]

성찬식에 참여한 자들은 "이것은 나의 몸이요…… 이것은 나의 피"라는 예수의 말씀을 깊이 받아들였다.

예배에 관하여

초기의 예배에는 회심을 돕는 복음적인 설교가 있었다. 설교의 내용은 주로 예수의 생애와 십자가의 고난과 부활 등을 주제로 하였다. 그것은 베드로의 설교에서도 잘 나타나 있다. 그것은 회개를 동반한 강한 메시지였다(행 2:14-42). 아직 정경이 나오기 이전의 예배순서로는 구약성경의 부분적인 낭독이 있었고, 기도와 기도 형식을 띤 찬양 등이 있었다. 이러한 찬

---

33) Ibid., pp.40-41 in Young pp.133-134.
34) Ibid., p.42 in Young p.135.

송은 주께서 성찬 후에 제자들과 함께 찬미하며 예루살렘으로 가셨던 것 (마 26:30)과 바울이 "시와 찬미와 신령한 노래들"을 부르라고 당부한 것(엡 5:19, 골 3:16)에 근거를 둔 것 같다.[35]

가정교회에서 드려진 주일예배의 인도자에 대해 저스틴은 감독이나 장로가 아닌 대표자로 기록하고 있다. 이것은 아마 이방인들에게 감독 같은 기독교 용어가 익숙하지 않았기 때문인 것으로 추정된다. 예배의 순서는 당시의 회당의 의식 순서를 따른 것 같다. 이는 회당예배의 3가지 중요한 요소가 초대교회의 예배에도 그대로 적용된 것을 보아서 알 수 있다. 성경봉독, 설교, 기도가 그것이다.[36] 신약 성경의 강해는 주로 복음서를 중심으로 이루어졌고 구약의 강해도 그리스도를 중심으로 이루어졌다.[37]

설교에 대해서는 고을 지방 리용의 감독이었던 이레네우스가 가정 교회 감독이었던 서머나의 유명한 폴리갑의 경우를 들어 다음과 같이 설명하고 있다.

"소년 시절 들었던 강론들이 그 마음의 일부가 되어 강한 인상으로 남아 있고, 마음이 성숙해짐에 따라 이 인상도 더 강렬해져 갔다. 그러므로 나는 위대한 폴리갑이 설교하던 장소가 어디였는지도 기억할 수 있으며, 그의 등장과 퇴장, 그리고 그가 회중들에게 자주 언급하였던 말도 기억할 수 있다. 폴리갑은 요한과 주를 보았던 사람들에 관하여, 그들의 증언에 관하여, 그들이 말한 주님과

---

35) 필립 샤프, Ibid., p.372, "그 예를 들면 다음과 같다; 구주께서 나실 때 천군이 부른 찬송(gloria, 눅 2:14); 시므온의 찬송(nunc dimitis, 눅 2:29); 동정녀 마리아의 찬송 (Magnificat, 눅 1:46)……."
36) 저스틴의 변증서에 나타난 예배순서는 다음과 같다. 정일웅, 「기독교 예배학 개론」(서울: 범지 출판사, 2005), p.79. 1.복음서와 사도들의 편지 낭독 2.사회자의 설교 3.기도 (모두 일어나서) 4.빵과 포도주의 봉헌(성찬식) 5.사회자의 기도(중보의 기도)-(아멘으로 화답) 6.성찬의 나눔 7.감사의 예물 드림.
37) J. 포스터, Ibid., p.39.

능력의 교훈 등에 관하여 말하곤 하였다. 폴리갑은 이 사실들을 실제 목격자들로부터 직접 들었기 때문에, 그는 이 진술들을 성경말씀만큼이나 신빙성이 있는 것으로 여기며 말하였다. 설사 다르더라도 하나님의 자비가 나에게 임하였으면 하고 바라는 마음으로 나는 이러한 말씀들을 마음에 새기면서 열심히 듣곤 했다."38)

당시 가정교회의 설교자들은 그리스도께서 앉아서 강론한 것처럼 앉아서 설교하였다. 이것은 유대 랍비들의 습관에서 비롯되었던 것 같다. 이레네우스의 증언을 통해 우리가 알 수 있는 중요한 사실은 폴리갑은 주님에 대한 증언을 주를 만난 목격자들로부터 직접 들었으며, 그 진술들이 성경의 내용과 거의 일치한다는 것이다. 가정교회의 설교는 바로 이러한 사도들의 설교양식을 계승하면서 그리스도의 말씀을 중심으로 이루어졌던 것으로 보인다.39)

교회의 치리에 관하여

초대 교회의 권징은 오늘날에 비해 대단히 엄격하게 행해졌다. "권징은 교회에게는 자기 정화의 과정이자, 교회의 본질인 거룩함과 도덕적 존엄성을 나타내는 행위이다. 이것은 범법자에게는 유익한 징계이자 회개의 방도가 된다. 초대교회들은 '영혼의 구원'40)이라는 궁극적인 목적을 위하여 엄격한 표준으로 교인들을 관리했다.

사도시대의 교회에서 엄격하게 권징을 다룬 실례는 베드로에 의해 아나

---

38) Ibid., p.41 in Young p.128.
39) Ibid., p.40.
40) 필립 샤프, Ibid., p.400.

니아와 삽비라에게 내려진 징벌(행 5:1-10)과 바울이 고린도 교인을 간음과 음행의 연고로 출교시킨 예를 들 수 있다(고전 5:1ff).[41]

엄격한 치리의 예는 카르타고의 터툴리안의 기록을 통해서도 확인되고 있다.

"우리는 하나님의 시야에 있기 때문에 교회 치리는 엄격하게 행해져야 하는데, 특히 심각한 죄 때문에 어떤 사람을 우리의 모임에서 축출해야 할 때 더욱 그렇다. 우리의 장로들이 우리를 주관하는데 이것은 이들이 많은 헌금을 했기 때문이 아니라, 모든 사람이 칭찬하는 인품으로 인해 임명된 자들이기 때문이다. 하나님의 것을 사고파는 경우는 없다."[42]

구제에 관하여

사도교회에서 구제는 중요한 과제였다. 사도들이 7명의 일꾼들을 뽑아서 따로 구제사역을 맡길 정도로 구제는 이 당시 중요한 사역이었다(행 6:1-7). 초대교회는 병자와 가난한 자, 그리고 과부와 고아를 돌보고 나그네를 환대하는 등 활발하게 구제활동을 펼쳤다.[43]

구제에 대한 터툴리안의 보고는 다음과 같다.

"우리는 헌금함을 가지고 있는데, 한 달에 한 번씩 능력 있거나 원하는 자들이 기부한다. 이 헌금은 잔치나 향연을 위해서가 아니라 가난한 자, 고아들, 노인, 파선한 자들, 광산 노동자로 착출된 기독교인들, 고도로 유배를 떠나는 사람들,

---

41) 필립 샤프, Ibid., p.401.
42) J. 포스터, Ibid., pp.42-43 in Young p.136.
43) 필립 샤프, Ibid., p.398-399.

옥에 갇힌 사람들을 위해 쓰인다. 이런 행위를 통하여 사람들은 기독교인들이 서로를 얼마나 사랑하는지 본다."[44]

이 글은 179년경 카르타고에서 기록되었고, 이러한 헌신적인 그리스도인들의 모습은 로마교회에서도 더욱 확연히 재연되었다. 250년경 유세비우스는 로마교회에 46명의 장로들과 봉독자들과 문지기 등 많은 일꾼들을 보내는 것 외에도 1,500명이 넘는 과부들과 가난한 사람들을 도왔고, 이들 모두는 주님의 사랑스런 돌봄과 자비로 도움을 받았다고 기록하고 있다. 362년에는 반 기독교적인 입장을 취했던 줄리안 황제까지도 기독교인들이 구제하는 모습을 이방 신을 섬기는 자들과 비교하여 칭찬하고 있다.[45]

"구제를 필요로 하는 그 누구도 신전들을 주목하지 않을 때, 기독교인들은 그들에게 속한 가난한 자들을 구제할 뿐 아니라 우리에게 속한 이들도 구제한다."[46]

당시 교회의 구제 사역은 구제대상에 대한 관심과 사회봉사의 차원에 있어 오히려 국가보다 훨씬 앞서 있었다.[47]

기도에 관하여

초대교회 교인들은 예수의 명령대로 기도에 전념하는 신앙생활을 하였다(행 1:14). 예수님 자신이 직접 보여주신 기도생활은 제자들에게 모범과

---

44) J. 포스터, Ibid., p.43 in Young p.177.
45) Ibid., p.43.
46) Ibid., p.44 in Young p.179.
47) 참조. Dimitris J. Kryratas, The Social Structure of the Early Christian Communities, pp.25-49.

교훈이 되었다. 예수의 공적 사역의 시작은 기도로 이루어졌다(눅 3:1). 그것은 열두 제자들을 택할 때도 마찬가지였다(눅 6:12). 마지막 생의 순간을 마무리할 때도 그분은 기도하셨다(눅 22:39-46, 23:46). 스튜어트 교수는 "기도는 그의 생애에서 중요한 부분을 차지하고 있었을 뿐 아니라 그의 존재의 호흡 그 자체, 즉 그의 생명이었다."고 기록하고 있다.[48] 그의 기도 내용은 단순한 요청이나 소원의 나열 이상이었다. 하나님과의 깊은 교제(눅 9:29), 기쁨에 넘친 감사(눅 10:21)와 모든 사람을 위한 중보기도(막 10:16, 눅 23:34, 22:31이하, 요 17:9) 등은 모든 세대의 제자들에게 모범이 되는 기도였다.[49]

바울은 그래서 쉬지 말고 항상 깨어서 기도하라고 가르쳤던 것이다(살전 5:17). 이러한 전통은 교부시대에도 변함없이 전승되었다. 바울의 서신에 나타난 기도의 특징 중의 하나는 '공동기도에 대한 가르침'이다. 바울은 공중예배의 기도에서 하나님의 역사하심에 대한 찬양의 표시로 '함께 기도하는 모습'을 묘사하고 있다.

"우리 가운데서 역사하시는 능력대로 우리의 온갖 구하는 것이나 생각하는 것에 더 넘치도록 능히 하실 이에게 교회 안에서와 그리스도 예수 안에서 영광이 대대로 영원무궁하기를 원하노라. 아멘."[50]

초대교회의 예배의식과 신앙생활에 중요한 '기도의 자세'에 대하여 236년 가이사랴의 감독이었던 오리겐은 탁월한 교훈을 남기고 있다. 그는 기도할 때의 자세에 관하여 설명하기 위해 마음의 자세, 합심기도, 기도시간,

---

48) 랄프 마틴 저, 오창윤 역, 「초대교회 예배」(서울: 은성출판사, 1986), p.43 재인용 in J. S Stewart, op. cit(Edinburgh, 1933), p.108.
49) 랄프 마틴, Ibid., p.43.
50) 엡 3:20, 21 in 랄프 마틴, Ibid., p.52.

그리고 기도 장소 등의 항목을 들어 다음과 같이 교훈하고 있다.[51]

마음의 자세

먼저 기도하는 마음의 자세에 대하여 '기도는 하나님의 임재를 알 수 있는 가장 위대한 순간'이라고 오리겐은 말한다. 그래서 하나님의 임재를 인식하고 조심스럽게 행동하라고 말한다. "내가 여기 있나이다"(사 58:9). 이러한 기도의 마음 자세는 한적한 곳에서 혼자 기도하셨던 예수님의 기도 자세를 연상케 한다. 그리고 유대인들의 외식적인 기도를 본받지 말고 혼자서 은밀한 곳에서 기도하라고 하신 예수의 가르침 속에서도 이 자세는 강조되고 있다(마 6: 16-18).

합심기도

기도는 또한 하나님과 함께 하는 합심기도임을 알아야 한다. 오리겐은 그리스도가 너와 함께 기도함을 알고, 하나님께 돌아온 한 죄인으로 인해 기뻐하는 천사들도 함께 기도함을 알라고 가르친다. 기도는 개인의 요구를 충족시키는 도구가 아니라 하나님과의 영적인 교제임을 확인시켜주는 교훈이다. 예수가 기도할 때에도 성령이 함께 하셨으며(마 4:1-16) 천사들이 옹위했다고 성경은 말한다(눅 22:43).

기도의 시간

'항상' 기도해야 한다. '훌륭한 삶이란 곧 기도하는 삶이므로 항상 기도하라' '적어도 하루에 세 번 기도하라'(단 6:10). '아침(시 5:3), 점심(행 10:9),

---

51) 아래의 여섯 가지 기도의 자세는 J. 포스터의 책(pp.45-46)에서 그대로 발췌 혹은 인용한 것이다. 오리겐의 견해를 잘 요약했고 초대교인들의 기도에 대해 쉽게 이해할 수 있는 자료이다.

저녁(시 141:2)에 기도하라'고 가르친다. 이것은 유대인의 전통을 따른 형식이기도 하지만 기도에 전념한 신앙생활을 강조하는 것임을 알 수 있다.

기도의 목적

기도는 동시에 목적이 있어야 한다. 우선적인 일이 무엇인지 알고 위대한 일을 위해 먼저 기도해야 한다는 것이다(마 6:33).

신체적 자세

기도의 자세는 자유로워야 한다. 오리겐은 유대인의 전통을 따라 기도하는 가장 좋은 자세는 손을 높이 들고 일어서서 하는 기도라고 말한다. 그런가 하면 자신의 영혼이 하나님께 들리기를 바라듯이 눈을 높이 드는 것도 좋다고 말한다. 그 자세는 하나님께 당신의 마음을 올려드린다는 의미를 가지고 있다. 그러나 용서를 구하는 기도를 할 때에는 부복하는 자세를 권하고 있다. 만약 환자의 경우라면, 환자의 상태에 따라 자유로운 기도의 자세를 취할 것을 권하고 있다. 다리가 온전치 못할 경우에는 앉아서 하는 것도 무관하다. 경우에 따라서는 눕는 자세도 용납된다. 즉 기도하는 자세에 대하여서는 너무 많이 신경쓸 필요가 없다는 것이다.

기도의 장소

기도하는 장소도 자유로워야 한다. 오리겐은 기도하는 장소는 어느 곳이 되든지 상관없으며 조용하고 깨끗한 장소면 괜찮다고 가르친다. 그곳을 구별하여 거룩한 장소로 여기면 되는 것이다. 어느 곳이 되든 주님과 천사들이 함께하는 것이 중요하다. 그리고 신실한 회중들이 모이는 곳을 선호해야 한다. 거룩한 성자들의 영혼이 깃든 곳이면 된다.[52] 이러한 견해는 초대교회

---

52) J. 포스터, Ibid., pp.45-46; 참조, 랄프 마틴, 「초대교회의 예배」, pp.42-58.

신앙의 미신적인 전통을 그대로 수용한 오리겐의 견해라는 것을 밝혀둔다.

축제들에 관하여

주의 날(the Lord's Day)

초대 교인들은 안식일 대신 일요일을 '주의 날'로 지정하여 지켰다. 예수의 부활을 통해 하나님께서 세상을 새롭게 하셨다는 의미를 기리는 날이었다. 교인들은 이날 부활하신 그리스도를 통해서 온 새로운 생명과 소망을 축하하는 행사를 했다. 성찬을 거행하며 음식을 나누고 감사의 축제를 드렸다. 그리스도가 죽음을 극복하고 승리한 것은 바로 자신들의 구원을 위한 새 언약의 성취였기에 이날을 구별하여 예배를 드렸던 것이다. 비록 주의 날이 이방인들의 축제일인 '태양의 날'(dies solis)과 겹치긴 했지만 초기 기독교인들은 이 문제에 대해서 그리 크게 신경쓰지 않았다. 아마 그리스도를 '의의 태양'(말 4:2)이나 '세상의 빛'(요 9:5)으로 표현한 성경의 구절 때문인 것으로 보인다. 신약에서도 이 날로 이미 유대인들의 안식날을 대체한 것을 볼 수 있다(행 20:7, 고전 16:2, 계 1:10).[53]

이러한 전통은 초대교회에서도 계속되었는데 2세기의 저스틴은 주일을 창조의 첫날 혹은 예수께서 죽은 자 가운데서 부활하신 날로 삼았다. 이러한 주일예배에 관한 글에서는 감사에 대한 내용이 가장 두드러지게 나타난다.

"형제들의 지도자(president)는…… 아들의 이름과 성령의 이름으로 우주의 성부 하나님께 찬양과 영광을 올려 드리며, 우리를 이것들을 받을 가치가 있는 사람으로 구속하신 사실에 대하여 자세히 감사를 드린다. '……그 후에' 집사들이

---

53) J. 포스터, Ibid., p.46.

참석한 각 사람에게 축사를 받은(thanks givinged) 빵과 포도주와 물을 나누어 주었다. 또한 참석하지 못한 사람들에게도 주었다.'"54)

주의 날에 예배를 통해 영적인 충전을 받은 교인들은 주중에도 신앙의 성장을 위해 노력하였다. 100년경의 교인들은 주중에 두 번, 수요일과 금요일에 금식하였다. 수요일에는 예수의 고난을 기억하고, 금요일에는 그의 십자가의 죽음을 기억했다. 이러한 행사들은 큰 행사로 이해되었다. 55)

부활절

초대기독교인들은 유대인들의 유월절과 같은 특별행사로 부활절을 지켰다. 즉 이스라엘 백성들이 애굽에서 해방되었던 사건을 그리스도께서 죽음에서 부활의 생명으로 옮겨진 날과 연관시키면서 부활절을 기념하였던 것이다. 소아시아의 교회에서는 주로 유대인의 달력을 따라 니산월 14일에 부활절 절기를 지켜오고 있었다. 그러나 결국에는 알렉산드리아나 로마 교회의 관습인 유월절 절기를 기독교 주간의 유형에 맞추어 지키는 관습이 서방 교회에 정착하였다.56)

특히 이러한 관습은 폴리갑이 154년경에 로마를 방문했을 때 이것이 사도적인 전통에 따른 것이라고 주장하며 로마의 감독을 설득시켜 정착화시킨 것이다. 예수님이 부활하신 날이 주일이었기 때문에 주일날을 부활절로 지켰고, 서방 기독교에 의해 춘기 보름달 이후 첫 주일날에 지켜졌다. 부활 주일 전의 금요일은 성 금요일로 선포하여 십자가의 고난을 기념하는 '금식날'로 정했다. 이러한 금식의 관행은 금요일에서 토요일로 그리고 주일

---

54) 윌리스턴 워커 저, 송인설 역, 「기독교회사」(서울: 크리스챤 다이제스트, 2002), p.119 재인용 in 저스틴[제1변증서], 65.
55) J. 포스터, Ibid., p.46.
56) 윌리스턴 워커, Ibid., pp.120-121.

로 연장되었고, 종국에는 오늘날 사순절이라고 부르는 40일간의 기간에 이르게 되었다. 부활절은 개종자들이 세례를 받는 가장 좋은 때로 간주되었고, 40일이라는 기간은 부활절을 준비하는 시간으로 생각하게 되었다.[57]

오순절

그리스어로 50일을 의미하는 오순절은 추수축제로 지켜왔던 절기였는데, 이때 제자들에게 성령이 임했기 때문에 부활절 이후 일곱째 주일인 이 날을 성령강림주일로 지키게 되었다. 예수님의 승천을 기념하는 축제는 부활절 후 40일간 지속되었다. 오순절은 이것 다음으로 가장 큰 초대교회의 축제였다. 영어권에서는 이 축제를 하얀 축제(White Sunday)라고도 하였다. 이때는 많은 개종자들이 하얀 옷을 입고 세례를 받았기 때문이다.[58]

주현절과 성탄절

주현절(1월 6일)과 성탄절(12월 25일)도 4세기에 와서는 교회의 큰 축제로 자리잡았다. 예수의 탄신일에 대해 정확히 아는 자는 없었지만 교회는 12월 말이나 1월 초에 예수의 탄생을 축하고 송구영신을 기념하는 축제를 즐겼다. 콘스탄틴의 어머니였던 헬레나는 베들레헴의 동굴 근처에 예수 탄생교회를 건립하였고, 매년 1월 6일에는 감독과 신도들이 그리스도의 현현을 기념하기 위해 자정 행진을 하면서 독생자의 이 땅에 오심을 축제로 기념하는 주현절을 지켰다. 아르메니아 교회는 아직도 그리스도의 탄신을 기념하는 주현절을 지키며 인도에 있는 시리아의 정교회도 지금까지 1월 7일에 주현절을 지키고 있다.[59]

---

57) J. 포스터, Ibid., pp.46-47.
58) Ibid., p.47.
59) Ibid., p.48.

아르메니아와 시리아의 정교가 주현절을 지키고 있었지만 성탄절은 로마에서 처음 시작되었다. 4세기 이후에는 이교적 성격을 가진 '정복되지 않은 태양축제일'과 같은 절기가 12월 25일에 지켜졌고, 이 관습은 여러 교회에 의해 호응을 얻으면서 순식간에 동방으로 확산되었다. 그 후 12월 25일이 성탄절의 의미로 확산되면서 주현절은 초대교회의 많은 곳에서 설 자리를 잃게 되었다.

성자의 날

156년부터는 이색적인 축제가 교회의 연중행사로 등장했다. 성자의 날로 알려진 축제였다. 이것은 156년 서머나의 감독인 폴리갑의 순교현장에서부터 시작되었다. 폴리갑은 로마의 황제 앞에서 자신의 신앙을 지켜 화형을 당하기 직전 다음과 같은 유명한 말을 남겼다.

"80여 년간 나는 그분을 섬겼습니다. …… 나를 구원하신 나의 왕을 내가 어떻게 모독할 수 있겠습니까?"[60]

이 장렬한 죽음을 지켜본 그의 친구들은 다음과 같이 다짐하였다.

"기쁨과 흔쾌한 마음으로 우리는 여기에 모였습니다. 우리의 모임은 순교자의 탄일을 기념하기 위해, 이전에 싸움을 싸웠던 이들과 앞으로 그렇게 할 사람들을 기억하기 위해서입니다."[61]

이러한 고백은 중세의 성자의 날을 축제로 일상화한 예표이자, 효시가

---

60) Ibid., p.48 in Young, p.350.
61) Ibid., p.49 in Young, p.163.

되었다. 이것은 교회사에서 성자의 사망일과 탄생일을 기념하는 성자의 날이 교회의 축제일로 자리잡게 된 배경이 되었다.

생각해 볼 문제

1. 예수 그리스도의 제자들의 선교 여정을 이야기해 보라.
2. 사도 바울의 전도여행을 간략하게 요약해 보라.
3. 초대교회 신앙공동체의 특징을 말해 보라.

3. 박해로 이어지는 복음의 지구촌화

복음의 지구촌화 작업은 예수의 제자들의 초기선교로 이루어지고 있었다. 이는 초기 기독교인들이 그리스도의 선교 명령에 순종한 결과였다(마 28: 19-20). 특히 사도들은 기독교를 단순히 유대인들과의 관계에 국한시키지 않고 이방인을 위한 복음으로 확대해 갔다. 그래서 예루살렘에서 시작된 교회는 안디옥을 거쳐 100년경에 소아시아, 시리아, 페르시아, 마케도니아, 그리스, 로마, 이집트와 에티오피아에까지 침투하게 되었다. 그리하여 4세기 초에는 교회가 로마제국의 거대한 세력으로 자리매김하게 되었다. 그러나 이러한 교세 확장이 순탄하게 진행되지만은 않았다. 그들은 거둔 성과만큼 대가를 지불해야만 했다. 이는 곧 신생교회에 대한 여러 가지 종류의 박해였다. 기독교에 대한 박해는 종교에 대한 로마 역사상 최대의 탄압이었고, 이로 인해 초대교회사는 박해의 역사로 이어졌다. 박해의 대표적인 주체는 로마의 관리들이었다. 그러나 아이러니하게도 이러한 박해가 있을 때에 오히려 기독교는 양적 성장을 이루었다.

로마제국의 기독교 박해

로마제국의 기독교 박해는 300년간 계속되었고 이러한 박해는 초기 기독교역사를 형성하였다. 기독교의 박해는 시기적으로 세 단계로 나뉜다. 첫째 시기는 주후 64년 네로(Nero) 황제의 박해로부터 도미티안 황제의 박해까지이며(A.D. 64-96), 2차 박해 시기는 트라얀 황제(A.D. 98-117)의 박해로부터 250년 데시우스(Decius) 황제의 박해(A.D. 98-249)까지이고, 셋째 시기는 데시우스 황제의 박해로부터 콘스탄틴 대제(Constantine the Great)의 기독교 공인(313)이 있기까지의 시기(A.D. 250-313)이다. 박해의 시기를 이렇게 3시대로 구분하기도 하지만 박해 중에서 가장 심했던 박해들을 들어 3회로 나누기도 한다. 가장 대표적인 10대 박해는 다음과 같다. 네로(54-68), 도미티안(81-96), 트라얀(98-117), 마르쿠스 아우렐리우스(161-180), 셉티머스 세베러스(195-211), 막시미너스(235-238), 데시우스(249-251), 발레시안(253-260), 오렐리안(270-275) 그리고 디오클레티안(284-305) 황제이다. 이들 중에서 가장 심하고 전국적이었던 박해는 데시우스와 디오클레티안 때였다.[62]

박해의 원인들

로마제국은 종교 다원화정책을 폈다. 로마는 거대한 제국의 통일성과 정체성을 다지기 위해 로마제국 내 지방의 풍속, 종족들의 법, 백성들의 정치제도는 물론 종교적인 신앙까지도 인정해 주었다. 그럼에도 불구하고 왜 기독교는 불법적인 종교로서 박해를 받게 되었는가? 로마사회에서 초기의 기독교에 대한 이미지는 야만인처럼 인식되고 있었다. 로마의 다양한 신들에게 행했던 제사의식에 불참한 것을 기점으로 하여 기독교인들은 사람들로부터 미움의 대상이 되기 시작하였다. 거기에 더불어 성찬을 통해 오해가 증폭되었고 서로를 형제자매라고 칭하는 것을 인해 무신론자이며 식인풍습을 쫓으며 근친상간을 하는 자들이라는 오해를 받았다. 기독교는 로마의 역사가인 타키투스(Tacitus)에 의해 사악하고 부끄러운 종교로 인식되었

---

62) E.S 모이어, Ibid., p.49.

고, 심지어는 미신적인 종교로 알려지기까지 했다. 뿐만 아니라 이방인 철학자인 켈수스(Celsus)는 기독교를 냉소하면서 기독교인들을 사회질서를 파괴하고 사회에 유익을 주지 못하는 병약자, 여인들, 그리고 노예들에 비유하였다.63)

기독교의 박해 원인을 정리하면 다음과 같이 몇 가지로 분석해 볼 수 있다.

첫째, 기독교는 황제숭배를 반대하였다. 지금까지 알려진 바에 의하면 기독교가 불법의 종교로 낙인된 가장 큰 원인은 황제 숭배를 반대했기 때문이다. 로마의 다른 종교들은 황제 숭배를 전통으로 삼고 있었다. 그래서 국가는 이들 종교들을 합법적으로 인정하는 데 무리가 없었다. 그러나 황제 숭배를 인정치 않은 종교에 대해서는 불법종교로 간주할 수밖에 없었다. 기독교가 후자의 경우였다.

둘째, 기독교인들의 비타협적인 태도가 박해의 요인이었다. 초기 기독교인들은 군 복무나 정부의 관리직 등을 거부하였고 공적 집회나 극장에 가지 않는 등 이방신들의 제사에 참여하는 것을 삼갔다. 기독교인들은 특히 군대에 대하여 부패를 야기하고 피를 흘리는 비인간적인 집단으로 인식되었다. 이러한 비타협적인 태도는 인류를 싫어하는 자들로 오해받게 만들었다. 이로 인해 사람들은 기독교인들이 그들의 가정을 파괴하고 다른 신들을 존경치 않으며 종국에는 세상의 종말이나 부르짖는 급진주의자들이라고 인식하게 되었다.

셋째, 기독교인들의 집회에 대한 오해가 박해의 요인이 되기도 하였다. 사람들은 기독교인들을 식인으로 오해하기도 하였다. 기독교인들은 사람들의 고기를 먹을 뿐만 아니라 피를 마시며 음란한 행위 특히 근친상간을 한다고 알려졌다. 이러한 오해는 초기 기독교인들이 밤에 비밀히 만나기도

---

63) Everett Ferguson, Ibid., pp.472-480.

하고, 모여서 성만찬을 행할 때 "이것은 나의 몸이요. 이것은 나의 피"라는 신앙고백을 한다는 데서 생겨난 소문이었다. 그리고 거룩한 입맞춤(남자는 남자끼리 여자는 여자끼리)으로 성도의 교제를 시작했던 관습도 음란 행위를 한다는 오해를 불러일으키는 발단이 되었다.

넷째, 기독교인들은 반국가적인 존재로 여김받았다. 로마제국은 당시 사람들의 연합적인 조직이나 집회를 금지하였다. 그런데 기독교는 감독을 중심으로 로마제국의 광범위한 지역에 걸쳐 조직을 확대해 갔다. 또 장로와 집사라는 지도자들도 선출하여 더욱 조직의 활성화를 꾀하였다. 이들은 제국과 교회가 마찰을 할 경우 교회를 선택하는 등 강한 충성심을 보였다. 그리고 자신들을 '그리스도의 군병들'이라고도 불렀다. 이러한 행위는 로마제국의 입장에서 볼 때 하나의 반국가적인 조직체 형성의 징조처럼 보였던 것이다.[64]

박해의 현장

12사도들은 모두 박해와 더불어 순교의 길을 걸었고 기독교를 성공적으로 발전시킨 바울도 순교로 일생을 마쳤다. 이렇게 기독교는 초기 역사부터 박해의 역사로 점철되었다. 로마시대에 행해진 박해의 대표적인 사건들은 다음과 같다.

황제에 의해 박해가 행해진 대표적인 경우는 네로 황제(Nero, 37-68)의 박해였다. 주후 64년 6월 18일 로마에는 대 화재가 발생하였다. 이 화재로 인해 도시의 14구역 중에서 10구역이 소실되었다. 이 화재의 원인에 대해 당시 네로 황제가 로마시를 새롭게 건설할 의도로 방화했다는 소문이 나돌기 시작하였다. 네로는 자신이 아닌 다른 누군가가 범인으로 잡히지 않으

---

64) Lars P. Qualben, A History of the Christian Church, pp.55-67; Kenneth Scott Latourette, A History of the Christianity vol 1, pp.81-91.

면 자신의 입지가 곤란한 지경에 처하게 되었다. 네로는 결국 민중들의 소문을 억누르기 위해 방화의 책임을 기독교인들에게 돌렸던 것으로 전해진다. 당시의 역사가 타키투스의 기록은 다음과 같다.

"황제의 거듭된 부인과 신들에게 바쳐진 희생에도 불구하고 황제가 화재를 명령했다는 의심은 그치지 않았다. 그리하여 이 소문을 없애기 위해 네로는 이미 배덕적 행위로 시민들의 증오를 받고 있던 기독교 신자들에게 혐의를 씌우고 이들을 잔인하게 처벌하는 결정을 한다. 이들이 좇는 소위 그리스도는 티베리우스(Tiberius) 황제 재위 기간 중 본디오 빌라도(Pontius Pilate)에 의해 처형된 인물이다. 이 악한 미신은 한동안 주춤하였으나 곧 유대뿐 아니라 전 세계의 모든 사교들이 모여 들었던 로마에 다시 출현하였다. 그리하여 우선 스스로 기독교인이라 고백했던 자들이 체포되었고, 이들의 증인에 의하여 더 많은 숫자가 정죄 받게 되었다. 그 이유는 화재 자체 때문이라기보다 이들이 인류를 증오했기 때문이다."[65]

타키투스의 기록에 의하면 기독교인들이 실제 방화의 범인은 아니었다. 그러나 로마인들이 전반적으로 기독교인들을 배척하는 분위기였음을 볼 수 있다. 당시 네로의 치하에서 기독교인들이 박해받던 모습을 타키투스는 아래와 같이 상술하고 있다.

"네로는 기독교인들을 죽이기 전에 그들을 시민들을 위한 오락에 이용하였다. 신자들 중 일부에게는 털옷을 덮어 씌워 개들이 찢어 죽이게 하였다. 또 다른 자들은 십자가형에 처하였다. 또 다른 이들은 불을 질러서 밤에 등불처럼 밝히게 하였다. 네로는 자기의 정원을 열어 이러한 쇼를 연출하였고, 그는 마치 전차 경

---

[65] 재인용, 유스토 L. 곤잘레스, 「초대교회사」(서울: 은성출판사, 1995), pp.60-61.

주처럼 옷을 입고 그 전차를 타고 돌아다님으로써 원형 경기장에서 스펙타클을 연출하였다. 이 때문에 시민들은 벌을 받아 마땅한 이 사람들에게 자비심을 느끼기도 하였다. 왜냐하면 이들은 일반인들의 선을 위해서가 아니라 한 인간의 잔인성을 만족시키기 위해 죽어갔기 때문이다."[66]

네로의 박해의 범위가 어디까지였는지는 확실하지 않지만 1세기 후반부터 2세기에 걸쳐 기독교의 저술가들이 모두 네로의 박해를 기술하고 있음을 보아 그의 박해가 어느 정도로 심했는지 짐작해 볼 수 있다. 로마시 외의 박해 기록은 네로 당시에 기록된 자료에서 나타나지 않으므로 그 당시 박해의 중심은 로마시였다는 정도로 추론할 수 있을 뿐이다.

네로 이후에 기독교인들에게 박해를 가한 황제는 도미티안 황제(Domitian, 81-96)였다.

그의 박해 이유는 명확하지 않지만 아마도 로마의 신과 전통을 거부한 기독교인들이 도미티안의 비위를 거슬렀던 것으로 추정된다. 그러나 도미티안 황제의 기독교인 박해의 결정적인 동기는 그의 유대인 박해에 있었다.[67]

도미티안 황제는 주후 70년에 예루살렘 성전이 파괴된 것을 구실로 삼아 유대인들이 매년 예루살렘에 보내던 헌금을 황제에게 바치도록 강요하였다. 유대인들은 반발하였고, 이에 도미티안은 그들을 박해하였다. 문제는 아직도 유대인과 기독교인이 이방인들에게는 명확하게 구별되지 않았

---

66) 재인용, Ibid., pp.61f cf Tacitus Annales, XV. 44 in Henry Bettenson, Edit., Documents of the Christian Church(London: Oxford University, 1947), p.4.
67) 도미티안 황제는 자신의 아내인 도미틸라를 유배시키고, 친조카인 플라비우스 클레멘스와 그의 두 아들을 살해하면서 이들이 무신론자였고 유대인의 관습을 따른다고 하였다. 아마 도미티안은 유대인과 기독교인을 구별하지 못한 것으로 보인다. cf. Ferguson, Ibid., p.481.

으므로, 유대인과 기독교인들에게 무차별적으로 박해가 가해졌다는 것이었다. 로마에선 황제와 인척관계에 있었던 것으로 보이는 부부(플라비우스 클레멘스와 그의 아내 플라비아 도미틸라)가 처형되었다. 이 당시에 소아시아에 박해가 있었고, 대표적으로 요한계시록의 저자인 사도 요한이 밧모섬에 유배되고, 교회들도 시련을 겪었다.[68]

그러나 도미티안은 말년에 교회의 핍박을 중단하였고 추방당한 교인들에게 자유를 주어 요한도 유배지에서 다시 돌아와 소아시아의 교회를 돌보았다고 유세비우스는 기록하고 있다.[69]

제2세기의 기독교 박해에 대한 기록은 1세기보다 많은 사료들이 남아 있다. 「순교자들의 행전」은 여러 순교자들의 체포, 재판, 그리고 죽음의 과정을 기록하고 있다. 특히 2세기의 기록 중에서도 소아시아 지역의 한 통치자인 플리니(Pliny)와 트라얀(Trajan) 황제 사이에 교류한 서신(112-113년)에서는 박해에 대한 로마 당국의 태도를 잘 나타내고 있다.[70]

주후 111년 플리니라는 사람은 오늘날 터키 북부 해안지역의 비시니아(Bithynia) 총독으로 임명되었다.[71] 그가 이곳 총독으로 부임했을 때, 그곳에 기독교인들이 놀라울 정도로 많이 살고 있음을 알게 되었다. 그는 기독교인들을 조사하기 시작하였고, 사람들이 그에게 기독교인들의 명단을 보고했을 때, 이미 그는 기독교가 불법 종교 단체임을 알고 있었다. 그렇지만 플리니는 기독교인 중에서도 잘못을 뉘우치고 신앙을 포기하는 자들에게는 박해를 가하지 않았다. 그리고 신앙을 고집하는 기독교인들에게도 세 번의 개심 기회를 주었다. 또한 그들이 로마시민인 경우에는 법에 따라 로

---

68) Henry Chadwick, The Early Church, pp.23-31.
69) Eusebius, The Ecclesiastical History(Grand Rapids: Baker Book House, 1991), p.104.
70) Henry Bettenson, Ibid., pp.5-7.
71) 유스토 L. 곤잘레스 저, 서영일 역, 「초대교회사」(서울: 은성출판사, 1987), p.68.

마로 호송하였다.[72]

그가 특히 로마의 트라얀 황제에게 서신을 통해 기독교인들의 처벌에 대해 문의했을 때, 황제는 아직 적용될 수 있는 일반적인 규칙이 제정되지 않았다고 답변하였다. 그리고 그들의 성격으로 보아 국력을 소모하면서까지 색출할 만큼 흉악한 자들은 아니라고 하였다. 그래서 황제는 고발이 접수된 사건만 처리하고 색출할 정도로는 하지 말라고 지시하였다. 또한 로마의 신들에게 숭배할 것을 받아들이는 자들은 용서하라고 하였으며 익명으로 고발된 것은 무효로 하라고 하였다. 이는 로마법의 정신에 위배되는 것이었기 때문이다. 황제는 다음과 같이 답변하고 있다.

"친애하는 플리니, 당신은 기독교인으로 고발당한 케이스를 취급하는데 정당한 방법을 택했다…… 그들을 쫓아서 찾아낼 필요는 없다. 그들이 고발되어 증명되면 처벌을 받을 것이다. 그리고 다음과 같은 것은 명심해야 한다. 그가 그리스도인임을 부인하고 그리고 그것을 증명하고, 우리들의 신들을 섬긴다면 이러한 회개에 근거하여 용서할 것이다. 비록 과거의 행적이 의심스러운 경우라도 그렇게 해줄 것이다. 또한 익명으로 작성된 고발 서류는 인정하지 않을 것이다. 그것들은 좋지 않은 행위이며 이 시대에 부합되지 않기 때문이다."[73]

이러한 사실들을 볼 때 이 시기에 행해진 박해의 성격은 당국에 소환되었을 때는 처벌을 가하는 것이 제국의 공식적인 입장이었던 것으로 보여진다.

2세기 중반에 접어들면서 기독교의 박해는 더욱 심해진 것으로 보인다.

---

72) cf. Henry Bettenson. pp.5-6.
73) Ibid., p.7. cf. Robert L. Wilken, The christians as the Romans Saw Them, pp.48-67.

그 박해의 주인공은 마르쿠스 아우렐리우스 황제(Marcus Aurelius, 121-180)였다. 그는 전임자들에 비해서는 상당한 학식과 교양이 있는 지도자였으나 여전히 미신적이고 교만하였다. 그는 점성술가를 찾았으며 국가의 중요한 행사에는 기독교인을 희생의 제물로 드리곤 하였다. 그의 재위 기간 중에 야만족들이 침략하고 홍수와 전염병이 발생하는 등의 자연재해가 발생하였다. 그는 이러한 재난을 두고 제국의 신들이 분노한 증거라고 하였으며, 신들의 분노를 불러온 것은 바로 기독교 신자들이라고 하였다. 그는 기독교의 박해를 지지하였으며 로마 옛 종교의 부흥에 힘을 썼다. 그의 박해를 잘 알려주는 사건으로는 '과부 펠리시타스(Felicitas)와 그의 일곱 아들의 순교사건'이 있다.74)

펠리시타스는 대단히 유능한 교회의 일꾼이었다. 교회를 위해 열심을 다한 그녀에게 당국과 이교도 사제들은 각종 회유와 협박을 통해 개심을 요구하였다. 그러나 그녀의 대답은 완강하였다. "내가 살아 있는 동안에도 당신에게 승리할 것이며, 나를 죽인다면 죽음을 통하여 더욱 더 큰 승리를 거두리라." 그녀의 고집을 이기지 못한 박해자들은 그녀의 아들들을 설득했으나 마찬가지 결과였다. 결국 그들 모두는 처형되었다.

또한 이 박해 기간 동안에는 유명한 기독교 학자였던 저스틴 마터(Justin Martyr, 100-165)의 순교도 있었다.75)

리용과 비엔나에서도 박해가 있었다. 이 사실은 이곳의 교회들이 브리기아와 소아시아의 신자들에게 보낸 편지를 통해 알려져 있다. 이곳의 박해는 갑작스럽게 이루진 것으로 전해지고 있으며, 교인들의 공공장소 출입이 금지되고 폭도들이 기독교인들을 추격하고 그들에게 돌을 던지는 일이 발생하였다. 총독과 폭도들로부터 고문이 행해졌고 그로 인해 많은 순교자들

---

74) 유스토 L. 곤잘레스, Ibid., p.78.
75) 유스토 L. 곤잘레스, Ibid., p.79; cf. E. S. 모이어, Ibid., p.45.

이 생겨났다. 때로는 신자들을 가두었던 장소가 너무 협소하여 신자들이 질식해 죽는 사태도 발생하였다고 전해진다.[76]

2세기의 기독교인들에 대한 박해는 전반적으로 위험 수준에 달해 있었다. 로마제국의 전역에서 계속 박해를 받았다는 기록은 없지만 그들의 신앙생활에는 늘 위험이 따르고 있었다. 이 시기의 박해는 팔레스타인, 로마, 소아시아, 아프리카, 그리고 프랑스 지역의 교회에까지 뻗어갔던 것으로 보인다.

2세기의 박해 동안 많은 교회 지도자들이 박해를 당했는데, 그 중에서도 가장 극적인 순교의 사건들은 다음과 같다. 처음 사례는 황제 트라얀 시대에 발생하였다. 대표적인 희생자는 이그나티우스(Ignatius, 35-107)라는 지도자였다. 이그나티우스는 시리아의 대표적인 교회였던 안디옥 교회의 감독이었다. 그는 40년간 교회를 위해 봉사했으며 특히 이단 퇴치를 위해 열심히 싸운 믿음이 강한 감독이었다. 그의 노년기에 로마의 트라얀 황제가 동방의 도시들을 순회 방문하던 중 안디옥을 방문하였다. 황제는 이그나티우스의 명성을 듣고 그를 만나게 되었다. 황제는 기독교를 멸시하는 사람이었으며, 이그나티우스를 대면하자 혹독한 말로 그를 빈정대기 시작하였다. 이에 이그나티우스가 황제의 말에 응수하게 되면서 사태는 점점 더 악화되어 갔다.

트라얀 : "여기 사악한 마귀, 사람들을 속이는 자가 있구나!"
이그나티우스 : "나는 마귀가 아니라 마음에 그리스도를 모신 자입니다."
트라얀 : "네 속에 그리스도가 있다고? 본디오 빌라도가 십자가에 못 박아 죽인 그리스도가 너에게 그렇게 중요한 존재인가?"

---

76) 유스토 L. 곤잘레스, Ibid., p.79.

이그나티우스 : "그렇습니다. 그 분은 나의 죄를 대신하여 십자가에 못 박혀 죽으셨기 때문입니다."77)

이 이야기를 들은 황제는 적법한 재판의 절차도 무시하고 이그나티우스를 로마로 압송하여 맹수들의 밥이 되게 하라고 명하였다. 드디어 이그나티우스는 로마의 국립경기장인 콜로세움에 서게 되었다. 약 45,000명의 관중을 수용할 수 있는 대형 경기장이었다. 구경꾼들은 몰려들었고 드디어 황제가 이그나티우스를 맹수에게 던지라는 명령이 떨어졌다. 이그나티우스는 죽임을 당하기 직전 이렇게 말하였다. "나는 맹수의 이빨 사이에 낀 하나님의 곡식으로 빻아져서 주님을 위한 거룩한 빵이 되고자 한다."78)

말이 채 끝나기도 전에 사자들이 그를 덮쳐 그는 장렬한 순교를 하였다. 후에 그의 친구들은 그의 죽음을 애도하면서 사자들이 먹다 남은 그의 뼈를 모아 매장하여 주었다. 그는 그리스도와 함께 더 좋은 곳(빌 1:23)으로 갔다.

또 하나의 극적인 순교는 계시록에 나타나는 아시아의 일곱 교회 중 하나였던 서머나 교회의 감독인 폴리갑(Polycarp, 69-155)의 경우이다. 155년경 순교를 당한 그는 사도 요한의 제자였다. 그는 2세기에 벌어지고 있던 박해를 피하여 시의 외곽에 숨어 있었으나 하인의 밀고로 체포되어 로마의 집정관 앞에 압송되었다. 그리하여 로마의 황제 가이사를 주로 고백하기를 강요당하였다. 폴리갑이 이를 거절하자 집정관은 여러 가지로 위협을 하면서 그의 신앙을 굴복시키려고 하였다. 폴리갑은 맹수의 위협이나 불의 위협에도 굴복치 않았다. 집정관은 만약에 한 번만 굴복하면 석방시켜 주겠다고 최종적으로 제안하였다. 그때 폴리갑은 유명한 답변을 하였다.

---

77) 시드니 M. 휴톤 저, 정중은 역, 「기독교 교회사」(서울: 나침판, 1988), p.28.
78) Ibid., p.29.

"내가 86년 동안 그리스도를 섬겨 왔으나, 그분은 나에게 어떤 잘못도 행하지 않았소. 그런데 내가 어떻게 나를 구원해 준 나의 왕을 욕할 수가 있겠소. 당신은 한 시간 동안 타는 불로 나를 위협하나, 그 불은 이내 꺼질 것이오. 그러나 당신은 장차 올 심판의 불과 영원한 징벌의 불을 모르고 있소. 당신 마음대로 처결하시오."[79]

이 말에 분노한 집정관은 횃불을 장작더미에 붙이도록 명령하였고, 이내 연기와 화염이 폴리갑을 에워쌌다. 이와 같이 장렬한 지도자들의 순교는 로마, 소아시아뿐만 아니라 아프리카에서도 일어났는데, 이 경우의 대표적인 사람은 카르타고의 지도자였던 키프리안(Cyprian, ?-258)이었다. 키프리안은 갈레리우스와 다음과 같은 대화를 나누었다.

갈렐리우스 : "그대가 키프리안인가?"
키프리안 : "그렇습니다."
갈렐리우스 : "그대는 우리 로마의 신들에게 예배하지 않는 사람들의 감독으로 일해 왔다."
키프리안 : "그렇습니다."
갈렐리우스 : "그 일을 재고하라."
키프리안 : "당신의 그러한 요청을 재고하십시오. 이것은 재고할 필요도 없는 당연한 문제입니다."
갈렐리우스 : "로마의 신들과 그들에 대한 신성한 의식의 반대자로 자칭하고 나선, 신성 모독자인 그대의 생명은 너무 길었다. 그대는 악질적인 범죄의 기수였기에 우리는 그대를 본보기로 삼아 그대를 사귄 자들에게 교훈을 주고자 한다. 우리는 키프리안이 참수되는

---

79) Ibid, pp.30-31.

것을 기뻐한다."80)

이 일 후에 곧 키프리안은 수많은 사람들이 지켜보는 가운데 백부장에 의해 단칼에 목을 베었다.

이렇게 기독교인들에 대한 핍박이 날로 심화되고 장기화되는 과정에서 특히 로마라는 대도시에서 유일하게 피신할 수 있었던 곳은 지하 공동묘지인 카타콤이었다. 많은 기독교인들이 이곳에 피신하여 목숨을 구했다. 적어도 1세기 말부터 기독교인들이 이곳에 머물렀던 것으로 추정된다. 카타콤은 로마뿐 아니라 다른 곳에도 산재해 있었다. 길이는 수백 마일에 달하였다. 이곳에는 수백만 개의 지하 무덤들이 있었다.81)

이들은 이곳에서 서로의 정체성을 알리고 그들의 순수한 신앙의 절개를 표현하기 위해서 비둘기, 물고기, 떡, 종려나무 등의 상징적 그림을 벽화나 비문에 남기곤 하였다. 오늘날 일부 교인들이 자동차에 물고기 모양의 스티커를 붙이고 다니는 것은 여기서 유래한 것이다.82)

이러한 로마제국의 박해를 통해 수천 명의 그리스도인들이 죽임을 당했으며, 이들 순교자들의 피는 곧 "교회의 씨앗"이 되었다.83)

그러나 이러한 박해에도 불구하고 교회는 성장했다. 3세기 들어와서 이어진 박해에도 불구하고 계속해서 성장하는 기독교에 대한 쟁점을 국가는 중요한 문제로 삼지 않을 수 없었다. 원래 로마 정부는 정치적인 속성상 종교에 대한 보편적인 정책을 폈고, 이를 통해 제국의 통합을 이루어 정부의 권한강화를 꾀하고자 하였다. 그런데 기독교는 타종교와의 보편성을

---

80) Ibid., p.34.
81) E. S. 모이어, Ibid., p.52.
82) 시드니 휴톤, Ibid., p.34.
83) Ibid., p.35.

인정하지 않는 요지부동의 자세를 취하였고, 정부의 입장에서는 여기에 대한 대책이 필요했다. 이러한 긴장 가운데서 4세기 초에 황제 디오클레티안(Diocletian)은 기독교 박멸 정책을 시행하였다. 그는 자신의 정책을 지지하는 부하 갈렐리우스와 막시미안과 결탁하여 기독교를 뿌리뽑으려 했다. 황제 자신은 로마의 신인 주피터의 수호를 받고 있으며 그의 두 부하는 헤라클레스 신의 수호를 받고 있다고 믿었다.

황제는 303년 칙령을 선포하고 교회 건물을 파괴하였으며, 모든 성경을 공개적으로 불사르라는 명령를 내렸다.[84] 그리스도인들의 사회적인 권리보장의 박탈은 물론이고, 모든 성직자들의 체포령을 내렸다. 그리고 종국에는 제국 내의 모든 그리스도인들을 멸절시키라는 명령을 내렸다. 이때 순교한 자들의 수는 헤아릴 수 없을 정도에 달했고, 기독교인들은 사냥터의 모리배에게 몰리는 토끼처럼 쫓겨 다녔다. 자기를 쫓고 있는 자들이 성경을 불태우면서 "네가 믿는 성경이 어디 있느냐"고 하면 기독교인들은 "내 마음속에 있다"고 대답하였다. 305년에 디오클레티안 황제가 죽은 후에도 갈렐리우스는 6년간 박해를 계속하였다.[85]

초대 기독교의 역사는 실로 박해의 역사였다. 그러나 이 박해를 통해 도리어 기독교의 신앙은 확고해져 갔고 또한 확장되어 갔다. 박해에 대한 영웅적인 죽음들은 다음과 같이 기록되었다.

"이것은 참으로 교회사에 있어서 영웅적인 시기였다. 육신적인 무기라고는 아무것도 없는 교회가 그저 무저항주의로 로마제국의 전 세력에 대항하였던 것이다. 그런데 온 세계를 정복한 로마제국은 유순하면서도 굽히지 않는 용기를 가진 그리스도의 제자단에게 대하여 그 온 세력을 가지고 탄압하려 하였지만 도리어 굴

---

84) Ibid., p.24.
85) Ibid., p.24.

복당하고 말았다."86)

> **생각해 볼 문제**

1. 기독교인들이 박해받은 원인은 무엇인가?
2. 초대교회의 박해와 관계되는 로마 황제들은 누구인가?
3. 박해 동안의 대표적인 순교자들은 누구인가?
4. 순교자들의 정신에서 무엇을 배울 수 있는가?

---

86) E. S. 모이어, Ibid., p.50.

4. 이단들의 위협과 교회

로마 황제들의 기독교 박해가 외적인 위협이었다면 이단들의 등장은 교회의 내적인 위협이었다. 그리고 사실상 교회에 더 큰 타격을 준 것은 후자였다. 이들은 교회의 가르침에 반대하거나 다른 교훈들을 주장하면서 마치 자신들의 신앙이 정통인 것처럼 교인들을 유혹하였다. 이 당시 교회를 위협한 대표적인 이단은 영지주의, 말시온 그리고 몬타니즘이었다.

영지주의(Gnosticism)

2세기 들어 기독교가 전반적으로 확대되면서 만나게 된 현상은 타 종교와의 관계에 있어 그들의 신앙 문제였다. 예를 들면 기독교에 대항해서 발생한 영지주의의 대두가 이 점에 있어서 가장 큰 문제 중 하나였다. 영지주의 사상의 기원은 그리스도 이전의 시대로 거슬러 올라갈 정도로 오랜 것이었다. 이 사상에는 유대교적 형태와 이방 종교적인 형태가 공존하고 있었다. 우선 그리스의 철학자였던 플라톤의 이원론에 근거를 두었고, 페르샤의 이원론적인 개념에도 관련되어 있었다. 즉 영지주의는 이원론에 근거한 혼합주의 사상이었다.[87]

---

87) 박용규, 「초대교회사」(서울: 총신대학출판부, 1998), p.178.

곧 눈에 보이는 물질세계(현상세계)는 사악하고, 그 세계 뒤에 있는 이념적 관념의 세계는 선하다는 사상이었다. 그래서 인간은 물질과 같은 악한 현상세계에 갇혀 있으면서 동시에 항상 선한 세계인 다른 세계로 가려고 한다는 것이다. 이러한 기본원리 위에서 우주관을 형성하다 보니 자연히 유대교의 창조를 악한 신의 행위로 간주하여 구약의 신을 악한 세계를 창조한 악한 신으로 해석하였다. 물질세계는 악하기 때문에 그 물질세계를 창조한 창조주 하나님도 열등하고 불완전한 하위 신인 것으로 간주되었다. 그리고 이를 데미우르그(Demiurge)라고 불렀다.[88] 이들은 우주와 창조의 모든 체계를 철저하게 이원론으로 해석하였으며 바실리데스와 발렌티누스 같은 대표적인 이론가를 배출하였다.[89]

이들의 이원론 사상은 기독교의 우주관이나 창조관에 있어서 뿐만 아니라 기독론에 있어서도 치명적이었다. 그들은 그리스도의 인성을 부인하였다. 창조 세계에 있는 모든 물질의 본성은 악이기 때문에 하나님인 그리스도가 물질인 육체를 입고 올 수 없다고 보았다. 그래서 그리스도는 인간의 육체를 가지신 것이 아니라 일시적으로 인간의 몸 속에 머문 것뿐이라고 그들은 말한다. 따라서 그리스도는 인간의 육체를 가진 것처럼 보였지만 실제적으로는 가현적이거나 그림자 정도로 나타난 것뿐이라는 것이다. 이런 주장을 가현설(Docetism)이라 한다. 그리스도를 하나의 '펜톰'(phantom: 유령)으로 본 것이다.[90]

영지주의자들이 가지고 있는 또 하나의 문제는 그들의 구원관이었다. 그들은 인간의 육체는 악하므로 그 속에 갇혀 있는 영혼을 구출해야 한다고

---

[88] Paul Johnson, A History of Christianity, pp.45-46.
[89] cf. Ray C. Petry, A History of Christianity Readings in the History of the Church, Vol. (Grand Rapids: Baker Book House), pp.85-88.
[90] Lars P. Qualben, Ibid., p.77.

믿었다. 인간의 영혼은 육체의 굴레에서 빠져나와 승천하여 영원한 영적 실제의 참된 세계인 플레로마(Pleroma)와 재결합해야 한다고 주장한다. 이들은 자신들이 영적인 지식 곧 영지(gnosis)의 비밀을 갖고 있다고 주장하였다. 이 영적인 비밀지식이 영혼을 영적 실체의 참된 세계와 합치되게 해준다고 하였다. 그리고 인간에게는 영혼의 내적인 신비한 신적 광명이 내재한다고 주장했다. 이런 주장은 당시에 유행했던 신플라톤주의의 영향을 받은 것이다. 그런데 이러한 영적인 지식을 가진 자들에는 세 부류가 있다고 보았다. 첫째, 완전한 영지를 가지고 있는 '영적' 인간, 둘째는 신앙을 가질 수 있으며 어느 정도의 구원이 가능한 '정신적' 인간, 그리고 마지막으로 구원의 가능성이 없는 '물질적' 인간이 있다고 보았다.[91]

　복음역사의 초기에 등장한 이색적인 기독교 색깔을 가진 영지주의는 역사적 기독교의 근거를 뒤흔드는 도전을 하였다. 구약의 하나님과 신약의 하나님을 동일시 하지 않았으며, 더군다나 구약의 하나님을 악한 신으로 규정하는 등 신관에 있어서 큰 문제점을 드러내었다. 그리고 구약과 신약을 구분하여 구약은 악한 신의 역사로 간주함으로 성경관에 있어서도 교회의 가르침을 정면으로 거슬렀다. 또한 그리스도의 성육신을 부인하여 구원의 근간을 무너뜨리는 위험한 교리를 펼쳤다. 그리고 성육신을 부인함을 통해 초대교회 교인들의 신앙의 최후 희망이었던 부활까지 부인하는 극단론으로 이어졌다. 결국 영지주의는 창조관에서부터 종말론에 이르기까지 기독교의 주장과 정반대의 이론을 펼친 것이라고 할 수 있다.

---

91) Chang Sup Shim, An Evaluation of Calvin's Theological Position Against the Libertines, pp.64-68; 해리 R. 보어, Ibid., pp.78-85.

말시온(Marcion)

영지주의와 같은 맥락에서 이해되어야 할 이원론적인 또 하나의 이단은 말시온이었다. 교회개혁이라는 기치를 내세워 등장한 말시온은 소아시아 시노페(Sinope)라는 지역의 훌륭한 기독교 가정에서 양육을 받고 자랐으며 그의 아버지는 감독으로 알려져 있었다. 그는 부유한 선박의 소유자였으나 신앙적인 문제로 인해 139년경 고향으로부터 로마로 옮겨 온 것으로 전해진다.[92]

그는 로마교회에 참석하였고, 자선사업을 위해 거액의 희사금을 내기도 하였다. 그러나 말시온은 교회의 가르침에 위배되는 신앙을 주장하였다. 그는 바울 사도만이 복음을 신앙적으로 이해했던 유일한 사도라고 하면서 누가복음과 바울 서신만을 진정한 성경으로 인정하였다. 바울 서신 중에서도 디모데 전·후서와 디도서는 제외시켰다.[93]

그리고 그는 그리스도의 성육신을 반대하는 가현설의 입장을 취였다.[94] 그리스도의 몸은 실제적인 육체가 아니므로 십자가의 고통은 없었다고 주장하였다. 구약의 하나님을 물질을 창조한 악신으로 보았고, 신약의 하나님만 진정한 참 하나님으로 간주하였다. 그리고 악한 물질세계로부터 도피하기 위한 방책으로 금욕생활을 강조하였다. 육식을 거부하고 성적 생활도 악한 창조신의 유혹에 빠지는 수단으로 보았다.[95]

말시온은 144년에 로마교회에서 출교당했다. 말시온과 그의 추종자들은 바울의 10개 서신과 누가복음을 묶어 그들의 정경으로 만들어 사용하

---

92) 해리 R. 보어, Ibid., p.85; 유스토 L. 곤잘레스, Ibid., p.104.
93) Ibid., p.86.
94) Ray C. Petry, Ibid., p.89; 그리스도의 성육신을 육신 없는 성육, 'incarnate', 혹은 하나님 없는 그리스도, 'Christ without God' 등으로 표현하였다.
95) cf. Ibid., p.87.

기도 하였다. 이러한 말시온의 존재는 어떤 면에서 영지주의자들보다 교회에 더욱 위협적인 존재였다. 영지주의자들은 기존 교회의 직분을 아예 정면으로 무시한 운동이었지만, 말시온은 기존교회의 제도를 그대로 수용하면서 그 속에서 교회의 진리를 위협했기 때문이다. 이들의 운동은 시리아 지역에 오랫동안 남아 있었으며, 5세기경까지 잔존하였다.[96]

몬타니즘(Montanism)

영지주의나 말시온과는 달리 교리적으로는 기독교적인 근거를 따르면서 계시나 성령 체험적인 극단신앙을 주장함으로써 교회를 위협했던 이단 종파가 있었는데 이는 몬타니즘이었다.

2세기로 접어들자 교회의 사도적인 열정과 영성의 능력은 저하되어 갔다. 이러한 정황 속에서 몬타니즘은 156년경 소아시아의 브루기아(Phrygia) 지역의 아르다보(Ardabau)에서 발생하였다.[97] 교회의 열기가 식어가는 이러한 시기에 초기 사도교회의 성령체험을 사모하며 계시 체험적인 극단적인 신앙에 대한 관심이 고조되었다. 이 운동을 일으킨 대표자인 몬타누스는 본인이 엑스타시 상황에 심취되어 있었으며, 지나치게 환상적인 신앙체험을 강조하였다. 그는 성령의 특별한 섭리에 대한 믿음과 예언자적인 열정을 가지고 종말신앙을 강조하였다.[98]

156년경에 몬타누스는 자신을 성령의 특별한 도구라고 선포하면서 자신을 통해 그리스도의 약속이 실현되었다고 주장하였다. 특히 그의 두 여

---

96) Henry Chadwick, The Early Church, pp.39-41.
97) 해리 R. 보어, Ibid., p.88, 전승에 의하면 그는 기독교로 개종하기 전에 시벨레(Cybele)라는 종교의 한 승려였다고 한다.
98) Ibid., p.88.

선지자인 프리스카와 막시밀라는 예언과 방언 그리고 계시를 통해 세계의 종말이 임박했음을 예언하였다. 그리고 프리키아에 새로운 하늘의 도성 예루살렘이 임할 것이라고 하면서, 성도들이 그곳으로 모여들 것을 종용하였다. 종말을 준비하기 위해서 성도는 독신과 금식은 물론이고 일체의 육신적인 욕망을 절제해야 한다는 금욕주의를 강조하였다. 당시 세속주의에 물들어 있던 교회는 이러한 극단적인 금욕주의에 매력을 느끼기도 하였다. 이 운동이 확장되어 가자 소아시아의 감독들은 교회를 보호하기 위해 160년경 공회의를 소집하고 몬타누스를 정죄하였다. 그럼에도 불구하고 아프리카의 카르타고에서는 초대교회의 유명한 지도자인 터툴리안이 200년경 몬타누스주의자가 되는 등 몬타니즘은 기독교인들에게 상당한 영향을 미쳤다. 뿐만 아니라 몬타니즘은 어거스틴 시대까지 지속되는 저력을 보이기도 하였다. 몬타누스의 금욕사상은 기독교 종교의 보편적 양식 중 하나로 자리잡으면서 후세에 수도원에서 재현되기도 하였다.[99]

생각해 볼 문제

1. 이단들이 가지고 있는 공통적인 특징은 무엇인가?
2. 이단들은 초대교회의 신앙형성에 어떤 영향을 주었는가?
3. 몬타누스가 주장한 것은 무엇인가?
4. 말시온과 영지주의자들이 가지고 있던 기존 교회의 직분에 대한 견해의 차이점은 무엇인가?

---

99) Roland H. Bainton, Christendom, Ibid., pp.104-105.

5. 정통교회의 자리매김

공교회는 초기의 박해와 2세기에 나타난 이단들과 극단적인 종파들에 대항하여 하나로 결속할 것을 촉구하면서 정통(Orthodox)이라는 말을 사용하게 되었다. 그리고 이들을 막아내기 위하여 모든 교회가 유대를 공고히 하고자 교회의 보편성을 강조하게 되었고, 이는 곧 가톨릭교회(catholic church)라는 말로 표현되었다. 그래서 교회는 본질적으로 보편성(universal)을 갖게 되었고, 공동체적인 의미를 갖게 되었다.[100] 우리가 오늘날 가톨릭교회라고 하면 천주교로 인식하지만 그것은 잘못된 것이다. 천주교는 로마가톨릭교회를 의미하는 것이며 가톨릭교회는 교회의 보편성을 의미하는 것으로서 공교회 전체를 일컫는 말이다. 이 시기의 공교회 감독들의 권한은 이단들에 대항하기 위해서 한층 더 강화되었다. 그리고 교회는 이단들의 이설을 막기 위해 성서의 공인 작업과 신조의 형성을 시작하였다.[101]

정통신조를 형성하는데 중요한 역할을 한 회의는 니케아 종교회의(325)와 칼케돈회의(451)였다. 특히 니케아 종교회의는 이단적인 가르침인 아리

---

100) 유스토 L. 곤잘레스, Ibid., p.113.
101) 공교회의 신조형성을 위해 모였던 초대교회의 에큐메니컬 회의는 다음과 같다. 니케아회의(325), 콘스탄티노플회의(381), 에베소회의(431), 칼케돈회의(451), 콘스탄티노플회의(553), 콘스탄티노플회의(680), 그리고 니케아회의(787)이다. cf. Lars p. Qualben, Ibid., p.121.

우스의 가르침에 대처하는 데 큰 공헌을 하였다. 아리우스는 알렉산드리아의 장로로서 삼위를 계급관계로 인식하였으며 특히 그리스도를 피조물로 간주하며 성자의 영원성을 부인하였다. 아리우스는 두 가지 때문에 핍박받는다고 고백함으로써 자신의 이설에 대한 주장을 확정하였다.

"우리는 성자는 시작이 있다는 것과…… 그는 무에서 만들어졌다는 것을 말하기 때문에 핍박을 받고 있다."[102]

니케아 종교회의는 324년 콘스탄틴 황제가 동서로마의 황제가 되고 난 이듬해에 개최되었다(325). 이 회의에서 아리우스를 정죄하고 반 아리우스 신경을 만들었는데 이것이 니케아 신조였다.

"우리는 한 분의 하나님, 곧 보이는 또는 보이지 않는 모든 만물을 지으신 전능하신 아버지를 믿으며, 그리고 한 분의 주 예수 그리스도, 하나님의 아들, 곧 아버지의 독생자, 아버지와 동일한 본질을 지니신 그분을 믿으며, 그는 하나님에게서 오신 하나님이시며 빛으로부터 온 빛, 참 하나님에게서 오신 참 하나님, 만들어지지 않은 독생자, 아버지와 동일 본질(homoousios)을 가진 분이심을 믿으며, 그로 말미암아 모든 만물, 곧 하늘과 땅 위에 있는 모든 것이 지어졌음을 믿으며, 우리 인간들을 위해 그리고 우리의 구원을 위해 내려오사 육체를 입으시고 사람이 되셔서 고난 받으시고 사흘 만에 다시 살아나사 하늘로 오르시고 저리로서 산 자와 죽은 자를 심판하러 다시 오실 것을 믿는다. 또한 성령을 믿는다. 그러나 거룩한 보편적이고 사도적인 교회는 다음과 같은 주장을 하는 자를 출교(저주)한다. 그가 (그리스도가) 있지 않은 때, 즉 그가 존재하지 않은 시기가 있었다는 것과 그가 무

---

102) 토니 레인, 「복음주의 입장에서 본 기독교 사상사」(서울: 나침판사, 1991), p.59.

에서 만들어졌다는 것 그리고 그가 성부가 아닌 다른 어떤 존재, 곧 다른 본질로부터 왔고, 그는 변하기 쉽고 변할 것이라고 주장하는 사람들 말이다."103)

그래서 451년 칼케돈 신조에서는 특별히 이단들의 기독론의 논쟁을 불식시키는 선언을 하였던 것이다.

"우리 주 예수 그리스도는 한분이며 동일하신 아들이고, 신성에 있어 완전하고, 인성에 있어 완전하며, 참 하나님이며, 육체와 영혼을 가지신 참 사람이고, 신성에 있어 하나님과 동일한 본질을 갖고 계시며, 인성에 있어 죄를 제외한 모든 부분에서 우리와 동일하신 분이시고, 태초 전에 아버지에게서 나신 바 되시며, 인성으론 우리와 우리의 구원을 위해, 하나님의 어머니인 동정녀 마리아에게서 나신 분이시며, 하나이고 동일하신 그리스도요, 아들이요, 주시다."104)

그러나 이러한 정통신조의 형성은 단순히 종교회의의 독자적인 산물이 아니라 고대 기독교 신앙고백의 전승에도 뿌리를 두고 있다. 이같은 교회회의의 선언이 있기 전에 이미 성경에서는 사도신경의 고백에 대한 근거를 제공하였다. 예를 들면 성경은 그리스도를 "하나님의 아들"로 증언하고 있다. 그리고 그가 육신으로 탄생하였음을 전하였고(딤 3:16), 그의 부활을 증거하였다(딤후 2:8). 그리고 하나님에 대하여서도 전능하신 분으로 만물이 그에게서 났음을 증거하고 있다(고전 8:6). 그리고 성경에는 성령의 교통하심에 대해서도 경험을 통한 고백이 나타나 있다(고후 13:13). 또한 성경에는 성부, 성자, 성령의 일치에 대한 고백들이 있었다(딤 4:4-5).105)

---

103) 재인용, 토니 레인, Ibid., pp.59-60.
104) J. 포스터, Ibid., p.194 in Young, p.284.
105) 해리 R. 보어, Ibid., pp.100-102.

전통적으로 믿어왔던 신앙고백들은 시간이 감에 따라 점차 형식을 갖추어갔다. 그리고 2세기 말경에는 「고대로마신경」이 작성되었고, 이후 시간이 감에 따라 거기에 새로운 고백들이 첨가되어 6, 7세기에 오늘날 우리가 고백하는 사도신경이 완성된 것이다.[106]

이 시기의 교회 성장은 두 가지 측면에서 힘을 입어 이루어져갔다. 즉 영지주의나 말시온 그리고 극단적인 종파들에 대항하여 교회가 건전한 교리와 정경 형성을 이룬 한편, 다른 한편으로는 여러 교회를 책임지고 있던 훌륭한 지도자들이 나타나 기독교의 바른 가르침을 실천하고, 박해에 대한 변증을 하는 저술활동을 하였던 것이다. 이들은 교회의 스승 혹은 아버지라는 뜻에서 교부(Church Fathers)라고 불린다. 또 이들 중 변증가(Apologists)라고 불리는 이들은 기독교를 합리적으로 변증하려는 노력을 시도하였다. 이들 교부들이나 변증가들은 모두 공교회의 건전한 발전을 위해 노력한 자들이다. 변증가들과 교부들 중에서 대표적인 사람들을 소개하면 아래와 같다.

변증가들(Apologists)

초대교회의 변증가들은 기독교 세계에 이교도가 침투하면서 그들의 공격을 대처하고 기독교의 신앙을 제대로 증명하기 위해 변증의 글들을 쓰기 시작하였다. 변증의 목적을 두 가지로 분류한다면, 하나는 황제나 고위관리자들에게 기독교에 대한 오해를 풀기 위함이었고, 다른 하나는 이교 철학자들이나 이단들의 잘못된 공격을 막고 기독교의 바른 정체성을 증명하기 위함이었다.[107]

황제에게 변증서를 보낸 변증가들로는 하드리안 황제(117-137)에게 글

---

106) 토니 레인, Ibid., p.113.
107) E. S. 모이어, Ibid., p.54.

을 보낸 콰드라터스(Quadratus)와 아리스티테스(Aristides)가 있고, 말쿠스 안토누스 황제(137-161)에게 글을 보낸 아덴의 철학자 아데나고라스(Athenagoras)가 있으며 또 아우렐리우스 황제(161-180)에게 변증서를 보낸 사데의 감독 멜리토(Mileto)와 히에라폴리스 감독 아폴리나리스(Apollinaris 혹은 아폴리나리우스)가 있다. 이교도들에게 보낸 변증서로는 익명의 저작인 「디오그네투스에 보내는 편지」가 현존하고 있다. 특히 변증가 중에 유명한 사람으로는 앗시리아의 사람인 타티안(Tatian)이 있다. 그는 특히 당시의 4복음서를 종합하여 만든 그리스도의 전기를 기술하였다.[108]

변증가들 중에서 가장 우리의 주목을 집중시킨 자는 순교자 저스틴(Justine Martyr, 100-165)이었다. 저스틴은 「제1변증서」, 「제2변증서」, 그리고 「트리포와의 대화」 등 3개의 변증서를 저술하였다. 저스틴은 구약의 할례와 신약의 세례를 유기적으로 설명하여 구약과 신약의 연계고리를 이론적으로 전개하였다. 저스틴은 철학을 공부한 사람인데, 특히 그의 사상 중 로고스(Logos)가 특징적이다. 그는 기독교를 사람들이 알기 쉽게 이해할 수 있도록 철학의 옷을 입혀 설명해야 한다고 주장하였다. 그러나 이러한 그의 노력에도 불구하고 그는 복음을 철학으로 격하시켰다는 비판을 받기도 하였다.[109]

저스틴은 또한 영지주의를 반대하면서 창조 세계에 대한 그들의 부정적인 견해를 비판하였다. 저스틴은 창조세계는 악한 세계가 아니라 하나님이 이루신 최고의 사역이라고 하였다. 그리고 그는 구약을 폄하하는 견해를 담은 말시온 사상을 강력하게 반대하였고, 정통사상을 변증하는 이론들을 전개했다. 그의 이러한 이론적 입장은 이레니우스의 사상에도 영향

---

108) Ibid., p.54-55; cf. 박용규, Ibid., pp.144-171.
109) 헨리 채드윅 저, 박종숙 역, 「초대교회사」(서울: 크리스챤 다이제스트, 2001), pp.86-88.

을 미쳤다.[110]

변증가들의 사상을 정리하면 다음과 같다. 그들은 구약의 예언이 그리스도에게서 완성되었음을 주장하였고, 그가 곧 구약의 모형임을 강조하였다. 그리고 부활의 정당성과 성경의 비모순성, 그리스도인들의 도덕성 등 기독교의 핵심적인 진리를 변증하기 위한 노력을 하였다.

교부들(Church Fathers)

교부들은 변증가들의 이론과 사도들의 신앙을 연결시키는 교량 역할을 했다. 이들은 신앙을 체계화하고 이론화하는 가운데 신학적인 작업을 했던 교회 지도자들이었다. 이런 의미에서 이들을 교회의 아버지 혹은 지도자란 의미로 교부들이라고 부른다. 이들은 콘스탄틴 대제 이전부터 있었던 교부들로서 주로 두 종류로 구분된다. 첫째는 속사도 교부들로서 사도시대에 활동했던 교부들을 말하고, 둘째는 속사도 이후의 교부들로서 이들은 사도시대 이후에 활동했던 교부 등을 말한다.

속사도 교부들

속사도 교부들은 주로 1세기에서 2세기 초반에 활동하였다. 이때의 교부들은 특히 사도들로부터 전승되어 온 신앙의 유산을 제3세대들과 그 후의 모든 세대에게 전해야 한다는 사명감을 가지고 이와 같은 교량역할을 했다고 볼 수 있다. 이들은 사도들과 직접적인 관련을 가졌던 제자들이라고 볼 수 있다. 그들 중에는 사도들과 개인적인 접촉이 없는 자라 할지라도 저술 활동을 통해 사도들의 신앙과 전통을 후대에 전승하는 역할을 한 사

---

110) 헨리 채드윅, Ibid., pp.88, 91.

람들도 있었다. 이러한 속사도 교부의 대표적 인물로는 로마의 클레멘트(Clement of Rome, c. 96), 이그나티우스(Ignatius, 35-107), 헤르마스(Hermas, 2세기), 알렉산드리아의 바나바(Barnabas of Alexandria), 파피아스(Papias, 60-130), 그리고 폴리갑(Polycarp, 69-155) 등을 들 수 있다.[111]

사도시대의 교부들이 남긴 저작들은 초기 기독교의 생활과 사상을 알리는데 크게 기여하였다. 예를 들면 클레멘트의 제1서한은 신약성서를 제외하고는 연대를 정확히 기록한 최초의 그리스도교 문헌이다. 또 이그나티우스의 7개의 서신들(에베소, 로마, 필라델피아, 서머나, 폴리갑 등)을 통해 감독직의 발달과 강화, 성만찬의 집례에 관한 주교의 권한 강화, 교회와 감독 간 관계의 중요성 등 이단들의 횡포에 대한 교회의 대처하는 모습을 알 수 있게 해준다. 그리고 전 장에서 간략하게 취급하였지만 사도시대 직후의 초대교회 순교자들의 행적과 원시교회의 신앙생활의 진면목을 보여주는 교부들의 저서도 있다.[112]

속사도 이후의 교부들

사도들의 가르침에 따라 교회를 교회답게 전승하려는 노력은 속사도 교부들 시대 이후에도 활발하게 나타났다. 이때는 특히 이단들의 공격이 극성을 부리던 시대였으므로 공교회의 지도자들은 신학적으로 이에 대응하는 일을 게을리 할 수 없었다. 이 시대의 교부들은 헬라교부와 라틴교부로 분리되는데 헬라교부의 대표적 인물로는 이레니우스(Irenaeus, 130-200), 클레멘트(Clement of Alexandria, 160-211), 오리겐(Origen, 185-254)이 있다. 그리고 헬라교부는 또다시 소아시아파와 알렉산드리아파의 두 부류로 나누어진다. 라틴교부의 대표적인 인물로는 터툴리안(Tertullian, 150-220)

---

111) 박용규, Ibid., p.116.
112) 토니 레인, Ibid., pp.24-27.

과 키프리안(Cyprian, ?-258)이 있다.[113]

1. 헬라교부들

헬라교부란 헬라 문화권에 있었던 교회의 지도자들인데, 두 부류의 학파로 나뉜다. 하나는 소아시아 학파이고, 다른 하나는 알렉산드리아 학파였다. 소아시아 학파는 사도적 신앙의 전승을 주장한(특히 요한의 뒤를 계승한) 교회 지도자들인데, 그들은 성서주의를 표방하였다. 이들은 성서에 대한 확고한 신념을 가지고 이단들에 대항하여 투쟁하였다. 여기에 반해 알렉산드리아 학파는 헬라철학의 영향을 입어 기독교 진리를 철학적인 진리로 해석하려 한 자들이다. 그들은 이 과정에서 이상주의와 사변주의로 흘렀다.[114]

소아시아 학파의 대표적인 인물로는 이레니우스(Ireneaus)와 히폴리투스(Hypolytus, 170-236)가 있다. 특히 이레니우스는 소아시아에서 출생하였으며 서머나 감독이자 사도 요한의 제자였던 폴리갑의 제자였던 것으로 전해지고 있다. 그는 헬라 고전과 신·구약 성경에 정통한 사람으로 서머나에서 사역하다가 불란스 리용 지역에 선교사로 파송될 만큼 복음에 뜨거운 열정을 가진 인물이었다. 그는 리용에서 최초의 장로가 되었으며 그곳에서 선교하다 202년 셉티미우스 세베루스 황제 때 순교하였다.[115]

이레니우스는 「이단들에 대한 논박」이란 대작을 남겼다. 5권으로 구성된 이 책에서 그는 주로 영지주의의 잘못된 사상을 지적하고 배격하였다. 특히 영지주의의 이원론으로 말미암아 왜곡된 그리스도의 성육신 부정에 대한

---

113) 유스토 L. 곤잘레스, Ibid., p.116 cf. E. S. 모이어, Ibid., p.55; 심창섭·박상봉, 「핵심요해교회사 가이드」(서울: 아가페문화사, 1998), pp.47-51.
114) E. S. 모이어, Ibid., p.55.
115) Ibid., p.59.

강한 변증과 이론을 펼침으로써 영지주의자들을 논박하였다. 그는 이 책을 통해 신구약 성경을 옹호하였고 성경의 진리를 통해 정통신앙을 확립하려 하였다. 동시에 기독교 전통의 유구함이 성경 이전의 성령 역사를 통해서도 가능함을 주장하면서 이교도들이 공격했던 기독교 역사의 비정통성에 대한 반론을 제시하였다. 그리하여 그리스도 안에서 성취되는 총체적인 인류 역사의 회복을 주장하고, 복음의 역사성과 영원성을 확인해 주었다.[116)]

이레니우스 다음으로 유명한 소아시아의 헬라교부는 히폴리투스였다. 그는 이레니우스의 제자였으며, 감독으로 사역하였다. 그는 「모든 이단을 배척함」이란 저서를 남겼으며, 알레고리 성경해석법으로 유명하다. 그는 사르지니아 섬에 추방당하여 순교하였다.[117)]

헬라교부 중에서 알렉산드리아 학파에 속한 자들은 알렉산드리아에 세워진 문답학교(Catechetical School of Alexandria)를 중심으로 활동하였다. 알렉산드리아에는 당시 대도시였던 로마나 안디옥처럼 기독교인들이 많이 몰려들었다. 이런 지역에서는 세례지원자들(Catechumens)을 위한 예비교육이 필요했다. 뿐만 아니라 교리를 가르칠 교사들을 위한 교육기관도 필요했다. 이러한 요구를 만족시키기 위해 양성소 혹은 문답학교가 세워졌는데, 이 중 대표적인 경우가 알렉산드리아의 문답학교였다. 이러한 분위기에 편승하여 많은 기독교인들은 기독교 철학학교를 세우고 많은 이교도들에게 복음을 이해시키는 활동을 하였다. 알렉산드리아 학파 지도자들은 철학과 고전에 풍부한 소양을 가지고 기독교의 진리를 변증하거나 소개하는 데에 자신을 헌신하였다. 알렉산드리아의 주요 지도자들은 판타누스, 클레멘트, 오리겐, 디오니시어스 및 그레고리 타무마터거스였고, 그 중 대표적인 인물

---

116) L. 맨슈랙 저, 심창섭·최은수 역, 「세계교회사」(서울: 총신대학출판부, 1999), pp.88-89.
117) 심창섭·박상봉, Ibid., p.44.

로는 클레멘트(160-211)와 오리겐(185-254)을 들 수 있다.[118]

클레멘트는 시칠리아 사람 판타누스(Pantanus)가 180년경 알렉산드리아에 신학교를 세운 이래 판타누스의 제자로서 기독교의 교리문답을 12년간 가르쳤다. 클레멘트는 아덴에서 유복한 이교도인 부모의 슬하에서 자라났고 처음에는 신비주의에 몰두하였다. 202년경 그는 세베리우스 황제의 박해로 인해 안디옥으로 피신하였다가 목회와 저술 활동을 하였고, 나중에 다시 알렉산드리아로 돌아왔다.[119] 그는 교양이 깊고 문학에 취미가 있었다. 그는 기독교 신앙에 대한 변증서인 「그리스도인에게 주는 권면」, 초신자를 위한 교육 책자인 「후견인」, 영적 가르침을 나타낸 「여행가방」 등을 저술하였다.[120]

클레멘트의 뒤를 이어 헬라신학의 꽃을 피운 사람은 그의 제자였던 오리겐(Origen, 185-254)이었다. 그는 알렉산드리아의 대표적인 헬라신학자였다. 그는 알렉산드리아 출생으로 모태신앙을 가졌고 초대교회의 교부들 중 누구보다도 성경에 박식했다. 그의 부친은 셉티미우스 세베루스의 박해 시에 순교를 할 정도로 열정적인 신앙인이었다. 그 역시 아버지의 뒤를 이어 순교를 열망할 정도로 신앙심이 뜨거웠다. 그러나 그는 어머니의 충고에 따라 순교의 길을 가는 대신 박해받는 교회를 바로 세우는 소명을 감당하기로 했다.[121]

그는 클레멘트에게서 교리를 전수 받은 뒤, 클레멘트가 세베루스의 박해로 인해 알렉산드리아를 떠나자 그의 뒤를 이어 문답학교의 교수직을 맡았다. 그는 18세의 나이에 교리신학교의 교장을 역임할 만큼 박식하였다. 69세의 나이로 세상을 떠났지만, 그리스도의 인격을 본받기 위해 여러 가지

---

118) E. S. 모이어, Ibid., p.61.
119) Ibid., p.65.
120) 토니 레인, Ibid., pp.42-43.
121) 심창섭 · 박상봉, Ibid., p.45.

면에서 헌신적인 삶을 살았다. 그는 가난과 금욕을 강조하였고, 본인 자신도 그렇게 살았다. 그는 맨발에 두벌 옷이 전부였고, 맨 바닥에서 자는 날이 많았다. 정욕으로 인한 죄에 빠지지 않기 위해 거세한 독신으로 일생을 지냈다. 이러한 오리겐의 모습과 명성은 일부 지도자들의 시기를 샀다.[122]

특히 당시 알렉산드리아의 감독이었던 데메트리오의 시기를 사 그의 음모에 의해 이단으로 정죄된 오리겐은, 팔레스틴의 가이사라로 피신하게 되었다. 그는 그곳에서도 신학교를 개설하고 후배를 양성하였다. 오리겐은 그의 스승이 시도하였던 로고스 철학을 통한 기독교의 철학적인 접근을 더 발전시켜 자신만의 독창적인 신학이론을 전개하였다. 그는 성경을 어떻게 해석할 것인가에 관심이 많았으며, 사람이 육체와 심령과 정신으로 구성된 것처럼 성경 해석도 3가지 의미의 차원에서 다루어져야 한다고 주장했다. 즉 도덕적 의미, 영적 의미, 우화적 의미의 세 가지 차원에서 성경을 이해해야 한다고 하였다. 특히 성경 구절이나 글자 하나하나에 영적 의미가 있음을 찾아야 한다고 하였다. 이러한 해석 방법은 중세의 성경 해석에 영향을 미쳤으며 이러한 성경해석 방법은 근대에까지 지속되었다. 오리겐은 성서의 거의 모든 부분을 주해했으며, 신학에 있어서도 「기독교 요의」를 출간하여 기독교를 체계적으로 정리하였다. 오리겐은 또한 그동안 이교도로서 기독교에 대해 학문적으로 가장 위협적인 공격을 시도했던 플라톤주의자 겔수스(Celsus)에 대한 반박문인 「겔수스를 반박함」을 저술했다. 이것은 초기 기독교 변증서 가운데 가장 훌륭한 저서로 알려져 있다.[123]

오리겐은 이러한 작품 외에도 실천적인 과제를 다룬 글들을 남겼다. 그는 그동안 희랍철학의 개념을 바탕으로 해석되어 오던 기독교 진리 연구의 오랜 과제를 완성시킨 자로 평가되고 있다. 오리겐의 신학적인 원리는 플라톤

---

122) E. S. 모이어, Ibid., pp.67-68.
123) Ibid., pp.69-71.

의 이원론 사상을 극대화하여 물질세계 뒤에 존재하는 영적 실체만을 실제 세계로 인정하는 원론 위에서 전개되었다. 오리겐은 특히 만인구원설과 영혼선재설 등으로 인해 엄격한 정통파로부터 공격을 당하였지만, 당대의 기독교의 신학을 최고의 수준으로 끌어올린 지도자였으며, 특히 성경주석을 통한 성경신학적인 접근을 이룩한 인물이었다는 점은 부인할 수 없다.

2. 라틴교부들

아프리카의 교회들 가운데서 헬라문화권에 속해 있던 알렉산드리아와는 달리 서부 지중해 연안에 속한 카르타고 지역은 라틴어를 사용하는 라틴 기독교 세력을 형성하였다. 라틴 학파의 중심지는 로마와 카르타고였다. 특히 카르타고는 고대부터 이탈리아와의 접촉이 많았고, 이탈리아에서 이주해 온 사람들이 살고 있었다.

이 두 곳에서 나타난 초기의 유명한 대표적 교부는 터툴리안과 키프리안이다. 터툴리안(Tertullian, 150-220)은 북아프리카의 카르타고(지금의 튀니지)에서 출생하였으며 부친은 로마 군대 백부장이었다. 그는 좋은 환경에서 철저한 교육을 받고 수사학과 법률을 공부하였다. 그는 또한 철학과 역사 책들을 통해 지식을 많이 섭렵하였다. 그는 197년 어느 시기에 기독교로 개종하였으며, 로마에서 카르타고로 귀환한 후에는 장로가 되어, 기독교 서적을 연구하는 데 심혈을 기울였다. 그러다가 그는 몬타누스가 가지고 있던 비세속적이고 금욕적인 주장에 매혹되어 몬타누스주의에 빠지기도 하였다. 그럼에도 불구하고 그는 기독교를 변증하기 위해 최초로 라틴어를 사용하여 저작활동을 하였다. 그는 자신의 법률적인 논리와 사고 양식으로 변증론자들과 함께 이레니우스의 신학에 근거하여 이론을 전개하였다. 그가 저술한 책은 30권이 넘는다.[124]

---

124) cf. 토니 레인, Ibid., pp.35-36; E. S. 모이어, pp.83-84.

그는 기독교의 변증과 교리, 그리고 윤리에 관한 주제를 가진 작품들을 남겼다. 그는 특별히 죄와 은총의 문제에 대해서 사도 바울 이후에 어떤 저술가보다도 심오한 교리를 형성했다. 그러나 그의 업적 중에서 가장 큰 업적은 로고스 기독론의 확립이었다. 그는 로고스의 개념을 법률적인 사고를 가지고 명료하게 해석했기 때문에 지금까지 교부들 특히 헬라교부들이 주장한 어떤 이론보다도 훨씬 명쾌하게 설명할 수 있었다. 그는 "프락세아스를 반박함"이라는 논문에서 삼위일체 교리에 대한 명료한 해석을 내렸고, 이 책에서 나타난 그의 정의는 니케아 종교회의를 거쳐 삼위일체 교리의 정립에 지대한 영향을 미쳤다. 그의 주장은 "하나님은 삼위 안에 한 본체"라는 것이었다.[125]

터툴리안 다음으로 카르타고의 유명한 지도자는 키프리안이었다. 그는 제3세기의 가장 위대한 감독이자, 교부로서 교회를 섬겼다. 그리고 변호사로서 초대 성직 계급제도에 대해 지도적인 역할을 하였다.[126] 키프리안은 싸움에 휘말려 있던 교회를 바로 세우기 위해 노력했다. 주후 250년 데시우스(Decius) 황제 치하에서 박해가 시작되자 많은 사람들이 주님을 고백하는 것을 부인하고 신앙을 변절하는 경우가 생겼다. 그러나 위협과 고문에도 불구하고 이방신들에 대한 제사를 거부하고, 그리스도에 대한 신앙고백을 계속한 자들이 있었다. 이들을 신앙고백자들(confessors)이라고 불렀다. 문제는 박해가 끝났을 때, 변절했던 많은 사람들이 다시 교회의 정회원이 되기를 원했다는 점이었다. 키프리안은 이를 반대하였고, 이런 카프리안의 주장에 반대하는 사람들은 그의 강경책에 맞섰다. 이러한 문제는 로마에서도 똑같이 발생하였다. 로마의 감독 코넬리우스는 키프리안의 정책

---

125) Ibid., p.41.
126) E. S. 모이어, Ibid., p.90.

을 지지하였으나, 극단론자였던 장로 노바티안(Novatian)은 교회를 분리하여 초대교회의 새로운 세력인 노바티안 분파를 형성하였다.127)

생각해 볼 문제

1. 변증가들은 무엇에 대항하여 기독교를 변증하려 했는가?
2. 라틴교부들은 누구인가?
3. 헬라교부들은 누구인가?
4. 사도시대에 활동했던 교부들을 무엇이라 부르며 그들은 누구인가?

---

127) cf. 토니 레인, Ibid., pp.51-54.

6. 마지막 박해와 기독교의 전환기

　초대교회는 3세기 중·후반까지 로마제국의 박해 가운데서도 신앙을 수호하며 역사에 뿌리를 내리고 지속적으로 성장해 왔다. 그러나 기독교가 본격적으로 세계 역사에 새로운 지표를 열게 된 것은 4세기에 이르러서였다. 이때 주목해야 할 두 사건이 발생하였는데 디오클레티안 황제의 박해와 콘스탄틴 대제의 기독교 공인 사건이었다. 디오클레티안 황제는 284년에 즉위하였다. 이때 이미 기독교는 3세기를 거쳐 7황제로부터 대표적인 박해를 받은 상태였다. 박해의 주역을 담당했던 로마 황제들은 네로, 트라얀, 하드리안, 아우렐리우스, 데키우스, 발레리안 등이었고, 4세기에는 303년부터 디오클레티안 황제가 박해를 시작했다. 사실 디오클레티안의 행동은 이해하기가 어려운 점도 있었다. 왜냐하면 정작 자신의 처인 프리스카와 딸 발레리아는 기독교인이었기 때문이다.[128] 뿐만 아니라 당시 많은 신하들과 관료들도 기독교인들이었다. 그럼에도 불구하고 그는 치안대와 군인들로 하여금 성경을 불태우고, 기물을 탈취하며, 교회 건물들을 파괴하도록 했다. 그는 곧 기독교를 탄압하는 네 가지의 칙령을 발표하였다. 그 칙령은 잔인하였다. 기독교인들의 시민권을 박탈하고, 모든 교회를 불태우고, 성경을 전소하는 조항은 물론이고, 성직자와 교회의 직분자들을 체포

---

128) 해리 R. 보어, Ibid., p.133.

하라는 내용이었다. 그리고 투옥된 지도자들은 로마의 신들에게 제사하게 하고, 불복할 때에는 가혹한 형벌을 가한다는 조항도 포함되어 있었다.[129]

이러한 박해는 10년 동안 지속되었다. 박해가 끝났을 때, 어떤 교회의 지도자가 몸에 채찍 자국이나 고문의 흔적이 없으면 신앙을 의심할 정도였다. 많은 교회지도자들과 교인들은 고문으로 인해 지체 장애자가 되었다. 그러나 이러한 박해도 종말을 고하게 되었고 이와 함께 기독교는 새로운 희망의 빛을 맞이하게 되었다. 그것은 콘스탄틴 대제(Constantine the Great)의 등장이었다.

콘스탄틴은 312년 막센티우스(Maxentius)를 로마의 권좌에서 제거하기 위하여 이탈리아로 진군해가고 있었다. 전투가 있기 전날 밤, 콘스탄틴은 하늘에서 십자가를 보았다. 그 위에는 '정복의 표시'라는 글자가 새겨져 있었다. 그것을 본 그는 만약에 전투에서 승리한다면, 기독교인이 되겠다고 약속하였다. 그 다음날 그의 군대는 완전한 승리를 거두었다. 이에 콘스탄틴은 밀란에서 313년에 기독교를 공인하였고, 이것은 박해의 종식을 가져왔다. 이 사건을 당시의 교회사가였던 유세비우스는 다음과 같이 묘사하고 있다.

"사람들은 이제 그들 이전의 탄압자들에 대한 모든 공포를 잊어버렸다. 그들은 날마다 현란한 축제를 벌였다. 빛은 어디에서나 비취었고, 예전에는 서로 감정을 가지고 바라보지도 못한 사람들이 서로 웃는 얼굴과 반짝이는 눈동자로 인사했다. 그들은 도시고 농촌이고 할 것 없이 가르침을 받은 대로 무엇보다도 우리의 주재자 되신 하나님께 경배하면서 춤을 추고 노래했다. 옛날의 고민들은 잊혀졌고, 모든 무종교는 망각되었다. 이때까지 열심히 기다려온 사람들은 현재의

---

129) Ibid., p.134; Ronald H. Baiton, Christendom, pp.89-94; Ray C. Petry, Ibid., pp.54-55.

좋은 것들을 만끽했다."130)

콘스탄틴 대제는 기독교를 공인했을 뿐 아니라 기독교인들에게 실질적인 혜택도 주었다. 성직자들에게 세금과 병역의무를 면제해주고 박해 당시 몰수했던 교회의 재산도 환원시켰다. 그리고 유배되었거나 투옥되었던 교회의 지도자들을 풀어주었다. 교회 내 법에 있어서는 교회재산 관리법을 제정하고, 기부금 제도를 공인하였다. 또한 감독의 세속 법정 재판권을 허락하고 주일을 공휴일로 제정하였다. 이러한 황제의 기독교 선호정책으로 인해 교회에는 사람들이 몰려들었다.131) 그리고 콘스탄틴 대제는 이상적인 기독교 국가의 재건과 수도의 형성을 위해 자신의 이름을 딴 콘스탄티노플이라는 도시를 건설하고 그곳으로 제국의 수도를 옮겼다(A. D. 330). 이것이 비잔틴 기독교 역사의 시작이다.

그리고 콘스탄틴 황제 통치하에서는 기독교 종교문제를 국가가 직접 다루기 시작했다. 그 후 312년에 도나티스트(Donatist) 논쟁이라고 알려진 사건을 해결해 달라는 요청이 콘스탄틴 황제에게 전달되었다. 도나티스트 문제는 박해의 여파로 생긴 카르타고의 교회 분파 운동이었다. 311년에 케실리안(Caecilian)이라는 사람이 카르타고의 감독으로 임직하는 임직식에 펠릭스(Felix of Aptunga)라는 감독이 참석하였다. 그는 박해시 성경을 버린 사람이라고 비난을 받고 있는 사람이었다. 그래서 펠릭스에 대해 비난을 하던 사람들은 펠릭스가 참석했기 때문에 케실리안의 임직식이 무효라고 선언하였다. 이 논쟁은 점점 발전하여 결국에는 314년에 콘스탄틴 대제의 주제 아래 알레스(Arles)에서 종교회의가 열리게 되었다. 이것은 서방교회 최초의 공의회였다. 이 회의에서 케실리안이 지지를 받게 되자 케실리안에

---

130) 재인용, 해리 R. 보어, Ibid., p.139.
131) 심창섭 · 박상봉, Ibid., p.65.

대한 반대운동을 주도하던 도나투스는 기존 기독교 세력에서 분리되어 나와 도나티스트라는 새로운 분파를 결성하였다. 황제는 도나티스트 논쟁을 처리하는 과정에서 종교적 문제에 대한 국가적 규칙을 세웠다.[132]

"(a) 황제는 필요하다고 인정될 시에 종교회의나 공의회를 소집한다. (b) 황제는 종교회의나 공의회가 문제를 해결하도록 허락해 준다. (c) 만일 그 결정을 어떤 파에 속한 부류가 받아들이지 않으면 황제는 공권력으로 그들에게 그 결정을 따르도록 강요한다."[133]

이러한 결정은 차후에 황제가 교회의 공의회를 주도하고 교회 일에 관여할 수 있는 근간이 되었다. 교회와 국가 간에 새로운 관계가 형성된 것이다. 그것이 적용된 가장 대표적인 경우가 325년 제 1차 에큐메니컬 회의인 니케아 종교회의를 황제가 직접 소집하고 주도한 사례이다.[134]

생각해 볼 문제

1. 기독교의 박해를 종식시킨 황제는 누구인가?
2. 도나티스트 논쟁에 대해 설명해 보라.
3. 콘스탄틴 대제의 업적에 대해 말해 보라.

---

132) 해리 R. 보어, Ibid., pp.178-179.
133) Ibid., p.179.
134) 유스토 L. 곤잘레스, Ibid., pp.196-197.

7. 새로운 신앙생활 방식의 형성

이제 기독교 종교에 대한 박해는 종식되고 교회가 세상 속으로 들어오면서 교회의 번영화 혹은 세속화가 시작되었다. 또한 이 시기부터 교회는 급속도로 제도화되는 양상을 보이기 시작하였다. 이전의 뜨거운 열정은 사라지고 구원에 대한 진지한 관심도 없는 사람들이 교회로 들어오게 되었다. 교회의 예배도 형식화되기 시작하였다. 즉 형식적인 예식과 전통을 따르는 종교문화가 형성되기 시작하였던 것이다. 그리고 기독교의 적이라 불리는 헬라사상도 교회에 침투하였다. 또한 교회가 제국의 지지를 받고 번영하면서 교회 지도자들은 점점 사치스런 저택과 호화로운 삶에 젖어 들었다. 이런 정황 가운데서 어떤 사람들은 오히려 더욱 금욕적인 삶을 구가하면서 하나님과 가까이 하고자 하는 은둔자의 생활을 하는 현상이 나타났다. 이런 삶의 형태가 수도원의 시초가 되었다.

수도원 운동의 창시자로 알려진 대표적인 인물은 이집트의 안토니(Anthony, 251-356)이다. 그는 주후 250년경에 태어났으며 20세가 되던 해에 "네가 온전하고자 할진대 가서 네 소유를 팔아 가난한 자들에게 나누어 주라 그리하면 하늘에서 보화가 네게 있으리라 그리고 와서 나를 따르라"(마 19:21)라는 말씀에 감명을 받고 금욕생활을 시작하였다고 한다. 그는 광야로 나가 생활하였는데 많은 추종자들이 그를 존경하고 그의 교훈을 들었다. 그의 추종자들은 안토니와 마찬가지로 은거하면서 기도와 명상, 그리고 예배 가운데서 구도의 삶을 살았다.[135]

그러나 이러한 수도생활이 집단적으로 이루어지기 시작한 것은 파코미우스(Pachomius, 290-346)에 의해서였다. 안토니의 수도생활은 개인적인 생활에 국한된 금욕 생활이었지만, 파코미우스의 수도생활은 공동체의 금욕생활이었다. 이러한 수도생활은 확산되어 팔레스틴에는 안토니의 수도생활이, 그리스에는 파코미우스의 형식이 도입되었다. 이탈리아와 고울 지방에서는 초기에는 개인적인 생활이 시작되었으나 나중에는 공동체의 수도생활이 채택되었다.136)

알렉산드리아의 감독이었던 아타나시우스(Athanasius, 296-373)는 안토니와 파코미우스의 친구였는데, 그는 이들의 수도생활에 감명을 받고 안토니의 전기를 썼다. 콘스탄틴 대제가 그를 아리우스와의 교리 논쟁의 결과로 고울 지방에 유배 보냈을 때, 그는 그 지역에서 수도원을 확산시켰다. 그는 두 번째 유배지인 이탈리아에서도 수도원 운동을 하였다.137)

중세의 유일한 성경인 벌게이트(Vulgate)성경을 번역한 제롬(Jerome)도 기독교인들로부터 존경 받았던 인물로서 스스로 수도사가 되어 많은 이들에게 영향을 미쳤다. 그는 파코미우스의 「규율집」을 라틴어로 번역하여 서방세계에 알렸다. 이는 서방교회에서 수도주의의 정신에 흥미를 갖게 하였다. 여러 서방 학자들도 수도주의적인 삶을 동경하기 시작했다. 예를 들면 가이사랴의 바질(Basil of Caesarea)은 수도원 정신을 가지고 가난한 사람들을 돌보고 수도원을 창설하여 경건훈련을 장려하였다. 수도원적인 이상을 보급하여 수도원 정신을 널리 전파하는 데 기여한 가장 대표적 인물은

---

135) 수도사(monk)는 헬라어로 모나코스(monachos)에서 나왔으며 고독(solitary)이란 의미이다. 그래서 '피신자', '도망자', 혹은 '은자'라는 말로도 표현된다. cf. 유스토 L. 곤잘레스, Ibid., p.220.
136) Lars P. Qualben, Ibid., pp.135-136.
137) 유스토 L. 곤잘레스, Ibid., p.233.

투울의 마틴(Martin of Tour)이었다.[138]

그러나 유럽 중에서도 이집트에 전파된 수도생활은, 기본적인 정신은 훌륭하였지만 기후 조건과 환경의 변화로 인해 여러 가지 약점을 갖고 있었다. 이제는 원시 수도생활의 극단적인 방식으로는 더 이상 공감대를 형성할 수가 없었다. 이러한 초기의 수도원 제도의 약점을 보완하고 새로운 수도원 운동을 전개하여 중세 수도원의 효시가 된 공동체가 누르시아의 베네딕트(Nursia of Benedict, 480-550)에 의해 창설된 베네딕트 수도원이다. 이 수도원은 520년경에 이태리의 몬테카시노에 세워졌다. 베네딕트는 수도원의 규칙을 새로 집대성하여 성공적으로 적용하는 데 공헌하였다. 그의 수도원 운동을 따르는 자들이 유럽 전역에 확산되면서 기독교는 수도원 역사의 시대로 접어들게 되었다.[139]

한편, 이 시기에 아일랜드에서는 독특한 형태의 수도원이 형성되어 있었다. 이는 안토니 수도원의 엄격한 특성과 파코미우스 수도원의 공동체적인 성격이 혼합된 형태였다. 아일랜드의 기독교는 특히 수도원 중심이었다. 이 지역의 기독교를 켈틱교회라고 불렀는데, 이들 교회는 초기에 성 패트릭(Patrick)에 의해 기독교가 전파되어 활성화된 교회들이다. 그리고 이 지역의 수도사들이 스코틀랜드와 영국을 복음화시켰으며 또한 영국으로부터 유럽대륙을 복음화시키는 데 크게 기여하였던 것이다.[140]

---

138) Ibid., pp.233-234.
139) Keneth Scott Latourette, A History of Christianity, pp.221f; 베네딕트 수도원은 고올과 영국으로 확산되어 그곳으로부터 대륙으로 전파되어 라인동부지역까지 영향을 미치면서 유럽의 기독교화에 기여하였다. cf. 해리 R. 보어, Ibid., p.170.
140) 해리 R. 보어, p.171 ; cf. 티모시 J. 조이스 저, 채천석 역, 「켈트 기독교」(서울: 기독교문서선교회, 2003).

생각해 볼 문제

1. 수도원이 발생한 이유를 말해 보라.
2. 수도원의 대표적인 창시자는 누구인가?
3. 수도원의 정신은 무엇인가?

8. 4세기의 위대한 지도자들

수도원 운동이 교회에 새로운 영향을 미치는 동안 제도권의 교회는 다른 한편으로 위대한 지도자들로 인한 새로운 전기를 맞이하였다. 이는 초대교회사의 두 번째 시기라고 할 수 있다. 특히 니케아 종교회의를 통해 공교회의 정통신앙 고백이 형성되었고 데오도시우스(Theodosius) 황제는 이러한 결정이 로마제국을 하나로 묶는 힘이 된다고 보고, 기독교를 통한 제국의 연합을 본격화하기로 결심하였다. 그래서 380년에 황제는 동서방교회의 지도자들을 이러한 제국의 연합에 기여할 수 있는 동반자로 생각하였다.[141] 이러한 교회적 지도자들의 대표적인 인물은 밀란의 암브로스(Ambrose), 콘스탄티노플의 총대주교인 크리소스톰(Chrysostom), 라틴어 성경의 번역자 제롬(Jerome)과 히포의 감독 어거스틴(Augustine)이었다. 암브로스와 어거스틴은 서방교회에 속했으며 크리소스톰은 동방교회에 속했다. 그리고 제롬은 서방교회에 속해 있었으나 동방교회를 위한 사역을 하였다.[142]

---

141) W. H. C., The Early Church(Philadelphia: Fortress Press, 1989), p.178.
142) 해리 R. 보어, Ibid., p.191.

암브로스(Ambrose, 340-397)

암브로스는 고울의 훌륭한 가문에서 태어났다. 그의 부친인 고울 브리튼은 스페인 지역의 통치자로 로마제국에서 가장 세력 있는 정치가였다. 암브로스는 로마에서 교육을 받았으며, 밀란에서 374년에 감독직에 올랐다. 그가 감독으로 선출된 배경은 특이하였다. 그 당시 아라안파와 가톨릭파는 새로운 감독의 선출을 둘러싸고 대립을 벌이고 있었다. 이때 교회에 참석해 있던 암브로스에게 한 아이가 '암브로스 감독'이라고 외쳤다. 그때 가톨릭파나 아라안파가 모두들 일제히 환호하면서 그를 감독으로 선출하였다.[143]

그렇지만 그는 세례를 받지 않았다는 이유로 이를 거절하였다. 법률을 공부한 그는 이러한 결정을 교회행정의 불법적인 처사로 여겼다. 그럼에도 불구하고 사람들은 그를 감독으로 삼으려고 하였다. 감독이 된 암브로스는 자신의 재산을 가난한 자와 교회에 헌납하였다. 감독이 되고 난 후 그는 성경과 신학을 연구하는 데 온 정열을 쏟았다. 그의 설교는 뜨겁고 감동적이었다. 어거스틴이 기독교로 개종한 것도 그의 설교의 영향을 받은 것이라 할 수 있다.[144]

감독으로서 암브로스는 여러 가지 일에 직면하였다. 서방에서의 아리우스주의 잔여세력을 척결하는 문제, 국가 권력에 대항하여 교권을 회복하는 일, 이방종교의 세력을 근절하는 일, 자신의 수도원적인 금욕생활에 반대하는 자들과의 신학적인 논쟁 등이었다.[145]

위와 같은 투쟁에서 암브로스의 생애에 극적인 순간을 맞이하게 한 일은 데오도시우스 황제와의 대결이었다. 데오도시우스 황제는 거칠고 성급한

---

143) Ibid., p.192.
144) Ibid., p.193.
145) W. H. C Frend, Ibid., p.179.

군인이었다. 주후 390년경 마케도니아 내의 데살로니가 사람들이 폭동을 일으켜 로마 장군을 살해하는 사건이 발생하였다. 이 소식을 들은 잔인한 군인인 데오도시우스 황제는 그 도시의 사람들을 학살하라고 명령하였다. 그의 명령에 의해 한 경기장에 사람들을 집결시켜 놓고 7천 명 가량을 살생하는 일이 벌어졌다. 이 소식을 들은 암브로스는 편지를 통해 황제의 회개를 촉구하면서 강하게 반발하였다. 주일에 황제가 대성당에 예배하기 위해 왔을 때, 암브로스는 성당 입구에서 감독의 옷으로 정장을 하고는 황제가 공개적으로 회개하기를 촉구하면서 교회의 출입을 금지하였다. 황제는 반발하였으나 암브로스는 요지부동이었다. 마침내 황제는 백성들이 보는 가운데 바닥에 누워 손발을 모두 뻗고 하나님과 사람 앞에서 사죄를 구하였다. 암브로스는 말과 행동이 일치한 삶을 살았으며, 교회를 국가로부터 독립시키기 위해 노력하였다. 그는 정의와 복음을 선포하는 데 두려움이 없던 지도자였다. 그리고 가난한 자들과 눌린 자들을 돌보는 참된 주의 종이었다.146)

제롬(Jerome, 345-420)

제롬은 수도원적인 삶으로 명성을 떨쳤던 이전의 위대한 인물들에 비해 그렇게 뛰어난 사람은 아니었다. 안토니처럼 인격적으로 성스럽게 여겨지지도 아니했고, 아타나시우스처럼 신학적인 학문성이 뛰어난 것도 아니었고, 암브로스와 같은 용기가 있었던 것도 아니었다. 그럼에도 불구하고 그는 이 시기의 교회 지도자들 가장 흥미로운 인물로 평가받고 있다.147) 제롬은 일리리쿰(Illyricum) 북쪽에 있는 판노니아에서 태어났다. 기독교 가정

---

146) 해리 R. 보어, Ibid., pp.193-194; cf. 유스토 L. 곤잘레스, 「초대교회」, pp.299-306.
147) 유스토 L. 곤잘레스, Ibid., p.317.

에서 자랐으며 로마에서 공부하였다. 그는 3년간의 금욕생활을 한 후에 동방교회를 방문하러 안디옥에 갔다. 안디옥에 있는 동안 그는 광야의 은둔자들과 같이 5년 간의 육체적 고난을 동반한 금욕의 삶을 살았다. 그는 행정가나 위대한 감독은 아니었으나 언어학자였고 유명한 금욕주의자였다. 그가 교회에 공헌한 것 중에서 가장 중요한 업적은 라틴어 성경번역이었다. 그는 주후 382년에 로마의 종교회의에 참석하여 교황 다마수스(Damasus)의 신학 고문관이 되었다. 이때 제롬은 성경을 라틴어로 번역하는 작업을 하는 중이었다. 당시 교회는 주전 250년경에 알렉산드리아 유대인들의 구약성경을 헬라어로 번역한 칠십인역본(Septuagint)을 사용하고 있었다. 이로 인해 헬라 그리스도인들이 히브리어 구약성경을 접할 기회가 없었다. 게다가 칠십인역은 번역상의 실수와 복사를 거듭하는 과정에서의 실수로 인해 오류가 증폭되고 있었다. 따라서 제롬은 성경을 히브리어로부터 직접 번역해야 이러한 오류를 막을 수 있다고 생각하였다.[148]

 그는 다마수스의 고문관으로 있으면서 그 곳의 사람들에게 수도원의 금욕적인 삶을 전파하였다. 특히 로마의 부유층에 속한 여자들에게 많은 영향을 미쳐 그들 중에서 헌신적인 추종자들이 생기기도 하였다. 다맛의 사후(384)에 제롬은 자신의 본래의 의도대로 성경번역을 위해 팔레스틴으로 출발하였다. 이때 로마의 학생들과 그의 수도원생활의 추종자였던 부유한 파울라(Paula)와 그의 딸 유스토치움(Eustochium)이 따라갔다. 이들은 베들레헴 근교에 정착하여 순례자들의 숙박시설과 교회를 세웠으며, 여성들을 위한 시설과 수도원을 세우기도 하였다. 제롬은 34년간을 이곳에서 살면서 주후 405년이 되던 해에 마침내 라틴어 성경인 벌게이트(Vulgate) 성경을 번역하였다. 이 성경은 중세 로마가톨릭교회의 공식성경이 되었다. 서방에서 헬라어와 히브리어가 완전히 사라지기 전에 서방교회를 위한 민

---

148) 해리 R. 보어, Ibid., p.197.

을 만한 번역이 탄생한 것이다.

제롬은 동시에 신·구약 성경에 대한 수많은 주석을 남겼다. 또한 교회사와 교리에 대한 책도 저술하였다. 제롬은 이러한 많은 저작활동 중에도 내적 생활을 게을리하지 않았다. 이러한 그의 영적 삶과 저작은 위대한 사역으로 교회에 크게 영향을 미쳤다.[149]

요한 크리소스톰(Chrysostom, 347-407)

요한 크리소스톰은 교회역사 가운데서 가장 훌륭한 설교자 가운데 한 사람이며, 동시에 가장 용기 있는 사람으로 알려져 있다. 크리소스톰이라는 뜻은 '황금의 입'이라는 의미이다.[150] 20세의 나이에 과부가 된 요한의 어머니는 훌륭한 기독교 신자로 자녀를 돌보면서 수절하였다. 요한은 370년에 세례를 받고 법률가가 되려는 세상적인 성공을 버리고 수도사가 되기로 결심하였다. 374년에 그는 수도사의 삶을 위해 안디옥의 서부 산간지대로 들어갔다. 그의 수도생활은 자신의 건강을 해칠 만큼 격심하였다. 그는 이 기간 동안 금식, 기도, 명상, 책을 쓰는 일로 일과를 보냈다. 이러는 동안 그의 건강상태는 악화되었고, 380년에 결국 안디옥으로 돌아왔다. 안디옥 교회는 그를 집사직에 임명하였고, 곧 장로로 임명했다. 이때부터 그는 설교로 명성을 떨치기 시작하였다.[151]

크리소스톰 당시 안디옥은 20만의 인구 중 거의 반수가 교회에 출석하였다고 전해진다. 그는 이곳 교회당에서 14년간 단순명료한 메시지로 교인들을 감동시켰다. 그는 하늘나라를 향한 삶을 살 것을 설교하였다. 그의

---

149) Ibid., p.197; cf. 유스토 L. 곤잘레스, Ibid., pp.319-325.
150) 유스토 L. 곤잘레스, Ibid., p.307.
151) 해리 R. 보어, Ibid., p.199.

인기는 크게 상승하여 콘스탄티노플의 총대주교인 넥타리우스(Nectarius)가 죽은 후, 그의 뒤를 이을 책임자로 임명되었다. 그는 콘스탄티노플의 타락과 부패를 지적한 공격적인 설교를 하였다. 이때 쾌락과 방탕의 삶을 살던 황제의 처인 유독시아(Eudoxia)는 이러한 그의 설교를 싫어할 수밖에 없었다. 결국 그녀는 크리소스톰에 대한 음모를 꾸몄고, 크리소스톰을 질투하던 알렉산드리아의 주교인 데오필루스(Theophilus)도 함께 크리소스톰을 무너뜨리려고 하였다. 결국 크리소스톰은 거짓 고소로 인해 유배되었다. 이에 대해 백성들은 크리소스톰의 귀환을 요구하였고, 이때 마침 발생한 지진으로 인해 유독시아의 침실이 가장 큰 파괴를 받는 사건이 일어났다. 이에 황제는 두려워하여 회개하고 크리소스톰을 귀환시켰다.[152]

그러나 왕비 유독시아와 크리소스톰 사이의 갈등은 계속되었고, 데오필루스와 유독시아는 합세하여 그를 다시 유배시켰다. 알메니아 지방으로 다시 유배된 뒤에도 크리소스톰의 영향력은 지속적으로 증가되었다. 이로 인해 그는 더 한적한 곳으로 쫓겨나게 되었다. 그는 최후의 유배지로 가던 도중 모든 이들을 용서해 달라는 기도를 하면서 세상을 떠났다.

"전능하신 하나님, 당신께서 우리의 공통된 간구를 따라 우리 각자에게 이 시간 은혜를 주시며, 또한 두 세 사람이 주님의 이름으로 모였을 때, 그들의 구하는 바를 들어주실 것이라고 약속하셨습니다. 오, 주님. 이제, 가장 적당한 것으로 당신의 종들의 소원과 기도를 채워주셔서 우리에게 이 세상에서의 당신의 진리에 대한 지식을 주시며, 오는 세상에서는 영원한 생명을 얻게 하소서. 아멘."[153]

---

152) Ibid., p.200; 유스토 L. 곤잘레스, Ibid., pp.307-316.
153) 해리 R. 보어, Ibid., p.201.

어거스틴(Augustine, 354-430)

고대 기독교 신앙과 신학을 전승함에 있어서 어거스틴은 바울, 어거스틴 그리고 칼빈으로 이어지는 거대한 맥을 잇는 기독교 역사상의 대표적인 인물이다. 아우렐리우스 아우구스티누스(Aurelius Augustinus)라는 이름으로도 널리 알려져 있는 그는 북아프리카의 타가스테(Tagaste)라는 작은 촌락에서 태어났다. 어거스틴은 처음에 카르타고에서 법률가가 되기 위한 공부를 했다. 그는 젊은 시절 여인과 동거하는 등 방탕한 생활을 하는 시기를 보냈다. 그는 곧 교사가 되기 위해 로마로 갔다.[154] 이러한 어거스틴을 위해서 그의 어머니인 모니카(Monica)는 기도를 그치지 않았다. 그런데 어거스틴은 로마의 삶에도 만족하지 못하고 밀란으로 갔다. 그런데 그는 여기서 유명한 설교자인 암브로스를 만나 그의 설교를 듣게 된다. 그의 설교에 크게 감동을 받은 어거스틴은 어머니의 강력한 권고에 힘입어 새로운 생활을 하기로 결심한다. 그러나 그의 진정한 회개는 로마서 13장 11-14절을 읽었을 때라고 고백하였다. 그때가 주후 386년이었다.[155]

어거스틴은 첩과의 생활을 청산하고 밀란의 대성당에서 아들과 함께 세례를 받았다. 그리스도 안에서 새 생명을 경험한 어거스틴은 아프리카의 고향으로 돌아갔다. 389년 그는 장로가 되었으며, 396년에는 히포의 감독이 되었다. 그는 특히 자신이 설립한 수도원에서 경건과 영적훈련의 삶을 실천하였다. 그후 그는 서방신학의 중심사상을 구축하는 데 기여하였다.[156] 그는 430년 반달족이 일어나 사망하였다.

어거스틴의 저작과 사상은 워낙 방대하기 때문에 상술할 수는 없고 여기

---

154) Ibid., p.202.
155) Ibid., p.203.
156) Ibid., pp.203-204.

서는 개략적인 것만 취급하려 한다. 어거스틴은 「삼위일체에 관하여」(On the Trinity)라는 책의 저술을 통해 성부, 성자, 성령의 완전한 동등을 가르쳤다. 어거스틴은 이들의 관계를 사람의 경우를 예로 들어 설명하였다.

성부는 사랑하는 자, 성자는 사랑을 받는 자, 그리고 성령은 사랑을 연결해 주는 자로 설명하였다. 삼위에 대한 그의 완전하고 균형 있는 사상은 다음의 표현에서 잘 드러난다.

"성부는 아무것에 의해서도 누구에 의해서도 존재되어지지 않았고, 창조되지 않았고 나시지도 않았다. 성자는 오직 성부에게서 출생하셨다. 성령은 성부와 성자에게서 되어진 것이 아니고, 창조되지도 않았고, 출생하신 것도 아니고 나오시는 것이다. 그리고 이 삼위일체 안에서 그 누구도 먼저 있거나 나중에 있지도 않으며, 그 누구도 더 크거나 작지 않다. 그러나 전체 세 인격은 영원히 공존하시며 평등하시다. 그래서 전술한 것처럼 모든 것들에서 삼위일체가, 그리고 일체이신 삼위 모두가 찬송을 받으실 만하다."[157]

어거스틴은 또한 교회론과 성례론에서도 탁월한 신학적 입장을 보여주었다. 그는 「도나티스트에 대항하여」(Against Donatist)라는 저술을 통해 성례전의 효과는 사제들의 공로에 의한 것이 아니라, 성례 자체의 권능에 있음을 간파하였다. 그리고 그 정당성은 교회의 권위에 있음을 인정하였다. 극단적인 도나티우스파들은 집례자들의 거룩성에 예전의 효과를 연관시켰으나, 성례의 집행과 효력은 집례자의 자격과 무관한 것임을 어거스틴은 주장한 것이다. 이러한 어거스틴의 주장은 사역자들의 비영적인 것이나 비윤리적인 것들을 찬성한 것이 아니라, 성례의 전적인 효력이 하나님께 달

---

157) Ibid., pp.206-207.

려 있음을 강조한 것이다.158)

어거스틴은 '펠라기우스와의 논쟁'(Against the Pelagius)에서 기독교 구원의 핵심 교리인 인간의 전적 부패와 불가항력적인 은혜 그리고 구원의 영원한 예정을 가르쳤다. 펠라기우스는 아일랜드 출신의 수도사로서 로마에 거주하면서 인간의 자유의지의 가능성과 능력 그리고 구원에 있어서 인간의 선한 노력의 가능성 등을 가르쳤다. 그는 인간은 선하게 창조되었고, 선하게 창조된 대로 두 가지 방법에 의해 선을 행할 수 있다고 하였다. 하나는 하나님이 주신 율법을 따라 사는 것이고, 둘째는 그리스도를 우리의 본보기로 삼고 사는 것이라고 하였다. 그리고 우리의 단점과 실패는 우리가 세례받을 때에 완전히 청산되었기 때문에 우리는 다시금 완전한 선을 추구할 수 있다고 주장하였다.159)

여기에 반하여 어거스틴은 인간의 죄는 아담으로부터 물려받은 인간의 본성이지 악한 행동들로 이루어진 것이 아니라고 하였다. 그래서 선한 본성을 회복할 수 있는 길은 인간의 선한 행동이 아니라, 하나님이 주시는 은혜뿐이라고 하였다. 그리고 그 은혜는 영원 전부터 예정된 불가항력적인 것이라고 하였다.160)

이러한 논쟁의 종결은 416년 카르타고(Carthage) 종교회의에서 이루어졌는데 펠라기우스는 정죄되고 교회는 죄와 은혜에 대한 어거스틴의 주장을 대부분 수용하였다. 그리고 교황 인노센트 1세도 이러한 결정을 확정하였다. 그 후 529년 오렌지(Orange) 종교회의에서도 이런 카르타고의 결정을 재확인했다. 그러나 이 회의에서는 영원한 사망의 예정이론에 대해서만큼은 정죄하였고, 대신에 어거스틴이 거부했던 선행을 강조하였다. 오렌지

---

158) Ibid., p.207.
159) Ibid., p.208.
160) Ibid., p.209.

종교회의는 비록 지방회의였지만 의미가 축소되었던 인간의 선행을 다시 강조함으로써, 인간의 자유의지가 구원에 영향을 준다는 반펠라기우스주의(Semi-Pelagianisn)적인 중생의 교리가 번영하게 되는 계기가 되었다.[161] 그러나 16세기로 접어들면서 어거스틴의 구원이론은 종교개혁자들에 의해 다시 회복된다.

생각해 볼 문제

1. 암브로스의 위대한 점은 무엇인가?
2. 금욕주의를 주장하며 벌게이트 성경을 번역한 사람은 누구인가?
3. 설교가로 유명한 감독은 누구인가?
4. 어거스틴의 업적에 대해 말해 보라.

---

161) Ibid., p.209.

제2부 중세교회사

믿음이 없이는 하나님을 기쁘시게 하지 못하나니 하나님께 나아가는 자는 반드시
그가 계신 것과 또한 그가 자기를 찾는 자들에게 상 주시는 이심을 믿어야 할지니라

- 히 11:6

1. 중세교회사 서론[162]

중세의 역사를 움직인 두 개의 대표적인 기구는 교회와 국가이다. 이 두 개의 힘의 축은 자신들의 필요에 따라 서로 응전과 도전을 하면서 공존하였다. 이들은 자신들의 생존과 번영을 위해서 깊은 연관을 맺고 있었다. 그러므로 중세교회사는 현대적 의미의 정교 분리나 구분의 개념으로 다뤄서는 안 된다.[163] 이때는 정치, 종교, 사회, 문화가 기독교사회(Christendom)라는 우산 아래 새끼줄처럼 엮여 천년의 마당을 이룬 시기라 할 수 있다. 이와 같이 세속역사와 깊이 연관된 중세교회사에 대한 연구는 보다 광범위하고 복잡해질 수밖에 없다. 그러나 사회와의 관계를 통해 개연성을 확보한 이 시기의 교회는 다양한 경험과 풍부한 신앙적 유산 그리고 교훈을 후대에 전승시켰고, 서양 근대기독교 문화와 종교개혁을 잉태시키는 역할을 하였다. 그러나 동시에 천년에 걸친 세속역사의 동반자 혹은 통치자로서의 경험을 통해 교회는 엄청나게 부패하였고, 그것 때문에 개혁이라는 해산의 고통을 감내해야만 했다. 이러한 중세교회의 모습은 콘스탄틴 대제의 기독교 공인 이후에 돌변한 기독교인의 사관과 로마제국의 정치적 변동이 서로

---

162) 중세교회에 관한 이 책의 내용은 이미 밝힌 바와 같이 저자의 강의안 초록을 첨가 혹은 수정한 것이며, 이 내용의 일부는 저자의 편역본인 「원자료 중심의 교회사」에도 중복되어 수록되어 있다.
163) 일반적으로 국가와 교회와의 관계를 초대교회는 일치, 중세는 불일치 그리고 종교개혁시대는 변형으로 규정할 수 있다.

접목됨과 더불어 파생되었다.[164)]

　콘스탄틴 대제 이후에 정치와 종교가 접목되어 형성된 교권은 민중들을 중세 신앙의 족쇄에 채워 제도화된 교회의 존속을 강화시켰다. 이에 비해 제도화된 교회의 형태와는 달리 기독교인들의 영적 저수지 역할을 담당한 수도원 운동이 또한 만개하였다. 그러나 수도원 운동 자체도 제도화된 교회의 부패를 끝내 방지하지는 못하였고, 자체의 모순 극복에도 실패하였다. 오히려 수도원은 중세사회의 근간을 이룬 봉건제도를 기본적으로 수용하면서 물량적 성장을 이루었고, 이를 통해 세속적 직위를 확보해 갔다. 이렇게 교회든 수도원이든 영권과 속권을 동시에 확보하면서 많은 모순과 함께 확대되어 갔고, 이는 중세 기독교사회를 잉태시켰다. 그러나 우리는 중세 기독교를 연구할 때에 중세기독교의 모순과 부패만을 보고 비판할 것이 아니라, 실패와 더불어 남겨진 교회의 영적 싸움의 흔적들을 함께 고찰함으로써 객관적 평가를 내리도록 노력해야 할 것이다. 왜냐하면 미신과 인간의 전통 그리고 교권의 남용 등 비신앙적인 요소로 진통을 겪었지만, 교회는 여전히 신앙인들의 삶의 자리로서의 몫을 담당해왔기에 시비를 가려 올바른 역사적 조명을 받을 가치가 있기 때문이다.

　여러 가지 시비가 엇갈린 중세교회는 고대교회와 근대교회를 연결하는 다리 역할을 담당하였다. 이 시기는 사실 어느 시대보다 교회의 부정적인 면과 긍정적인 면이 대조를 이루는 시기였다고 볼 수 있다. 그리고 이러한 대조는 도리어 거짓을 쉽게 노출시키고, 참을 분별해 낼 수 있는 여백을 제공했다고 볼 수 있다. 그러나 사실은 이러한 중세교회의 양면성은 정도의 차이는 있지만, 고대와 근대교회사에서부터 존재해 온 현상들이다. 고대교

---

164) 조셉 린치 저, 심창섭 · 채천석 역, 「중세교회사」(서울: 솔로몬 출판사, 2005) pp.29-31; Joseph H. Lynch 교수는 이때부터는 규범적인 기독교(normative christianity)가 시작되었다고 표현한다.

회의 모순이 중세교회에 중복되며, 또한 중세교회의 모순이 근대교회에도 반복되기 때문에 중세교회사는 고대나 근대교회사와 한 흐름을 이루는 연장선상에서 검토되어야 할 것이다. 중세교회를 근본적으로 부정해온 16세기 급진주의적 종교개혁자들과 같은 견해는 칼빈이 경고했던 것처럼 지양해야 할 것이다. 다른 시대에 비해서 상대적으로 타락의 심도가 깊었다 할지라도 기독교 세력의 확장과 더불어 서양의 기독교 문화를 창달케 한 중세교회의 업적을 간과할 수는 없기 때문이다. 그리고 전술한 바와 같이 이를 통해 근대문명이 탄생되고 성경 중심의 개신교 신앙이 잉태된 역사성도 과소평가할 수 없기 때문이다.

또한 16세기 종교개혁이 있기 전까지 엄청난 물량주의와 교권주의의 시녀 역할을 한 중세교회는 천 년간 역사의 주역을 맡아 중세 민중의 삶을 장악하였는데 이것은 일찍이 교회 역사에서 찾아볼 수 없는 현상이었다.

중세교회 사상 가장 큰 손실 중의 하나는 모슬렘교의 등장으로 인해 기독교 발생지인 팔레스틴과 초대기독교의 요람지인 소아시아의 북아프리카를 상실한 것이다. 이로 인해 초대기독교의 유산과 전통이 많이 상실되었으며 십자군 전쟁이라는 엄청난 정신적·물질적 소모전을 야기시켰다. 그러나 이슬람 지역과의 접촉을 통한 학문과 문화의 유입은 중세교회의 스콜라주의와 문화 창달에 크게 기여하였다. 아울러 견고한 봉건제도가 서서히 와해됨에 따라 중세사회에 많은 변화가 찾아왔다.

중세교회의 또 다른 뼈아픈 경험은 동서 교회의 분리라고 할 수 있다. 근본적인 교리나 신앙의 별다른 차이가 없음에도 불구하고 인간이 만든 전통과 교권주의로 말미암아 동서 교회가 갈라서게 된 순간, 가톨릭교회의 에큐메니즘이 최초로 붕괴되기 시작하였다.

교권과 왕권 간의 긴장, 교권의 남용, 수도원의 발달과 부패 그리고 개혁, 교황권의 성장, 대륙의 선교, 이슬람과 야만족들의 위협, 동서 교회의 분리, 십자군 운동 등 복잡한 정황을 겪어오면서 중세교회는 13세기에 드디어 르네상스 시대를 맞이하게 되었다. 또한 아리스토텔레스에 대한 재발견은 13세기 말에 일어난 대학교육에 진리 탐구의 새로운 방법을 제공하여 신학, 형이상학, 자연과학 등의 발전을 가져왔다. 스콜라 철학, 혹은 신학은 바로 이러한 학문의 발달이 가져온 결과이다. 기나긴 지적 동면에서 깨어난 13세기에는 사색과 신비 그리고 다양한 신학적 해석들이 만개하였다. 그러나 동시에 이단사상도 교회에 기생하기 시작하였다.

13세기의 이러한 기독교 문화에 대한 종교적인 열정은 13세기 수도원에도 르네상스를 가져오면서, 수도원에서도 민주적 혁신이 이루어졌다. 프란시스코 종단과 도미니칸 종단이 이에 속하는데, 둘 다 수도원의 대중 종교화와 대학의 발전에 지대한 영향을 끼쳤다. 이때는 교황권의 세력이 강화되어 교황의 영권과 속권에 대한 통치력이 중세 역사상 절정에 달하고 있었다. 교황제도는 그레고리 7세를 거쳐 인노센트 3세, 보니페이스 8세로 이어지면서 교황이 왕이나 황제보다 세속정치에 더 큰 영향을 행사하는 '교황제도의 황금기'가 열렸다. 이 시기에 십자군 운동이 일어나게 되는데, 이로 인해 200년간의 전쟁역사가 시작된다. 그리고 전 유럽이 교황권의 지배를 받으면서 국가는 교황의 시녀가 되었으며 더욱 강해진 교회세력에 의해 이단들이 무차별 처벌되었다. 그러나 14세기에 접어들면서 이러한 교황세력이 약화되기 시작하였고, 바벨론 유수를 통해 교황의 국제적 성격이 상실되었으며 오히려 교황권이 왕권의 지배를 받는 결과가 초래되었다.

12, 13, 14세기는 교황제도의 전성기이자, 중세 서양기독교 문화의 황금기를 이룬 시기라고 할 수 있다. 그러나 동시에 이 시기는 교황권이 도전을 받고 대학의 지성인들이 개혁운동에 참가하여 개혁의 여명을 밝힌 시기이기도 하다. 15세기에 접어들면서 부패와 더불어 함몰해가는 중세교회를 개혁하고 재건하려는 평신도들의 종교회의와 선구자들의 몸부림이 등장했다. 하지만 노후화된 중세교회의 무딘 양심은 이를 외면하였다. 중병에 걸린 중세교회는 결국 많은 문제점을 안고 수술의 무대에 오른 채 16세기 종

교개혁을 맞이하게 된다.

생각해 볼 문제

1. 중세를 움직인 두 개의 대표적인 권력은 무엇인가?
2. 중세교회를 대개 몇 가지로 나누어 볼 수 있는가?
3. 중세교회사의 흐름을 이야기해 보라.

2. 중세의 여명
정치 · 사회 · 종교적 배경(400-590)

313년 콘스탄틴 대제(Constantine the great)의 기독교 공인 이후 교회는 제국의 정치적 지원 속에 교회국가(Church State)로서의 면모를 갖추면서 비교적 성장과 번영을 누리고 있었다. 무너진 교회당이 복구되고 유배되거나 투옥되었던 교회 지도자들이 돌아오고 교인들이 공직에 등용되며 면세의 혜택을 받는 등 국가로부터 많은 특혜를 누렸다. 이와 함께 교회의 국가관도 변화하였는데, 국가를 박해자가 아닌 복음 전파의 동반자 혹은 보호자로 인식하게 되었다.

그러나 395년 데오도시우스 황제(Theodosius)가 사망하자, 교회의 보호자였던 제국은 동서로 이분화되며, 국력을 잃어가기 시작하였다. 이때부터 476년 서로마 제국이 멸망하기까지 동서교회는 각자의 정치 · 종교적 재난으로 몸살을 앓고 있었다. 서방 기독교는 야만족들의 침입을 비롯한 여러 가지 이유로 인한 정치 · 사회 · 신앙의 혼돈과 도전을 감내해야만 했다.[165] 그런가 하면 동방기독교는 교회 내의 교리 논쟁으로 분열과 갈등에 휩싸였다. 이 시기에 동서양 교회에 나타난 주요한 역사적 사건들은 야만족들의 침입, 수도원 운동과 초기선교, 교리 논쟁 그리고 유스티니안 황제(Justinian)의 치적 등이다.

---

165) 심창섭 · 채천석, 「중세교회사」, pp.45-48; 규범적 기독교와 제국과의 연합 자체가 불안정해졌다.

야만족들의 침입[166]

수세기 동안 로마제국의 변방에서 간헐적으로 제국의 영토를 노략질하던 야만 부족들은 3세기에 접어들면서 대규모 군사 체제로 흡수, 재편성되어 제국에 대한 막강한 위협체로 등장하였다. 그러나 야만족들의 제국 내로의 이동은 교회가 도덕적·신앙적 결합을 다지는 계기가 된 동시에 여러 민족이 기독교를 받아들이는 개종의 역사를 가져왔다.[167] 로마제국을 침입한 민족은 주로 게르만어를 사용하는 야만족이라 불리우는 프랑크족(the Franks), 반달족(the Vandals), 알라만스족(the Alamans), 고트족(the Goths), 그리고 색슨족(the Saxons)이었다. 로마제국에 대한 야만족들의 위협은 이때부터 지속적으로 일어났다.[168] 258년 알라만스족과 프랑크족은 고울(Gaul)과 북 이태리(Northen Italy) 그리고 스페인(Spain)을 휩쓸었고, 고트족은 378년 로마제국 군대를 물리치고 발렌스 황제(Valens)를 죽일 정도로 위협적이었다. 그러나 395년 데오도시우스 황제의 사후 전까지는 이러한 야만족들의 침입이 제국에 큰 타격을 줄 만큼 위협적인 것은 아니었다.

한편 서로마제국 전체가 야만족들에 의해 본격적으로 점유되는 드라마는 5세기 초반부터 시작되었는데, 이것은 동쪽으로부터 발생한 훈족(the Huns)의 이동으로 인해 시작되었다. 5세기 초에 로마제국으로 침입해온 야만족들의 형태는 끊임없이 밀려오는 파도와도 같이 연쇄적이고 지속적이었다. 북해서부터 메인(Main)에 이르기까지 라인 강 전역에 걸쳐 프랑크족들의 연방체제가 자리잡았고, 베세르(Weser)에서 엘베(Elbe)까지는 색

---

166) 이 부분은 언급한 바와 같이 저자의 강의안의 내용이며 「원자료 중심의 중세교회사」에 그대로 수록되어 있다. cf. 심창섭·채천석 편역, 「원자료 중심의 중세교회사」, pp.25-26.
167) cf. 조셉 린치, Ibid., pp.74-88.
168) 조셉 린치, Ibid., p.25.

슨족이, 메인과 엘베 사이에는 롬바르드족이, 라인과 메인즈(Mains)의 남부에 이르는 남쪽 지역은 부르군드족이, 그 남쪽에 위치한 아그리 데쿠메테스(Agri Decumetes)에는 알라만족이 차지하였다. 보헤미아 지역에는 마르코만스족(the Marcomans)이 진을 치고 있었고, 그 주위에는 루기안족(the Rugians)과 헤룰리안족(the Herulians)이 존재하였다. 여기에다 다뉴브 강을 따라서는 당시 가장 강한 게르만 연합체로 알려진 반달족(the Vandals)과 동서고트족(the Ostrogoths and the Visigoths)이 포진하고 있었다.[169]

로마제국에 근접하여 포진해 있었던 이러한 민족들의 후방에는 또다른 여러 민족들이 압력을 가해오고 있었다. 오늘날의 덴마크(Denmark) 지역에는 엥겔스족(the Angles)과 유트족(the Jutes)이 있었고, 갈리키아(Galicia) 지역에는 스키리안족(the Skrians)이, 스칸디나비아(Scandinavia) 지역에는 노르웨이족(the Norwegians)과 기에드족(the Geats) 그리고 스위데스족(the Swedes)이 있었다. 러시아 평원의 북쪽에는 슬라브족(the Slavs)과 웬드족(the Wends)이, 남쪽에는 쿠아디족(the Quadi)과 게피데족(the Gepidae)이, 그리고 흑해 연안에는 알란스족(the Alans)이 있었다. 이들은 오래전부터 로마제국의 문명권 안으로 들어오기를 원하고 있었다. 이들은 5세기 초 훈족(the Huns)의 침입을 발단으로 마침내 로마제국의 통치체제에 대지각변동을 일으키는 본격적인 침입을 시도하였다. 이러한 야만족들의 제국 내로의 대이동은 100년간 지속되던 서양교회의 번영과 평화를 와해시키는 것 같았고, 많은 기독교인들은 불안과 염려 속에서 이들의 침입을 개탄하고 있었다. 특히 410년에 로마가 알라릭에 의해 점령당하자 제롬은 시대의 종말이 이른 것처럼 애도하였으며, 어거스틴은 절망 속에 있는 기독교인들에게 희망을 가질 수 있는 이론을 신국론을 통해 역설하였

---

169) 윌리엄 캐논,「중세교회사」, pp.16-21.

다. 제롬의 애도 신앙과 어거스틴의 극복신앙은 고난 속에 처한 교회나 국가에 대한 교회의 입장을 표현한 것이기도 하였다.

그런데 주목할 만한 것은, 대부분 아리우스주의이거나 이방신앙을 가졌던 야만족들의 로마제국으로의 침입을 통해 그들이 오히려 로마제국의 정통신앙을 받아들이게 되었다는 점이다. 스페인을 점령한 비시고트족은 40년의 투쟁 끝에 정통신앙을 자신들의 것으로 받아들였고(제3회 톨레도 종교회의에서 정통신앙이 재확인됨), 사보이 지역에서 론까지, 센 강에서 알프스와 사린 강까지, 그리고 유랄 산맥 북부지역에서 듀란스 강까지 세력을 넓혔던 부르군디족들은 야만족들 가운데 최초로 정통신앙을 받아들였으며, 자신들의 언어를 버리고 라틴어를 사용하는 모습까지 보였다. 부르군디족은 이교도였던 프랑크 왕 클로비스(Clovis)에게 부르군디족 출신 클로틸다(Clotilda)를 아내로 줌으로써 프랑크족의 개종에 공헌하기도 하였다. 특히 고울 지방을 점령한 프랑크족은 제국을 침입한 야만족들 가운데서 가장 성공한 부족으로, 이들의 개종은 중세 교회국가 체제의 효시가 되기도 하였다.[170]

이탈리아 지역을 점령한 오스트로고트족도 역시 아리우스주의자들이었지만, 로마의 주교를 인정하면서 로마 제국과의 공존을 꾀하였다. 특히 그들의 통치자였던 데오도릭은 제위 25년간 종교의 자유를 인정하는 등 정통교회와의 관계를 원만하게 이끌어 나가려는 노력을 보였다. 그러나 518년이 되던 해 그의 정책은 돌변하여 저스틴 황제와 아리우스주의자들 박해에 맞선 그의 친구 보에티우스를 죽이는 등 정통교회의 박해자로 변신하였다. 그러나 결국 이들은 유스티니안의 군대에 의해 553년에 정복당하였고, 로마 제국으로부터의 물리적 힘에 의해 개종하였다. 또한 아프리카를 점령한 가장 잔인한 아리우스주의자들이었던 반달족까지도 로마제국의 기독교 신자들에게 가혹한 박해를 가하였으나 정통교회를 무너뜨리지 못하였고,

---

170) Kenneth Scott Latourette, A History of Christianity vol. 1, p.27.

534년 동방 황제 벨사리우스(Belsarius)의 원정에 의해 멸망을 당하여 정통 교회로 흡수 내지 자멸하였다. 결국 제국에 침입한 야만족들이 침입영토 주민들의 신앙인 정통신앙을 받아들인 여부에 따라 존재의 승패여부가 달려 있었다고 해도 과언이 아니다. 이러한 야만족들의 침입은 서로마 제국을 멸망케 하고, 정통교회에 위협적인 존재로 군림한 것이 사실이다. 하지만 비록 정치적 이유에 의한 것이지만 그들 대부분이 정통교회로 개종하였고 이러한 그들의 개종은 중세교회가 하나의 신앙으로 통일되어 세계교회로 발돋움하는 계기가 되었다.171)

수도원 운동과 초기 선교

제국에 침입한 야만족들의 개종과 더불어 중세 기독교사회의 형성에 공헌한 또 하나의 역사적 사건은 중세 여명기에 일어난 수도원 운동과 초기 선교였다.172) 수도원 운동은 3세기에 이집트의 사막 지역에서 기도와 명상, 금욕적 삶을 통해 하늘의 즐거움을 맛보고 영혼의 구원을 바라며 홀로 거하여 영적인 생활을 영위하였던 은둔자(hermit, anchrobite, or cenobite)들의 생활로부터 기원한다. 그들은 이집트 사막에서 은둔 생활을 했다는 사도 바울을 모델로 삼아 세상과 엄격히 격리된 생활 속에서 영혼을 위한 고행의 삶을 자원하였다. 이 운동이 대중화된 것은 4세기 전반 안토니(St. Athony)의 영향이 있고 난 뒤였으며, 비록 원시적 형태이지만 집단적 수도원으로 형성된 것은 파코미우스(Pachomius) 때였다. 그리고 공동생활을 위한 수도원 법칙이 제정된 것은 가이사랴의 바질(Basil) 때였다. 사막의 교부

---

171) 마가렛 딘슬리, 「중세교회사」, pp.17-20.
172) 이 부분은 초대교회의 수도원운동에서 다루었던 것(pp.44-45)을 다시 다루었다. 중세의 기독교 전파에 중요한 부분이다.

들이라고 불리는 이들의 수도정신은 팔레스틴과 아프리카 지역의 교회에 지대한 영향을 미쳤다. 그들의 영향은 동방에만 국한된 것이 아니었고, 일찍부터 서방에도 전달되어 서방의 고울 지방과 이탈리아와 브리튼과 아일랜드 지역에서 성공적으로 발달하였다.[173)]

4세기 경에 고울 지역에 파코미우스의 모범을 따라 투르의 마틴(Martin)에 의해 리구게와 마르무티에르 수도원이 세워졌는데, 특히 후자는 급진적으로 발달하여 은자의 집단 촌락이 되었다. 5세기에 접어들면서 더 많은 수도원들이 세워졌는데, 이 중에서 카시아누스(Cassianus)에 의해 마르셀레스에 세워진 성 빅토르 수도원, 성 로마누스(Romanus)와 성 루피티누스(Lupitinus)에 의해 세인트 클라우데에 세워진 콘다트 수도원 등이 대표적이다. 특히 레린스 공동체는 급성장하여 수백 수천 명의 기독교인들을 유인하였다. 이로 인해 주위의 무인도 섬들까지도 은자들의 은신처로 메워졌다. 5세기에 아일랜드를 수도원으로 성역화시킨 성 패트릭(Patrick)도 이곳에서 수도승으로 입단하여 훈련을 받고 파송되었다.

브리튼과 아일랜드의 기독교는 수도원 운동과 매우 밀접한 관계가 있다. 특히 이 지역 수도승들은 교회 역사상 매우 인상적인 선교활동을 펼쳤다. 그리고 적어도 3세기에는 브리튼에 기독교가 전해졌던 것으로 알려져 있다. 왜냐하면 314년 알레스(Arles) 종교회의에 3명의 브리튼 감독들이 참석하였기 때문이다. 3세기에 로마제국 내의 기독교 확장은 군인들이나 상인들에 의해 이루어지기도 했다면, 이들에 의해 복음이 일찍이 브리튼에도 전해졌을 가능성을 배제할 수 없는 것이다. 어쨌든 5세기 초 중반에 브리튼에서 기독교가 상당한 세력을 가지고 있었던 것 같고, 이는 로마 주둔군이 브리튼에서 철수할 때 이곳의 켈틱 교회들에게 앵글로 색슨족의 침입을

---

173) cf. 헨리 채드윅 저, 박종숙 역, 「초대교회사」(서울: 크리스챤 다이제스트, 2001), pp.207-210.

대처하는 일을 맡긴 것을 보아서도 알 수 있다. 이들 기독교 공동체는 사나운 이교도들의 핍박을 피하여 산이나 수도원 공동체에 집단적으로 은거하였다. 이러한 역경 속에서도 그들의 신앙은 펠라기우스주의와 같은 이설에 대항하여 싸웠을 때처럼 생동감 있고 열정적이었다.174)

그러나 이때까지도(430) 아일랜드는 여전히 야만적인 섬나라이자, 선교의 대상지였다. 교황 켈레스틴(Celestine)이 팔라디우스(Palladius)를 선교사 감독으로 파송하였으나 별 성과를 거두지 못하였다. 아일랜드를 개종시키는데 가장 크게 기여한 인물은 성 패트릭이었다. 브리튼의 남서해안 지역에서 태어난(385) 그는 16살 때 아일랜드 해적에 납치되어 6년간 노예로 종살이 하였고, 그곳에서 탈출한 뒤, 2개월간 대륙에서 헤매다가 결국 브리튼의 고향으로 돌아왔다. 그러나 그는 다시 대륙으로 돌아가 레린 수도원에 입단하여, 14년간의 훈련을 받은 끝에 아일랜드에 선교사 감독으로 파송되었다. 461년에 죽기까지 그는 30년간의 선교를 통해 아일랜드를 복음화시켜 그곳을 성자들의 섬으로 만들었다. 아일랜드 섬은 수도원으로 가득 찼으며, 수도원 공동체 자체가 이곳의 기독교의 특징이 되었다. 때로는 300명 정도의 수도승들이 운집하여 신앙 집단체를 이루었는데 이들의 신앙적인 열정과 이상은 제국 내의 다른 지역보다 뛰어났다. 특히 아일랜드 수도원들은 대륙의 수도원들과 판이하게 달랐다. 윌리엄 캐논(William Cannon)이 지적한 것처럼 그것은 종교적인 양식의 차이점(부활절 절기의 날짜, 수도승의 머리 모양, 세례식의 양식, 성직임명의 양식 등) 정도가 아니라 구조의 근본적 차이점이었다.175)

이들 수도원은 강력한 족별 체제로 형성되어 있었고, 교구의 예속물이었거나 교구와의 연관 속에서 존속된 것이 아니라, 수도원 자체가 교구의 역

---

174) 윌리엄 R. 캐논, 「중세교회사」, pp.24-25.
175) Ibid., p.26.

할을 하면서 기독 공동체의 구심역할을 하였다. 그리고 개종 전에 족장들이 그들의 종족들에 대하여 가졌던 사회적인 직위와 책임이 수도원 공동체에서도 그대로 적용되었다. 수도원 원장의 승계도 족장의 것과 같았고, 또한 그는 성·속의 특권을 함께 보유하고 있었다. 주교나 사제나 수도승들이 원장의 절대적인 감독 하에 있었고, 이러한 원장의 통솔 아래 수도원은 사회적 기능과 교회적 기능을 동시에 이행하는 신앙 공동체로 존재하였다.

이러한 켈틱 수도원의 특징은 복음 전파의 열정으로 가득 찬 수많은 수도승들을 선교사로 파송하였다는 점이다. 이 중에서 563년 12명의 동료들과 함께 스코틀랜드에 도착하여 픽트족(the Picts)을 개종시키고, 다음 해 작은 섬에 이오나(Iona) 수도원을 세운 콜롬바(Columba, 521-597)는 특히 괄목할 만하다. 150여명의 수도승들이 이곳에서 정절과 겸손을 이상으로 삼고 운집하여 살면서 스코틀랜드 대교구 감독들을 배출했다. 그리고 이 수도원으로부터 파송된 선교사들에 의해 오르크니족(the Orkeys), 쉐틀랜드족(the Shetlands), 파로에족(the Faroes)에게 복음이 전파되었으며, 아일랜드 지역과 아모리카(Armorica) 지역에까지도 복음이 전파되었다. 콜롬바 외에도 수많은 선교사들이 브리티시 아일스(British Isles)와 유럽 대륙까지 복음을 전파하였는데(Vosges, Alsace, Franche-Comte, and even Switzerlad), 이 중 콜롬바누스(Columbanus or Columban, 543-615)를 대표적인 인물로 들 수 있다. 콜롬바누스는 580년경에 아일랜드의 뱅고 수도원을 12명의 동료들과 함께 떠난 뒤, 아모리카에 정착하는 대신에 동부 대륙 깊숙이 파고들어 615년 이태리 북쪽의 보비오에 위치한 어느 수도원에서 운명할 때까지 25년간의 전도를 통해 많은 영향을 끼쳤고 교회 개혁의 원리를 제공하였다. 아일랜드의 수도승들은 수백 년간 지속적으로 유럽 대륙에 수도원을 세우는 등 대륙의 선교에 지대한 역할을 담당하였고, 유럽이 기독교화되는 기초를 닦았다. 아일랜드의 기독교야말로 유럽기독교의 제2의 출발점이라 해도 과언이 아니다. 이러한 점에 있어서 콜롬바와 콜롬바누스에 대한 윌리암 캐논의 견해는 그들을 과소평가한 것으로 볼 수 있다. 사실 중세 여명기라 할 수 있는 서구 유럽의 암흑기에 아일랜드는 제2의 팔레스틴이라 할 수 있을 정도로 신앙의 요람지 역할을 했기 때문이다.[176]

아일랜드를 중심으로 수도원 운동이 부흥해 갈 때에 이태리 반도에서도 수도원의 횃불이 밝혀지고 있었다. 476년 야만인 오도아케르(Odoacer)에 의해 동로마제국이 멸망당하자 사람들은 시대적 절망을 느끼며 재난의 화를 두려워하고 있었다. 이러한 어두운 시기에 살았던 누르시아의 베네딕트(Benedict)는 시대에 걸맞은 새로운 형태의 수도원을 가꾸어 내어 중세 수도원 운동의 초석을 이루어낸다. 480년에 누르시아의 부유한 가정에서 태어난 베네딕트는 혼란한 시대속에서 부패한 사회와 사람들의 삶에 환멸을 느끼고 수비아코 근처 동굴 속에서 은자의 삶을 산다. 이곳은 옛날 네로 황제 궁전의 잔재가 남아 있는 지역이었기에 이곳에서의 고행은 시대의 부패를 치유한다는 상징적인 의미를 나타내는 것이기도 했다. 그의 명성이 세상에 알려지자 그는 부근의 작은 수도원의 원장으로 초대된다. 그러나 그곳에서 그는 엄격한 규율 적용으로 인한 실패를 겪고, 다시 수비아코 수련장에 복귀한다. 이곳에서 그는 다시 명성을 얻는 데 성공하여 많은 제자들을 훈련하고, 로마의 위대한 가문들의 자녀교육을 위탁받기도 하였다. 그의 성공에 질투를 느낀 주위의 사제들은 그의 생명을 위협하였고, 이에 그는 남쪽으로 도주하여 옛날 이교의 신전인 주피터(Jupiter) 신전이 있었던 몬테카시노 언덕에 수도원을 세웠다(529). 이곳에서 베네딕트파 수도회(the Benedictine Order)가 탄생되었고 유명한 베네딕트 계율이 작성되었다.[177]

이 계율은 베네딕트 자신이 새롭게 창조한 것은 아니며, 성 어거스틴, 카시안(Cassian), 성 바질, 그리고 교부들의 생애와 교훈을 참고하여 만든 것

---

176) Ibid., pp.26-27.
177) Ibid., p.27.

임을 밝히고 있다. 중요한 것은 성 베네딕트가 수도생활의 이상을 만들어 내는 것이 아니라 그 이상을 조화시키고, 그것을 성공적으로 서구인들의 성향과 필요와 습성에 알맞도록 적용시켰다는 데 그의 공적이 컸다는 것이다. 그의 규율에는 당시 대부분의 수도원에서 볼 수 있는 지나친 금욕주의나 초인간적인 훈련 방법이 배제되었으며, 지나친 신비주의도 포함되지 않았다. 베네딕트 규율의 본질은 중용과 균형에 있었다. 이러한 원리 위에 하루의 일과인 기도, 노동, 휴식, 지적 훈련, 그리고 취침을 적절하게 배합했다. 결국 이러한 중요한 입장을 취한 베네딕트 규율은 켈트 수도원의 엄격한 규율과 동방 수도원들의 극단주의가 가진 한계를 극복했다. 이러한 베네딕트 규율은 롬바르드족이 몬테카시노를 점령함과 더불어 전 유럽에 퍼져 결국 중세 수도원의 맥을 이루었다.

교리 논쟁

중세 여명기에 동방교회에 나타난 주목할 만한 사건 중의 하나는 교리 논쟁을 들 수 있다. 이것이 중세 여명기에 동방교회와 서방교회가 다른 점이었다. 서방기독교 세계의 후예들인 오늘날 서구인들은 동방교회의 교리 논쟁을 불행한 교권 싸움이며, 아무 가치 없는 말장난이라 비방하지만, 이것은 물질적 번영을 중시 여기는 현대 서구인들의 시각적 차이에서 비롯된 것으로 볼 수 있다. 당시 동방교회는 영적 이상의 실현이 교회의 주된 목적이었고, 실제적인 수단들은 영적 이상의 실현을 위해 존재하는 것이었다. 이러한 원리 위에 서 있는 동방교회는 신앙의 잣대 역할을 하는 이상적인 교리의 정립을 위해 투쟁을 할 수밖에 없었던 것이다. 또한 동방교회는 역사적으로 복음의 발생지이며, 그것의 전통을 순수하게 보존하는 요람지로 자부하여 왔기 때문에 정통 교리 보존의 역사적 사명감을 가지고 있었다. 특히 순수 신앙과 교리 보존에 열정적이었던 무리들은 동방제국 전반에 산재해 있던 수도원의 수도승들이었다. 또한 수도승뿐만 아니라, 제국의 황제들까지도 이 문제에 개입되는 등 동방교회 전체가 몸살을 앓고 있었고, 이는 서방교회에까지 영향을 미칠 정도였다. 그러나 이러한 진통을 통해 교회는 극단론자들을 배제하고 균형 있는 정통교리를 정립할 수 있게 되었다.

즉 교회는 항상 극단론자들에 대항하여 그리스도의 신성의 완전성과 인성의 완전성을 보존해야만 했다. 신성의 완전성을 거부한 아리우스주의는 325년 니케아 종교회의에서 파문되었지만 그리스도의 완전한 인성에 대한 도전은 아직도 남아 있었다. 니케아 종교회의는 그리스도 안에 두 개의 요소가 실제로 존재하며, 그것은 신성과 인성이라고 선포하였다. 그리고 이 두 개의 요소는 아버지 하나님에게서 태어나서 마리아의 몸에서 사람으로 만들어진 예수 안에서 연합되어 있다고 선포하였다. 즉 그리스도가 하나님과 동일 본질(homoousios)이심을 선포한 것이다.[178] 그러나 여기서 양성이 어떻게 하나로 연합되느냐가 논란의 대상이 되기 시작하였다. 니케아 종교회의 이후 이 문제에 대해 처음으로 논쟁을 야기한 대표적인 인물은 몹수에스티아의 데오도레(Theodore of Mopsuestia)였다. 그는 아리우스주의에 대항하기 위하여 그리스도의 신성의 완전성을 강조하다가 양성을 지나치게 구분함으로써 양성의 연합성을 약화시켜 버렸다. 이에 대항하여 시리아에 있는 라오디기아의 감독인 아폴리나리우스(Apollinarius)는 그리스도의 연합성을 강조하였다. 그는 그리스도의 구속이 완성되기 위해서는 예수 안에 양성이 지나치게 분리되어 각자가 독립된 존재로 있을 수 없다고 주장하였다. 그리스도는 우리를 위하여 고통당하고 죽으신 성육신한 하나님의 아들이라고 주장하였다.[179]

---

178) 한철하,「고대기독교사상」(서울: 대한기독교서회, 1985), p.175.
179) Justo L. Gonzalez, A History of Christian Thought vol. 1, (Nashville: Abingdon press, 1987), pp.347-350.

그러나 아폴리나리우스는 두 개의 요소가 어떻게 완전하게 하나로 연합할 수 있는가를 설명하는 과정에서 문제를 야기하였다. 반쪽으로 쪼개진 한 과일의 두 쪽은 다시 연합하여 하나의 과일을 만들 수 있지만 독립된 이미 완전한 두 개의 과일이 연합하여 하나의 과일을 만들어 내는 것은 불가능하다고 하였다. 그러므로 말씀이 사람이 되었다면 사람을 이룬 인성은 완전한 것이 아니었다고 주장했다. 그리스도는 육체와 동물적인 감각만을 사람으로부터 취하였고, 영적인 혼은 오로지 그의 신성에 의해 대치되었다고 했다. 즉 그리스도는 완전한 인간이 아니고 그의 반은 말씀의 신성으로 용접되어 있다는 것이다. 이러한 그의 이론을 반증하기 위한 과정에서 아폴리나리우스는 성경에 나타난 예수의 인성적인 요소들을 무시하는 결과를 초래하였다. 이 여파로 로마, 알렉산드리아, 안디옥 등지에서 아폴리나리우스를 거부하는 회의들이 열렸고, 381년 콘스탄티누스의 종교회의에서는 결정적으로 그의 견해들이 거부되었다. 그러나 그의 추종자들은 동방에 계속 잔존하여 단성론자들의 효시가 되었다.[180]

이러한 기독논쟁이 된 사건이 일어난 것은 아폴리나리우스가 정죄된 후 40여 년이 지나서였다. 이 논쟁은 안디옥 신학을 대표하는 콘스탄틴 총주교 네스토리우스(Nestorius)와 알렉산드리아의 신학을 대표하는 알렉산드리아 총주교인 시릴(Cyril) 사이의 논쟁이었다. 안디옥 학파는 그리스도의 인성을 강조하였고 알렉산드리아 학파는 신성을 강조한데서 논쟁이 발생한 것이다.[181]

한때 안디옥 부근에 있는 한 수도원의 수도승이었던 네스토리우스는 콘스탄티노플의 주교로 등단하면서 이 문제를 제기하기 시작하였다. 그는 안디옥 출신의 다른 신학자들과 마찬가지로 그리스도에 대한 이원론적 개념

---

180) Ibid., pp.352-353.
181) 한철하, Ibid., p.209.

을 신봉하였다. 그는 그리스도 안에 두 개의 완전한 성(nature)이 있다고 하였다. 그러나 그에게 있어 여전히 문제가 된 것은 어떻게 그리스도의 인성적인 요소들이 신성에 부합될 수 있는가 하는 문제였다. 예를 들면 하나님은 고통도 죽음도 모르시는 분이기 때문에 그리스도가 십자가에서 고통당하고 죽으심은 오직 그리스도의 인성으로서만 가능했다는 것이다. 이때 신성은 오직 도덕적 연합을 취했을 뿐이라는 것이다.

이러한 네스토리우스의 주장은 신성이 인성과 함께할 수 없다고 말함으로써 결과론적으로 그리스도의 인성만 강조하는 편협주의적인 결과를 낳았다. 특히 그의 제자 중의 하나인 아나스타시우스(Anastasius)는 이 이론에 심취하여 그리스도의 인성만 너무 강조한 나머지 동정녀 마리아를 하나님의 어머니(Theotokos)라 부르지 않고, 그리스도의 어머니(Christokos)라 불렀다.[182]

안디옥파에서 채택한 그리스도의 어머니란 표현은 알렉산드리아파에서는 신성을 약화시키는 말이라고 비난받았다. 이에 반대한 대표적인 인물은 알렉산드리아의 감독 시릴(Cyril)이었다. 알렉산드리아의 신학자들에게는 이러한 공격이 신나는 일이었다. 왜냐하면 알렉산드리아의 신학자들은 콘스탄티노플과 안디옥에 대한 우월감 내지 긴장감을 가지고 있었기 때문이다. 이를 계기로 시릴은 네스토리우스를 이단으로 책동하였다.

"이 일이 계기가 되어 시릴은 콘스탄티노플에서 데오토코스파를 책동하여 네스토리우스의 크리스토스를 거부하는 한편 각파를 충동하여 네스토리우스를 이단으로 몰며, 로마의 총주교, 황제, 황녀들과 황후, 황태후 등에게 온통 편지를 보내어 네스토리우스를 이단으로 몰았다."[183]

---

182) Ibid., p.217.
183) Ibid.

그러나 곧 시릴에게 예기치 않는 사건이 발생하여 그 자신이 정치적으로 곤경에 처하게 되었다. 네스토리우스와 아나스타시우스에 반대하는 수도승들이 알렉산드리아에 몰려와 폭력과 살인을 자행하게 되자 그 책임이 시릴에게 전가된 것이다. 시릴파(알렉산드리아)와 네스토리우스파(안디옥과 콘스탄티노플) 사이의 긴장과 투쟁은 미궁에 빠져 결국 431년 에베소 종교회의를 개최하게 만들었다. 데오토코스를 지지하는 폭도들이 시릴과 교황사절 그리고 자신들의 입장을 지지하는 대표자들을 데리고 승리의 횃불 행진을 하는 등 과격한 행동들이 취해졌고, 그럼에도 불구하고 3개월 간의 논쟁이 끝나지 않자 황제는 시릴과 네스토리우스를 동시에 감금시켜 버렸다. 그리고 이단들의 주장을 정죄하였다.

그 후 네스토리우스의 친구인 안디옥의 요한과 시릴이 안디옥과 알렉산드리아 신학자들이 모두 동의할 수 있는 문안을 작성하여 이러한 대립상태는 화해 상태로 전환하게 되었다. 그러나 444년 시릴이 사망하자, 새로운 분쟁의 조짐이 일기 시작하였다. 시릴을 계승하여 알렉산드리아의 감독직에 오른 디오스코러스(Dioscorus)는 안디옥과 콘스탄틴에 대항하여 알렉산드리아에 대한 지역적 자만심이 대단한 자였으며 시릴이 네스토리우스와 너무 타협했다며 그를 비난하고 나섰다.[184]

디오스코러스는 에베소 종교회의는 네스토리우스를 충분히 파멸시키지 못했다고 공격하면서, 네스토리우스의 친구들인 시르의 데오도렛과 에데사의 이바스 등도 비난하였다. 그러나 디오스코러스와 그의 지지자들은 그리스도의 양성의 인격적 결합(personal union)을 너무 주장한 나머지, 양성의 구분을 혼돈시켜 동일한 것으로 만들어 버렸다. 이 결과 이전의 아폴리니리우스의 주장을 재천명하는 꼴이 되고 말았다. 여기서 단성론주의

---

[184] 그는 시릴보다 난폭한 기질의 사람이었다. cf. 한철하, Ibid., p.230.

(monophysitism)라는 또 다른 형태의 극단주의가 파생하게 되었다. 그리고 이들은 인성을 강조하는 대신 신성을 강조하여 그리스도의 인성이 신성에 의해 잠식되는 결과를 나타냈다. 사실 신성을 강조하는 경향은 열성파 기독교인들의 전통이기도 하였다. 이 열성파들은 그리스도를 단순히 인성이라는 옷을 입고 있는 존재로만 보기보다는 보다 더 경이롭고 놀라운 신적인 존재로 추앙하는 경향이 있었다.

이러한 현상은 수도원에 있는 수도승이나 금욕주의자들에게서 주로 나타났다. 그러나 신성만의 단성론을 반대하는 극단주의자도 또한 발생하여 신성이 인성을 제거했다는 것을 반대하기도 하였다. 이런 정황 속에서 단성론파는 여러 갈래로 갈라져서 급진적 단성론주의(strict monophysitism)와 온건적 단성론주의가 생겨났는데, 온건적 단성론주의자들은 신성과 인성이 혼합되어 정의할 수 없는 다른 성으로 변해 버렸다고 하였다.

이런 와중에 446년 단성론주의의 지도자 유티케(Eutyches)가 나타남으로 논쟁은 새로운 국면으로 접어들었다. 유티케는 데오도시우스 2세의 아내인 유도키아(Eudocia)의 정치적 후원을 받으면서 디오스코루스의 주장을 수용하고 네스토리우스주의를 공격하였다. 따라서 이 사건은 처음부터 정치적 결론을 갖고 출발하였다고 볼 수 있다. 그러나 용감한 도릴레아의 유세비우스(Eusebius of Dorylea) 감독이 이를 반격하며 나섰다. 그는 446년 한 지방 종교회의에서 유티케의 주장을 부인하고, 유티케의 주장은 아나스타시우스와 시릴을 배신적 행위라고 질타하였다. 논쟁은 뜨겁게 점화되어 국민들은 황실을 반대하고, 알렉산드리아는 콘스탄티노플을 대항하여 일어나기에 이르렀다. 결국 유티케는 파문되었다. 그가 디오스코루스와 황제 그리고 교황에게 자신의 억울함을 호소하자, 이에 디오스코루스는 유티케의 무죄를 선포하였고, 유도키아는 그녀의 남편인 황제 데오도시우스 2세를 설득하여 회의를 재개하도록 종용하였다. 당시 교황이었던 성 레오(St. Leo)만이 유티케의 요청을 거절하고 레오의 톰(Tome of St. Leo:

Dogmatic Epistle)이라는 명칭으로 그리스도에 대한 가톨릭 입장을 천명하였다. 그는 예수 안에는 오직 하나의 위격(one person)만 존재하며 이 유일한 하이포스타시스(hypostasis) 안에 양성 즉 신성과 인성이 있다고 하였다. 그리고 각자는 그것의 질(qualities)과 기능(faculties)을 독자적으로 가지고 있다고 주장했다.[185]

결국 유티케의 청이 받아들여져 단성론을 채택한 강도들의 회의라 불리는 에베소회의가 개최되었다(449). 폭도들과 경찰들이 이 회의에 개입되었고, 단성론을 지지하는 환상파 수도승들도 가담하였다. 이들은 정통 신앙을 수호하기 위하여 항의하는 정통파 신자들을 무차별로 황제에게 끌고 갔는데, 여기에 유세비우스와 콘스탄티노플의 주교인 플라비안(Flavian)도 포함되었다. 플라비안은 잔인하게 죽임을 당했고, 교황 사절은 도주에 성공하였다. 이에 분개한 교황 레오는 이 강도회의를 저주하고 새로운 회의를 열도록 명령하였다. 때마침 그때 데오도시우스 황제가 사망하고 황실에서 유일하게 정통신앙을 고수하던 황제의 여동생 풀케리아(Pulcheria)의 남편인 마르키안(Marcian)이 황제위를 승계함에 따라 451년 역사적인 칼케돈 종교회의가 열릴 수 있었다. 600여 명의 대표자들이 참석한 칼케돈 종교회의에서는 단성론을 공식적으로 저주하고 다음과 같이 그리스도에 대한 공교회의 입장을 선포하였다. "우리는 두 인격으로 분리되거나 나누어지지 않는 하나이며, 똑같은 독생 성자이며, 말씀이시고 하나님이신 주 예수 그리스도를 믿는다.[186] 그 분 안에 양성이 있음을 인정하며 그 양성 안에는 혼돈이나 변형이나 나눔이나 분리가 전혀 없다는 것을 인정한다.[187] 양성 간의 다른 점들이 양성의 연합 때문에 결코 압제당하지도 않으며, 도

---

185) Justo L. Gonzalez, Ibid., pp.370-374.
186) 해리 R. 보어, Ibid., p.219; Justo L. Gonzalez, Ibid., pp.376-377.
187) 해리 R. 보어, Ibid., p.219.

리어 각 성의 속성이 하나의 유일한 위격 안에 보존된다."

이리하여 네스토리우스나 유티케의 이론과는 거리가 먼 그리스도에 대한 정통파의 진리가 결론지어져 공교회 기독론의 근간을 이루게 되었다. 그러나 이러한 동방교회의 교리 논쟁의 결과는 한편으로 동서교회가 갈라서게 되는 앙금을 만들어 냈으며, 로마 교황청과 콘스탄티노플 총대주교간의 주도권 싸움으로 인한 역사의 질곡을 깊게 했다.

무엇보다도 칼케돈 종교회의를 통해 이러한 앙금이 보다 표면화되기 시작했다. 칼케돈 종교회의는 사실 교황 레오의 승리였다고 해도 과언이 아니었다. 그가 직접 회의 소집을 종용하였고, 또 자신의 교리칙서(Tome)가 이단인 단성론자를 대항한 정통파의 신조를 만드는 데 결정적인 영향을 미쳤기 때문이다. 그리고 그의 사절 중의 한 사람은 그를 모든 교회의 총대감독이라고 선포하기까지 하였다. 그러나 동방교회의 감독들은 이러한 교황청의 야망과 우월감을 거부하였고, 교황 사절들이 결석한 틈을 타서 콘스탄티노플의 위치를 로마의 위치와 뒤집는 작업을 하고 문서를 통해 이를 확정하였다. 이들의 주장은 콘스탄티노플이 제국의 수도라는 이유 때문에 옛 로마의 권좌에 권력이 주어진 것처럼 새 로마인 콘스탄티노플의 권좌에도 동일한 권력이 주어져야 한다는 것이었다. 이와 동시에 이들은 콘스탄티노플의 권좌를 메트로폴리탄적 성격으로 규정하면서 비잔틴 제국 내의 지역교회에 대한 통치권도 함께 행사할 수 있도록 결정해 버렸다. 교황 사절들이 이를 저지하려 하였으나 그것이 수포로 돌아가자, 교황 레오의 분노는 극에 달하게 되었다. 레오는 이 사실을 마르키안 황제와 풀케리아에게 "교회의 평화와 하나 됨을 파괴하는 무모한 노력"이라고 항의하면서 상소했으나 황제는 끝까지 반응하지 않았다.[188]

---

188) Kenneth Scott Latourette, A History of Christianity. 1(New York: Harper & Row Publishers, 1975), p.171.

칼케돈 종교회의 이후에도 교리 논쟁의 부활과 함께 동서교회의 갈등을 심화시키는 사건은 지속되었다. 이는 471년 아카시우스(Acacius)가 콘스탄티노플의 총대 주교로 임명되면서 시작되었다. 황제 레오 1세의 통치 기간 동안에는 칼케돈의 결정을 수호했던 아카시우스가 새로운 황제 제노(Zeno)의 종교정책 변경에 편승하여 단성론 지지자가 되어 버렸다. 사실 알만족의 위협과 내분에 시달리던 제노는 제국 내의 지역적 분열을 없애고 평화를 유지하여 국력 신장을 가져오기 위해 단성론과 정통파의 갈등을 정치적으로 해소시키려고 했다. 이때를 기해 아카시우스는 제노 황제에 동조하여 그로부터 정치적 지원을 받아 동로마제국 내의 모든 교회를 장악하는 일종의 비잔틴 교황이 되려는 꿈을 꾸고 있었다. 따라서 단성론자인 알렉산드리아의 피터 몽기우스(Peter Mongius)와 화해하고 많은 의견에 서로 동의하였으며, 이를 근거로 제노는 482년 자신의 이름으로 '통합칙령'(Edict of Union)을 선포하였다. 이 칙령에서 네스토리우스와 유티케가 다시 파문되고, 그리스도의 양성이 다시 확인되기는 했지만 모두 모호한 용어로 재정리되어 사실상 상황은 칼케돈의 결정을 포기하는 쪽으로 기울어졌다.[189]

아카시우스와 몽기우스는 자신들이 서명한 통합칙령에 반대하는 모든 감독들을 그 직위에서 쫓아내 버렸다. 이리하여 정치적 힘에 의해 동방의 중요한 4대 교구 사이에 연합이 이루어졌으며 이로 인해 제국 내의 교리 분쟁이 일단락된 것처럼 보였다. 중요한 것은 통합칙령에 대한 서방교회의 반응이었다. 교황 심플리키우스(Simplicius)와 그의 후계자인 펠릭스 3세(Felix, 483-492)가 크게 분노하여 부동의 자세로 동방교회의 만행에 항의한 것이다. 비록 교황 사절들은 폭력에 의해 저지당하고 뇌물로 매수당하

---

[189] 윌리엄 R. 캐논, Ibid., pp.29-30; cf. Kenneth Scott Latourette, Ibid., pp.170-172.

기도 하였지만, 교황 자신은 견고하여 종국에는 아카시우스를 파문시키는 데까지 이르렀다. 동시에 이 칙령에 서명한 모든 주교들을 그 직위에서 파문시켰다. 이에 분개한 아카시우스도 펠릭스를 파문시켰다(484). 이 비극적인 동서간의 드라마는 이후 36년간이나 더 지속되었다.

491년 제노의 사후 황제 위를 승계한 아나스타시우스 1세(Anastasius, 491-518)도 초기에는 중도 입장을 취하다가 점차 단성론자를 지지하면서 칼케돈주의를 따르던 콘스탄티노플 총대주교 유페미우스(Euphemius, 490-496)와 마케도니우스(Macedonius, 496-511)의 직위를 박탈하고 유배시켜 버렸다. 그리고 단성론자인 세베루스(Severus)를 지지하였다. 이에 안디옥 주교인 플라비아누스(Flavianus, 498-512)도 세베루스에 의해 축출당하고, 정통 신앙을 수호하던 열성적인 수도승들과 성직자들이 무차별 피살되었다. 이에 로마의 교황 호르미스다스(Hormisdas, 514-523)는 박해 중지를 명하였고, 그럼에도 불구하고 518년 황제가 죽기까지 동서의 갈등과 분쟁은 계속되었다.[190]

그 뒤에 518년 유스틴 1세(Justin, 518-527)가 황제로 즉위하면서 상황이 바뀌어 다시 정통신앙이 보호를 받고 단성론자들은 박해받기 시작하였다. 이에 로마의 호르미스다스 교황은 사절을 파송하여 분쟁을 종결시키고 정통신앙을 지킬 것을 지시하였다. 그리고 사절을 통하여 "우리는 의논을 하기 위해 여기에 온 것이 아니라, 사도직(Apostolic See)과 화해하기를 원하는 모든 사람들이 받아들여야 할 범식(formula)을 전달하기 위해 왔다"고 선포하였다. 이로 인하여 단성론자들은 그 직위에서 축출당하고, 모든 주교들은 원하든지 원하지 않든지 이 범식에 서명을 해야만 했다. 그리고 결국 제노와 아나스타시우스 황제가 이단으로 정죄되어 교회의 명기록(marble tables)에서 이름이 삭제되었다. 이렇게 단성론 논쟁은 베드로의

---

190) 유스토 L. 곤잘레스, 「중세교회사」, p.60.

후계자의 승리로 끝났지만 이것이 동서간의 갈등을 근본적으로 해소시키는 해결책이 되지는 못했다. 결국 동서간 분파의 근본적인 문제가 치유되지 않은 채 동서교회는 중세의 역사 속으로 진입하게 되었다.

유스티니안 황제(Justinian, 527-565)

유스틴의 뒤를 이은 유스티니안 황제는 아리우스주의적 야만인들에게 정복당한 제국의 영토를 수복하고, 그 자신이 정통 신앙에 굳게 서 있음으로 소위 기독교 황제로서 동서교회에 큰 영향을 미친다. 당시 유스티니안은 아프리카를 점령하고 있는 반달족과 이탈리아 지역을 점령하고 있는 동고트족을 정복하여 야만족들이 이 지역에 끼치던 아리우스주의의 영향을 종식시켰다. 이로 인해 동방의 6교구(Thrace, Pontus, Asia, the Oriet, Illyricum and Egypt)에 서방의 4교구(Dalmatia, Italy, Africa and Spain)가 첨가되어 지중해 연안의 동서교회뿐 아니라 제국도 연합이 이루어지는 것처럼 보였다.[191] 유스티니안은 그의 생애 동안 경건하고 성실한 기독교인이며, 교회의 번영을 위해 충성을 바쳤다. 물론 국가적인 이유도 있었지만, 기독교에 공헌한 그의 업적을 무시할 수도 없다. 그의 업적을 세 가지로 압축하면 법의 기독교화, 성 소피아 성전의 건축 그리고 아리안주의의 야만족을 정복한 것이다.

학자들을 동원하여 만든 그의 법령집은 각 장의 본문에 우리 주 예수 그리스도의 이름을 기록했을 뿐만 아니라 가톨릭 신앙의 법의 기본 정신을 표현하였다. 이 법령은 최초로 기독교적 정신이 법전에 성문화된 것이라고 할 수 있다. 윌리엄 캐논은 대법전에 대해 다음과 같이 말하고 있다.

---

191) Ibid., p.33

"로마 제국 법률의 집대성이라 볼 수 있는 유스티니안 대법전은 동시에 기독교적 문서이기도 했다.…… 그가 추구하는 바는 최소한 이론상에서나마 기독교 국가로서의 이상에 그의 제국을 부합시켰다는 것이다. 따라서 그 이전까지는 이미 존재하고 있던 문화에 기독교가 접목된 것에 반해 유스티니안 대법전이 등장하면서부터는 하나님의 법령이 모목(parent plant)이 되어 이 근원으로부터 각 역사적 상황에 기본적 원칙들을 적용시키는 가지들이 뻗어나가게 되었다."[192]

이 법령의 편찬은 교회에 두 가지 중요한 의미를 부여했다. 첫째 교회법에 영향을 미쳤다. 교회 법정에서는 이 법의 진행 방법과 원리들을 빌어서 사용하였고, 차기 12세기에 교회법전의 다양한 요소들이 이 법전을 모델로 형성되는 것을 볼 수 있다. 그리고 주로 교회가 로마의 법을 야만족에게 가르쳤다. 예를 들면 유언에 의한 토지 상속은 게르만족에게는 생소한 것이었는데 이것을 그들에게 가르쳤고, 주로 교회에 기부하도록 종용하였다. 두 번째로 이 법전이 교회에 갖는 중요한 의미는 직접 교회의 문제들을 법제화했다는 것이다. 성직자 계급의 조직, 그들의 도덕문제, 수도원의 창립과 통치, 교회재산의 관리 그리고 성직자들에 대한 재판법 등을 법제화했다. 특히 이단들에 대해서는 강력한 처벌법을 만들어 그들은 공직에 등용될 수 없고 자유업을 가질 수도 없으며 그들 자신의 모임이나 교회를 가질 수도 없게 했다. 그리고 로마 시민으로서의 모든 권한을 박탈하였다.

정복에 승리한 자들이 언제나 그러하듯이 유스티니안도 건축에 심혈을 기울였다. 그는 제위 초기에 니카 반란(Nika Revolt, 532)에 의해 파괴된 콘스탄티노플을 웅장한 규모로 재건하였으며, 왕궁과 원로원 건물은 말할 것도 없고 교회, 수도원, 공중목욕탕 그리고 극장까지도 예술품으로 설계하였다. 이 중에서 성 소피아 성전은 그의 걸작으로 꼽힌다. 5년에 걸쳐 만

---

192) Ibid., p.36.

여 명의 노동자들과 백여 명의 감독이 동원되었고, 건축비만 해도 서로마 제국을 수복하기 위해 소비된 비용과 맞먹었다. 537년 12월 27일 헌당식에서 그는 "솔로몬이여, 나는 이제 그대를 이겼노라"(I have beaten you, Solomon!)하고 탄성을 발하였다.193)

이러한 그의 업적에도 불구하고 신학적 문제에 있어서 그는 아내 데오도라와 상치되어 긴장 속에 있었다. 이 신학적 논쟁은 두 사람의 문제로만 국한된 것이 아니라 다시 한 번 제국 내의 교권 싸움으로 심화되었다. 두 사람의 종교적 배경은 처음부터 상반되어 있었다. 유스티니안은 건전한 가톨릭 신앙이 항상 보존되어 온 일리리안 산악지대 출신으로 그의 집안은 정통 신앙이 강한 집안이었다. 이에 비해 데오도라는 쇼 단의 주역으로 일하면서 삶의 무모함을 느끼던 중 20대 초반에 단성론자에 의해 개종되어 평생 단성론적 신앙을 버리지 못했다. 문제의 발단은 유스티니안이 황제로 즉위하면서 시작된 정통 교회 보호와 이를 위한 이단 박해였다. 유스티니안은 정통 신앙이 아닌 모든 이단적 기독교 종파들(유대주의, 마니교, 몬타니스트, 아리우스주의, 도나티스트, 이교도들 등)을 박해하였고, 아시아 지역의 단성론자들도 예외는 아니었다.194)

특히 단성론자들이 정통교회를 계속 괴롭히고 있었기 때문에 유스티니안은 격렬하게 단성론자들에 반대하는 논문을 쓰면서까지 그들을 박해하였다. 비록 유스티니안은 자신의 종교적 열정과 종교로 인한 제국 내의 분열을 방지한다는 신념으로 박애의 깃발을 들긴 했으나 이것이 단성론자의 경우에는 용이하지 않음을 깨닫게 되었다. 동방에서 단성론자의 세력이 만만치 않았을 뿐 아니라, 그의 아내 데오도라가 그들을 강하게 지지하고 있었기 때문이었다. 그리고 데오도라는 황제를 설득시켜 파문된 이것이 단성

---

193) Ibid., pp.36-37.
194) Ibid., pp.32-33.

론자인 안디옥의 세베루스 전 주교를 콘스탄티노플에 초청하여 단성론자들과 회의를 갖게 하고, 제노의 통합칙령을 상기시키는 신앙선언문을 준비시키기도 하였다. 또한 자신의 보호 아래 단성론자들이 콘스탄티노플에서 선전 행위를 할 수 있도록 허락을 받아내기도 하였다. 535년에는 교황 아가페투스가 파문시킨 단성론자 안디무스를 콘스탄티노플의 주교로 세우려고 시도하기도 하였다. 그리고 에데사의 이단 감독인 제임스 바라다이(James Baradai)를 지원하여 아시아와 시리아 지역의 단성론 감독들을 수임하게 하였고, 550년에는 안디옥에 단성론 주교를 수임시켰다. 그리하여 야곱 교회로 알려진 단성론 교회가 오늘날까지도 건재하게 만들었다. 이러한 정황에서 유스티니안 황제는 단성론자들을 끝까지 밀어붙여 시리아와 이집트 등을 제국으로부터 분리시킬 수 없는 딜레마에 빠졌던 것이다.[195]

이런 와중에 새로운 사건이 발생하였다. 유스티니안이 성 사바스와 같은 여러 저명인사들의 의견을 받아들여 팔레스틴 지역의 오리겐주의자들을 박해하기 시작한 것이다. 그는 오리겐에 대한 반박 논문을 통해 오리겐과 그의 추종자들의 오류를 공격하였다. 이러한 박해에 맞설 만한 영향력이나 힘이 없던 오리겐주의자들은 데오도라의 도움을 받아 황제의 공격이 우회하도록 하였다.

그들은 유스티니안이 박해 대신에 제국 내의 모든 기독교인을 화해시키는 것이 하나님의 종으로서의 임무를 더 잘 수행하는 것이라고 설득하였다. 특히 화해를 통해 단성론자를 정통교회로 돌아오게 할 수만 있다면 더욱더 그러하다고 하였다. 이에 설복당한 유스티니안과 항상 단성론자들의 보모 역할을 하던 데오도라는 둘 다 네스토리우스를 공격하는 쪽으로 기울게 되었다. 그런데 네스토리우스를 공격하는 것은 단성론자와의 화해를 의

---

195) cf. 마가렛 딘슬리, 「중세교회사」(서울: 기독교문서선교회, 1993), pp.16-17.

미하는 것으로 서방교회의 강한 반발을 불러일으킬 수밖에 없었다.

단성론자들에 대한 저주의 화살이 네스토리우스주의자들에게로 향했을 때, 유스티니안이 취한 방법은 루이 14세가 얀센주의자들에 대해서 취한 것과 대동소이했다. 즉 네스토리우스주의자들의 교리 중 어떤 부분을 잘 선택하여 공격하게 되면, 그것이 바로 전체를 파괴하게 된다는 원리였다. 그리하여 유스티니안은 네스토리우스주의의 거장인 몹수에스티아의 테오도르(Theodore of Mopsuestia), 시릴의 대적이었던 테오도렛(Theodoret) 그리고 에데사의 이바스(Ibas of Edessa) 등 세 사람의 작품에서 3장을 선택하여 그것들을 정죄하였다. 그래서 이를 삼장파문이라고 한다. 유스티니안은 이렇게 네스토리우스를 정죄하면 단성론자들도 위협을 느껴 쉽게 정통교회로 돌아오리라는 계산을 가지고 있었다. 그러나 유스티니안이 정죄한 이 삼장은 칼케돈 회의에서도 문제가 되지 않았고, 도리어 단성론자와 타협하는 경우가 되었다. 서방교회의 전체 분위기는 이러한 결정을 반대하였지만, 당시 유스티니안과 데오도라의 도움으로 교황이 되었던 비길리우스(Vigilius, 538-555)는 콘스탄티노플에 강제로 이송되어 삼장을 공식적으로 정죄하였다(548). 이 결과 아프리카와 일리리쿰의 감독들이 비길리우스의 결정에 항의하였고, 온 서방 교회도 함께 반대하고 일어섰다. 553년 유스티니안은 삼장파문록을 제국 내 교회의 공식 교리로 승인하기 위해 콘스탄티노플에서 전체 종교회의를 소집하였다.[196]

서방 교회의 반대로 딜레마에 빠진 비길리우스는 이러한 황제의 결정에 반대하였다. 그리고 곧 교회로 피신하였다. 이에 병사들이 몰려 와서 그의 발과 머리와 수염을 잡아끌고 나가려고 하자 겁에 질린 나머지 제단을 너무 심하게 끌어안는 바람에 제단이 무너지고 말았다.[197] 이렇게 교황을 비

---

196) 윌리엄 R. 캐논, Ibid., pp.34-35.
197) Ibid., p.34.

롯하여 서방교회의 대표자는 아무도 참석하지 않은 채 황제 유스티니안의 뜻이 관철되었다. 이로 인해 소위 황제교황주의(Caesaro-papism)가 탄생하게 되었다.

지금까지 살펴본 것을 정리하면 중세의 여명기에는 중세교회가 발돋움할 수 있도록 작용했던 여러 가지 요소들이 있었다.

첫째는 콘스탄틴 대제 이후에 기독교화된 로마제국으로 야만인들이 접근해 오면서 개종이 시작되었다. 이는 야만족인 게르만 민족의 이동이 기독교를 접하고 받아들이는 계기가 되었다.

둘째는 야만족에게 로마가 점령당하면서 로마가 정치적인 공백상태에 빠졌을 때 그들의 침략에 맞서서 사람들의 생명과 재산을 보호해 줄 수 있었던 유일하게 힘 있는 기구는 교회, 즉 로마교회밖에 없었다. 이러한 정황 가운데서 로마교회는 자연적으로 정부를 대신해서 대내적으로는 국민의 어려움을 돌봐주고, 대외적으로는 이교도와 맞서서 대적할 수밖에 없었다. 그리고 이러한 일을 총체적으로 책임지게 되는 인물은 자연히 로마교회의 감독이나 대리자일 수밖에 없었고 이것이 로마교회가 중세교회의 정치·사회·문화를 관장하게 되는 토양으로 이어졌다.

셋째 중세교회가 탄생하게 된 동인은 초대교회의 교리 논쟁이 마무리되면서 이로 인한 공교회의 유대와 정체성을 확보한 데 있다고 볼 수 있다. 아리우스 논쟁 이후에 지속된 신학논쟁은 그레고리 1세의 교황청 집권 전에 결말이 났고, 교회는 교리적으로 일체의 분리를 허락하지 않는 중앙집권적인 구도를 형성하게 되었다. 이것이 중세 로마교회가 중앙집권적 세력을 확보하는 데 상승작용을 한 동인이 되었다고 볼 수 있다. 즉 교권과 감독권의 강화는 정치적인 정황에서뿐만 아니라 교회 내적인 이유에서부터 가능했다는 것이다.

넷째로 중세교회가 기독교 사회를 형성하는 데 지대한 영향을 미친 또 하나의 동인은 영국의 초기 선교였다. 기독교의 복음은 일찍이 영국에 전해졌고, 콘스탄틴 황제의 개종 이전에도 기독교는 영국제도에 어느 정도 기반을 갖고 있었다. 314년에 프랑스의 알레스(Arles)에서 종교회의가 있었을 때, 3~4명의 영국 대표들이 참석할 정도였다. 그리고 5세기경에 아일랜드의 사도라 불리는 패트릭(Patrick) 선교사에 의해 아일랜드를 중심으로 수도원이 번창하기 시작하였고, 이곳에서 출발한 선교운동이 영국과 대륙으로 이어지면서 중세 초기에 로마의 정통기독교를 전파하는 중심세력으로 나타나게 되었다.

생각해 볼 문제

1. 야만족들의 제국 내의 이동이 기독교에 어떤 영향을 주었는가?
2. 야만족들 가운데서 로마교황청과 결탁하여 중세 사회를 형성하는 중심역할을 한 민족은 어떤 민족인가?
3. 야만족들이 가지고 있던 기독교 신앙형태는 어떤 것인가?
4. 수도원 운동의 역사를 간략하게 말해 보라.
5. 아일랜드 선교에 공을 세운 대표적인 수도승은 누구인가?
6. 스코틀랜드의 선교에 대해 말해 보라.
7. 베네딕트 수도원에 대해 말해 보라.
8. 교리논쟁의 주된 논점은 무엇인가?
9. 교리적으로 잘못 주장한 자들의 견해는 무엇인가?
10. 정통교리가 무엇인지 말해 보라.
11. 유스티니안 황제의 법전에 대해 말해 보라.
12. 유스티니안 황제의 기독교 문화 창달에 대해 말해 보라.
13. 유스티니안 황제와 아내 데오도라와의 신학적 논쟁점은 무엇인가?
14. 네스토리우스에 대해 말해 보라.

3. 중세 초기의 역사

교황 그레고리 1세(540-604)

그레고리 1세는 540년경에 로마에서 태어났다. 그의 소년 시절은 전쟁의 회오리바람으로 로마와 이탈리아가 정치·사회적으로 혼돈에 빠져 있던 시기였다. 그리고 팔라틴 산 언덕에 위치한 관청에는 소수의 관리들만 남아 있었으며, 이교도의 사원과 신전들도 잔재로만 남아 있었다. 그리고 다섯 개의 교회당만이 공적으로 예배를 드릴 수 있는 정도였다. 그레고리의 부모는 원로원 계급에 속했던 경건하고 부유한 사람들이었고, 그레고리는 인문학의 3과(논리학, 변증학, 수사학)를 수학하였으며, 라틴어 저술을 공부하였다.[198]

한편 그가 로마시의 관리로 재직하고 있을 당시 롬바르드족이 북부 이탈리아로 침입하여 왔는데, 그들은 계속 남하하여 573년 로마 자체가 위험에 처하게 되었다. 이렇게 로마가 위협을 당하고 있을 때 그레고리는 로마의 시장직을 맡고 있었다. 그의 업무는 로마를 관장하는 것이었고, 원로원의 의장직을 겸하면서, 로마로부터 100마일 이내 지역의 시민들을 위한 양식의 공급, 상하수도 관리, 티베르 강의 관개 시설 등을 관리하는 것이었

---

198) 마가렛 딘슬리, 「중세교회사」, pp.24-25.

다.[199] 그때 그의 나이는 33세에 불과했다.[200]

이렇게 그레고리는 정치적인 기반을 다지면서 최고 행정관으로 라벤나의 총독이 되려는 야망도 가질 수 있었으나, 그는 기독교인으로서의 완전성을 추구하기로 하고 세속적인 욕망을 포기하였다. 결국 그는 574년 시실리 섬에 있는 자신의 유산을 팔아 6개의 수도원을 설립하였다. 그리고 가난한 사람들에게 재산을 나누어 주었다. 그는 카엘리안(Caelian) 언덕 위에 있던 부모의 저택을 성 앤드류 수도원으로 전환하여 자신과 모여든 수도승의 은신처를 만들었다.[201] 그는 세상을 떠나 기도와 명상으로 살아가는 수도생활에 매력을 느낀 것으로 자신의 편지에 고백하였다.

"나는 언젠가 수도원에 있던 날들을 슬픔으로 기억한다. 그때 나는 명상을 통하여 모든 죽어가고 멸망하는 사물들을 초월하여 높이 날아올라 천국의 일들 외에는 아무것도 생각하지 않았다. 나의 영혼은 비록 몸에 갇혀 있었음에도 불구하고 그 육신의 감옥을 뛰어 넘었으며, 나는 죽음을 진정한 생명으로 통하는 길로서 사모하였다.…… 그리하여 나의 이러한 과거를 회상할 때마다 마치 두고 온 해안을 그리워하는 이처럼 한숨짓곤 하였다."[202]

그레고리는 4년간의 수도원 수업을 통해 중세 역사의 축을 형성할 수 있는 경험을 갖게 되었다. 그리고 597년 수도원의 부름을 받아 교황의 일곱 번째 집사로 임명받았다. 이듬해 그는 교황 펠라기우스의 사절로 콘스탄티노플에 파견받게 되었다. 그의 임무는 당시 롬바르드족이 이탈리아를 약탈

---

199) Ibid., p.25.
200) 윌리엄 R. 캐논, Ibid., p.45.
201) 조셉 린치, Ibid., p.55.
202) 마가렛 딘슬리, Ibid., p.26.

하고 있었기 때문에 동로마 황제로 하여금 군사와 자금 등의 원조를 얻어내는 것이었다. 이때 서로마를 통치하기 위해서 동로마의 황제가 파송한 라벤나의 총독은 아무런 힘이 없었기에 이러한 조치를 취할 수밖에 없었다. 그레고리는 외교활동에서 큰 성과를 거두지는 못했으나, 그곳에서도 호화로운 왕궁 생활보다는 개인적으로 수도원적인 삶을 살았다. 전에 서방에서 그와 함께 있었던 수도승들이 여기까지 동행하여 그와 함께 지내곤 하였다. 로마로 돌아온 그는 다시 교황의 집사로서 충실히 봉사하였다. 이 기간 동안에 그는 콘스탄티노플에 있을 때 수도사들에게 강해 설교했던 욥기를 재편집하여 「대도덕」(*Maga Moralia*)이라는 책을 편찬하였다. 이 저서는 나중에 많은 신학자들과 목회자들에게 영향을 미쳤다. 그는 또한 노예시장에 잡혀온 한 백인 앵글족 소년의 외모에 감동되어 이교도인 앵글족을 위한 선교에 헌신할 생각을 하기도 하였다.[203)]

590년에 로마는 롬바드족의 위협 외에도 로마 전역에서 페스트가 유행하여 고통을 당하고 있었다. 결국 교황 펠라기우스 2세도 이 병으로 인하여 사망하였는데, 당시 로마 시민들과 성직자들은 그레고리의 사양에도 불구하고 그를 교황으로 임명하였다. 그의 통치 기간 동안의 시대적인 상황은 종말론적인 분위기였다. 롬바르드족의 지속적인 로마 침입으로 인해 언젠가 거룩한 로마시는 멸망한다는 분위기가 고조되었다. 거기다가 역병이 창궐하여 사람들은 공포에 떨고 있었다. 또한 많은 사람들이 롬바드족에 잡혀 노예로 끌려가 있었고, 식량은 태부족이었으며, 살 만한 거처도 없었다.[204)]

이런 상황에서 사람들은 신약에서 말하는 종말이 임했다고 생각하였다. 교황 그레고리 자신도 종말론적인 신앙을 갖고 있었다. 한 귀족이 황제에

---

203) Ibid., p.27.
204) Ibid., p.28.

게 도움을 요청해야 한다고 했을 때 그는 다음과 같이 말했다.

"내 사랑하는 아들이여, 그대는 왜 이 세상이 곧 종말을 맞으라는 생각을 하지 못하는가? 매일 만물들은 그 끝을 향해 보다 가까이 가고 있으며, 우리들은 영원하고 무서운 심판관 앞에서 맞을 재판으로 끌려가고 있다. 그렇다면 우리들이 그의 재림 외에 더 생각할 것이 무엇이 있겠는가? 우리들의 생애는 마치 항해와 같다. 승객들은 앉거나 서거나 누워 있을 수도 있다. 그러나 항상 그는 배가 움직이는 만큼 움직이고 있다. 우리들도 모두 마찬가지이다. 자고 깨고, 침묵하고 말하고, 움직이거나 가만히 있거나, 원하거나 원치 않거나를 막론하고, 매일 매 순간, 우리들은 그 끝을 향하여 가까이 가고 있다."205)

종말론적인 신앙은 염세적이거나 현실부정의 현상으로 나타나지 않고, 종말의 임박을 확신함으로 도리어 헌신적으로 일을 할 수 있는 추진력이 되었던 것으로 보인다. 그는 재직 시에 공의와 질서를 사랑하고 평화를 뜨겁게 추구하면서 소임을 다하였다. 우선 그는 로마교구의 위상을 높여서 로마교황청이 중세를 이끌어갈 수 있는 제도적인 기반을 마련하였다. 그리고 이전에 황제의 세속정부에서 관장하던 몇 가지 일을 자신의 감독하에 교황청이 담당하게 만들었고, 로마교구에 속한 재산의 관리를 교황청의 권한으로 예속시켰다. 또한 당시 베드로의 유산은 이탈리아의 중남부와 지중해의 도시를 포함해서 방대한 영토를 차지하고 있었는데, 롬바르드족의 침입으로 인해 제국의 행정이 마비되었을 때, 황제가 파송한 라벤나의 총독은 정치적인 영향력을 행사할 수 없게 되었다. 그레고리는 이러한 정황 가운데서 세속관리들의 임무를 성직자들이 담당하지 않을 수 없다고 보았다. 교회가 곡물과 각종 자원을 정부 대신 공급하게 되었고, 토지세도 교회에

---

205) Ibid., p.29.

서 직접 징수하게 되었으며, 세속관리들이 빈농을 억압하는 것을 교회가 중재하여 해결하였다. 이러한 일들은 로마교황청의 권위를 높이는 데 지대한 영향을 미쳤다.[206]

그는 또한 롬바르드족의 침입에 대항하여 로마를 구원하기 위한 협약을 할 만큼 정치적인 역량과 능력을 가지고 있었다. 그리고 전쟁을 통해 생긴 가난과 난민들의 고통을 해결해 주는 구제사업으로 많은 사람들에게 신임을 얻었다. 그는 또한 일곱 집사관을 통하여 일반 구제를 담당하게 하였다. 병자, 나그네, 고아, 무숙자 등을 교황청에서 유지하는 병원에 수용시켰고, 교회에 헌물하는 곡물들(포도주, 치즈, 채소, 베이컨, 생선, 기름 등)을 빈민들에게 배급하였다. 그러면서 교회는 사람들에게 '공동체를 먹여 살리는 공급자'로 인식되었다. 이러한 행위는 결국 교황이 정치적 권한과 영향을 확보하게 하는 원인이 되었다. 그는 교회의 예배 갱신을 시도하여 복잡한 예배의식을 통일하고 정리하는 공적을 세웠으며 그가 창설한 그레고리 성가는 중세의 교회음악과 예배에 중요한 역할을 하게 되었다. 비록 그가 음악체제나 예배의식을 완전히 개정하였다는 전통적인 견해에 오류가 있기는 하지만, 그가 직접 스콜라 칸토룸의 소년 성가대를 감독하고 지휘하였다는 사실이 역사적으로 전혀 불가능한 것은 아니다. 그레고리의 이러한 행적들에 대한 기록이 후대의 기록이라고 해서 믿지 못할 근거는 전혀 없기 때문이다.[207]

그레고리는 또 목회자들의 지침서인 '사목법규' 등을 만들어 성직자들의 자질 향상과 개혁을 시도하였다. 그레고리의 신학은 여러 저서들을 통해 표현되었다. 「도덕」, 「에스겔서 강해」, 「대화편」과 그의 서신들이었다. 이 저작들은 모든 중세 수도원과 교회의 도서관에 비치되었고 오늘날도 고

---

206) Ibid., p.30.
207) Ibid., p.33.

전으로 읽힌다.208)

그레고리의 업적 중에서 가장 뜻깊은 업적은 영국의 전도였다.209) 영국은 일찍이 율리우스 시저에 의해 B.C. 55년에 정복되었고, A.D. 43년에 클라디우스 황제가 영국의 동부와 중부를 점령하였다. 이곳에 로마화된 기독교가 최초로 전래된 것은 아마 상인이나 군인들에 의한 것으로 추정된다. 314년 스페인에서 개최되었던 알레스 종교회의에 영국이 3명의 감독을 파송한 것으로 보아 이곳에 일찍이 복음이 전파되었던 것은 사실이다. 그러나 5세기 후반에서 6세기에 이르러 게르만족에 의해 이곳의 기독교는 쇠퇴하게 되었다.210)

그런 후인 596년 그레고리 1세는 수도사 어거스틴을 직접 파송하였다. 어거스틴에 의해 개종된 앵글로 색슨족은 교황청에 충성을 하게 되었고, 종국에는 아일랜드로부터 시작된 영국과 아일랜드의 수도원들이 로마에 귀속되는 성과를 낳았다. 결국 기독교의 두 조류인 아일랜드의 수도원 기독교와 영국의 로마식 기독교가 결합되어 대륙의 선교열을 가중시켰다. 이들의 선교 사업이 유럽이 기독교로 개종되는 물줄기 역할을 담당하게 된 것이다. 이는 그레고리 1세의 선교적인 비전의 결실이기도 하였다.211)

그레고리의 이러한 위대한 업적은 사람들로 하여금 로마 교구와 교황에게 절대적인 권위를 부여하게 하는 역할을 하였다. 그들은 "로마 교구는 모든 교회의 으뜸이요, 그 주교는 모든 교회를 다 책임지는 인물"이라고 생각하였다. 그래서 로마교회는 유럽 교회 전체의 잘못을 교정해야 하는 책임을 져야 한다는 의식을 갖게 되었다. 특히 그레고리 자신이 이러한 신념을

---

208) Ibid., p.37.
209) 다음 장 대륙의 선교에서 다룸. p.72.
210) 조셉 린치, Ibid., p.94.
211) 마가렛 딘슬리, Ibid., pp.36-38.

갖고 있었으며, 종교회의의 칙령들도 "사도교구의 인정 없이는 권위가 없다"는 내용을 포함하고 있었다. 위의 사실을 종합해 보면, 그레고리 1세는 사실 중세의 기초를 튼튼히 구축하고 중세교회를 잉태시킨 주된 인물이라고 평할 수 있을 것이다.[212]

대륙의 선교

중세 초기에 기독교 신앙이 지중해로부터 유럽대륙으로 옮겨간 과정은 점진적이면서도 극적이었다. 클로비스 왕(Clovis, 466-511)의 개종으로 정통신앙을 수용한 프랑크족을 제외하고는 대부분의 야만인들은 울필라스(Ulfilas, 311-383) 등의 선교로 인해 아리우스파 신앙에 젖어 있었고,[213] 앵글로 색슨족은 이교도로서 영국 본토에 정착하고 있었다. 따라서 그레고리가 교황 좌에 올랐을 때는 영국의 기독교인들은 브리타니, 콘월, 웨일스, 스트라스클라이드 등의 지방으로 쫓겨난 뒤였다. 그리고 중부 유럽과 발칸반도에 이르기까지는 모두 이교도의 지역이었다. 그리고 울필라스에 의하여 아리안주의 기독교로 전도된 루마니아와 불가리아 지역도 소멸된 상태였다. 한편 유럽의 북부 지역은 전도가 늦어져서 스웨덴은 9세기, 노르웨이는 10세기에 복음의 역사가 시작되었다.[214]

중세 초기에 대륙의 선교역사는 영국을 중심으로 시작되었다. 영국 전도의 점화는 이미 언급한 바와 같이 그레고리 교황 1세가 파송한 어거스틴에

---

212) Ibid., p.35.
213) 심창섭·채천석, 「원자료 중심의 중세교회사」, p.27; cf. E. S. 모이어, Ibid., p.158; 울 필라스는 고트족의 알라릭이 사절로 콘스탄티노플에 왔을 때 함께 왔으며 10년간 이곳에 머무르면서 아리우스적인 기독교 신앙을 갖게 되었다. 그 후 선교사로 50년간 고트족을 개종시키면서 서고트족 전체가 아리우스적인 기독교 신앙을 받아들였다.
214) 마가렛 딘슬리, Ibid., pp.53-54.

의해 이루어졌다.215) 어거스틴은 잉글랜드의 남동쪽인 켄트 지방에서 선교를 시작하였고, 동북쪽으로는 켈트족의 수도사인 아디안(Adian)에 의해 선교가 시도되었다. 어거스틴에 의해 켄트 지방의 에텔베르트(Ethelbert) 왕이 개종한 것은 과히 전설적이고 극적인 이야기였다. 어거스틴은 40명의 수도사들과 함께 수도원에서 그레고리와 한 방을 썼던 것이 인연이 되어 그레고리에 의해 영국에 파견되었다. 이때 에텔베르트는 프랑크 왕족의 공주인 베르타(Bertha)와 결혼한 상태였고, 그녀는 이미 기독교 신자였다.216) 어거스틴의 수도사 일행은 597년 4월에 테이넷 지방의 엡스플리트에 상륙하였다. 야외에서 왕을 만나기로 한 수도사들은 성가를 합창하며 은으로 만든 십자가와 예수님이 십자가에 달린 모습의 그림을 앞세우고 회견장의 왕을 향해 행진하였다. 이를 본 왕비는 이들에게 비록 제한적이지만 일정한 장소에 머물게 하고 이들에게 설교하고 가르칠 수 있는 자유를 허락하도록 왕에게 간청하였다. 이 간청은 받아들여졌고, 마침내 601년에 에텔베르트 자신도 세례를 받게 되었다.217)

이는 다른 6개의 합스부르크 왕국에게 에텔베르트 왕이 적의의 대상이 된 원인이 되기도 하였다. 전하는 바에 의하면 어거스틴의 선교는 상당한 성과를 거두어 성탄절에 1,000명의 새로운 신자들이 합동세례를 받는 기적을 낳았다고 한다. 이는 물론 고대사회의 개종 방법이었던 왕이 개종하면 모든 백성들이 개종해야만 하는 종족개종의 경우라고 할 수 있겠다.218)

---

215) 심창섭·채천석, 「원자료 중심의 중세교회사」, p.27.
216) 베르타는 프랑크 왕인 클로비스의 증손녀였다.
217) 마가렛 딘슬리, Ibid., p.55-56.
218) 개종에는 3종류가 있다. 1) 가족개종으로 믿는 부모에서 태어나 기독교인이 된 경우를 말한다. 2) 종족개종이 있다. 이것은 부족의 족장이 개종했을 때 집단적으로 개종하는 것을 말한다. 3) 개인의 개종이 있다. 이것은 불신자인 개인이 영접하여 개종한 것을 의미한다.

어거스틴은 앵글로 색슨족이 들어옴으로 인해 폐허가 된 로마교회의 옛터 위에 성당을 다시 건축하고 "거룩한 구세주 우리의 하나님이자 주님이신 예수 그리스도의 이름"으로 헌정하였다. 그리하여 켄터베리에 최초의 기독교 성당이 세워졌고, 이 성당의 유지를 위하여 주위의 토지도 기증받았다. 어거스틴은 이 외에도 수도사들을 성직자로 임명하는 등 교회의 신장을 위해 더욱 노력하였고, 수도원도 설립하였다. 에텔베르트 왕은 이 수도원 내에 성 베드로와 바울에게 헌정하는 교회를 지었다. 그리고 이 교회와 수도원을 '성 어거스틴'이라 명명하였다. 어거스틴의 공적을 기념하기 위해서였다. 어거스틴의 사역은 7년으로 종결되었으나, 그의 사역은 중세 교회에 대륙선교의 발판을 마련하였다.[219]

그러나 어거스틴의 선교는 원래 존재하였던 영국 주교들과의 성공적인 화합은 이루지 못하였다. 원래 이곳에 잔존했던 신자들은 앵글로 색슨족에게 침략을 당했기 때문에 그들에게 복음을 전한다는 개념보다는 적의를 품고 있었다. 그래서 어거스틴이 들어와 앵글로 색슨족에게 접근하였을 때, 기독교 신자인 그를 달갑게 생각하지는 않았다. 사실 영국의 기독교인들은 앵글로 색슨족이 중간 통로를 차단하고 있었기 때문에 150년 동안이나 고립되어 있었고, 대륙의 기독교와도 접촉이 단절되어 있었다. 그러나 이 주교들은 '어거스틴의 참나무' 아래서 회담에 참석했던 것 같고, 그 뒤에도 회담에 7명의 주교들이 참석했던 것 같다. 이들은 교구를 형성하지 않은 뱅골 이스트에 소재했던 대수도원의 집단 감독 체제의 인물들이었을 것이다.[220]

영국의 전도는 604년 어거스틴의 사후에도 지속되었다. 주교에 임명된 파울리누스가 에텔베르트의 공주를 위한 목사로 파송되는 등 역할을 하였

---

219) Ibid., pp.56-57; cf. Ray C. Petry, A History of Christianity vol 2, pp.200-203.
220) 마가렛 딘슬리, Ibid., p.58.

다. 공주는 노섬브리아(Northumbria)의 에드윈가에 출가하였고 그 결과 에드윈과 그의 귀족들은 모두 세례를 받고 기독교인이 되었다. 그러나 이교도인 메르시아가 에드윈을 살해하고 노섬브리아를 침략하여 파울리누스의 사역이 허사로 종결되었다. 631년에는 고울 지방에 시기베르트라는 사람이 유배되어 갔다가 개종하여 돌아와서 동부 앵글리아 왕이 되었다. 그는 켄터베리의 호노리우스가 보낸 선교사 필릭스를 세워 선교하게 하였다. 웨섹스는 이탈리아 출신 수도사인 비리누스에 의해 전도되었다. 비리누스가 옥스퍼드 주변의 도체스터의 주교로 임명되자 이오나(Iona) 수도원에서 교육받은 노섬브리아의 오스왈드가 635년 도착하였다. 이로 인해 스코틀랜드 출신 켈트족 수도사들의 사역이 시작되었다. 이오나 수도원은 언급한 바와 같이 아일랜드인 콜롬바(Columba)에 의해 세워졌으며 이미 많은 활동을 하고 있었다.[221]

아일랜드에서 563년 12명의 동료와 함께 스코틀랜드로 이주해 온 콜롬바(521-597)는 당시 친척인 달리아나 왕의 보호 아래 이오나 섬에 자리잡고 수도원을 창설하였다. 거기서 그들은 스코틀랜드의 북부지역을 장악하고 있던 픽트족(Pict)에게 선교하여 그들을 개종시켰다. 콜롬바의 영국전도의 교훈을 이어받아 아일랜드의 선교사들은 북 잉글랜드의 노섬브리아의 앵글로색슨족에게까지 전도할 기회를 갖게 되었다. 잉글랜드 동북 해안에 위치해 있는 린디스판 섬에도 새로운 이오나 수도원이 634년 이오나 출신에 의해 세워졌다. 그러나 켈트족 수도사는 너무 엄격한 신앙을 강조했기 때문에 이오나 수도사들은 온화한 성품의 아디안을 선출하였다. 아디안은 온화한 방법으로 하나님의 말씀을 적용하여 이들을 양육하였다. 그리고 린디스판 섬에 수도원과 교구를 만들었다. 그리하여 이곳은 북쪽의 켈틱 기

---

221) Ibid., p.58; cf. Williston Walker, A History of Christian Church(New York: Charies and Scribner's Sons) pp.221-230.

독교의 전초지가 되었으며, 이를 통해 아일랜드의 기독교 전통이 전수되었다. 아디안은 대부분의 시간을 설교 여행에 보냈으며 금욕적인 생활과 가난한 자들을 돌보는 일에 열중하였다. 비록 그의 사역지는 642년 이교도 펜다에 의해 점령되었으나, 파울리누스의 경우처럼 그의 공적이 수포로 돌아가지는 않았다. 켈틱 기독교는 우스위의 지도하에 노섬브리아뿐만 아니라 펜다의 고토 메르시아 왕국까지 보급되었다.[222]

아일랜드와 영국의 섬나라 수도사들의 선교 열정은 영국에 한정되지 않고, 대서양을 건너 대륙으로 연결되었다. 그들 중 유명한 방고르(Bangor) 수도원의 수도사였던 콜롬바누스(Columbanus, 550-615)는 전술한 바대로 586년 12명의 동료 수도승과 함께 브루군디의 아네그레이에 와서 룩세이유 수도원을 세우게 되었다. 이렇게 시작된 그의 수도원적인 선교 여행은 북스위스와 북이탈리아에까지 도달했다. 614년에는 이탈리아아의 아페닌 지역에 보비오 수도원을 세웠다. 그는 독일의 중부와 남부지역 깊숙이 활동하였다.[223] 그리고 이 시기에 중요한 사건이 일어났는데 바로 664년에 열린 영국의 위트비 종교회의였다. 이 회의에서 로마식의 기독교를 영국의 기독교로 공인하는 결정이 이루어졌으며 이런 결정은 대륙의 선교를 통일시키는 중요한 역할을 하였다.

콜롬바누스의 뒤를 이어 대륙선교에 나선 수도사 중 대표적인 인물은 노섬브리아 출신의 윌리브로드(Willibrord, 657-739)였다. 그는 33살에 다른 11명의 수도사들과 함께 이교도의 땅인 우트레흐트 항구 부근에 도착하였다. 그는 다행히도 프랑크족의 공작이었던 피핀 왕의 원조를 받아 프리지아에서 선교를 시작하였다. 그리하여 교회와 수도원을 이곳에 짓고 데인족에게 복음을 전파하였다. 그는 이곳에서 큰 성과를 거두지는 못했으나 선

---

[222] 마가렛 딘슬리, Ibid., pp.58-59; cf. E.S. 모이어, Ibid., p.160.
[223] E. S. 모이어, Ibid., pp.161-163.

교사 훈련을 시키기 위해 30명의 데인 소년들을 데리고 나왔다. 그리고 다시 프랑크족에게로 귀환하여 프리스랜드에서 사역하였다. 그는 역시 페핀의 도움으로 에프텐나흐에 수도원을 건설하였고, 714년에도 또 하나의 수도원을 건설하는 등 프랑크족의 도움으로 선교는 어느 정도의 성과를 거두게 되었다. 그러나 페핀의 사후에는 상황이 변하여 라드보드가 반란을 일으키며 페핀의 입장을 뒤엎고 교회를 불사르며 수도원의 신부들을 몰아냈다. 하지만 라드보드의 사후에 전도의 자유가 다시 허락되어 윌리브로드는 교회를 수복하는 일에 전념하다 세상을 떠났다.[224]

그는 우트레흐트 교구를 형성하는 등 선교 사역을 이루었으나 그의 선교는 윈프리드(Winfrid)라고 하는 독일의 사도 보니페이스(Boniface, 680-751)에 의해 계승되었다. 보니페이스는 교황의 인준을 받고 선교사로 출발하여 라드보드가 사망했다는 소식을 듣고 윌리브로드에게 가서 그와 함께 3년간 사역을 하며 경험을 쌓았다. 그는 윌리브로드에 의해 프리스랜드에는 복음이 전파되었다고 생각했기 때문에 아직 복음이 전파되지 않은 곳에 가기를 원했다. 그래서 튜턴족의 언어와 문화, 풍습 등을 공부하면서 이교도 선교를 위한 준비를 하였다. 722년 헷세와 튜링기아 지방에서 전도하여 추장을 비롯한 많은 사람들을 개종시킨 그는 로마에 가서 그레고리 교황 2세에게 간청하여 이방인을 위한 주교로 임명되었다. 교황은 그에게 독일과 라인 강의 동편을 교구로 주었고 보니페이스는 교황과 동료 주교들의 지원을 받아 선교활동을 시작하였다. 교황은 특히 당시 기독교 신자 추장이었던 찰스 마르텔과 이교도인 색슨족에게 보내는 추천장을 그에게 써 주었는데, 그것은 그에게 대단한 도움을 주었다. 그에게는 두 가지 사명이 주어졌다. 하나는 프랑크족의 교회를 개혁하는 일이었고, 다른 하나는 이방인에게 복음을 전하는 것이었다. 그는 교황과 프랑크 왕국의 왕들의 도움을 받

---

[224] Ibid., pp.165-166.

으면서 이 사역을 진행하였다.225)

하지만 프랑크족의 기존 성직자들은 교회법인 캐논(canon)과 상치되는 행동에 익숙해 있었고 이는 보니페이스의 개혁에 방해가 되었다. 이런 가운데서도 그는 10년간 설교와 수도원 건설 등으로 인근의 이교도들을 교화하기 위하여 갖은 노력을 아끼지 않았다. 그는 헷세 지역의 이방신인 오딘 신 '떡깔나무'를 도끼로 없애 버리고, 그의 추종자들이 그 자리에 교회당을 세웠다. 이것이 후에 베드로와 바울에게 헌정한 프릿즈라 교회와 수도원의 기원이 되기도 하였다. 보니페이스는 또한 바바리아 지방을 개종하기 위해 프릿즈라 동부에 그 유명한 풀다(Fulda) 수도원을 세웠다. 수도사들은 이곳을 개척하여 석조 교회를 세워 그리스도에게 헌정하였다. 그리고 보니페이스는 수도사들 중에서 스투룸을 2년간 로마와 몬테카시노에 파송하여 베네딕트의 수도규칙을 연구하게 했다. 후에 스투룸은 풀다의 원장이 되었으며, 그의 지도하에 이 수도원은 독일에서 가장 영향력 있는 수도원이 되었다.226)

보니페이스가 세운 독일의 수도원에서는 독일의 젊은이들뿐 아니라 영국에서도 많은 젊은이들이 건너와 교육을 받았다. 보니페이스는 그를 찾아온 영국인을 위해서도 수도원을 세워 교육을 시켰고 수녀원도 세웠다. 특이한 것은 남녀를 위한 공동수도원을 세워 남녀가 함께 수도생활을 하도록 한 것이다. 예를 들면 윕보른에는 비록 건물은 분리되어 있었지만 양성 수도원이 형성되어 있었다. 이러한 업적을 인정한 교황은 보니페이스에게 교구를 초월한 대주교로 임명하였다. 이러한 조치는 보니페이스에게 각 지역의 주교임명권을 준 것을 의미하며, 이로써 그의 권위는 한층 더 높아지게 되었다.227)

---

225) Ibid., pp.166-167; cf. Ibid., pp.226-230; 1.
226) 마가렛 딘슬리, Ibid., p.66.
227) Ibid., p.67.

741년 교황 자카리아스에 의해 보니페이스는 교황 사절로 임명되었고, 그는 프랑크 교회의 개혁작업을 시도하였다. 당시 프랑크 교회의 문제는 전술한 대로 제대로 훈련을 받지 못한 평신도들이 성직자나 장로로 임명되어 교회법을 무시하고 행동하는 것이었다. 그들은 교육을 제대로 받지 않았기 때문에 자신의 공동체도 훈련시킬 수가 없었다. 아내와 함께 살거나 교회에 속한 재산을 차지하고 수입을 가로채는 사례가 발생하였다. 이러한 부패 문제를 개혁하기 위해 그는 페핀의 도움을 받아 두 차례 독일과 프랑크족의 성직자 대회를 개최하였다. 그리고 매년 종교회의를 통해 시정을 촉구하였다.

보니페이스는 마지막 2년 동안 자신의 초기 사역지였던 프리스랜드(프리지아)에서 사역하였다. 그러던 753년 본 강 언덕에서 50명의 수행자들과 함께 천막 속에서 초신자들을 위한 견신례를 진행하던 중 이교도들에 의해 순교당하였다.

독일은 이제 페핀의 아들인 샤를마뉴에 의해 무력으로 개종되는 국면을 맞이하게 되었다. 그는 선교활동을 통해 로마교황청과 밀접한 관계를 가졌고, 교황을 후견인으로 삼았기 때문에 선교지에서 교황청의 권위가 확보되었으며, 동시에 아일랜드와 영국의 수도사들이 로마교회와 더 밀착하게 되었다.[228] 이는 바로 중세교회가 로마교황청을 중심으로 형성되도록 역사의 기류가 흐르도록 기여했다고 볼 수 있다.

교황청과 국가 관계의 시나리오

중세 서구의 국가 중에서 교황청과 유대를 강화하여 유럽 통치의 중추 역

---

228) Ibid., p.68.

할을 했던 나라는 프랑크 왕국이다. 이 국가는 클로비스가 왕비 클로틸다에 의해 정통 기독교로 개종(496)한 것을 계기로 중세교회와 국가의 관계가 밀착되기 시작하였다. 클로비스의 후손인 메로빙가의 왕들이 통치하는 동안 메로빙가는 부패하여 실제 경영권이 왕궁의 대신들에게 있었는데,[229] 사실상 카롤링가가 권력을 장악하고 있었다. 카롤링가의 왕들인 헤리스탈의 페핀, 찰스 마르텔, 그리고 소 페핀은 윌리브로드나 보니페이스를 도와 유럽의 개종에 큰 도움을 주었다. 특히 찰스 마르텔은 782년 투어에서 유럽에 진입하려던 모함 군대를 격퇴하여 유럽의 기독교가 위협에서 벗어나는데에 큰 도움을 주었다.[230]

당시 교회에는 스페인과 고울 지역을 중심으로 하여 사람들이 교회에 구름 떼처럼 몰려들었다. 어떤 왕은 군중 속에 자객들이 잠적해 있을 것을 두려워하여 호위병 없이는 교회에 나올 수 없을 정도였다. 주일이면 아침 기도와 미사 시간을 알리는 종소리가 울려 퍼졌다. 많은 재산이 교회에 유입되었다. 메로빙가 시대의 교회와 수도원들은 왕국 전체 토지의 1/4 내지 1/3을 차지할 만큼 많은 땅을 소유하였다. 따라서 주교와 수도원장의 사회적인 직위도 급성장하여 백작들과 공작들에 뒤지지 않았다. 이러한 상황 때문에 찰스 마르텔은 이슬람과의 대전에서 필요한 경비를 위해 교회의 재산을 몰수하는 등의 조치를 취하기도 했으나 교회는 지속적인 증여로 인해 재산의 손실을 쉽게 회복하곤 하였다. 왕은 박탈한 재산을 귀족들의 공무를 위해 지급했지만 귀족들은 곧 그 재산을 교회에 바치곤 하였다.

이렇게 중세 초반에 정치와 종교가 묘하게 엮여 가는 과정에서 결정적인 역할을 한 것은 찰스 마르텔의 후계자였던 페핀(Peppin)이었다. 페핀은 교회의 지배권을 유지하면서 로마교황청과의 유대를 견고히 하려고 노력하

---

229) E. S. 모이어, Ibid., p.187.
230) Ibid.

였다. 특히 선친의 또 다른 아들이었던 카를로만이 권력을 내놓고 수도사가 되었기 때문에 그가 제국을 통합하고 실제 권력을 장악하는 데 교회로부터 재가가 필요하였다. 당시 왕들은 자신의 권력과 칭호의 보편성을 인정받기 위해 신적 확인이 필요했는데, 이것은 통치를 위한 하나의 정치적인 조치였다. 즉 그는 교황청을 통하지 않고는 자신의 실권에 대한 권위를 부상시킬 수가 없었다. 그래서 당시 교황의 사절이었던 보니페이스는 진술한 바와 같이 페핀의 도움으로 사역을 잘 진행할 수 있었고, 페핀은 보니페이스를 통해 752년 교황 스테판 3세의 승인하에 황제의 관을 제관하였다. 이에 대한 보답으로 페핀은 교황에게 라베나와 이탈리아 지역을 증여하고 통치권을 부여하였을 뿐만 아니라, 로마를 침입한 롬바르드족을 징벌하여 교황청을 보호하는 후견자의 역할을 담당하였다.[231]

이러한 행위는 곧 교황청이 왕의 통치 권한을 인정해 주는 대가로 세속 권한의 보호를 받고, 왕은 교권에 대한 정치적 필요를 채우는 공존의 도식을 만들어 낸 행위였다. 이것은 곧 교회와 국가가 밀착되어 가는 중세 초반의 현상으로 이해할 수 있다. 페핀 왕이 교황에게 바친 이탈리아 지역과 통치권은 상징적인 의미가 더 컸다. 이를 '페핀의 증여'(Donation of Peppin)라고 부르며, 이러한 의식은 중세 역사에서 지속적으로 교황의 교권이 왕의 정치권력을 통제하는 수단으로 사용되었다. 그리고 이것은 중세교회의 교회 국가(church state)가 시작되는 사건이었다.[232]

교황청이 프랑크 왕국의 후견인으로서 국가와 동반했던 절정기는 페핀의 아들이자 후계자로 등장한 샤를마뉴(Charlemagne)의 통치시대(742-814)였다. 사실 이때는 교회가 국가의 도움을 더욱 절실히 필요로 하던 시

---

231) 페핀의 대관식, 페핀이 교회에게 약속한 것에 대하여; cf. 심창섭·채천석, 「원자료 중심의 중세교회사」, pp.50-52.
232) Ibid., p.188.

기였다. 샤를마뉴의 치적 시에 로마 교황청은 권력다툼으로 부패해 있었고 이를 계기로 야만족인 롬바르드족의 침략이 계속되는 등 프랑크 왕국은 혼란한 정황에 처해 있었다. 그런데 이런 상황 속에서도 샤를마뉴는 아버지의 영토를 배 이상 확장하는 등 프랑크족 역사상 어느 통치자보다도 뛰어난 전술가의 모습을 보였다. 그는 프랑스, 벨기에, 네덜란드, 독일, 오스트리아, 헝가리, 이탈리아, 스페인의 일부까지 점령하여 서로마제국의 몰락 이후에 거기에 버금가는 유럽의 거의 전지역을 통일하였다. 그리고 특별히 그는 이 정복을 통해서 유럽을 군사의 힘으로 기독교화하는 기독교세계(pax christiana)를 이룩하였다. 또한 종교개혁의 의지를 가지고 국가권력에 의한 교회 확장을 강요하였을 뿐만 아니라 기독교문화를 형성케 하였다. 특히 샤를마뉴가 교황청의 투쟁을 종식시키고, 롬바르드족의 침략을 퇴진시킴으로 이루어진 대관식은 중세교회가 정치적 세력을 이룩하는 계기가 되었다. 당시 샤를마뉴의 도움으로 로마 귀족들의 교황권 투쟁에서 승리한 교황 레오 3세는 800년 크리스마스에 참석하여 로마교회의 성베드로 성당에서 성찬식 때 무릎을 꿇고 있는 샤를마뉴에게 로마 황제의 관을 씌워주었다. 이때 미리 준비된 군중들이 소리 질렀다. "지극히 경건한 아우구스트인 샤를에게 하나님의 면류관을, 위대한 평화의 황제에게 생명과 승리를, 만민에 의해 즉위한 그를 로마인들의 황제로"라고 함성을 질렀다. 이러한 함성과 함께 샤를마뉴는 졸지에 옛 로마 황제의 칭호를 얻게 되었으며 로마교회와의 관계는 더욱 밀착되었다.[233]

샤를마뉴가 비록 정치적인 이유에서 대관식을 받아들였다 하더라도 그는 자신의 왕국을 신정국가로 인식하였다. 그래서 교회의 가르침에 충성하려고 노력하였다. 그는 매일 아침 미사를 올렸고, 저녁에도 매일 기도를 드

---

[233] E. S. 모이어, Ibid., p.190, "카를 대제(샤를마뉴 대제)의 저서의 정신과 목표는 거의 프로테스탄트이다."

렸다. 교회개혁을 위해 자신이 교회의 회의를 소집하고, 회의 결정에도 개입하였다. 사제들에게는 세례 베푸는 방법을 가르치기도 하였다. 관리 등용에 있어서도 고위성직자나 부호이기도 한 성직자들을 임용하였다. 이렇게 하여 결국은 교회가 국가의 일부로 전락하는 모습을 보이기도 하였다.

  사를마뉴는 또한 기독교 문예부흥에 기여하였다. 그는 고트족, 프랑크족, 색슨족, 겔트족 등 여러 종족으로부터 유능한 지식인들을 궁정에 초대하여 궁정학교를 개설하였다. 그 중에서 앵글로 색슨족의 알퀸은 요크의 유명한 대성당 학교의 교장을 지낸 사람으로서 사를마뉴 궁정의 교육 및 종교 분과의 고문이 되어 결국 카롤링거 왕조의 문예부흥을 지도하게 되었다. 그는 궁정학교의 교육과정에서 수사학, 문법, 변증학을 가르치고 고전교육의 과목들을 이수케 하는 등 그리스도교 보급을 위한 지식인 즉 교사 양성을 시도하였다. 또한 사를마뉴가 취한 이방인들의 강제 개종을 반대하면서 교회와 국가에 관해 '두 개의 칼'이라는 상징적인 표현을 최초로 하였다. 사를마뉴 대제에게 국가의 권력인 칼로 야만인들을 개종시키는 것은 잘못이라고 하였다. 사를마뉴 대제는 알퀸이 읽어주는 어거스틴의 「신국」을 통해 자신의 통치철학을 터득하려고 하였다. 그는 프랑크 왕국의 모든 교회의식을 로마의 의식으로 전환시키고 그 자신도 로마교회와 밀착되어 있었다. 유럽에 있는 모든 수도원의 수도 원칙을 베네딕트의 회칙으로 바꾸도록 하였다. 그는 지금까지의 교회 법들을 정리하여 로마의 법과 일치한 표준 전례를 마련하도록 하였다. 이 모든 일은 알퀸을 비롯한 궁정학교의 학자들에 의해 이루어졌으며, 프랑크 왕들이 중세 유럽을 형성하는 데 중심역할을 하였다. 특히 왕들의 교황청과의 밀접한 관계로 인해 중세교회는 정치적인 수레바퀴와 공동보조를 맞추면서 발전해갔다.[234]

---

[234] 윌리엄 R. 캐논 Ibid., pp.109-110; cf. 마가렛 딘슬리, Ibid., pp.74-76.

동서방교회의 분리

중세교회사상 가장 아픈 상처 중의 하나는 동서교회의 분리였다. 그리스도의 지상교회는 시공간의 차이에도 불구하고 늘 보편교회(Catholic or Universal Church)로 인식되어 왔다. 중세 초반부터 동서교회의 갈등이 심화되었지만 양편은 하나의 교회라는 공통개념에서 이탈하지는 않았고, 그래서 로마교회는 교황을 세우고 언제나 동방의 인준을 받으려 하였다. 그것은 동방교회에서도 마찬가지였다. 그러나 오랜 갈등 끝에 동서방교회는 결국 1054년에 둘로 갈라지는 아픔의 역사를 남기고 말았다.[235]

동서방교회의 분리는 콘스탄틴 대제가 로마의 수도를 콘스탄티노플로 옮기면서부터 그 씨앗을 뿌리기 시작하였다. 신자들에게는 세계의 수도 중앙에 있는 콘스탄티노플 교회와 총대주교가 로마교회와 교황의 위치로 인식될 수밖에 없었다. 더군다나 콘스탄틴 대제가 열세 번째의 사도인 양 니케아 종교회의를 개최하고 주도하였는데, 이것은 콘스탄티노플 교회가 로마제국 내에서 위상을 확보하는 데 결정적인 영향을 미쳤다. 이러한 콘스탄틴 교회와 총대주교의 위상에 대해 서방교회에서는 달갑게 생각하지 않았다. 동방교회와 서방교회의 갈등은 서로의 권위와 독자적인 통치 노선을 획득하기 위한 여러 가지 사건을 통해 심화되기 시작하였다. 서방은 야만족의 침입으로 인해 로마문화의 계승에 단절을 맞았고, 교회학교 수도원 등을 통해 부흥을 시도해 왔다. 이에 반해 동방은 야만족들을 서방으로 흘려보내면서 전쟁의 재난에서 벗어나 문화 보존이 이루어졌고, 여기에 편승하여 교회전통의 연속성도 강하게 강조되었다. 동방은 황제가 총대주교를 임명하고 국가교회체제를 유지하였으며, 서방에서는 교황의 권한이 황제

---

235) 강의안의 내용; cf. 「원자료 중심의 중세교회사」, p.105.

권을 대신하는 역현상이 나타나고 있었다. 이런 정황이 발달하면서 동서교회가 갈라설 수밖에 없는 사건들이 발생하였다. 동방교회 안에서 야기된 두 개의 신약적인 논쟁이 서방교회에 영향을 미치면서 시작된 것으로 첫째는 성상논쟁, 둘째는 교리논쟁이다. 그리고 나머지는 동·서교회의 교권투쟁이라고 볼 수 있다.

성상숭배 논쟁

성상숭배 논쟁은 황제 레오 3세(Leo Ⅲ, 717-741)부터 시작되어 그의 아들인 콘스탄틴 5세, 그리고 손자 레오 4세까지 계속되어 787년에 종결되었다. 사실 이 논쟁은 한 왕가의 통치 방법에서 이루어졌다. 정확하게 726년에 시작하여 842년에 막을 내린 이 논쟁은 동서교회 사이에 간격을 야기시켰을 뿐만 아니라 동방교회를 약화시키는 원인이 되었다. 이 논쟁은 단순히 성상 즉 그리스도 및 성자들의 모습을 묘사한 그림을 사용하는 데 관한 논쟁이 아니라 동양제국이 동양화되는 과정의 표현이기도 하였다. 성상에 관한 견해는 두 파로 나뉘었다. 한편은 파괴주의자이고, 한편은 보호주의였다. 아이코노클래즘(Iconoclasm)이란 의미는 파괴란 뜻으로 교회 안에 있는 형상, 그림, 그리고 어떤 숭배대상도 제거시키자는 운동이었다. 이들을 성상폐지론자라고 불렀다. 반대로 아이코노클래스터(Iconoclaster)란 형상이나 모형, 그림 등을 숭배하는 것이 신앙에 도움이 된다고 주장하는 성상지지자들을 의미한다.[236]

성상숭배는 오랫동안 교회의 전통으로 유지되어 있었다. 교회가 이방세계에 복음을 전파하는 데 있어 자신의 신앙을 보다 쉽게 설명하고 이식시

---

236) 윌리엄 캐논, Ibid., p.133; E. S. 모이어, Ibid., p.202; cf. Williston Walker, Ibid., pp.231-234.

키기 위해 이방종교의 성상숭배 의식을 그 매체로 수용했던 것이다. 그리하여 성상에 대한 민간 신앙의 표현 방법이 점점 교회 내에 자리잡게 되고 양성화되었다. 8세기에 들어와서는 이것이 교회의 중요한 의식이 되었고 성상은 사람들의 사랑과 공경의 대상이 되기도 하였다.

726년 황제 레오 3세는 이렇게 교회에 뿌리 깊은 전통으로 자리잡은 성상숭배를 반대하는 칙령을 선포하였다.237) 성상숭배를 반대한 이유는 다음과 같다. 황제는 당시 교육을 많이 받은 계층 특히 군대의 고급 장교들이 성상과 같은 미신에 심취하는 것을 경멸하였다. 또 다른 이유는 수도사들의 영향력을 제한시키기 위해서였다. 많은 젊은이들이 수도원에 입단하여 제국의 군 병력을 약화시키고, 공공 업무와 농업에 종사해야 할 인력이 수도원으로 들어갔던 것이다. 설상가상으로 수도원과 수도사들은 면세 대상이 되어 황제는 이들의 번창이 제국의 경제에도 타격을 준다고 믿었다. 문제는 이러한 수도원들이 성상의 온상이었고, 수도사들은 성상을 숭배하였다는 것이다. 수도사들은 또한 교회와 유착관계를 유지하려고 하였다. 이외에 황제 자신의 정치적인 야심도 있었다고 볼 수 있다. 황제는 동방제국의 확장에 신경을 썼고 그 중에서 특히 이슬람 지역과 유대 지역에 관심이 있었다. 그런데 이들은 성상 숭배를 반대하였기 때문에 이들에게 정치적으로 환심을 사기 위해 성상숭배를 반대한 것이다. 또한 황제의 성상 파괴정책에 대한 종교적인 이유는 황제 자신의 신앙 때문이기도 하였다. 그는 니콜리아의 감독인 콘스탄틴에 의해 성상숭배는 제2의 계명을 어기는 행위이며, 그것을 규제하는 것이 황제로서 해야 할 신적 소명임을 설득당했던 것이다.238)

성상숭배 금지 정책에 의해 병사들은 황궁의 정문 위에 세워져 있는 그

---

237) Ibid., p.202.
238) 마가렛 딘슬리, Ibid., pp.83-100.

리스도 상을 파괴하였다. 이 행위는 즉시 민중의 반대를 불러일으켰다. 민중들이 몰려와 성상을 철거하는 병사들의 사닥다리를 밑에서 잡아당겨 병사들이 참변을 당하기도 하였다. 그러자 더 많은 군대가 몰려와 진압을 시도하는 소동이 벌어졌다. 또한 성상숭배를 규제하는 법령이 선포되자 여러 지역에서 반대운동이 확산되었다. 콘스탄티노플의 총대주교인 게르마누스(Germanus)가 즉각 반대운동을 폈고, 레오 3세의 군대에서도 내분이 발생하였다. 성상숭배 지지자들은 신학자들을 동원하여 레오 3세의 정책에 반대를 표명하였는데 대표적인 신학자는 다마스커스의 존(John Damascus)이었다. 그는 727년에 「성상을 변호하는 첫 번째 연설」(First Oration in Defence of the Image)이라는 저서를 통해 제2계명은 하나님이 사람으로 성육신했기 때문에 폐지되었다고 하였다.[239]

그리고 그는 "성상 폐지론자들도 성찬과 십자가 등의 상징들을 계속 보전하지 않는가? 만약 십자가를 숭모하는 것이 허락된다면, 십자가 위의 그리스도께 존경을 표하는 것이 합당하지 않은가?"[240]라고 주장하며, 성상 그 자체보다는 그것이 의미하는 원형의 의미를 무시할 수 없다고 하였다. 아울러 동방의 수도사들도 레오 3세의 정책에 반대했으며, 서방교회의 교회들, 특히 그레고리 2세와 그레고리 3세는 성상 파괴론자들을 교회에서 아예 추방시켰다.

이 사건은 로마가 콘스탄티노플에 등을 돌리고 프랑크족에게로 돌아선 전환점이 되었다. 이로 인해 동서교회의 골은 한층 더 깊어졌다. 다마스커스의 존은 "성상에 관한 문제는 황제가 아니라 교회에서 결정해야 하며, 황제는 교회의 문제에 간섭할 권한이 없다"[241]는 입장을 더욱 확고히 하였는

---

239) 윌리엄 캐논, Ibid., p.135.
240) Ibid.
241) Ibid., p.136.

데, 이에 대한 보수(수도원 중심), 진보(황제), 온건파의 갈등이 지속되면서 제국 내의 서로 다른 집단들 간의 반목의 골은 더욱 깊어갔다.

이런 상황에서 레오 3세의 아들 콘스탄틴 5세는 340명의 주교들이 모인 종교회의(753)에서 성상 지지자들은 신학적으로 네스토리우스주의자들이거나 단성론자들이라고 정죄하였다. 그는 또한 수도원까지 불법으로 간주하고 그 건물을 군인을 위한 병영으로 사용하였고, 콘스탄틴 5세의 후계자였던 레오 4세도 앞선 황제들과 같이 성상파괴주의 정책으로 일관하였다. 그러나 레오 4세의 사망 후 그의 미망인이었던 아이린 여왕은 10살밖에 안 되는 콘스탄틴 6세의 이름으로 섭정하면서, 성상숭배 정책을 다시 실시했다. 그녀는 아테네 출신의 헬라인으로 성상숭배에 깊이 물든 인물이었으며, 성상철폐론자인 총대주교 바울 4세를 몰아내고, 국무장관이던 타라시우스를 총대주교에 임명하였다. 타라시우스는 로마와의 관계를 회복하고 당시 교황이었던 아드리안 1세에게 종교회의를 소집하여 콘스탄틴 5세가 제정한 성상철폐의 교회법령을 취소시킬 것을 요청하였다. 아이린이 섭정하는 동안 제2의 니케아 종교회의가 열려 이 문제를 해결하려고 하였지만, 이미 동·서방 양교회는 심각한 정치문제로 인해 원만한 해결을 보기에는 어려움이 많았다. 예를 들어 대부분의 군인들은 성상철폐를 지지하고 말았다.[242]

필리오쿠에 논쟁

동서교회가 갈라서게 된 유일한 교리적인 논제는 바로 성령발출논쟁이었다. 서방교회가 성령이 성부와 성자로부터 나왔다는 복발설을 지지하자

---

242) 윌리엄 R. 캐논, Ibid., pp.137-139.

동방교회에서는 성령이 아버지로부터 나왔다는 단발설을 주장하였다.[243]

서방교회가 사용한 '필리오쿠에'(Filioque)란 단어는 '그리고 아들로부터'라는 뜻이다. 원래 니케아 신조에는 필리오쿠에라는 단어 없이 성령에 관하여 다음과 같이 기록되어 있다. "나는…… 아버지로부터 나와, 아버지와 아들과 함께 예배를 받고 함께 영광을 받을 생명의 공급자요, 주 되신 성령을 믿는다." 동방교회에서는 원문을 변경하지 않고 그대로 고백했으나 서방교회에서는 수정하여 성령이 아버지와 '그리고 아들로부터' 나온다고 삽입하였다. 이러한 변화가 어디로부터 왔는지 정확하게 알 수는 없지만, 스페인 교회가 589년 제3차 톨레도(Toledo) 종교회의에서 필리오쿠에를 삽입한 것으로 보아[244] 아마 스페인에서 아리우스주의를 대항하는 가운데에서 유래한 것 같다.

필리오쿠에 삽입 전통은 프랑스로 전달되어 독일로 유입되었으며, 사를마뉴 대제에 의해 794년 프랑크푸르트의 반성상 숭배회의(Semi-Iconoclast Council)에서 채택되었다. 이 문제에 대해 필리오쿠에를 사용하지 않은 동방교회를 처음으로 비난한 것은 사를마뉴 대제의 법정의 기록자였다. 실제로 로마교회는 전형적인 보수성향이 있었기 때문에 필리오쿠에를 사용하지 않고 원문대로 신조를 고수하고 있었다. 그리하여 808년에 교황 레오 3세는 사를마뉴 대제에게 서신을 보내면서 비록 필리오쿠에의 사용이 건전하지만, 신조의 문건을 상황에 따라 쉽게 바꾸는 것은 신중해야 하며, 실수를 유발할 수 있다고 하였다. 이렇게 레오는 독일과 비잔틴 사이에 중재역할을 하였다. 그러나 850년 이후에 이 문제에 대해 전격적인 논란이 시작되었다. 먼저 동방정교회에서 두 가지 이유로 필리오쿠에의 사용을 강하게 반대하기 시작하였다. 첫째는 에큐메니킬 회의들은 신조에 어떤

---

243) E. S. 모이어, Ibid., p.203.
244) 유스토 L. 곤잘레스, 「중세교회사」, p.71; E. S. 모이어, Ibid., p.204.

종류의 수정이나 변화도 용납하지 않는다는 것이다. 만약에 이런 식으로 종교회의의 결정이 수정되기 시작한다면, 모든 회의의 결정들이 수정될 위험이 있기 때문이다. 종교회의의 신조는 전체 교회들의 결정이기 때문에 일부 교회가 마음대로 수정할 권한이 있을 수 없다. 서방교회가 동방교회와 상의하지 않고 일방적으로 신조를 수정한 것은 범죄행위이며, 교회의 일치를 거스른 죄를 범한 것이다. 둘째로 정교회는 필리오쿠에가 신학적으로 부당하다고 주장하였다. 그들은 성령은 아버지 한 분으로부터 오며 아들로부터 온다는 것은 이단적이라고 하였다. 동방정교회에서는 이 문제가 예사로운 것이 아니라 삼위일체 교리를 두고 보면 엄청난 결과를 가져올 수 있는 것이라고 보았다. 특히 교리문제에 예민한 동방교회에 이것은 작은 문제가 아니었다. 필리오쿠에는 3위의 균형을 파괴할 뿐만 아니라 세상에서의 성령 사역을 거짓으로 빠뜨릴 수 있다고 보았다.[245]

이 문제 외에도 동·서방교회는 서로 갈등을 가져올 수 있는 차이점을 만들어가고 있었다. 바로 교회의 관행과 예전의 전통에 대한 차이점이었다. 예를 들면 희랍정교는 성직자들의 결혼을 허락하였으나 서방교회는 성직자들의 독신제를 주장하였다. 금식의 습관도 달랐고, 성만찬 때 사용하는 빵의 종류도 달랐다. 희랍정교는 유교병을 사용하였지만 로마교회는 무교병을 사용하였다. 그러나 이러한 차이에도 불구하고 850년경까지는 그래도 동·서방교회는 서로 교제하였으며 하나의 교회로 인식되었다. 문화적·정치적·종교적인 갈등이 있었지만 여전히 분파의 개념은 없었다. 그러나 850년 이후로 분파주의(schism)가 가시화되기 시작하였다. 데오도라의 섭정하에서 성상숭배 정책이 승리를 거둔 지 15년이 지난 858년, 포티우스(Photius)가 콘스탄티노플의 새로운 총대주교로 임명되었다. 그는 주

---

[245] cf. R. W. 서던 저, 이길상 역, 「중세교회사」(서울: 크리스챤 다이제스트, 1999), pp.61-67.

교직에 오른 후 곧 교황 니콜라스 1세(Nicolas 1, 858-867)와 논쟁에 들어갔다. 논쟁의 발단은 전임 총대주교였던 이그나티우스(Ignatius) 문제 때문이었다. 이그나티우스는 당시 황제에 의해 파면되었는데, 그의 지지자들은 포티우스에 의해 총대주교직이 탈환되었다고 반발했던 것이다.[246]

이러한 상황을 고려하여 교황 니콜라스 1세는 포티우스를 인정하기 전에 일단 사건을 관망하기로 결정하였다. 그리고 861년에 콘스탄티노플에 그의 사절을 파송하였다. 교황과 분쟁하기를 원치 않았던 포티우스는 교황의 사절들에게 대단한 경의를 표했다. 그리고 그들로 하여금 콘스탄티노플의 종교회의를 사회하도록 초대하였다. 그들은 회의의 결정에 따라 포티우스를 합법적인 주교로 인정하였다. 그러나 사절들이 로마로 왔을 때 니콜라스 교황은 사절들의 결정이 그들의 권한 밖의 일이었음을 주장하며 무효화시켜 버렸다. 그리고 863년에 자신의 사회로 로마에서 회의를 개최하여 이그나티우스를 총대주교로 결정하고 포티우스를 파면시켜 버렸다. 그러나 동방교회는 이 결정을 무시하였으며, 이로 인해 로마와 콘스탄틴 교회 사이에는 공개적인 반목이 시작되었다. 이것은 결국 콘스탄티노플의 총대주교와 로마교황의 교권투쟁으로 연결되었다.[247]

사실 교황 니콜라스 1세는 포티우스와 이그나티우스의 분쟁에 개입하여 자신의 절대적인 통치권을 동·서방교회에서 행세하려 했다. 그런데 포티우스가 자신의 허락없이 사절에 의해 인정받음으로 자신의 통치권을 비켜갔다고 본 것이다. 이것이 바로 니콜라스 1세가 사절들의 결정을 인정치 않은 원인이었다. 동방교회에서는 나름대로 로마의 허락을 받으려고 노력했으나 여기에도 함정이 있었다. 동방교회는 교황의 허락보다는 사르디카 회의(Coucil of Sardica, 343)의 법령 3조에 의해 지역감독의 퇴임명 문제는

---

[246] E. S. 모이어, Ibid., pp.204-207.
[247] cf. Williston Walker, Ibid., p.251.

지역 감독회의의 결정에 의한다는 주장을 하였다. 이에 대해 니콜라스 1세는 이것은 곧 법령의 범위를 넘어서는 월권적인 행위이고, 다른 교구의 일에 관여하는 것은 부당하다고 주장하였다. 즉 동·서방교회에 필리오쿠에가 분쟁의 이슈로 재등장하였다. 그리고 이 문제와 연관하여 선교지에서도 몸살을 앓게 되었다.[248]

선교지에서의 갈등

선교지에서의 갈등은 슬라브족의 개종에서 일어났다. 구체적으로는 불가리아 선교 지역에서였다. 이 지역에는 동방과 서방교회의 양쪽 선교사들이 선교하였다. 서로 다른 신앙의 전통과 정치적인 배경을 갖고 있는 선교사들의 갈등 관계는 피할 수 없는 현실이었다. 특히 당시 문제가 되었던 필리오쿠에는 선교지역에서도 마찬가지여서 독일인 선교사는 서방교회를 대표하여 이 문구를 사용하였고, 동방교회의 선교사들은 사용하지 않았다. 로마와 콘스탄티노플은 이 불가리아 지역을 서로 자신의 통치 지역에 예속시키려고 경쟁하였다. 이러한 정황에 처한 당시 불가리아 왕 보리스(Khan Boris)는 처음에는 희랍정교 쪽으로 기울어져 콘스탄티노플의 총대주교에게 세례를 받는 등 동방교회 편이었다. 그러나 그는 불가리아 교회가 독립교회가 되기를 원하면서 동방교회의 지배를 거절하였다. 콘스탄티노플은 이러한 결정을 인정치 않았으며 독립을 허락하지 않았다. 이에 반발한 보리스는 동방교회를 등지고 서방교회 쪽을 선호하게 되었다. 독일 교회는 서방교회의 전통과 신학을 불가리아에 이식시키면서 동방교회를 공격하였다.[249]

---

248) cf. 윌리엄 R. 캐논, pp.154-164.
249) cf. Ibid., pp.152-154.

사실 로마 교황인 니콜라스 1세도 그때까지 필리오쿠에를 공식적으로 사용하지는 않았으나 이 지역에서는 독일교회가 필리오쿠에 사용을 강요하도록 허락하였다. 포티우스는 로마 세력에 의해 자신의 영역이었던 불가리아가 점령되는 것을 경계하였다. 특히 불가리아가 비잔틴제국의 국경에 접해 있었기 때문에 더욱 그러했다. 그보다도 그에게 더욱 경계심을 유발시킨 것은 필리오쿠에의 사용이었다. 그는 동방의 주교들에게 교황서신(Encyclical Letter)을 보내면서 필리오쿠에의 사용을 금지시켰으며, 이를 어기는 자를 이단으로 선포하였다. 그리고 그는 이에 그치지 않고, 교황 니콜라스 1세를 파문시키고, 그를 주의 포도원을 침범한 이단이라고 규정하였다. 그러나 순식간에 상황은 달라졌다. 포티우스가 황제에 의해 파문되고 이그나티우스가 다시 총대주교직에 복귀한 것이다. 그래서 로마와의 관계가 다시 회복되었다. 869년 콘스탄티노플에서 종교회의가 열려 포티우스를 정죄하는 결정을 하고 그를 정식으로 파문시켰다. 포티우스 파멸로 동서교회의 갈등은 얼마 동안 소강상태를 보였으나 보리스의 돌변으로 이러한 갈등은 재발되었다. 로마 편으로 기울었던 보리스는 곧 로마로부터도 불가리아 교회의 독립이 동방교회 아래에서보다 조금도 나은 것이 없다는 것을 발견하자 다시 동방교회로 귀의하였다. 독일 선교사들이 불가리아에서 축출되었으며, 동시에 필리오쿠에의 사용이 금지되었다.250)

이와 동시에 콘스탄티노플에서는 이그나티우스가 죽고 포티우스가 다시 집권하게 되자 상황이 달라졌다. 897년 총대주교로 재집권한 포티우스는 회의를 열어 자신에게 내려진 이전의 종교회의의 결정들을 폐지하고, 동방교회의 실세로 자리잡았다. 그리고 니콜라스 1세의 뒤를 이어 교황이 된 요한 8세는 독일인들에게 호의적이지 않았고, 필리오쿠에를 강요하지도 않았으며, 동방교회의 교황의 요구를 강요하지도 않았다. 그는 아마 니

---

250) Ibid., pp.183-199.

콜라스 1세의 정책이 동서교회의 일치에 얼마나 장애가 되었는가를 인식했던 것 같다. 그래서 이러한 분위기 가운데 동서교회는 외형적으로 당분간 분쟁의 늪에서 벗어나 친화의 모습을 보였다. 하지만 양 교회는 1054년에 결국 갈라서고 말았다.[251]

생각해 볼 문제

1. 교황 그레고리 1세와 수도원과의 관계를 말해 보라.
2. 교황 그레고리 1세의 치적과 관계되는 야만족은 어떤 민족인가?
3. 교황 그레고리 1세의 선교정책에 대해 말해 보라.
4. 교황 그레고리 1세의 업적을 말해 보라.
5. 켈트 수도사들의 선교활동에 대해 말해 보라.
6. 영국의 개종에 대해 말해 보라.
7. 네덜란드의 선교에 대해 말해 보라.
8. 보니페이스의 선교활동과 그의 선교정책은 무엇인가?
9. 프랑크 왕들이 교황청의 도움이 필요했던 이유는 무엇인가?
10. 교황청이 프랑크 왕들의 도움이 필요했던 이유는 무엇인가?
11. 프랑크 왕들과 교황청의 관계를 서술해 보시오.
12. 동·서방교회가 갈라진 주된 요인은 무엇인가?
13. 필리오쿠에의 논쟁점은 무엇인가?
14. 성상숭배의 철폐 원인은 무엇인가?
15. 선교지에서의 동·서방 교회의 갈등을 말해 보라.

---

251) Ibid., pp.199-203.

4. 중세의 암흑기와 교황권의 강화

사를마뉴의 사후(814)에 제국은 급속도로 붕괴되기 시작하였다. 바로 이 때부터 약 1000년까지 중세교회는 3세기 동안 퇴보의 길을 걷게 되며 특히 10세기는 소위 '암흑의 시기'라는 별명을 얻게 된다. 사를마뉴의 후계자인 경건한 루이는 대내적으로 사를마뉴의 치적을 계승할 만한 능력이 부족하였고, 그의 아들들은 결국 베르딩 조약을 체결하여 나라를 분할하였다. 이는 후대에 프랑스와 독일을 갈라놓는 분기점이 되었다. 설상가상으로 이러한 내분의 시기에 외세의 침략으로 인해 제국은 더욱 쇠퇴하기 시작하였다.

사라센족의 침략을 받아 로마의 베드로 성당이 노략질당하는가 하면 바이킹족이 북부지역의 해안을 타고 남하하기도 하였다. 스칸디나비아 반도에서 출발한 바이킹족은 아일랜드를 점령하면서(835) 차례로 제국을 약탈해 갔다. 845년에는 덴마크족이 함부르크와 파리를 점령하였고 850년에는 침략자들이 루아르 강과 센 강 유역으로 내려왔다. 865년에는 덴마크족이 영국의 전 국토를 장악하게 되고, 880년에는 색슨족의 전군이 덴마크에게 무너져 버렸다. 이러한 위협을 통해 프랑스와 영국의 많은 교회와 수도원이 파괴되었으며, 카롤링가의 제국도 쇠약해지게 되었다.

이제 제국은 더 이상 주민들의 생명과 재산을 보호하지 못했다. 주민 스스로 적과 맞서 싸워야만 했다. 그러나 주민들이 무기를 구입하기에는 가격이 턱없이 높았다. 흉배 갑옷은 황소 여섯 마리나 암소 열두 마리를 주어야 살 수 있었고, 칼은 암소 일곱 마리를 주어야 구할 수 있었다. 가난하고 힘없는 농민들은 개인적으로 도저히 적들에 대한 대책을 세울 수 없었기에 강하고 부유한 사람들을 찾아가서 도움을 요청할 수밖에 없었다. 그리고 그 대가로 그들은 노동력을 제공해야만 했다. 이런 정황이 날로 심화되어서 종국에는 중세 유럽사회의 근간을 이룬 봉건제도가 탄생하였다. 그러나 영주를 중심으로 형성된 봉건사회는 봉건 영주들 간에 전쟁이 일어나는 등 전체 사회의 무질서를 조장하여 사회의 혼란을 초래하였다. 당시의 상황은 비참하였다. 사람들은 인간과 하나님의 법을 무시하고 교회의 명령을 업신여긴 채 자기 소견에 옳은 대로 행하였다. 강한 자는 약한 자를 억누르고, 세상은 가난한 자에 대한 강포와 교회 재산에 대한 약탈로 가득하였다.[252]

국가권력의 약화와 봉건영주들의 이권 다툼은 사회의 무질서와 혼돈을 가져왔다. 이런 정황 가운데서 사람들은 중세 초기 교황 그레고리 1세 때처럼 교황청을 보편성의 상징이자 질서회복의 세력으로 보았다. 이때 교황권 강화의 기선을 잡고 등장한 인물이 바로 교황 니콜라스 1세(856-867)였다. 노르만족의 침략을 받은 프랑크 제국은 루이 2세의 통치하에 심히 약화되어 있었다. 이러한 기회를 호기로 삼아 니콜라스 1세는 이탈리아 내에서 교황의 권위를 높일 수 있었다. 그리고 프랑크족의 교회들에게도 세력을 행사하였다. 우선 니콜라스 1세는 동방제국의 보호 아래 있던 라벤나의 대주교를 소환하여 자신의 권위에 복종할 것을 요구하였다. 그러나 이 요구가 거절당하자 니콜라스 1세는 라테란 회의에서 그를 파문시켰다. 교황의 권한이 높아지는 것을 달갑게 생각하지 않은 루이는 이에 대해 항의했지만, 니콜라스 1세는 여전히 프랑크족의 교회와 성직자들에게 절대복종을 강요하였고, 그의 권위는 갈수록 강화되었다. 이어서 그는 카롤링가 왕조의 왕자였던 로타르의 재혼을 허락한 트레베스와 콜른의 주교들을 파문시켰다. 그

---

[252] 마가렛 딘슬리, Ibid., pp.101-113.

리고 왕자의 결혼을 무효라고 선포하였다. 이에 분개한 루이 1세와 로타르는 군대를 이끌고 로마로 진군하였다. 그러나 이들은 결국 니콜라스의 뜻에 굴복하고 말았다. 니콜라스 1세는 또한 학식과 덕망 있는 라임스의 힝크마르 대주교와의 싸움에서도 승리를 거두었다. 그리고 동방의 포티우스에 대항하여 파면되었던 총대주교 이그나티우스를 회복시켰다.

그의 재직 시 가장 중대한 사건은 가짜 이시도르(Psuedo-Isidore) 문서라는 허위 칙령이었다.253) 이 문서는 교황청의 권위를 높이기 위해 나타난 괴문서 즉 위조문서였다. 이 문서는 이시도르라는 사람의 이름으로 작성된 역대 교황들의 서신과 위조 서신들을 묶은 것으로 예를 들면 2세기에 로마교회가 모든 교회에게 권위를 행사했다는 거짓 내용이 포함되어 있었다. 그것은 교황의 입장을 강화시키는 데 큰 공헌을 하였다. 하지만 역사적인 근거가 없었고, 진실성이 결여되어 있었다. 이 문서는 투우르의 교구에 속한 르망에서 847년에서 852년 사이에 만들어졌다고 전해지며, 당시 역사적인 상상력과 학식이 풍부한 일련의 성직자들이 모여 창작한 것으로 알려져 있다. 이들의 의도는 카롤링가와 영주들의 통치에 시달리고 있는 주교들의 입장을 개선시키기 위한 캐논을 만드는 것이었다. 이들은 성직자들의 위상을 높이기 위해 종래의 자신들이 사용하던 법령에 클레멘트로부터 다마수스에 이르는 초대 교황들의 서신을 자신들의 임의대로 추가시켰다.254)

결국 이 문서가 교황의 권위 강화에 중요하게 작용했던 이유는 교황이 각 지역의 주교들을 관장하도록 권한을 입법화시킴으로써 주교들을 지방의 세속 권력자의 지배로부터 보호하는 동시에 교황을 전체 기독교권의 지존적인 수장으로 만들었기 때문이다. 이에 의하면 교황이 주권적인 입법자로서 그의 허락 없이는 주교들의 지방회의의 회집이 불가능하였다. 교황의

---

253) cf. 윌리엄 R. 캐논, Ibid., p.120.
254) Ibid., pp.120-121.

허락 없이는 주교가 면직될 수도 없으며, 교황의 결정사항은 그 자체로서 법률적인 성격이 있음을 선포하였다. 이러한 법령이 발견되었다는 사실을 니콜라스 1세는 기꺼이 수용하였다. 그리고 그는 이 법령을 근거로 "교황이 결정한 사항은 모든 이들이 지켜야만 한다"고 선포하였다. 이 교령집은 또 교황과 대주교들 사이에 '성직자회'라는 조직을 만들어 교황의 권위를 높이면서 대주교들의 권력을 약화시키는 역할을 하도록 하였다. 이는 11세기에 실제적으로 추기경단을 잉태시킨 효시가 되었다.[255]

그런가 하면 9세기에는 또 다른 위조문서가 나타나서 교황권의 확립과 위상을 높이는 데 기여하고 성과 속의 위계질서를 확실히 세우는 역할을 하였다. 그 문서는 디오니시우스라는 사람의 이름으로 나왔기 때문에 가짜 디오니시우스(Psuedo-Dionysius) 문서라고 한다. 이 문서에서는 천상의 구조와 지상의 사회체제를 위계적인 구조로 나타내었다. 이 문서에 의하면 신적 영감이 천상에서 지상 사회로 내려와서, 지상의 성례로 전달되고 성례로부터 성직자들에게로 그리고 성직자들에게서 평신도에게로 전달된다. 그리고 지상의 세속적인 권한도 같은 도식으로 체계화되어 천상의 위계가 왕에게 전달되고 다시 농노에게로 전달된다. 이러한 이론으로 이 문서는 교회의 위상을 국가 위에 세우는 위계질서를 만들었다. 그리하여 결국 교황의 신정정치를 위한 신학적인 기초를 제공해주었다.[256]

이러한 가짜 문서들의 힘을 입어 강화되었던 니콜라스의 강력한 교황권도 그가 죽은 지 25년이 경과한 후에는 추락하기 시작하였다. 이탈리아 지배권 획득은 로마 교황청을 누가 지배하느냐에 달려 있었기 때문에 소위 교황청의 추문이 이탈리아 귀족들의 교황청 지배 야욕에 의해 창출되었던 것이다. 즉 교황 존 8세가 죽은 후에 전개된 교황청의 비참한 권력투쟁은 그

---

255) Ibid., pp.120-121.
256) 마가렛 딘슬리, Ibid., pp.109-113.

배후에서 권력 장악을 위해 뛰어들었던 이탈리아 귀족들 때문이었다. 교황 존 8세는 그의 재산을 노리는 친척에 의해 독살당했다. 그가 독약을 먹고 고통스러워하는 동안 친척들은 그의 머리를 망치로 쳐서 죽여 버렸다. 이후에 소위 암흑기로 불리는 악과 부정부패의 역사가 거의 1세기 동안 계속된다. 악의 대명사였던 세르기우스 3세(904)부터 존 12세(964)까지의 60년간이 가장 심하다고 하지만 사실상 무능과 실패의 역사는 대략 82년에 걸쳐 계속되었다. 교황들의 자리는 이를 통솔하던 귀족들의 장난감에 그쳤다.257)

이 시대가 얼마나 불안했던가는 교황들의 재임기간을 통해 알 수 있다. 예를 들면 896년에서 904년까지 10명의 교황들이 교황직에 올랐다가 물러났다. 어떤 경우는 4개월, 또 다른 경우는 1개월 그리고 20일간의 교황도 있었다. 그리고 904년 세르기우스 3세의 등장을 기점으로 하여 소위 도색정치(Pornocracy)가 시작되었다. 교황청의 악명 높은 두 여인 데오도라와 그녀의 딸 마로지아는 그들의 미모와 창부적인 기질을 발휘하여 로마 및 서방 교회 전체를 좌우했던 것이다. 그들은 치맛바람으로 치욕의 역사를 만들어 냈다. 이 시대의 교황들은 제대로 수명을 다해 다스릴 수가 없었으며 모두가 감옥이나 살인에 의해 단명했다.

이탈리아에서 발생한 귀족들의 정치적인 횡포로 인한 교황청의 부패는 곧 독일황제 오토(Otto)의 교황 임명권을 유발시켰다. 즉 오토 황제가 교황좌에 오를 인물들을 결정하는 시대가 한동안 지속된 것이다. 교황이 자신의 정치에 미치는 영향이 얼마나 지대한지를 잘 알고 있는 오토 황제는 23살의 조카를 교황 위에 올려, 교황 그레고리 5세로 임명하였다. 그로부터 얼마 후에는 그레고리 5세 이후에 교회의 개혁을 내세웠던 유명한 학자 오릴락의 게르베르트(Gerbert of Aurillac)를 교황으로 지명하였다. 그는 실베

---

257) 유스토 L. 곤잘레스, 「중세교회사」, pp.86-90.

스테르 2세라는 칭호로 교황이 되었으며, 그의 개혁의 시도는 성공을 거두지 못하였다. 오토의 사후에는 이탈리아의 테오필락트 가문의 크레센티우스가 다시 교황청을 장악하였다. 그러나 곧 투스쿨룸(Tusculum) 백작들에게 밀려나고 교황청은 투스쿨룸가로 넘어갔다. 그들은 베네딕트 8세, 존 19세, 베네딕트 9세 등을 교황으로 세웠으나 이들도 부패하기는 마찬가지였다. 1045년 베네딕트 9세는 막대한 금액을 받고 교황직을 포기하기도 하였다.[258]

이런 와중에 크레센티우스 가문은 다시 교황청을 장악하게 되어 자신들의 교황을 다시 세우니 그가 교황 실베스테르 3세였다. 마침내 독일 헨리 3세가 나서서 이탈리아 귀족들의 권력 싸움에 중재역할을 하게 되었다. 헨리 3세는 종교회의를 소집한 후 양가의 교황들을 폐위시키고, 클레멘트 2세를 새 교황으로 임명하였다. 아울러 이 회의는 교회 내의 부정부패 문제에 대한 개혁을 다루었으며, 성직매매 등을 금지하는 칙령을 선포하였다. 클레멘트 2세는 헨리를 황제로 임명한 후 곧 사망하였고 헨리 황제는 교회 개혁을 외치던 투울(Toul)의 감독 브루노(Bruno)를 교황으로 임명했으나, 브루노는 자신이 로마시민들에 의해 선출되지 않는 한 교황직을 수락하지 않겠다며 이를 거절하였다. 그러고는 자신과 같은 개혁의 의지를 가진 동료 힐데브란트(Hildebrand)와 훔베르트(Humbert)와 함께 로마로 향했다. 로마를 향한 이들의 행보는 중세교회사에 새로운 시대를 여는 계기가 되었다.[259]

중세 초기의 역사는 교황 그레고리 1세로 시작하여 유럽의 전도를 통한 기독교의 세력을 확장하는 데 일단 괄목할 만한 성과를 거두었다. 정치적인 힘을 이용하기도 하였고, 다양하고 효율성 있는 교황의 전도전략도 돋보였다. 그러나 교회는 본질적인 의미에서 이탈하여 세속화라는 역사적인

---

258) 윌리엄 R. 캐논, Ibid., pp.167-182.
259) 유스토 L. 곤잘레스, 「중세교회사」, pp.89-90.

과정을 거쳐야 했다. 기독교사회(Christendom)라는 우산 아래 펼쳐지는 역사는 성(聖)과 속(俗)의 투쟁의 역사로 변질되기도 하였다. 이러한 상황 가운데서도 선교의 열기는 중세 기독교에 활력을 불어넣었다. 특별히 제도화된 교회의 모순을 극복하고 영적인 저수지 역할을 감당한 제도적인 공동체로 수도원 운동이 활발하게 일어났다. 특히 중세의 암흑기에 나타난 교회의 부패를 갱신하기 위해 혁신적인 운동을 전개한 대표적인 수도원은 클루니 수도원이었다.

생각해 볼 문제

1. 암흑의 시대란 무엇인가?
2. 중세 암흑시대의 사회적인 상황은 어떠했는가?
3. 교황청에 나타난 괴문서에 대해 말해 보라.
4. 도색정치에 대해 말해 보라.

5. 중세 중기의 역사

수도원 갱신운동

　중세의 중반기는 카롤링가의 몰락과 더불어 발생한 부패와 폭력에 대한 혐오와 신질서에 대한 갈망으로 시작된다. 교황 좌를 중심으로 빚어진 정치싸움과 유혈극의 출현 그리고 성직매매 등 교권의 타락은 하나님의 도성이 성직자들의 사리사욕의 도구로 전락하였음을 극명하게 보여주었다. 상식이 있는 사람들은 이러한 정황을 보면서 분노와 슬픔을 금치 못했고, 의식 있는 사람들은 이런 와중에 수도원의 삶을 택했다. 이로 인해 교황청의 부패한 세력에 맞서 개혁을 시도할 수 있는 적절한 세력은 수도원밖에 없었다.

　수도원은 교회 개혁에 앞서 수도원 자체의 개혁이 시급했다. 베네딕트 수도원의 규율과 정신에 의해 전승된 중세 수도원이 점점 타락의 길로 들어섰기 때문이다. 그 주된 원인은 귀족들과 고위 성직자들의 수도원 사유화에서 비롯된 것으로 교황청과 감독직이 탐욕에 찬 귀족과 성직자들에 의해 개인적인 출세의 도구화가 되었듯이 수도원도 마찬가지였기 때문이다. 수도사들은 베네딕트의 규율을 지킬 수도 없었으며 경건한 신앙을 추구하던 자들은 자연히 마음속으로부터 변화의 조짐을 희구하지 않을 수 없었다.[260]

---

260) Lars P. Qualben, Ibid., pp.165-166.

이런 정황 가운데서 아퀴데인의 공작이었던 윌리엄 3세는 작은 수도원 하나를 창설하였다. 이때 윌리엄이 초청한 사람은 개혁의 열정으로 가득 찼던 베르노(Berno)였다. 베르노의 요청에 의해 윌리엄은 자신이 아끼던 사냥터인 클루니(Cluny)를 수도원의 부지로 헌납하였다. 그리고 그는 이 수도원이 당시 부패한 교황들의 손에 넘어가지 못하게 하고 개혁의 도리를 다할 수 있도록 이것을 거룩한 사도들에게 속한 재산이라고 명문화하였다.[261]

베르노(Berno)는 926년에 사망하였다. 그의 사망 후 훌륭한 수도원장들이 지속적으로 배출되면서 클루니는 개혁운동의 중심세력으로 자리잡아 갔다. 클루니 수도사들이 추구했던 방향은 중세 수도원의 원조인 베네딕트 수도원의 규율을 온전하게 지키는 것이었다. 수도사들이 점점 개혁의 의지와 이념을 갖게 되고, 베르노의 모범을 지향하면서 수도원 개혁에 눈을 돌렸다. 클루니 수도원의 개혁 정신이 확산되어 다른 수백 개의 수도원들도 개혁하기 시작하였다. 이들은 원래 베네딕트의 규율에서 중요시되었던 노동의 본분을 상실할 정도로 기도와 찬양에 몰두하며 모든 시간을 경건운동에 바쳤다. 이 운동의 전성기에는 하루에 138편의 시편이 낭독되기도 하였다.[262]

클루니 수도원의 개혁운동이 전체 수도원에 지대한 효력을 일으키며 진척되자 이번에는 교회 개혁에 관심이 모이기 시작하였다. 당시 암흑기를 맞아 교황들의 부패가 절정에 달해 있을 때, 이러한 수도원의 개혁정신은 새로운 한줄기의 희망으로 떠올랐다. 교회에 만연한 부패에 비교할 때 수도원주의적 모범이야말로 교회가 새로워질 수 있는 길이라 여겨졌던 것이다. 이에 수도원에 속하지 않은 유명인들도 교회의 전반적인 개혁이라는 이름하에 연합하였다. 그러므로 중세교회의 개혁운동은 수도원 개혁운동

---

261) 유스토 곤잘레스, 「중세교회사」, p.93.
262) Ibid., pp.92-100.

의 연장선상에서 이해해야 할 것이다.[263]

바로 이러한 이상에 부푼 투울의 감독 브루노는 그의 동료인 힐데브란트와 홈베르트를 동반하고 로마로 향했던 것이다. 브루노는 레오 9세의 이름으로 교황 위에 즉위하였다. 그가 교황이 되자 이들은 자신들의 개혁의 방향과 원칙을 잡게 되었다. 그것은 클루니 수도원이 속권으로부터 독립하였기에 위대한 개혁을 수행할 수 있었던 것과 마찬가지로 교권을 귀족이나 국왕의 권한으로부터 독립시키자는 것이었다. 따라서 속권과 가장 밀접한 관계가 있던 성직 매매야말로 해결해야 할 가장 시급한 과제였다. 속권에 의한 수도원장 감독의 임명은 그 자체로서는 성직 매매가 아닌 수단이었지만, 사실상 성직 매매와 밀접한 관계가 있었기 때문이다.

수도사 출신의 개혁가들이 보았던 또 하나의 부패의 고리는 성직자들의 결혼이었다. 그 당시까지만 해도 성직자들의 독신문제는 하나의 규범으로 강요되지는 않았다. 권장사항에 불과했다. 그러나 수도원 개혁에 성공한 수도사들은 성직자들도 수도사들처럼 독신을 지켜야 개혁이 된다고 보았다. 그래서 수도사들이 주관이 된 11세기의 개혁운동은 성직자들의 독신을 강요하는 운동으로 전개되었다.[264]

또 하나의 개혁 원칙은 복종의 원리였다. 모든 수도사들이 수도원장에게 절대 복종함으로 수도원 개혁이 가능했듯이 교회, 아니 전체 기독교권이 교황에게 복종해야 한다는 원리였다. 이는 수도원장이 전체 수도원을 통괄한 것처럼 교황이 기독교권을 통괄해야 한다는 것이었다. 이는 물론 왕권도 교황이 관장한다는 의미로 확대 해석하여 적용되기도 했다.

그러나 이러한 수도원 중심의 초기 개혁운동은 수도원과 교회 양쪽에서

---

263) cf. Adriaan H. Bredero, Christendom and Christianity in the Middle Ages(Grand Rapids: Eerdmans, 1994) pp.130-149.
264) 유스토 L. 곤잘레스, 「중세교회사」, p.95.

다 실패하고 말았다. 실패의 주된 원인은 부(富)의 문제였다. 수도원 수도사들의 경건한 생활에 감동을 받은 부자와 빈민들은 차별 없이 많은 금품을 수도원에 헌납하였다. 수도생활을 동경하지만 그렇게 할 수 없는 사람들이 그들의 영혼을 위해서 막대한 선물과 유산을 수도원에 바쳤던 것이다. 그리하여 수도원의 재산은 끊임없이 증대되어 갔고, 수도원은 베네딕트 수도원의 규율이 요구하는 소박한 생활을 할 수가 없게 되었다. 그리고 수도사들이나 수녀들은 더 이상 노동하지 않고 기도와 찬양 등 경건에만 시간을 바치게 되었다. 이렇게 황금과 보석으로 수도원을 장식할 정도로 재산이 축적되자 수도원은 원래의 정신을 상실하고 부패할 수밖에 없었다. 그것은 교회도 마찬가지였다. 교회는 교회대로 수세기에 걸쳐 토지와 재산을 축적하여 교회를 부패하게 만들었다. 이론적으로 이 모든 재산과 헌금은 고위 성직자나 일반 목회자들을 위한 것이 아니라, 하나님의 영광과 가난한 자들의 구제를 위한 것이었지만, 실질적으로는 부패의 원인이 되었다. 수도원과 교회의 재산을 둘러싸고 교권과 속권과의 투쟁은 성직매매라는 이권 싸움으로 연결되었다.[265)]

  부의 문제로 수도원의 개혁 정신이 약해지고 있을 때 이에 불만을 품은 다른 운동이 나타나게 되었다. 11세기 말에 등장한 시토(Citeaux) 수도원 운동이다. 이 수도원의 창시자는 모레스메의 로버트(Robert of Molesme)로 그가 수도원을 창설한 지명의 이름을 따서 시토 수도원이라 불렀다. 그리고 이 수도원 출신을 시스테시안(Cistercian)이라고 불렀다. 시토 수도원을 대표하는 지도자는 클레르보의 버나드(Benard of Clairvaux)였다. 그는 23세의 나이에 친지들과 함께 수도원에 가입하였다. 또한 시토에 거주하는 수도사들의 숫자가 많아지자 새로운 공동체가 설립되어 이를 버나드가 맡게 되었는데, 이 새로운 공동체가 급성장하여 개혁의 중심을 이루게 되었

---

265) Ibid., pp.96-97.

다. 버나드는 무엇보다도 수도사로서 자신의 신앙을 조명하는 일에 전념하였다. 음식을 장만하던 마르다보다는 예수님의 말씀을 듣고 있던 마리아를 더욱 선호하였다. 그래서 하나님의 사랑에 관한 명상으로 시간을 보냈고, 그리스도의 인성 속에 나타난 하나님의 사랑에 깊은 감동을 받고 여기에 사로잡혔다. 그는 유명한 설교가로서 많은 사람들에게 감동을 주었는데, 설교로 사람들을 움직여 제2차 십자군 원정을 가능케 할 정도였다. 그의 명성이 높아짐에 따라 그는 정치, 종교 문제에도 개입하여 중재의 역할을 하는 등 많은 영향을 미쳤다. 그는 교황보다 더 큰 영향력을 발휘하였고, 그리스도의 인성에 관한 명상에 전념한 신비주의자였다. 그는 일체의 신학적인 변화를 허용하지 않는 보수주의자였으며, 동시에 교회개혁의 지도자였다. 바로 이러한 버나드의 영향력 때문에 시토 수도원 운동이 사람들의 각광을 받으면서 클루니가 담당했던 개혁을 주도하게 되었다.266)

그레고리 7세(Gregory, 1073-1124)

추문으로 인해 교황청의 권위가 실추되고 교권이 바닥에 떨어졌을 때, 클루니 수도원을 중심으로 개혁운동이 일어났다. 그리고 교회가 세속화되고 정치적인 기독교가 생명을 상실하였을 때, 금욕적인 신앙의 부흥이 일기 시작하였다. 그것은 아퀴테인의 경건한 윌리엄 공에 의해 프랑스 동부지역의 클루니에 위치한 수도원에서부터 시작됐다. 이 수도원은 모든 세속적이고 교구적인 간섭에서 벗어나 교황의 보호 밑에서 개혁정신을 실천하였고, 베네딕트 수도원의 규율을 다시 엄격히 준수하여 신앙의 순수성을 보존하려 하였다. 결국 이러한 운동은 수도원의 개혁을 넘어서서 성직자와 교회의 개혁을 시도했다는 데 의의가 크다. 클루니 수도원이 제시한 개혁의 내용 가운

---

266) Ibid., pp.97-98; cf. 마가렛 딘슬리, Ibid., pp.115-125.

데 가장 중요한 것은 성직 매매와 성직의 독신파기였다. 이 운동은 특히 11세기에 와서 평신도들의 성직수임을 성직 매매로 보았다. 그리고 교황청은 그동안 빼앗겼던 성직 수임권을 회복하는 것이 부패의 척결이라고 보았다. 이러한 이상으로 교회의 개혁을 주도한 교황은 25년간이나 수도사의 몸으로 서방교회를 통치한 경험이 있던 클루니 출신의 힐데브란트였다.267)

그는 교황이 되기 전에 6명의 교황 수석 고문역을 담당하는 등 영향력을 행사하여 이미 사람들의 신임을 받은 사람이었다. 추기경단에 의해 선출되었던 교황 알렉산드 2세가 사망한 후 추기경단은 새로운 교황선출을 생각하고 있었다. 그런데 힐데브란트가 알렉산드 2세의 장례를 집전하고 있던 날 갑자기 민중들이 힐데브란트를 교황으로 추대하는 사건이 벌어졌다. 당황한 그는 자신의 무자격함과 선출 방식의 불법성을 내세우면서 거부하였으나 민중들은 막무가내였다. 강제로 그를 성 베드로 성당으로 데리고 가서 교황으로 임명한 것이다. 이렇게 교황이 된 힐데브란트는 한 달 후에 사제로 임명되었고, 그 후에 주교로 임명되어 교황으로 취임하였다. 교권을 확보하고 교황을 공정하게 선출하기 위해 자신이 만들었던 추기경단의 제도를 본인이 어기게 되고, 교황청과 제국의 법과 질서를 정립하고자 노력했던 자신이 비정상적인 방법으로 직위를 차지한 것은 아이러니컬한 문제라고 할 수 있었다. 그러나 민중이 원한다면 경직된 제도를 뛰어넘어 민의가 승리하는 원시적인 민주주의의 향기를 맡을 수도 있는 것이었다.268)

힐데브란트는 교황이 되어 그의 스승인 존 그라티안(Gratian)을 기념하여 자신의 공식 이름을 그레고리 7세로 호칭하게 하였다. 그리고 개혁을 위해 성직 매매와 평신도 성직 수임권 문제를 해결해야 할 가장 중요한 두 가지 사안으로 내세웠다. 당시 성직자들이 성직 매매를 통해 얼마나 부패

---

267) cf. E. S. 모이어, Ibid., pp.210-211; Ibid., pp.125-130.
268) 윌리엄 R. 캐논, Ibid., pp.205-206.

했는가를 간파하고 교회의 부패를 가져온 원인이 속권의 교권통치에 있다고 보았던 것이다. 그래서 성직수임권의 회복을 강력하게 주장하였다. 그는 1074년 교황으로 취임한 지 1년도 못되어 개혁을 위해 다음과 같은 칙령을 선포했다. "첫째, 성직을 매입한 자는 매입한 그 자체만으로도 성직의 자격이 없는 자이다. 둘째, 교구를 맡기 위해 금품을 증여한 자는 그 교구를 차지하지 못한다. 아무도 교회와 관련된 직함을 팔거나 사지 못한다. 셋째, 음란죄를 범한 성직자는 즉시 성직의 기능을 상실한다. 넷째, 평신도들은 교황의 칙령을 위반한 성직자들을 목회자로 받기를 거부해야 한다."[269]

이러한 칙령이 전달되자 가장 크게 반발한 자들은 독신을 지키지 못하고 이미 가정을 가지고 있거나 또는 세속의 삶을 즐기는 수렁에 깊이 빠져 있던 성직자들이었다. 독일, 프랑스, 스페인 등 대부분의 지역에서 심하게 반발하였고, 특히 서부 유럽의 성직자들의 반대가 심하였다. 프랑스의 성직자들은 파리에서 회의(1074)를 열고 공개적으로 교황의 칙령이 비합리적이라고 불만을 표시하였고, 독일도 동일하게 이러한 분노를 그들의 회의를 통해 표현하였다. 이러한 교회 내의 반대에 부딪힌 그레고리 7세는 성직 매매와 음란죄의 근본적인 진원이 되는 평신도 성직수임권을 박탈하기로 작정하였다. 여기서 평신도 성직수임이란 성직자가 아닌 주로 영주나 왕들이 성직을 임명하는 경우를 두고 하는 말이다. 결국 교황 그레고리 7세는 1075년에 로마 종교회의에서 평신도 성직수임권에 대한 교황의 입장을 정리하고 공포하였다.

"앞으로 평신도들에게서 주교직이나 수도원장직을 받아들이는 성직자들은 교회가 주교나 수도원장 등으로 인정하지 않을 것이다. 우리는 그들이 축복받은 베드로 사도와 교제하는 것을 금한다. 이와 동일한 금령이 하급 성직들에도 그대로

---

[269] 윌리엄 R. 캐논, Ibid., p.207.

적용된다. 만약 황제나 공작이나 후작이나 백작이나 기타 어떤 평신도가 성직을 수임하는 경우 그는 이를 용납하는 성직자와 똑같은 저주를 받을 것이다."270)

이러한 조치는 중세 유럽의 전체 통치자들에게는 일종의 폭탄선언과도 같았다. 이들 가운데 가장 큰 반응을 보였던 나라는 영국, 프랑스, 독일이었다. 그 중에서도 특히 강한 알레르기 반응을 일으키면서 개혁의 걸림돌로 등장한 사람은 독일 황제 헨리 4세(Henry, 1050-1106)였다. 헨리 4세는 그레고리 1세가 공포한 칙령을 무시하고 지속적으로 성직자들을 임명하였다. 독일을 통치하기 위해서는 이 권한을 포기할 수 없었던 것이다. 이에 교황은 헨리의 처사를 비난하면서 하나님의 경고를 받아들이라고 하였다. 이런 와중에 교황이 크리스마스 날 밤(1075)에 납치당하는 사태가 발생하였다. 이는 로마에 있던 헨리의 강력한 후원자가 꾸민 사건임이 확인되었다. 이에 교황은 1076년 3명의 사절을 파견하였고 헨리가 직접 로마에 출두하여 교황과 교회 앞에 공적으로 자신의 실책에 대해 답변할 것을 요구하였다. 그리고 이를 수행하지 않으면 파문시키겠다고 하였다. 이에 맞서 헨리는 교황의 선출과정에서 있었던 여러 가지 불법을 지적하면서 그의 퇴위를 요구하는 반격 작전을 펼쳤다. 그리고는 도리어 웜스(Worms)에서 독일주교회의를 소집하여 역으로 그레고리 1세를 정죄하고 직위를 박탈함으로써 그를 교황의 자리에서 파문시켰다. "가짜 수도사 힐데브란트! 나 헨리 왕은 하나님의 은혜 가운데 모든 주교들과 함께 그대들에게 명령하노니 교황의 보좌로부터 내려와 영원한 저주를 받을지어다."271)

교황은 이러한 헨리의 오만불손한 조치에 대해 라트란 종교회의에서 헨

---

270) Ibid., p.209.
271) William R. Cannon, History of Christianity in the Middle Ages(Grand Rapids: Baker Book House, 1960) p.165; cf. 윌리엄 R. 캐논, Ibid., p.211.

리의 어머니가 참석한 가운데서 헨리를 파문시키고 국민들의 왕에 대한 충성의무를 해체시켜 버렸다. 또한 헨리를 고립시키기 위한 후속조치로 독일에서의 성사와 예배 금지령을 내렸다. 이에 독일의 모든 교회는 예배가 금지되었고 왕은 모든 국민의 저주의 대상이 되어 거리에서 돌을 맞는 사태까지 발생하였다. 왕의 성은 약탈당했고, 그의 토지도 파괴되었다. 이러한 국민들의 움직임에 귀족들까지도 편승하여 왕과의 공식수행을 거부하는 등 사태가 심각하게 진행되었다. 아우크스부르크에서는 회의를 소집하여 헨리가 교황에 의해 재판을 받도록 결정하였다. 사태가 이 정도로 심각해지자 황제는 위기를 모면하기 위해 퇴위를 당하기보다는 회개하는 모습으로 교황 앞에 용서를 빌기로 작정하였다. 헨리는 약간의 수행원을 동반하고 알프스 산맥을 넘어 카노사에 머무르고 있던 교황을 방문하였다. 헨리는 무려 3일 동안 교황이 머무는 역관 앞의 눈 위에서 회개하는 신자의 초라한 모습으로 교황에게 용서와 자비를 구하였다.[272]

그런데 이러한 헨리의 행동으로 인해 딜레마에 빠진 것은 헨리가 아니고 오히려 그레고리였다. 만약에 헨리를 용서한다면 독일에서 얻은 교황청의 이익과 정치적인 승리를 포기해야 하고, 용서하지 않으면 교회의 가르침에 위반되기 때문에 자신의 인품을 훼손하는 실수를 범하게 된다. 결국 그레고리는 사제로서 죄인을 용서해야 한다는 원칙을 위배할 수는 없었기에, 헨리의 고해를 인정하고 그를 용서하였다. 그러나 이것은 바로 헨리가 바라던 바였다.

교황의 족쇄에서 풀려난 헨리 왕은 그 후에 힘을 축적하여 다시 로마를 공격하여(1080) 함락하고 그레고리를 파문할 뿐 아니라 귀양을 보냈다. 1085년 살레르노에서 임종을 맞은 그레고리는 다음과 같은 말을 남겼다.

---

272) Ibid., p.213.

"나는 공의를 사랑하고 불의를 미워하였기에 결국 유배지에서 죽노라."[273]

그레고리는 개혁에는 실패했지만 중세의 도덕적인 영웅이었고 교황제국의 문을 열었던 인물이었다. 사실 그의 치적을 통해 전 유럽이 교황의 지배하에 들어오는 역사가 만들어진 것이다.

평신도 성직수임권 문제는 그 후에도 계속되어 수장들 간의 오랜 타협 끝에 1122년 보름스 정교협약에서 해결되었다. 성직은 교회에 의해서만 임명된다는 원칙의 합의와 더불어 임명된 후에 황제에게 충성을 서약하는 형식으로 종결되었다. 만약에 임명된 주교가 맹세하지 않을 때는 황제가 거부권을 행사할 수 있도록 함으로써 평신도의 거부권을 행사하도록 개방한 셈이었다.

그레고리 7세의 영향으로 인해 중세교회는 교황의 전성기를 맞이하였다. 그리하여 십자군 운동이라는 대 역사적인 사건이 발생하였다.

십자군 운동과 동서교회[274]

1054년에 서로 결별했던 동서방교회는 이슬람의 침략으로 인해 다시 한번 통합할 수 있는 기회를 갖게 되었다. 특히 서방기독교는 동방제국을 위협하던 이슬람을 물리치고 비잔틴제국을 구원하며 동서방으로 나누어진 교회의 재결합의 씨앗을 심었다. 그리고 성지를 탈환하고 이러한 작업을 통해 구원을 얻고자 하였다. 다시 하나로 연합하고자 하는 이러한 제국의 이상 아래 십자군 원정이 시작된 것이다.

특히 11세기에 접어들면서 이슬람 세력은 7, 8세기 때의 모습으로 돌변하여 로마의 영토를 줄기차게 괴롭히고 있었다. 이슬람 군대는 소아시아의

---

273) Ibid., p.214.
274) 강의안의 내용; cf. 「원자료 중심의 교회사」, pp.110-113.

대부분을 점령하고 에게 해안까지 침입하였다. 그래서 콘스탄티노플까지도 위협을 당하였다. 물론 이들은 모슬렘으로 개종한 터키족(셀주크 터키족)이었다. 동방제국의 이러한 정치적인 상황은 유럽의 기독교 순례자들이 성지를 순례하는 데 큰 방해가 되었다. 난폭한 터키인들은 순례자들에게 도둑행위 등 불편을 주었으며, 시리아의 촌락을 지날 때는 통행세를 징수하기도 하였다. 여행에서 돌아온 자들이 토로한 고난과 불평은 유럽에 퍼져나갔고, 이는 야만족과 같은 이방인들에게서 거룩한 성지를 탈환해야 한다는 유럽 기독교인들의 종교적인 열정으로 이어졌다.[275]

이러한 분위기 가운데서 동방 황제가 된 알렉시우스 콤네누스(1081)는 서방 교회 측에 도움을 요청하였다. 황제 사절들을 교황청으로 보내 교황의 지원을 강력하게 호소하였다.[276]

이 요청에 응하여 당시 교황이었던 우르반 2세는 1095년 클레르몽에서 공회의를 소집하고 자신이 직접 동방황제의 호소에 대해 지원 연설을 함으로 유럽인들의 성지탈환 운동에 박차를 가하였다. 동방에 있는 형제들과 성지를 이방인들의 지배에서 해방시키자는 호소는 회의에 참석한 자들의 마음을 움직였고, 그때 사람들은 그것이 '하나님의 뜻'(Deus Vult)이라고 응답하였다.[277] 당시 유럽 전역은 전염병과 가뭄으로 인해 종말론적인 분위기에 젖어 있었다. 이런 시기에 그리스도의 군사로서 원정에 부름을 받는 일은 귀천을 막론하고 환영을 받았다. 그들은 혜성들과 천사들 그리고 동쪽의 지평선 위에 나타난 성스러운 도시(the Holy City) 등 수세기 동안 잠자던 종말론적인 환상을 보곤 하였다.[278]

---

275) 윌리엄 R. 캐논, Ibid., p.215.
276) Ibid., p.216 ; cf. 글라이드 맨슈랙, 「세계교회사」, pp.212-220.
277) 유스토 R. 곤잘레스, Ibid., pp.116-117 ; cf. 심창섭 · 채천석, 「원자료 중심의 중세 교회사」, pp.114-117.
278) 유스토 R. 곤잘레스, p.117.

이들은 신앙적인 열기와 용기로 제대로 정돈되지 않은 채 은자 피터(Peter the Hermit)의 인도로 예루살렘을 향해 출발하였다(1096). 무려 20만명의 남녀 청년십자군이 출발했으나 콘스탄티노플에 도착했을 때는 7천 명 정도만 남아 있었다. 피터를 따라 나선 자들 대부분이 훈련 받지 못한 이상론자들이었기에 도중에서 실패로 마무리되었고, 살아남은 자들은 잘 조직된 공식적인 십자군들과 합류하여 원정 길에 올랐다.[279] 특히 이들은 채무의 탕감, 범죄의 용서, 영원한 축복 등으로 자극을 받았다.

30만 명에 달하는 제1차 십자군은 여러 경로를 통해 콘스탄티노플에 도착하여 황제 알렉시우스의 융숭한 대접을 받았다. 우선 그들은 비잔틴 군인의 도움으로 터키인들의 수도인 니케아(Nicea)를 점령하였다. 그 다음은 안디옥을 점령하는 것이 문제였다. 안디옥 탈환은 힘든 작전이었다. 당시 십자군들은 오랜 원정에 지쳐 있었고 식량이 바닥나 있었기에 사실은 상황이 위험수위에 달해 있었다. 차라리 전쟁에 지는 편이 굶는 것보다 나을 지경이었다. 마침 성 안에 있던 아르메니아 출신 기독교인이 성문을 열어주어 십자군은 하나님이 원하신다는 함성과 함께 진군하여 터키군을 물리쳤다. 그러나 4일 후에 터키의 대군이 도착하여 진격하게 되면서 잔류해 있던 자들도 사기를 얻어 십자군은 위기에 처하게 되었다. 진퇴양난의 정황에 처한 십자군은 성창(the Holy Lance: 예수님의 옆구리를 찌른 창)을 본 환상에 힘입어 터키군을 다시 용감하게 물리치고 터키 진영에서 많은 여인을 사로잡았다.[280] 전쟁 가운데서도 십자군들이 지켰던 경건성을 한 증인은 다음과 같이 묘사하였다. 그러나 이러한 자랑은 십자군들이 가졌던 신앙의 아이러니한 단면을 보여주는 것이기도 하다.

---

279) 마가렛 딘슬리, Ibid., pp.131-145.
280) 유스토 R. 곤잘레스, 「중세교회사」, p.119.

"우리는 그들에게 아무런 악한 짓도 하지 않았다. 모조리 창으로 찔러 죽였을 뿐이다."[281]

이 전쟁을 통해 군대의 지도자였던 아드헤마르 주교가 사망하여 부용의 가드프리가 새로운 지도자로 선출되었다. 1099년 6월 7일 그들은 드디어 예루살렘의 모습을 보게 되었다. 당시 예루살렘을 지키고 있던 군대는 이집트 출신의 파티마족 아랍인들이었다. 다행히도 당시의 모슬렘인들은 아직 연합전선을 구축하지 않았던 것이다. 십자군들은 장기간 예루살렘 성을 포위하고 식량의 공급을 차단하였으며, 주위의 농토를 불태웠다. 그리고 모든 우물에 독약을 풀어버렸다. 그러나 7월 초에 대규모의 아랍군대가 온다는 소식을 접한 십자군들은 하나님의 원조를 구하면서 맨발로 성을 돌며 참회의 찬송가를 불렀다. 십자군들의 공격은 시작되었고, 성벽의 한 곳이 공략당하여 무너지자 곧 전체 수비가 와해되면서 성의 수비병들이 도주하였다. 도시 안으로 진군한 십자군들은 그토록 염원하던 예루살렘 성을 1099년 7월 15일에 차지하게 되었다.[282]

십자군이 도시를 점령함과 동시에 참혹한 살인과 강간 그리고 유아들을 성벽에 던져 죽이는 비극이 일어났다. 십자군은 그들의 만행을 피해 회당 안으로 숨은 유대인들을 회당에 감금한 채 불을 질렀다. 당시의 참상이 얼마나 비참했던지 한 증인의 기록에 의하면 솔로몬 행각 근처에서는 피가 말의 무릎까지 차올랐다고 한다. 예루살렘은 십자군의 통치를 받게 되었고 이로써 라틴왕국의 건설이 잠시나마 성취되었다.[283]

십자군 운동의 시나리오는 지속되었다. 십자군의 지도자인 부용의 가드

---

281) Ibid., p.120.
282) Ibid., p.121.
283) 윌리엄 R. 캐논, Ibid., p.220.

프리는 성묘의 수호자(Protector of the Holy Sepulcher)라는 칭호를 얻으며 예루살렘을 다스렸다. 모슬렘 군인들이 재침입하는 사태에 대비하기 위해 지속적인 군대의 지원이 필요하였다. 그러나 사명을 다한 십자군들은 귀향하기를 원했다. 다행히도 일반 평민들의 십자군의 열정이 계속되었기 때문에 병역보충이 있긴 했으나, 이들 또한 장기간 머무르려는 것은 아니었다. 단기사역과 무장 성지 순례의 경우가 많았다. 때로는 순진한 어린 아이들이 원정에 뛰어들기도 하였다. 하나님께서 순진한 이를 사랑하므로 아동십자군들이 동원되면 효과적일 것이라는 믿음 때문이었다. 그리하여 수많은 청소년이 떼를 지어 동방으로 무모하게 행군하다가 도중에 죽거나 노예로 잡혀가는 참사가 발생하기도 하였다. 이러한 원정은 연속적으로 일어났지만 편의상 시차와 특징을 고려하여 제2차 혹은 제3차 십자군 원정이라는 명칭을 얻게 되었다.

　제2차 십자군 원정은 1144년 알프포의 술탄에 의해 에데사가 함락되면서부터였다. 2차 원정에서는 클레르보의 버나드의 설교가 민중을 동원하는 데 결정적인 효과를 거두었다. 버나드는 아무런 준비 없이 나선 원정을 비난하면서 예루살렘 왕국의 구원을 위해서는 정규군의 조직과 이들을 통한 원정이 필요함을 역설하였다. 드디어 프랑스의 루이 7세와 독일의 콘라드 3세가 군대를 동원하여 20만에 달하는 병정이 성지를 향해 진군하였다. 그러나 이들은 준비된 터키인들에 의해 도중에서 참패하고 말았다. 예루살렘은 한때 번창하여 아말렉 1세 아래서는 카이로까지 영역을 확대하기도 하였다. 그러나 모슬렘이 다시 예루살렘을 탈환할 계획으로 전쟁을 일으켰으며 1187년 이집트의 지도자 술탄 살라딘(Saladin)이 예루살렘을 함락하고 말았다.[284]

　살라딘에 의해 예루살렘이 정복되었다는 소식이 전해지자 서구 기독교

---

284) 유스토 R. 곤잘레스, 「중세교회사」, pp.122-123.

권은 경악을 금치 못하였고, 그레고리 8세는 십자군의 동원을 외쳤다. 그래서 제3차 십자군 원정은 3국의 국왕에 의해 시도되었다. 독일 황제 프레드릭 바바로사(Frederick Barbarossa), 영국의 리처드(Richard the Lionhearted of England) 그리고 프랑스의 필립 2세 아우구스투스(Philip Ⅱ Augustus)였다. 그러나 이들의 원정도 실패로 끝나고 말았다. 프레드릭은 도중에 익사하였고, 그의 군대는 해산되었다. 리처드와 필립은 2년에 걸친 원정 끝에 아크르를 함락시킨 것이 고작이었다. 필립은 리처드의 부재를 이용하여 그의 영토를 차지하기 위해 미리 귀환하는 등 서로간의 갈등과 반목이 심화되었다. 리처드는 영국으로 귀환하던 중 독일 황제에게 잡혀 몸값을 지불하고 풀려나는 등 원정의 동료로서의 모습을 보이지 않았다.[285]

3차 원정의 실패 이후 인노센트 3세에 의해 행해진 4차 원정은 훨씬 더 큰 실패로 마무리되었다. 이들은 원래 목적과는 전혀 다른 공격을 시도하였다. 이집트의 살라딘을 공격하려 했으나 도리어 동방제국의 콘스탄티노플을 점령한 것이다. 그리고 플랜더즈의 볼드윈(Baldwin of Flanders)을 콘스탄티노플 황제로 임명하여 콘스탄티노플에 라틴제국을 건설하였다. 적어도 이 제국은 반세기 이상(1204-1261) 지속되었으며, 이때는 총대주교의 자리에도 라틴 사람이 임명되어 형식적으로나마 동방과 서방의 재결합이 이루어졌던 시기였다. 인노센트 3세는 자신이 파송한 십자군의 이러한 행위에 대해 반대했으나 결국 이것을 교회의 연합을 위한 하나님의 섭리로 받아들이고 말았다. 그러나 라틴인들의 정복에 대한 비잔틴인들의 감정은 불만으로 가득찼다. 이들은 쉽사리 승복하지 않았으며 오랜 투쟁 끝에 결국에는 1261년에 콘스탄티노플을 탈환하였다. 그러나 이러한 사건은 동서방 간의 감정의 골을 더욱 깊게 하였고, 서방에 대한 동방의 적개심은 더욱

---

[285] Ibid., p.123.

심해졌다.[286]

5차 원정은 '예루살렘의 왕'(King of Jerusalem)이 이집트를 공격하는 선에서 별 성과 없이 종결되었고, 6차 원정은 교회로부터 파문당한 독일 황제 프레드릭 2세가 군대를 동원하여 일으켰다. 이 원정은 많은 성과를 거두었는데 그는 술탄과의 협정에서 예루살렘, 나사렛, 베들레헴과 아크로르와 같은 성지로 통하는 도로를 양도받기로 했다. 그리고 프레드릭은 예루살렘의 왕으로 즉위하였다. 이를 지켜본 그레고리 9세는 자신이 파문한 자가 성지의 왕좌를 차지하는 데 대해 분노하였으나 유럽인들은 그의 승리를 기뻐하며 환영하였다. 그리고 그를 '예루살렘의 해방자'(Liberator of Jerusalem)라고 불렀다. 6차 원정 이후에 진행되었던 7, 8차 원정은 프랑스의 루이 9세에 의해 인도되었으나 별 성과 없이 종결되었다(1270).[287] 특히 1212년 소년 십자군(children's crusade)은 지중해에 도착하여 홍해를 건넌 이스라엘의 기적을 믿고 바다로 진군하다 익사당하거나 노예로 잡혀갔다.

십자군 운동은 무려 8차에 걸쳐 약 200년 동안 성지탈환을 위한 소위 '거룩한 전쟁'으로 치루어졌다. 이 운동은 원래의 목적인 성지탈환과 동방과 서방의 통일에는 실패했으나, 여러 가지 결과론적인 영향을 미쳤다. 유럽의 문화가 발달하고 진보된 것은 십자군 운동을 통한 동서 교류의 영향 때문이었다. 그리고 십자군 운동 때 형성된 상업적인 길목을 따라 지중해 연안이나 북부 이탈리아 그리고 라인 강 지역을 중심으로 도시가 발달하였다. 십자군 운동으로 인해 봉건 토지와 재산의 희생이 있었고, 이는 봉건제도의 무력화를 초래하여 유럽이 근대국가주의로 발전할 수 있는 시발점이 되었다. 또한 동방의 지적인 학문이 유입되어 중세시대 최고의 학문인 스콜라주의가 발생하게 되었다. 그리고 대학의 발생과 발전을 가져왔고, 예

---

286) Ibid., pp.123-124.
287) Ibid., p.124; 마가렛 딘슬리, Ibid., pp.131-146.

술 등의 진보를 가져와 이 시대는 이전보다 개화와 진보를 가져온 시대로 인식되었다.

그러나 무모한 종교적인 열정으로 시작된 십자군 운동은 수많은 사람들의 생명과 가정을 파괴한 종교전쟁이었다고도 볼 수 있다. 이러한 성지탈환의 신앙적인 열기 속에서 금욕적 신비주의 사상을 입은 경건적인 수도원 운동과 타세계를 지향하는 신앙의 열기가 증대되어 갔다. 더군다나 십자군에 참여했던 자들이 무분별하게 유입해온 성유물들은 유럽 교회의 성유물 숭배신앙에 일조를 하였다. 성유물 가운데는 예수님의 십자가 조각들, 성자들의 유품과 성경에 나타난 유물 등이 있었다. 십자군 원정은 또한 기독교 경건운동에도 영향을 미쳤다. 그 중에 대표적인 것이 시토 수도회와 같은 새로운 수도원 운동이었다. 그러나 혼란한 사회 분위기를 틈타 반사회적이고 이단적인 성격을 가진 무리가 나타나기도 하였다.

이단들의 등장

이단의 등장은 이상하게도 교회가 유럽사회를 지배할 때 발생하였다. 이러한 조짐은 교황 인노센트 3세 때부터 시작되었다. 이들은 수도원의 개혁 즉 클루니 수도원의 개혁과 그레고리 7세의 개혁운동 그리고 뒤를 잇는 시토회의 개혁 등을 통해 만족을 얻지 못한 부류들이었다. 당시 사회적인 대사건이었던 십자군 운동이 실패로 돌아갔다. 그 중에서 특히 니콜라스와 스데반이 주도한 제5차 십자군 운동(1212)은 정말 재앙과도 같았다. 어린 소녀들이 십자군에 동원되어 무참하게 살상당하거나 노예로 잡혀가는 참상을 겪었고, 십자군끼리의 내분을 통해 생겨난 도시 약탈과 인명 피해는 적에 의해 입은 손해보다 더 심각하였다. 또 이런 와중에서 성직자들의 도덕적인 수준은 악화되고 있었다. 결국 교회는 세상을 정치적으로 다스리려고 하다가 휘말린 꼴이 되고 말았다. 전쟁에서 돌아오지 않은 귀족이나 영주들의 토지는 종종 수도회에 헌납되었기 때문에 수도회는 점점 부하게 되었고, 이것은 수도회 타락의 원인이 되었다.

이러한 여러 가지 이유들 때문에 제도권을 벗어나 영적인 새로운 운동들이 나타났다. 이들 가운데서 기존 질서 즉 교회의 질서를 비난하거나 거부하여 교황청의 인정을 받지 못한 자들은 가차 없이 이단으로 규정되었다. 그리고 실제적으로 현세의 부정직한 모습을 비판하다 보니 초대교회의 이단들처럼 이원론적 사고에 의하여 신앙관을 형성한 이단들이 속출하였다.[288]

전자의 예로는 리옹의 상인이었던 피터 왈도(Waldo)를 들 수 있다. 그는 어느 유랑 음유시인의 노래를 듣고 청빈생활을 부르짖었는데, 1170년 쯤 자신의 재산을 아내와 이웃에게 나누어 준 뒤 자신의 주장대로 거지로 다시 태어났다. 성직자들의 치부와 부도덕성을 공격하고, 복음서를 자국어로 번역하게 했던 그는 자신의 설교권을 교황에게 호소하였으나 주교들의 동의 거절로 파문당하였다. 그는 부도덕한 사제들의 성례집례는 무효라고 하였고, 성경의 문자적인 순종을 주장하는 극단적인 논리를 펴기도 하였다. 또한 맹세를 거부하였고, 전쟁의 참여를 거절하였다. 그리고 문자 그대로 재산을 가난한 자들에게 나누어 주어야 한다고 고집하였다. 이러한 이유로 인해 그를 따르는 자들을 '리옹의 가난한 사람들'이라고 칭하기도 하였다.[289]

이러한 극단론들은 사회에 물의를 일으켰으며 결국 위협적인 존재가 되기도 하였다. 이들은 1170년 제3차 라테란 종교회의에 참석하여 통속어로 설교하면서 교회 내부의 개혁을 위한 허락을 요구했으나 교황은 그들의 요청을 허락하지 않았다. 그런데도 이들은 설교를 강행하여 결국 1184년에

---

288) cf. Williston Walker, Ibid., pp.300-309; cf. Bruce L. Shelley, Church History in Plain Language, pp.222-228.
289) E. S. 모이어, Ibid., p.257.

교황의 의해 파문을 당했다. 그러나 교황의 핍박에도 불구하고 이 운동은 급속히 확산되어 중세교회의 문제로 등장하였다.[290]

왈도파는 핍박 이후에 티드몬트 같은 산간지역에 은신하다가 오스트리아와 독일로 전파되었다. 나중에는 후스당이나 보헤미아 형제단의 신앙적인 유산이 되었다.

후자의 경우는 보고밀파 혹은 알비파라고 불리는 카타리(Cathari)파이다. 알비파란 명칭은 프랑스 남부의 도시 알비 일대에 추종자들이 많았기 때문이고, 보고밀파도 불가리아에 추종자들이 형성되었기 때문이다. 이들은 전술한 바와 같이 초대교회의 영지주의자들이나 말시온 그리고 마니교와 같이 이원론적인 사상으로 무장하여 창조물은 악한 물질이며, 영은 선한 원리라고 하였다. 그리고 구약성경과 화체설을 철저히 배척하였다. 화체설을 배격한 이유는 역시 그들이 갖고 있는 이원론적인 사상 때문이었다. 즉 물질이 악하기 때문에 그리스도가 악한 물질인 살과 피로 변한다는 것은 불가능하다는 것이다. 따라서 그들의 성찬식은 단순한 기념에 불과한 것이었다.[291]

또한 그들은 성관계를 악하다고 보았다. 성관계가 악한 물질인 육체의 탄생을 가져오기 때문이다. 물론 이러한 이원론 가운데서 그들은 육식도 거부하였다. 이들은 교회를 부패시킨 교황들은 베드로의 제자가 될 수 없다고 교황직을 비난하였다. 교황들은 차라리 교회를 부패시킨 콘스탄틴 대제의 후예들이라고 하였다. 이에 분개한 당시 교황 인노센트 3세는 이단이 확산되는 조짐이 보이자 툴루즈의 백작 레이몽을 보내어 이단 박멸을 명령하였다. 한때 40만에 달하는 교도수를 확보하였던 알비파에 위협을 느낀 이단 근절 운동을 시작한 것이다. 특히 당시 교황이었던 인노센트 3세는

---

290) Ibid., pp.256-257.
291) cf. 윌리엄 R. 캐논, Ibid., pp.266-268.

종교재판법대로 이들을 처벌하기 시작하였다.[292] 그리고 교황은 1179년 십자군 전쟁을 일으키면서 군대를 동원하여 40일간 알비파의 거점 도시들을 공격하고 불태우는 대대적인 핍박을 하였다. 이 박멸운동은 20년간의 전쟁이 치러진 후에야 진압되었고, 결국 알비파의 주요 거점이었던 프로망스는 초토화되었다.

이러한 와중에서 종말론적인 이단사상을 가진 플로라의 요아(Joachim von Fiore, ?-1202)라는 사람이 또 등장하였다. 그는 역사를 성부시대와 성자시대 그리고 성령시대로 3분하여, 각 시대를 다시 7기로 나누는 이설을 주장하였다. 그는 자신의 시대를 3기의 마지막 시대, 즉 성령의 시대라 보았다. 그는 성령의 시대가 왔기 때문에 종말이 왔으며, 가시적인 지상교회는 이제 사라지고 비가시적인 교회의 시대가 도래한다고 주장했다. 그리고 이 시기를 계시록에 나타난 숫자로 이해하였다. 계시록 12장에 여인이 일곱 머리가 달린 용에게서 도망쳐서 1,260일 동안 광야에서 숨어 지내는 날을 바로 종말의 연대로 생각하고, 이는 곧 교황청이 역사적인 소임을 종식하고 더 위대한 계승자에게 자리를 물려주게 되는 것을 의미한다는 것이다.[293]

이단들의 발생으로 인해 교회의 피해가 심각해지고, 이 세력을 소탕하기 위해 종교재판소라는 중세교회의 무기가 등장하였다. 종교재판에 대한 이론적인 근거로는 어거스틴의 이단 이론을 그대로 적용하였다. 즉 이단을 대할 때 그들의 영혼을 불쌍히 여기고 사랑하는 의미에서 강력하게 다스려야 한다는 이론이다. 어거스틴은 벌금과 구금 정도를 엄한 형벌로 여기고 말한 것이었으나 중세교회는 피를 흘리게 하는 형벌만 제외하고는 더욱

---

[292] E. S. 모이어, Ibid., pp.254-255; 1229년 툴루즈 회의에서 왈도파와 알비겐파를 탄압하는 법령을 선포하였다.
[293] 유스토 L. 곤잘레스, 「중세교회사」, p.140.

잔혹한 방법으로 처벌하였다. 화형이 대표적인 형벌이었다. 이단들의 죄는 반역죄나 존속 살해죄 그리고 화폐위조의 범죄보다 더 중하게 다루어졌다. 종교재판의 재판관들은 이단으로 몰려 잡혀온 자들에게 협박, 고문, 그리고 감금의 방법으로 죄를 자백하게 하였다. 고문에 못 이겨 이단 신앙을 자백하는 자는 화형을 면할 수 있었지만 대신 종신형을 당하는 수모를 겪어야 했다. 이단들을 처단하기 위한 종교재판의 제도는 그 뒤에 교회와 교황청이 그들을 반대하는 자들을 다스리는 수단으로 사용되었다.[294]

제3의 물결

중세교회에 큰 영향을 준 이단들이 극단적인 배척을 당할 때, 이러한 운동과 같이 극단적인 청빈운동을 전개했으나 교황의 지지와 보호를 받으면서 중세교회의 새로운 방향을 위한 물결을 일으킨 운동이 있었다. 이 운동의 주체세력은 도미니크회와 프란시스회였다. 그들은 중세의 대학을 중심으로 한 지적 성장에 앞장섰던 사람들로서 이단들의 횡포와 사회의 부패에 반하여 헌신, 금욕주의, 열정과 청빈을 내세우며 나타났다. 그들은 설득력 있는 설교로 대중에게 호소하면서 사도적인 청빈사상을 강조하였다.

서민적인 운동을 펼치면서 제도권의 수도원 운동에서 탈피한 수도원 문화를 도시인들에게 적용하였으며, 십자군 운동의 영향으로 발달한 도시 중심의 상업주의를 반대하였다. 그러면서 수도원에 은거한 은둔자로 머물러 있는 것이 아니라 아니라 수도사들이라는 권위와 굴레를 극복하고, 형제라고 칭하면서 순회전도를 하였다.

도미니크 교단의 창시자인 도미니크는 스페인 카스틸의 칼라로가 사람으로 1170년에 귀족 집안에서 태어났다. 그는 상당한 수준의 인문과학과

---

294) cf. 글라이드 맨슈랙, Ibid., pp.220-226.

신학을 교육받았으며 어려서부터 희생적인 신앙의 삶을 살았다. 그의 나이 21살 때 기근이 발생하자 그는 자신의 소중한 책들과 전 재산을 팔아 가난한 사람들을 구제하곤 하였다.[295] 그는 그의 주교인 아케베도의 디에고를 모시고 카타리파 이단이 창궐한 프랑스의 남부를 여행하면서 이단들의 헌신적인 삶에 충격을 받았다. 그리고 고위 성직자들과 수도사들이 이들보다 화려하고 사치스러운 삶을 살면서 이단들을 로마교회로 돌아오게 할 수는 없음을 깨달았다.[296]

그는 그의 스승 디에고가 카타리파로부터 개종한 여자들을 위해 수녀원을 짓는 등 이 문제에 대해 관심을 기울였던 사실을 기억하고, 스승의 사후에 이 사업을 이어받아 추진하게 되었다. 도미니크는 전쟁을 통한 이단 박멸에 실망하면서 무력을 이용하기보다는 이들을 감화해야 한다는 생각을 갖고 있었다. 그는 청빈의 삶과 더불어 이들을 설교로 감화하는 일이 남아 있음을 알았다. 그리하여 1215년 설교권을 공인받기 위해 제4차 라테란 공회의에 참석하여 교황에게 교단 신설을 청원하였다. 그러나 교황은 이를 거절하였다. 그러나 이듬해인 1216년에 드디어 교단 신설을 허락 받게 되어 도미니크는 명실 공히 자신의 사업을 공적으로 할 수 있게 되었다.[297]

그는 사람들을 감화시키기 위해 설교자를 양성하고자, 당시의 고등 교육 기관이었던 파리, 로마, 볼로냐 등의 대학에 젊은이들을 보냈다. 드디어 1220년 볼로냐에서 제1차 교단총회가 열렸고 여기서 프란시스회의 영향을 받아 탁발수도(Mendicant)의 형식이 채택되었다. 사람들은 새로 탄생한 수도회에 매력을 느꼈고, 1221년 도미니크가 사망한 해에는 수도원의 수가 60개로 늘어났다. 도미니크회는 프로망스, 툴루스, 프랑스, 롬바르디, 로마,

---

295) 윌리엄 R. 캐논, Ibid., p.291.
296) 유스토 R. 곤잘레스, 「중세교회사」, p.137.
297) Ibid., p.292; cf. 마가렛 딘슬리, Ibid., pp.187-201.

스페인, 독일, 영국 등 유럽의 8개 지역에 정착되어 여러 해 동안 유럽지역에 전파되었다.[298] 설교와 교육을 강조했으며, 특히 대학을 중심으로 활동하였다. 이러한 영향을 받고 도미니크단 출신으로서 중세 대학에서 명성을 떨친 지도자들은 알베르투스 마그누스, 토마스 아퀴나스, 신비가 에크하르트, 타울러, 사보나롤라 등을 들 수 있다. 특히 사보나롤라는 유명한 종교개혁자였다. 그의 제자들은 비록 사회 상류층에 속하는 지도자로서 명성을 떨쳤으나, 도미니크의 가르침과 정신은 언제나 청빈과 금욕생활을 통해 모범을 보이며, 영혼의 결핍에 허덕이는 사람들을 찾아나서는 것이었다.

　그런데 당시 도미니크회보다 더 민중 속으로 깊이 파고들었던 수도회가 있었는데, 이는 프란시스회였다. 프란시스는 1182년 이탈리아 중부에 있는 아시시에서 옷장사의 아들로 출생했다. 그의 아버지는 아들이 방탕하게 사는 것을 원치 않았다. 그는 평민들의 편에 서서 아시시의 귀족들과 싸우다 패전한 후 1년간 포로생활을 했다. 그러나 그가 변화하기 시작한 것은 중병을 앓고 난 후였다. 아풀리아 원정군에 가담했다가 귀환한 후 그의 변화는 더 심화되었다. 어느 날 가장무도회에 참석한 프란시스는 친구들과 가면을 쓰고 놀다가 바닥에 주저앉았다. 친구들이 무슨 일이냐고 묻자 프란시스는 "나는 라돈나 포베르타(La Donna Poverta)와 결혼했다."라고 말했다. 빈곤이라는 귀부인과 결혼했다는 것이다.[299] 프란시스는 흥청망청하는 삶에 대한 회의를 느꼈고, 하루 먹고 살 만큼의 구걸을 하면서 사는 구도자의 길을 택하였다. 그는 농부들이 버린 헌 옷을 주워 입고 다녔으며, 음식이 너무 맛이 있으면 재를 뿌려 먹곤 하였다. 그러나 프란시스의 가난은 단순히 견유학파적인 가난이 아니었다. 단순히 마음의 평정을 얻고 근심에서 해방되려는, 그리고 초대교회 순교자 훈련의 의미에 그치는 가난이

---

298) Clyde L. 맨슈랙, Ibid., p.232 ; 윌리엄 R. 캐논, Ibid., p.293.
299) 유스토 R. 곤잘레스, 「중세교회사」, p.133.

아니었다. 그의 가난은 사회갱신을 위한 전략이었다. 그는 서로 가난을 추구함으로써 물질에 대한 전쟁을 막는 것이 대성당 건축보다 하나님의 평화와 휴전에 이르는 빠른 길이라고 보았다. 이단의 주장처럼 물질세계가 악이거나 경시해도 좋은 것이기 때문에 가난을 주장한 것은 아니었다. 그는 도리어 하나님의 창조세계를 경이로운 시선으로 바라본 자였다.[300]

프린시스는 한센병자를 껴안고 목욕을 시키고, 농부들과 함께 일하며 복음을 전파하였다. 그는 자신의 수도회가 기존의 클루니 수도원이나 시토 수도원과 같은 실패의 전철을 밟지 않도록 노력하였다. 그리하여 탁발 수도사들의 수고로 돌아오는 과일이나 기부금이 곳간에 채워지지 않도록 하였다. 또한 그는 불행한 사람들을 도와줄 뿐 아니라 교회를 보수하는 등 많은 사람들의 공감을 불러 일으켰다.

1210년 교황 인노센트 3세로부터 교단형성의 인허를 받은[301] 프란시스는 도미니크와는 달리 신학을 논하지 말고 그리스도의 고난을 전파해야 한다고 하였다. 그는 죄와 통회와 구주의 수난의 공로를 통한 사죄의 은총에 중점을 두어야 한다고 설파하였다. 프란시스회의 형제들은 11명 혹은 12명이 동반자가 되어 그룹을 형성하여 도시와 시골 마을, 시장과 농장, 한센병자들의 집을 다니며 전도하였다.

이러한 프란시스의 이상을 따르는 자들은 날로 증가했다. 그는 조직에 약한 사람이었음에도 불구하고 그의 헌신적인 정신에 감동을 받은 자들이 몰려들었다. 그러나 프란시스회는 성장과 더불어 문제점도 야기하였다. 문제는 많은 사람들이 한꺼번에 걸식하면서 복음을 전파한다는 것이 현실적으로 불가능하다는 사실 때문이었다. 이로 인해 청빈사상을 실천하는 문제

---

300) cf. E. S. 모이어, Ibid., pp.228-229; 윌리엄 R. 캐논, Ibid., pp.294-297; 마가렛 딘슬리, Ibid., pp.187-194.
301) Clyde L. 맨슈랙, Ibid., p.235.

에 제동이 걸린 것이다. 프란시스의 주장인 '검소'가 세월이 지나면서 이완되기 시작하였고, 이로 인해 두 개의 분파가 형성되었다. 프란시스의 가르침을 문자 그대로 순종하자는 극단적인 청빈론자와 어느 정도의 재산 소유를 인정하자는 온건파로 나누어진 것이다. 전자를 신령파라 하였고 후자를 콘벤투알파라 하였다. 비록 프란시스는 학문적인 명상이나 설교에 대해 부정적이었지만, 그럼에도 불구하고 당시 대학의 많은 지식인들이 그의 이상에 동조하였다. 그리하여 프란시스의 교훈을 따르는 학자들도 배출되었다. 이들 중 중세 스콜라 신학의 계열에서 활동한 자들로는 피터 롬바르드, 보나벤투라, 헤일즈의 알렉산더 그리고 둔스 스코투스를 들 수 있다. 이들은 도미니칸의 신학자들과 함께 중세신학의 대명사인 스콜라 신학을 발전시켰다. 이는 물론 대학을 중심으로 이루어졌다. 이들은 중세의 역사 가운데 새로운 교회갱신을 주장하는 제도권 밖 물결로 등장했으나 여전히 제도권의 간여를 수용한 운동이었다. 그러나 중세 대학의 지속적인 발달은 계속되었고 결국 16세기 종교개혁의 인물들을 배출하게 된다.[302]

중세의 대학과 학문

중세의 대학은 11세기부터 이탈리아의 살레르노 등지에서 의학을 비롯한 신학, 법학을 중심으로 발전하였다. 이러한 대학들의 발달은 12세기에 들어와서 더욱 본격화되기 시작하였다. 대학의 발달은 주로 성당학교에서 시작되었다. 파리, 옥스퍼드는 신학으로 유명했고, 볼로냐는 교회법과 민법, 살레르노는 의학으로 유명했다. 학제는 오늘날의 대학과 같이 학부와 대학원으로 조직되어 있었다. 학부에는 인문과학의 일반교육과정인 7개의

---

[302] cf. 윌리엄 R. 캐논, Ibid., pp.289-298.

학과가 있었다. 인문과목으로 문법, 수사, 논리 혹은 변증법의 3학과가 있었고, 예과로는 천문학, 산술, 기하학, 음악의 4학과가 있었다. 이 과정 다음의 대학원 전문 과정으로 신학, 의학, 철학 등의 고등 3과가 있었다.[303]

당시에는 라틴어가 학교에서의 유일한 학문적 커뮤니케이션 수단이었다. 교육은 강의와 활발한 토론형식으로 이루어졌다. 이러한 대학들은 교회적 성격을 가지고 있었고 교황의 인가를 받아야 했다. 중세기 동안 80여 개의 대학이 설립되었고 오늘날까지도 그들의 독특한 역사와 전통을 유지하고 있다. 예를 들면 파리 대학, 몽펠리에 대학, 볼로냐 대학, 파두아 대학, 옥스퍼드 대학, 케임브리지 대학, 비인 대학, 프라하 대학, 라이프치히 대학, 하이델베르그 대학, 바젤 대학 등이다. 이 대학들은 모두 학문 가운데서 신학을 학문의 여왕으로 인정하였을 뿐만 아니라 실제로 가장 인기 있는 과목이었다. 이에 비해 철학이나 다른 과목들은 신학의 시녀로 간주되었다. 이렇게 학문의 풍토가 신학과 철학의 영역에 집중된 것은 그리스의 전성시대에 활기를 띠고 그동안 중세 교회의 은총의 신앙 아래 숨겨져 왔던 인간 이성의 능력에 대한 확신이 부활하는 계기가 되었다.

이와 더불어 철학이라는 학문적 논리로 기독교의 진리를 입증해 보려는 지적 활동이 일어나기 시작하였으니 이를 스콜라주의 신학이라 부른다.[304] 특히 대학을 중심으로 발달한 신학문인 스콜라주의는 십자군 운동을 통한 동방과의 접촉에서 재발견된 아리스토텔레스의 이론을 바탕으로 하였다.

이제껏 신학과 철학은 서로 대립을 이루며 발전해 왔다. 신학이 논하는 교리는 계시로 인식되어 인간이 세운 철학과는 상반되는 완전한 진리로 여겨졌다. 비록 변증론자들이 철학을 이용한 흔적이 기독교 사상에 남아 있기는 하지만 양자는 본질적으로 별개의 범주로 인식되었다. 즉 철학이란

---

303) Ibid., p.365.
304) cf. 윌리엄 R. 캐논, Ibid., pp.366-371; 마가렛 딘슬리, Ibid., pp.159-172.

전체 복음의 계시보다는 부족한 것으로 구별되었다.

그러나 12세기 이후 스콜라주의가 등장하면서 상황이 달라졌다. 신학과 철학이 동반의 길을 걷게 된 것이다. 스콜라 신학의 선구자는 이탈리아 출신으로 영국의 켄터베리 교구에서 활동했던 안셀름이었다. 1093년 그는 켄터베리 대주교로 임명되었다. 그를 스콜라 신학의 원조라 칭하는 이유는, 신앙문제를 해결하기 위해 이성을 적용하려 한 시도 때문이다. 그는 이성을 적용할 수 없는 신앙문제는 믿을 수 없다고 주장하였고 신앙을 통해 믿고 있는 것들을 이성을 통해 확실히 하려고 했다. 그래서 그의 신학저서인「서언」(Prologion)에서 하나님의 존재에 대해 다음과 같이 말하였다. "그는 그보다 더 위대한 존재를 상상할 수 없는 존재이다."305)

안셀름의 이러한 주장은 결국 신앙으로만 수용하던 신 존재를 이성으로 입증하려고 했다는 데 그 의미가 크다. 이렇게 시작한 안셀름의 신앙의 이성적인 증명은 그의 논문 "왜 하나님이 인간이 되셨는가?"에서 시도되고 있다. 그는 이 책에서 그리스도가 인간이 될 수밖에 없었던 이유를 설명하고 있다. 그의 설명에 의하면 하나님에 대한 범죄는 인간의 범죄이기 때문에 인간만이 죄를 위한 보상을 지불할 수 있다. 그러나 인간 자체로는 불가능하다. 왜냐하면 인간은 유한한 존재이므로 하나님의 위엄이 요구되는 무한한 보상을 해낼 수가 없기 때문이다. 그래서 신인 즉 그리스도의 성육신이 필요한 것이다. 이런 이유 때문에 그리스도가 고난과 죽음을 통해 인간의 죄 값을 지불하게 되었다는 원리이다. 이런 성육신 이론은 인간의 속죄의 의미와 하나님의 은혜와의 관계를 이해하는 신학적 기초를 놓았다고 볼 수 있다.306)

---

305) 유스토 L. 곤잘레스, 「중세교회사」, p.152.
306) Ibid., p.152; cf. David Knowles, The Evolution of Medieval Thought(New York: Vintage Books, 1962), pp.153-184.

안셀름 다음으로 중세 스콜라주의의 기초를 놓는 데 중요한 역할을 한 사람은 피터 아벨라드였고, 그 다음으로 중요한 사람은 「4권의 문장서」(*Four Books of Sentences*)의 저자인 피터 롬바르드였다. 이 책은 중세기 최초로 조직신학적 분석과 체계론적 방법을 가지고 신론에서 종말론에 이르는 기독교 신학의 중요한 문제들을 다룬 책이었는데, 이후 중세대학에서 기본 교과서로 사용되었다. 즉 당시 신학교육은 롬바르드의 문장서에 대한 주석이라는 형식으로 진행되었다.[307]

중세 스콜라주의 신학자 중 가장 위대한 사람은 역시 토마스 아퀴나스였다. 1224년경 나폴리 시외의 귀족 집안에서 태어난 그는 도미니칸 수도원에 입단하여 위대한 스승인 알버트에게 수사하였다. 그는 유명한 저술인 「이방인에 대하여」와 「신학대전」을 남겼고, 후에 집대성된 그의 사상은 토미즘(Thomism)이라 불렸다. 토마스는 "우리는 두 개의 진리를 갖고 있다"고 하였다. 하나는 이성의 눈으로 파악할 수 있는 지식이고, 다른 하나는 신학의 눈으로 알 수 있는 지식이다. 전자에 속하는 것이 바로 철학이라고 볼 수 있다. 하나님께서는 이성에 의해 도달할 수 있는 진리는 물론이고 구원에 필요한 모든 진리를 계시하였다. 그러므로 철학과 신학 양쪽에서 이러한 진리를 탐구할 수 있는 것이다. 토마스의 이성은 신앙이 받아들이는 진리를 증명하는 역할을 하기 때문에 신앙과 이성이 상반되지 않는다고 주장하였다. 그러므로 신의 존재 등도 신학과 철학이 동시에 취급할 수 있는 문제라고 하였다. 토마스는 철학과 신학은 둘 다 하나님께로부터 나온 지식의 원천으로 진리 탐구에 있어서 방법이 다를 뿐이라고 보았다.[308]

그래서 토마스는 철학적인 논증으로 하나님의 존재를 증명하는 '다섯 가

---

[307] 유스토 L. 곤잘레스, 「중세교회사」, p.154; cf. Southern, R. W., The Middle Ages(New York: Penguin Books, 1986) pp.170-184.
[308] E. S. 모이어, Ibid., p.247.

지 방법'을 제시하기도 하였다. 이러한 토마스의 이론은 근대 신학의 근간을 이루는 기초를 낳았고, 전통적인 교리를 당시의 새로운 철학적 경향과 결합시켜 이성으로 이해하려는 조직적인 신학의 구조주의를 잉태시켰다. 바로 이러한 논리 위에서 전개한 그의 대표작이 「신학대전」이다. 토마스의 지대한 공헌은, 당시 많은 이들이 기독교의 적이라고 위협했던 철학을 신학자들이 필요한 도구로 사용하도록 문을 열었다는 것이다.[309]

신비주의의 등장

중세교회의 몰락기에 교회의 부패와 침체해져 가는 모습을 보고 영성의 회복을 주장하며 나타난 무리는 신비주의자들이었다. 이 시대는 교회사에서 신비주의가 창궐했던 시기로 프랑스, 영국, 독일, 이탈리아 등에서 이 운동이 많이 발생하였다. 신비주의의 대표적인 인물은 독일의 에크하르트(Eckhart)였다. 신플라톤 경향을 강하게 띠고 있던 그는 당시 신학을 합리적으로 이해하며 신앙을 이론적으로 설명하려는 스콜라주의와는 반대로 인간이 하나님을 표현하기 위해 사용하는 일체의 언어는 정확하지 못하다고 하였다. 그래서 하나님은 연구나 합리적인 이론을 통해 알 수 있는 것이 아니라, 신성 속에서 무아의 경지로 소멸되는 인간의 신비적 명상을 통해서만 가능하다고 주장하였다. 그는 창조 이전에 영원 전부터 하나님의 마음속에 모든 피조물들의 관념이 존재했다고 보았다.

"일체의 존재와 경계를 초월하는 신격의 진정한 정수 속에 나는 이미 존재하였다. 거기서 나는 스스로를 원했다. 그곳에서 나는 스스로를 알았다. 그곳에서 나는 나 자신을 창조하기를 의도하였다. 바로 이러한 이유 때문에 나는 나의 존재

---

309) 유스토 L. 곤잘레스, Ibid., p.161.

에 따른 스스로의 원인인 바 이는 영원한 것이다. 물론 나의 존재 생성 과정은 시간적인 것이다."310)

많은 사람들은 이러한 그의 생각이 범신론이나 영혼의 창조성을 부인하는 등 세상과 피조물이 영원하다는 견해라고 비난하였다. 그리고 종국에는 그를 이단으로 정식 고발하였다. 그는 로마에 항소하여 자신의 이단성을 부인하였으나, 문제가 판결나기 전에 사망하고 말았다. 에크하르트와 같은 신비주의자들이 중세교회 말기에 위협적인 존재로 등장했던 이유는 이들의 주장, 즉 인간이 내면적인 명상을 통해 하나님께 갈 수 있다는 것 때문이었다. 이 주장은 아무런 중재 없이 하나님께로 감을 의미하며, 이는 곧 제도적인 의식이나 성직자들의 중재권에 대한 정면 대결을 의미하는 것이었다. 그는 비록 이단으로 비난받았지만, 그의 사상에 영향을 받은 사람들의 활동은 지속되었다. 대표적인 사람들로서 존 타울러와 헨리 수소가 있다. 이들의 사역을 통해 많은 이들이 신비주의를 수용하게 되었다. 그 중에서 라인 강의 저지대인 플랜더스 지방 출신인 로이스블랙의 존이라는 사람이 있었다. 그는 에크하르트의 신비사상을 평범한 인간들의 일상생활과 직접적으로 연관시켰고, 그 결과 게하르트 그루테(Gehard Groote)라고 하는 경건신앙의 개척자를 잉태시켰다.311) 또한 그루테가 창설한 공동형제단에서 유명한 두 명의 지도자가 배출되었다. 바로 「그리스도를 본받아」(Immitatio Christi)라는 책의 저자인 토마스 아 켐피스(Thomas a Kempis)와 존 웨셀(John Wessel)이었다.312)

---

310) 에크하르트의 설교 "Sermon on Blessed Are the Poor in Spirit"에서 in Ibid., p.221.
311) Ibid., pp.222-225; 그루테는 "공동형제단"(Brethern of the Common Life)을 창설하였다.
312) E. S. 모이어, Ibid., p.235

이들이 주장한 근대적 경건(Devotio Moderna)은 그리스도의 생애에 대해 엄격한 명상을 하고 그 삶을 본받는 것으로서 이는 중세교회의 부패한 신앙에 활력소가 되었다. 이것은 곧 중세의 제도적인 교회에 반하는 운동으로 지적되었다. 그루테는 특별히 공동생활 형제단을 설립하여 강요된 수도생활이 아니라, 일상생활에서의 민중들의 경건운동을 주도함으로써 종교개혁의 정신적인 터전을 이루었다. 특히 이러한 교육을 받은 자들이 경건을 강조하면서 기존교회에 날카로운 비판을 가하여 개혁의 의지를 확대시키는 데 공헌하였다. 이들 가운데서 16세기 종교개혁 때 세례 요한과 같은 역할을 했던 로테르담의 에라스무스(Erasmus)가 배출되었다. 중세 후반기의 신비주의 운동은 이렇게 극단적인 신비형태의 신앙에서 경건운동의 흐름으로 점차 진전되었고, 이들이 심어놓은 씨앗은 결국 중세의 제도적인 교회의 권위를 약화시키는 역할을 하였다.[313]

---

313) 유스토 L. 곤잘레스, 「중세교회사」, p.224.

생각해 볼 문제

1. 중세 중반기의 수도원 개혁운동에 대해 말해 보라.
2. 개혁의 소리가 나게 된 이유는 무엇인가?
3. 그레고리 7세의 개혁운동의 주안점은 무엇인가?
4. 왜 그레고리 7세는 개혁을 단행해야 했는가?
5. 성직수임권이란 무엇인가?
6. 독일 황제와 그레고리 7세와의 투쟁사를 간략하게 말해 보라.
7. 교권과 속권과의 차이점은 무엇인가?
8. 십자군 운동이 일어난 이유는 무엇인가?
9. 제1차 십자군 운동을 주도한 지도자에 대해 말해 보라.
10. 십자군 운동의 결과는 무엇인가?
11. 십자군 운동의 영향은 무엇인가?
12. 중세의 대표적인 이단들은 무엇인가?
13. 이단들의 주장은 교황청과 어떤 점이 다른가?
14. 이단들이 발생한 원인은?
15. 피토 왈도의 경우에 대해 말해 보라.
16. 제3의 물결을 주도한 정체는 무엇인가?
17. 탁발수도회란 무엇인가?
18. 프란시스칸과 도미니칸의 공통점과 차이점은 무엇인가?
19. 중세대학과 교회와의 관계를 설명하라.
20. 중세대학에서 발달한 스콜라주의와 교회와의 관계를 설명하라.
21. 스콜라주의에서 신학과 철학과의 관계를 설명하라.
22. 신비주의가 나타난 이유는 무엇인가?
23. 신비주의의 주장이 교회에 미친 영향은 무엇인가?

6. 교황권의 마지막 전성기

교황 인노센트 3세(1160-1216)

교황 니콜라스 1세와 그레고리 7세, 우르반 2세는 중세 유럽의 정치, 종교적인 영역에서 교황의 권위를 확장시키는 데 크게 기여하였다. 그러나 교황권의 최전성기는 인노센트 3세(1198-1216) 때였다. 인노센트 3세는 당시 영국의 존 왕을 파문시키고, 영국에 성사수여 금지령을 내렸다. 프랑스 왕도 교황의 생각대로 영국을 위협하는 데 동조하였다. 그래서 영국은 결국 존 왕이 교황에게 굴복하는 치욕의 역사를 경험하였다. 영국을 교황에게 바치고 왕 자신은 교황의 봉신이 되는 조건에 굴복하였던 것이다. 인노센트 3세는 로마에서 라테란 종교회의(1215)를 소집하고, 71명의 대주교와 대감독, 420명의 감독들과 800명의 부수도원장과 수도원장을 참석시켰다. 그리고 그는 개회연설에서 교황은 지상교회뿐만 아니라 온 세상에 대한 수장권을 부여받았다고 하였다. 인노센트 3세는 교황은 태양, 황제는 달이라고 말함으로써 황제권위를 교황 아래 두는 비유법을 사용하기도 하였다. 이러한 정신으로 그는 유럽을 통치했다.[314]

특히 그는 이 종교회의에서 여러 가지를 결정하였다. 알비겐파와 왈도파를 정죄하였고 피오르의 요아킴의 가르침도 정죄하였다. 고해성사를 1년

---

314) E. S. 모이어, p.253; cf. 마가렛 딘슬리, Ibid., pp.173-185.

에 1회 이상 하도록 의무화했으며 교회의 행정절차를 정리하였다. 이 종교회의에서 결정한 화체설은 중세교회의 교리로 자리잡게 되었다.315)

당시에는 황제의 권좌를 중심으로 교황을 지지하는 교회당과 황제를 지지하는 황제당이 있었는데, 이 파벌은 이탈리아와 독일을 중심으로 심화되어 있었다. 이러한 파벌 싸움을 잘 이용하여 인노센트 3세는 독일에서 여러 사람들을 경쟁시키면서 결국 자신이 원하는 프리드리히 2세를 황제로 세워 권력투쟁의 승리자로 자리매김을 하였다. 프랑스에서도 교황의 위력은 마찬가지였다. 당시 필립 아우구스투스가 본처인 덴마크 여인 잉게보르그를 버리고 바바리아 공작의 딸과 결혼하자 교황은 영국의 존 왕에게 했던 것과 같이 프랑스에 성무금지령을 선포하였다. 왕의 모든 영토에 대한 파문이었다. 이 금지령으로 교회의 모든 의식이 금지되었다. 미사와 분향이 금지되고, 결혼도 무효화되었으며, 죽은 자에 대한 기도와 장례가 거부되었다. 왕은 교황에 대항해서 버티었지만, 1200년에 결국 굴복하고 말았다. 후에 성무금지령이 철회되자 기쁨의 축제가 열렸고, 이로 인해 삼백 명이 축제기간에 죽을 정도로 성무금지령 선포는 대단한 사건이었다.316)

이베리아 반도에서도 마찬가지로 교황의 권위는 속권을 통치하는 절정기를 이루었다. 인노센트 3세는 레온의 알폰소 9세와 카스티야의 베렝가리아의 결혼을 두 사람이 친족이라는 이유로 무효화시켰다. 5년 동안 이들은 교황을 상대로 싸웠으나 결국 굴복하고, 베렝가리아는 수녀원에 입단하였다. 그 외에 나바라의 왕은 무어족과 동맹을 맺었다는 이유로 교황에 의해 폐위되었고, 아라곤의 왕은 매년 교황청에 조공을 바치는 봉신의 역할로 전락하였다. 인노센트 3세는 유럽의 변방 지역뿐 아니라 동방제국의 왕들도 다스렸다. 스웨덴의 경우 합법적인 혈통이 왕위를 계승하는 데 절대적인 도

---

315) 심창섭 · 박상봉, 「핵심요해 교회사 가이드」(서울: 아가페, 1998), p.138.
316) cf. 윌리엄 R. 캐논, Ibid., pp.283-289; E. S. 모이어, Ibid., pp.251-254.

움을 주고, 노르웨이에서는 성직자나 평신도가 법정에서 재판을 받지 않도록 보호했다. 또 덴마크에서는 왕이 되려는 서자의 야심을 꺾었고, 그 외에 헝가리, 아일랜드, 폴란드, 불가리아, 세르비아, 아르메니아 등에 대하여 정치적으로 간섭하고 교회들이 서방교회로 귀의하도록 촉구하였다. 교황의 이러한 정치적인 수단과 영향력은 명실 공히 교황이 유럽의 통치자로서 등장하고 교권이 전성기를 이룬 시기였다. 사실 인노센트 3세의 치적을 통해 교황의 권세와 영광은 극에 달하였다. 그리하여 속권과 성권이 모두 교황의 지배하에 예속되는 교황지상주의의 문을 열었다.317)

인노센트 3세는 유럽의 국가들을 통제하는 권한을 회복하여 종국에는 교회의 혁신을 꾀하는 일로 귀결시켰다. 그는 '성직매매, 교직들의 사치한 생활, 수도원적 이상과 생활의 피폐 및 미신 등에 관하여 혁신적인 활동'을 하였던 것이다.318)

교황 보니페이스 8세(1294-1303)

인노센트 3세의 교황권 신장은 13세기까지 지속되었지만 유럽의 여러 사회적인 변화는 교황의 절대권한을 위협하게 되었다. 그래서 교황의 위치도 형식적으로 쇠약해져 갔다. 교황의 위상에 변화를 불러온 환경은 왕권의 신장, 국가의 위상확립, 그리고 상공업의 발달 등이었다. 거기다가 교회의 내적 문제인 성직매매, 네포티즘의 성행, 황금욕주의가 교권의 위신을 추락시켰다. 이렇게 쇠퇴해 가던 교황의 권위를 회복하기 위해 마지막으로 등장한 인물이 교황 보니페이스 8세였다.319)

---

317) cf. Williston Walker, Ibid., pp.308-309; E. S. 모이어, pp.251-254; 윌리엄 R. 캐논, pp.283-289.
318) E. S 모이어, Ibid., p.253; 마가렛 딘슬리, Ibid., p.184.
319) E. S. 모이어, Ibid., pp.257-258.

교황 보니페이스는 80세의 노익장이었지만 인노센트 3세가 이루었던 교황권보다 더 높은 세계적인 교황 지상권을 세우려고 노력하였다. 그는 자신을 하나님의 대리자로 인식하였다. 그리고 교회의 재산을 보호하기 위해 교회의 재산에 대한 세금을 금하는 '평신도 교직자'(Clericis Laicos)를 선포하였다. 1300년에는 100년제를 거행하여 지상의 그리스도인들이 로마로 순례를 오도록 하여 교황청의 재산을 증식시키려 하였다. 그러나 이러한 노력에도 불구하고 유럽의 국가들은 쉽게 교황 보니페이스의 명령에 순응하지 않았다. 그러자 그는 1302년 '우남상탐(Unam Sanctam)'이란 칙령을 선포하였다.[320] 이 칙령을 통해 교황은 영적, 세속적인 두 개의 검을 가진 자이므로 군주들이 교회의 판단과 심판을 받아야 한다고 주장하였다. 그리고 영적 권력은 하나님께 속해 있으므로 세속권이 재판할 수 없으며, 모든 사람은 구원 받기 위해 로마 교황에게 복종해야 한다고 주장하였다. 이에 반발한 프랑스 왕 필립은 교황의 칙령을 수용할 수 없다고 맞섰다. 그러자 교황은 필립을 파문시키고 성무정지령을 내려 장례식을 거부하고 교회의 문을 닫게 하며 결혼식을 중단시켜 왕을 궁지에 몰아넣었다.[321]

그러나 그 후 교황 보니페이스 8세는 필립 왕에게 굴욕적인 패배를 당했다. 그는 필립 왕의 군인들에 의해 3일간 아나그니(Anagni)에 감금되었고 그 후 로마로 후송되었으나 사망하고 말았다. 9년간의 그의 통치는 좋게 평가되지 못했다. 그에 대한 평가는 다음의 문장에 잘 반영되어 있다. "그는 여우같이 되어서 사자같이 통치하고 개같이 죽었다."[322] 교황 보니페이스 8세의 굴욕적인 죽음은 속권이 영권을 지배한 시대의 변화를 잘 반영하였다.

교황권의 성장과 더불어 번영을 누렸던 중세교회도 여러 가지 이유로 몰

---

320) E. S. 모이어, Ibid., p.259; 마가렛 딘슬리, Ibid., pp.220-221.
321) 이때 세례와 성만찬은 허락하였다. E. S. 모이어, Ibid., p.260.
322) E. S. 모이어, p.260.

락의 길을 가게 되었다. 중세교회의 몰락이란 주로 교황권의 쇠퇴를 두고 하는 말인데 그 이유에는 여러 가지가 있다. 그 중에서 민족주의의 등장과 분파주의의 기승 등 다양한 사회적 변화로 인한 지각변동이 가장 큰 원인이 되었다. 대부분의 교회사가들은 중세교회의 쇠퇴기를 14세기와 15세기로 보지만 중세교회의 이러한 말기 현상은 13세기에 이미 발생하고 있었다.

민족주의의 발흥

민족주의가 대두된 초기의 국가는 영국, 스페인, 프랑스였다. 그레고리 7세 때 교황과 왕의 충돌은 주로 평신도 성직수임권 문제였지만, 13세기 이후에는 돈 문제였다. 교황청은 인노센트 3세의 치적에서 보았듯이 국제 무대에서 활약의 범위를 넓히고 자신들의 위치를 강화하였다. 그러나 국제 무대에서의 위상을 유지하고 권력을 행사하기 위해서는 막대한 재정이 필요하였다. 이탈리아에서만 그 비용을 충당할 수가 없는 데다 그동안 교황청의 재원이 되었던 땅들의 많은 부분을 사라센족에게 빼앗긴 교황청은 국제적인 수입을 강구해야만 했다. 그래서 교회는 '베드로의 은전(Peter's pence)'이라는 통화세를 영국과 스칸디나비아 국가들에게 부여하고, 유럽의 다른 지역의 모든 지교회에 십일조 세를 부과하였다. 세금을 거부하면 파문을 시키는 조치를 취하였다. 그 외에 십자군 운동의 이름으로 교황청은 유럽의 왕들에게 여러 가지 경제적인 지원을 강요하곤 하였다. 이러한 정책에 영국과 프랑스가 제일 먼저 반대하기 시작하였고, 교황의 횡포에 맞서서 이전에 보지 못했던 구호를 외쳤다. "왕은 자기 영토에서 황제다." 영국은 1213년 존 왕이 인노센트 3세에 굴복하여 교황청의 봉신으로 봉건적인 조공을 바치던 것을 거부하고, 1279년에 교회 토지의 유증을 금지시켰다. 1351년에는 영국교구들의 성직을 교황청이 임명하는 것을 거부하고, 교황청이 부유한 영국의 교구를 차지하지 못하도록 하였다.

이러한 충돌은 프랑스에서도 마찬가지였다. 당시 왕이었던 공정왕 필립은 교황의 허가 없이 프랑스 내의 성직자들로부터 연간 수입의 절반을 세금으로 징수해 가기 시작했다. 이에 반발한 교황 보니페이스 8세는 1296년 교황의 허가 없이 세금을 바치는 성직자는 파문시키겠다고 맞섰다. 프랑스는 보복이라도 하듯 로마로 금을 보내는 것을 금지시켰다. 교황 8세는 이런 정황에서 자신의 권위와 통치권을 회복하려고 베드로의 열쇠이론을 주창하였다.323) 그리스도가 사제일 뿐 아니라 왕이라는 것이었다. 마찬가지로 베드로도 하나의 열쇠를 가지고 있었으며, 그 하나의 열쇠는 영권과 속권을 다 의미하는데, 베드로의 후계자인 교황도 하나의 권한을 가지고 있다. 보니페이스 8세는 이러한 논리를 내세움으로 교황과 왕이라는 두 개의 칼의 개념을 뒤집고 교황의 최고 권한을 유지하려고 하였다. 한마디로 하나님이 왕권을 주셨다는 왕들의 주장을 일축한 것이다. 그러나 이러한 교황의 정책으로도 더 이상 프랑스의 민족주의를 굴복시킬 수는 없었다.324)

교황의 아비뇽 유수

보니페이스 사후에 그의 후계자였던 베네딕트 9세가 등극하였고, 그의 뒤를 이어 클레멘트 5세가 선출되었다. 그러나 그는 성격이 유약했기 때문에 프랑스 왕 필립 4세의 영향권을 벗어나지 못했다. 클레멘트 5세는 보니페이스가 필립 왕에게 내린 수찬 정지와 파문을 취소하고, 필립 왕의 무죄를 선포하였다. 그리고 1304년에 프랑스 영토는 아니지만 프랑스와 근접한 아비뇽이라는 지역에 교황청을 옮겨 1377년까지 무려 73년간 프랑스 출신의 교

---

323) 마가렛 딘슬리, Ibid., p.221.
324) 유스토 L. 곤잘레스, 「중세교회사」, pp.170-178

황들로 교황청을 형성하게 하는 전환의 역사를 가져왔다.[325] 이리하여 교황청은 하나의 프랑스의 기구처럼 인식되기도 하였다. 프랑스 왕 필립은 클레멘트 5세를 통해 자신의 무죄를 승인받았을 뿐 아니라 이미 사망한 보니페이스 8세를 정죄하는 재판을 시도하여 교황제 자체에 심한 손상을 입혔다. 클레멘트 5세는 또한 기사들의 재산을 노린 프랑스 왕의 의도대로 성전 기사단을 해체하고 기사단 총장이었던 쟈크 드 모레이를 화형에 처했다.[326]

당시 프랑스에 있는 성전 기사단들은 교황에게 복종하였기 때문에 실제로 왕권 강화에 걸림돌이 되었다. 그들은 십자군 운동 때 성지탈환을 위해 생긴 기사단으로 당시는 십자군 원정이 사실상 종결되었기 때문에 성전과도 무관하였다. 그런데도 그들은 무장한 채 부유한 재산을 누리고 있었고, 특히 교황을 위해 존재하였다. 필립 왕은 어느 변절된 기사단원들의 보고를 악용하여 그들의 타락을 폭로하면서, 그들이 성지를 이단들에게 팔아넘겼다고 주장하며 이단 죄를 적용시켰다. 그리하여 프랑스 전역의 모든 성전 기사단원들이 하룻밤 새에 체포되는 상황이 벌어졌고, 파리에서만도 69명의 성전 기사단원이 화형당하는 비극이 연출되었다.[327] 이때는 종교재판이 국가에 의해 이루어졌지만 힘없는 교황은 항의도 못하는 형편이었다. 교황청이 아비뇽으로 옮겨진 것은 이탈리아의 교회와 교황청의 위상에 손실을 가져왔다.[328]

성 베드로의 유산이 이탈리아 귀족의 수중에 들어갔고, 교황청을 옮김으로 인해 이탈리아에서 교회의 세금 징수는 이루어지지 않았다. 프랑스 아비뇽의 교황들은 이탈리아의 귀족에게 상실한 땅을 찾기 위해 상인들로 구성된 군대를 모집하였고, 군비 충당을 위해 프랑스, 영국, 독일 지역의 교

---

325) 윌리엄 R. 캐논, Ibid., p.378.
326) Ibid., p.380.
327) Clyde L. 맨슈랙, p.252.
328) cf. Williston Walker, Ibid., pp.372-376.

회에 세금을 부과하였다. 예를 들면 신임주교의 첫 해 수입을 전부 교황청에 바치도록 하였다. 또 다른 방법으로는 교황이 주교좌가 생겼을 경우 임명을 보류하거나 아니면 공석으로 남겨두면서 수입은 교황 자신이 챙기는 경우도 있었다. 또 이 당시에 이용된 중요한 자금의 출처는 면죄부 판매였다. 이 제도의 기원은 십자군 원정으로 거슬러 올라간다. 십자군 원정 때 십자가를 드는 자에게는 과거에 부과된 고해를 면죄해 주는 일종의 면죄부를 주었는데, 이것이 성지의 군사든 유럽의 십자군이든 그들에게 자금을 주는 사람이면 누구든지 사면이 되는 관행으로 발달하였다. 그리고 병원이나 대성당 등의 자선 사업 혹은 교량을 놓는 사업을 지원해도 면죄부가 지급되었다. 이 이론은 더 발달되어 연옥의 영혼들도 산 자의 봉헌으로 인해 구원 받는다는 지경까지 이르게 되었다.

자금 출처의 또 다른 수단은 성인들의 공로가 저장된 곳간에 관한 이론이었다. 성인들은 자신의 구원보다 더 많은 공로를 소유하고 있기 때문에 그들의 잉여 공로가 천상의 곳간에 간직되어 있다고 교황은 주장하였다. 그래서 성인들의 공로를 꺼내서 부족한 자들에게 전가할 수 있으며, 그 곳간은 그리스도의 공로가 저장되는 곳이기 때문에 고갈되는 법이 없다고 보았다. 그리하여 이 공로를 나누어 준다는 명목으로 헌납을 유도했고, 이 공로의 은혜를 받은 사람들은 그 보답으로 기부하도록 하였다.

이렇게 여러 가지 방법으로 교황들과 추기경들은 아비뇽에서 많은 수입을 거두어들이며 부패의 길을 걸었다. 그리고 정치적으로 프랑스의 시녀가 되었을 뿐 아니라 도덕적으로 교황의 권좌를 더럽혔다. 이러한 수입의 2/3는 이탈리아의 베드로의 유산을 되찾기 위한 전비로 사용되었다. 그러나 시간이 갈수록 다른 나라에서는 프랑스인의 교황의 지배하에 있는 교황청에 더 이상 돈이 유입되는 것을 방치하지 않았다. 영국과 독일이 특히 이를 반대하고 나섰다. 일이 이렇게 진전되자 교황청은 다른 나라의 지지를 상실하지 않기 위해 교황 그레고리 11세 때인 1377년에 로마로 돌아와 우르

반 6세라는 이름으로 로마 교황청의 복귀 역사를 이루었다.329)

분열과 치유의 몸부림

그레고리 11세가 교황청을 옮기자 아비뇽에서 다른 교황 클레멘스 7세를 세워 교황이 두 명이 되었다. 프랑스는 아비뇽의 교황들을 지지하였고, 영국, 보헤미아, 독일 등은 로마 교황들을 지지하였다. 교황청이 분열되자 유럽 각 지역의 교회들에서도 분열의 조짐이 나타났다. 이로써 교황청과 중세유럽의 대분열기를 맞이하게 된 것이다. 그리고 지금까지는 통일되어 있던 교황청이 양분화되어 종교의 이질화 현상뿐 아니라 사회적으로 분파적 혼란이 야기되었다. 이렇게 되자, 독일과 프랑스의 일부 지식인들이 제3의 물결을 주도하면서 분열의 상처를 아물게 하는 작업이 진행되었다. 이를 공의회주의(Conciliarism) 혹은 종교회의 운동(The Conciliar Movement)이라고 한다.330)

교황청의 분열을 막고 통일성을 이루기 위해 결국 양파의 추기경들을 중심으로 1409년 피사(Pisa)에서 종교회의가 소집되었다. 그러나 이러한 노력은 결국 또 다른 화를 초래하였다. 피사에 모였던 대표들이 새로운 제3의 인물로 알렉산더 5세를 교황으로 선출했으나 프랑스와 로마에서 이를 거부한 것이다. 이로 인해 중세유럽은 졸지에 3명의 교황시대를 맞이하게 되었다. 알렉산더 2세에 대한 지지는 많았으나 그는 1년이 못 되어 사망하였고, 그 뒤를 이어 요한 23세가 교황으로 선출되었다. 그러나 교황 요한 23세는 자신의 노력이 수포로 돌아가자 독일의 황제 지그문트(Sigismund)에게 의뢰하여 통일을 시도하게 되었다. 그리하여 지그문트가 분열을 종식

---

329) 유스토 L. 곤잘레스, 「중세교회사」, p.189; cf. 마가렛 딘슬리, Ibid., pp.219-234.
330) cf. Williston Walker, Ibid., pp.372-376.

시키기 위해 다른 회의를 소집하였다. 당시 프랑스는 백년전쟁에 휩싸여 있었기 때문에 지그문트야말로 유럽에서 유일한 강력한 군주였다.[331]

1414년 콘스탄스(Constance)에서 회의가 소집되었고, 요한 23세는 의외로 참석자들에게 지지를 받지 못했다. 그는 참석자들이 사임을 요구하자 도주해 버렸다. 수개월 동안 유랑하던 그는 결국 붙잡혀 강제로 퇴위당하고 말았다. 그동안 로마교황이었던 그레고리 12세는 만약에 자신의 대적들이 사임한다면 자신도 사임한다는 조건부 사임을 하였다. 그러자 종교회의에서는 이 기회를 포착하여 마틴 5세를 새로운 교황으로 선출하였다. 이때 아비뇽의 교황이었던 베네딕트 13세는 자신의 교황직을 주장하면서 한 성채로 도주하고 말았다. 1423년 그가 사망한 후에는 다른 교황을 후계자로 선출하지 않았다. 콘스탄스에 모였던 대표자들은 분열의 종식과 더불어 이 회의를 통해 이단과 부정부패를 막기 위한 여러 가지 다른 작업에도 착수하였다. 그리고 향후에도 계속 종교회의(바젤회의)를 개최하여 개혁 작업을 지속할 것을 결의하였다. 그러나 종교회의를 통해 로마교회의 회복을 추구했던 운동은 교황권에 억눌려 성공을 거두지 못하였고, 분열의 아픔을 통해 교황청의 권위는 점점 쇠퇴해 갔다. 이제 로마교회의 부패를 진단하고 다시 성경적인 교회를 재건하기 위한 갱신 운동이 대학의 유능한 개혁자들에 의하여 거론되기 시작했다.[332]

존 위클리프(John Wycliffe, 1328-1384)

위클리프는 옥스퍼드에서 교수직을 맡고 있다가 1371년에 외교가로 활동하였고, 그 후에는 왕실에서 봉사하였다. 교황청이 아비뇽에서 프랑스의 종

---

331) 유스토 L. 곤잘레스, 「중세교회사」, p.200
332) Ibid., pp.220-221; cf. Lars P. Qualben, Ibid., p.190.

노릇을 하였기에 통치에 대한 위클리프의 이론은 영국의 지배자들에게 호응을 받았다. 위클리프는 일체의 합법적인 통치권이 하나님으로부터 비롯된다고 하였다. 그러나 이러한 통치권은 군림하기 위한 것이 아니라 그리스도의 모범처럼 피지배자의 이익을 위해 섬기기 위한 것이라고 하였다. 그리고 합법적인 권한이라도 한계가 있음을 주장하였다. 이러한 그의 주장은 로마가톨릭교회의 전체적인 지배이론에 반대되는 이론이었지만, 영국의 귀족들은 세금 징수 등과 같은 교황들의 세속권한의 침투를 반대하던 터라, 위클리프의 이러한 이론을 따르게 되었다. 그러나 위클리프는 종교적인 권력의 횡포와 마찬가지로 세속권력의 횡포에 대해서도 동일한 이론을 적용하였다. 그는 세속권한도 시민들에 대한 섬김의 의미에서 이해되어야 한다고 하였다.[333]

그러나 위클리프의 이론도 반대의 벽에 부딪쳤는데, 그것은 역시 그의 교회론이었다. 그는 어거스틴의 영향을 받아 진정한 교회를 유형교회가 아니라 무형교회로 진단하였다. 그리스도의 진정한 교회는 당시 대분열로 인해 추문에 휩싸여 있던 교황교회가 아니라, 구원받도록 택정함을 입은 자들의 무형의 몸이라고 주장하였다. 이러한 주장은 당시 많은 종교적 · 세속적 지도자들의 구원에 대한 유기를 의미했으며 종국에는 교황의 구원마저도 불확실한 것임을 의미하였다.[334]

위클리프는 또한 성경의 소유권은 교황이 아니라 교회에 있다고 주장하였다. 교회만이 성경을 정확하게 해석할 수 있기 때문에 교회만이 성경을 이해할 수 있다고 하였다. 이것은 교황청과 관계없이 교회가 성경을 지방 언어로 번역할 수 있었던 이론적인 근거를 제공하였다. 그러나 위클리프를 어렵게 만든 가장 큰 신학적인 문제는 성만찬에 대한 그의 견해였다. 이미 로마교회는 1215년 라테란 종교회의에서 화체설 교리를 공인한 바 있었

---

333) 유스토 L. 곤잘레스, 「중세교회사」, Ibid., p 204; cf. Williston Walker, Ibid., pp.377-381.
334) 유스토 L. 곤잘레스, 「중세교회사」, p.204.

다. 위클리프는 그리스도의 신성이 성육신할 때 인성이 파괴되지 않는 것과 같이 성만찬 때 그리스도의 몸이 실제로 떡 속에 임한다 해도 떡 역시 그대로 존재한다고 주장하였다. 이러한 그의 주장에 대해 많은 사람들은 그를 이단으로 몰아붙였다. 이로 인해 그는 비록 휴직상태로 살았으나 워낙 인기가 많았기 때문에 여전히 옥스퍼드에서 연구와 저술로 생애를 보낼 수 있었다. 그 후 그는 1381년에 루터워즈에 있는 자신의 교구로 옮겨 은퇴하고 1384년에 뇌일혈로 사망하였다. 그의 사후 콘스탄스회의에서는 그를 이단으로 정죄하였고, 그의 유골을 파내어 화형시켰다. 그의 유골을 태운 한줌의 재는 스위프트 강물에 뿌려졌다.[335]

위클리프의 사후에 그의 정신을 계승한 롤라즈라는 집단이 나타나 위클리프의 교리를 널리 전파하였다. 이들은 성경이 일반 대중들에게 속한 것이므로 대중언어로 번역해야 한다고 주장하였다. 또한 성직자들은 세상과 관직을 겸할 수 없다고 주장하였으며 성상의 사용을 금지하고, 독신 제도나 순례 등을 신성모독 행위로 규정하였다. 또한 그들은 화체설과 죽은 자를 위한 기도를 부인하였다. 귀족층까지 가담한 이 운동은 곧 민중운동으로 확장되었고, 종교개혁의 신호탄으로서 16세기 초까지 지속되었다. 특히 영국의 프로테스탄트는 이 운동 때문에 큰 힘을 얻었다. 이는 위클리프의 영향을 받아 가장 큰 중세교회의 개혁운동으로 역할하였으며, 이 운동이 최초의 강력한 세력을 형성한 나라는 보헤미아 지방이었다.[336]

존 후스(John Hus, 1359-1415)

보헤미아 지방은 오늘날의 체코슬로바키아로서 이곳에서 일어난 개혁

---

335) Ibid., pp.205-206.
336) cf. 윌리엄 R. 캐논, 「중세교회사」, pp.395-399.

의 불길은 유명한 설교가였던 존 후스가 프라하 대학의 총장이었던 시절에 발생하였다. 문제의 발단은 영국에 유학 갔던 체코의 학생들로부터 시작되었다. 당시 영국 왕 리처드 2세는 보헤미아 공주와 결혼한 관계에 있었기 때문에 이러한 우호적인 양국의 관계 속에서 영국에 유학을 갔던 사람들이 위클리프의 저술들을 보헤미아로 가지고 들어오곤 하였다. 그런데 위클리프의 저서들은 프라하 대학에서 커다란 파문을 일으켰다. 당시 프라하 대학은 독일인들과 체코인들로 구성되어 있었는데 그들은 서로 분열된 상태에 있었다. 이러한 분열은 그들로 하여금 위클리프의 사상에 대한 상반된 태도를 취하게 만들었다. 체코인들은 위클리프의 철학을 받아들였고 독일인들은 반대한 것이다. 물론 체코인들이 위클리프의 사상을 전적으로 다 수용한 것은 아니다. 특히 총장이었던 후스는 전통적인 화체설을 인정하였다. 그러나 두 파 간의 불화는 해결을 보지 못하였고, 체코인들이 보헤미아 국왕의 지원을 받아 유리한 입장에 서게 되자, 독일인 교수들은 프라하를 떠나 라이프치히에 자신들의 대학을 세웠다.[337]

그런데 문제는 프라하를 떠난 독일인들이 프라하를 위클리프의 사상을 중심한 이단의 온상이라고 비난을 하게 된 데서부터 야기되었다. 이제 프라하는 이단 사상을 전하는 도시라는 인상을 주게 되었던 것이다. 프라하에서는 새로운 위클리프의 개혁사상이 급속히 진전되었는데 이에 프라하의 대주교는 위클리프의 저술들을 금하고, 후스와 반대 입장에 서게 되었다. 대주교는 교황의 칙령을 받아내어 후스의 설교를 금하는 명령을 내렸다. 그러나 후스는 불복하고 설교를 계속하였다. 1410년에 그는 로마에 소환을 받았지만 그 소환에 응하지 않았다. 그리고 1411년에 파문되었다. 그러나 그에 대한 당시 보헤미아 당국과 국민들의 지지가 지대했기 때문에 교황의 파문은 실질적인 효과가 없었다. 그래서 그는 국민들의 후원 속에

---

[337] 유스토 L. 곤잘레스, p.208; cf. 윌리엄 R. 캐논, Ibid., pp.399-403.

서 계속 설교를 할 수 있었다. 이러한 갈등은 후스로 하여금 보다 극단적인 노선을 택하도록 만들었다. 그는 당시 피사의 종교회의가 선택한 교황을 자격 없는 자로 몰아붙이면서 복종할 필요가 없다고 선포하였다. 이것은 물론 교황의 합법성에 대한 의문을 제기한 것이 아니라, 교황이 정당하게 행동하지 못할 때 거기에 복종할 필요가 없다는 의미였다. 특히 그는 「여섯 가지 잘못에 대하여」와 「교회에 대하여」라는 두 권의 책을 저술하여 "화체설, 교황에 대한 굴종, 성자에 대한 일반적 신앙, 소위 그리스도의 대리라는 교직자의 절대성의 효력, 지상의 치리자에 대한 무조건 복종, 성직 매매와 같은 당시 교회의 유력한 교리와 습관을 공격하고, 종교에 있어서 유일한 표준 규칙이 성경임"을 강조하였다.338)

결국 이러한 생각 때문에 그는 성경이야말로 교황과 모든 기독교 신자들이 복종해야 할 궁극적 권위라고 주장하였다. 즉 그는 성경에 순종하지 않는 교황에게는 순종할 필요가 없다고 역설하였다.339)

당시의 또 다른 정황이 후스로 하여금 개혁 의지를 표현할 수밖에 없는 상태로 몰고 갔다. 당시 교황이었던 요한 23세는 이탈리아와의 정치관계로 인해 나폴리를 공략할 것을 선포하였다. 그리고 이를 위한 군비를 충당하고자 면죄부 판매를 결정하였다. 이미 20년 전에 면죄부 매입에 대한 경험이 있던 후스는 오직 하나님만이 죄를 사해 주실 수 있다고 주장하면서 면죄부는 하나님에 대한 반역이라고 반박하였다. 그리고 나폴리에 대한 전쟁 선포는 교황의 야망에 불과하다고 보았다. 이러한 상황 가운데서 교황의 도움이 필요했던 보헤미아 국왕은 후스에게 침묵할 것을 명하였다. 그러나 후스의 영향을 받은 체코 시민들은 교황청의 착취에 대한 공개 시위를 벌였다.340)

---

338) E. S. 모이어, Ibid., p.274.
339) 유스토 L. 곤잘레스, 「중세교회사」, p.209.
340) Ibid., p.210.

이에 요한 23세는 후스를 다시 파문시켰으며, 후스는 조국이 자신 때문에 시련에 빠져들기를 원치 않았기 때문에 프라하를 떠나 한적한 시골에 가서 저술활동을 하였다. 그러나 상황은 다시 바뀌는 듯했다. 당시 황제였던 지기스문트가 후스를 콘스탄스 종교회의에 소환하여 그의 입장을 변호하도록 조치하겠다고 하며 그가 후스의 신변을 보호한다는 소식을 전해온 것이다. 이에 후스는 콘스탄스에 나타났다. 그러나 처음 약속과는 다르게 요한 23세는 회의와는 관계없이 후스를 재판하고자 하였다. 후스는 교황의 초소로 잡혀가서 자신의 이단사상을 철회하라는 명을 받게 되었다. 격렬한 논쟁 끝에 그는 결국 죄인으로 취급되었고, 수도원의 독방에 감금되었다. 1415년 후스는 쇠사슬로 온 몸을 결박당한 채 회의석상에 나타났으며, 그는 여러 가지로 자신의 사상을 철회할 것을 강요당했으나 굴복하지 않았다. 그는 공정한 판결을 받을 수 없음을 깨닫고 다음과 같이 선포하였다.

"나는 전능하실 뿐만 아니라 완전히 공의로우시며 유일한 심판관이신 예수 그리스도에게 항소하리라. 나는 그의 손에 처분을 맡긴다. 그는 거짓 증인들이나 오류로 가득찬 회의에 의해서가 아니라, 오직 진리와 공의 위에서 모든 개인을 심판하실 것이기 때문이다."[341]

그는 다시 감옥으로 돌아갔으며 곧 사형장으로 끌려가 화형에 처해졌다. 그는 형장으로 가는 도중 자신의 저서가 장작더미 위에서 불타고 있는 것을 보았다. 자신의 의견을 포기할 마지막 기회를 얻었음에도 불구하고 그는 이를 거부하였고 결국 큰 목소리의 기도와 함께 숨을 거두었다.

"주 예수님, 바로 당신을 위하여 이처럼 잔인한 죽음을 아무런 불평 없이 감당합

---

341) Ibid., p.211.

니다. 부디 나의 적들에게 자비를 내려주소서."342)

보헤미아 사람들은 이러한 참혹한 후스의 죽음에 대해 분노를 감추지 못했고, 거의 만장일치로 종교회의를 부인하였다. 그리고 452명의 귀족들이 모여 후스의 주장에 동조함을 선포하였다. 사태는 더욱 심각해져서 종교회의는 프라하 대학의 해산을 명하고 후스를 지지하는 귀족들을 콘스탄스로 소환하였으며, 보헤미아 국왕까지도 이단을 지지하는 왕으로 선포하였다. 상황이 이렇게 진전되다 보니 후스파들은 하류계급에서 일어나고 있던 극단적인 종말론주의자들(타볼파와 호렙파 등)과 연대하게 되었다. 이 당시에 나타났던 여러 저항 운동 세력들은 무력에 의한 해결방안을 피하기 위해 4개항의 헌장을 발표하였다. 그리고 이것이 보헤미아 저항운동의 기초가 되었다.343)

첫째, 그 내용은 다음과 같다. 하나님의 말씀이 왕국 전체에 자유롭게 전파되어야 한다. 둘째, 성만찬 때 떡과 포도주 둘다 평신도에게 베풀어야 한다. 셋째, 성직자들은 재산을 포기하고 사도적인 빈곤 생활을 실천해야 한다. 넷째, 공적인 범죄, 특히 성직매매를 처벌해야 한다.

그런데 당시 국왕 벤체슬라스가 사망한 후에 그의 후계자로 임명되어 콘스탄스에서 후스를 저버린 지기스문트는 이 헌장을 허락하지 않았다. 그는 후스파를 저지하기 위해 교황에게 전쟁을 소집하도록 요구하였다. 이로 인해 보헤미아는 수차례에 걸쳐 오랜 전쟁을 치르게 되었다. 무려 10여년 동안 보헤미아는 신앙의 독립을 위해 투쟁하였으며, 이 전쟁에서 크게 패한 가톨릭 측은 협상 창구를 통해 보헤미아 교회의 서방 기독교권에로의 합류를 이룩하였다. 그러나 많은 사람들은 기존 교회를 떠나 형제 연맹을 조직

---

342) Ibid., p.212.
343) Ibid., p.214.

하였으며, 이 연맹은 인근 모라비안 지역까지 확산되었다. 그 후 형제단들은 가톨릭 지지자들이었던 함스부르그 출신의 황제들의 박해를 받으면서 사방으로 흩어졌다. 그들의 세력은 약화되었지만, 이들의 영도자였던 존 아모스 코메니우스(1592-1670)는 유배지에서 이들을 격려하며 개혁신앙이 꽃피워지기를 염원하였다. 결국 형제단 운동은 교회사에 큰 발자취를 남기며 모라비아파라는 이름으로 전승되었으며, 일부는 칼빈주의 신학을 따르게 되었다.[344]

사보나롤라(Savonarola, 1452-1498)

종교개혁 이전의 개혁가였던 존 위클리프는 영국인이었고, 존 후스는 보헤미아인이었지만 사보나롤라는 이탈리아인으로 로마가톨릭 교회에 비성경적인 교훈에 대항하여 앞장선 사람이었다. 사보나롤라는 주로 교황청의 부도덕성과 이탈리아인들의 부패한 습관과 악한 생활을 공격하였다. 그는 38세 때 이탈리아의 플로렌스에서 활동하기 시작하여 수많은 군중들을 모아 놓고 성직자들뿐 아니라 평신도들 사이에 만연한 부도덕성을 공격하였다. 성당에 운집한 수많은 군중들이 그의 설교를 듣고 회개하였다. 그의 설교는 담대하게 정의를 부르짖는 내용이었다. 종교적인 예언자로서 그는 당시의 죄악에 대해 공격하였다.[345]

이러한 그의 설교는 대중의 마음을 사로잡았으며 그의 영향력은 증대하여 그는 도시 사람들의 우상이 되었다. 그의 영향력과 더불어 이곳에서 바로 문예부흥의 씨앗, 예술과 문학, 철학의 물결이 거세게 일어났다. 당시 플로렌스를 지배하던 로렌초 드 메디치(Lorenzo de Medici)는 사보나롤라

---

344) Ibid., pp.214-216.
345) E. S. 모이어, Ibid.,p.275.

를 반대하였고, 그의 사후 아들이 그를 계승하였으나 백성들은 그를 추방하고 만장일치로 사보나롤라를 통치자로 뽑았다. 통치권을 획득한 그는 개혁적인 차원에서 엄격한 경건생활을 시민들에게 요구하였다. 그는 하나님이 통치하시고 하나님의 법이 시민의 법률이 되는 모범적인 기독교 국가를 건설하려는 이상론에 젖어 있었다. 그리하여 도박, 사치스런 옷, 음란서적, 음화, 카드, 주사위 등을 엄격하게 금지시켰다.[346]

그러나 이러한 정책에 사람들은 점점 반기를 들기 시작하였다. 처음에는 사람들이 그를 따르게 하는 데 효과가 있었던 그의 예언 은사도 그 예언이 점차 빗나가기 시작하면서 권위와 영향력을 잃게 되었다. 비록 사보나롤라의 개혁은 사회개혁에 비중을 두었지만 그는 교회사에서 중세 말기에 나타난 개혁가로서 16세기 종교개혁의 선구자로 지칭되고 있다.

문예부흥

중세 말기에 접어들면서 교황청의 대분열과 더불어 중세의 흐름에 가장 큰 영향을 준 사건은 르네상스였다. 르네상스는 중세사회에 새로운 세계관을 가지고 온 사건이었다. 이로 인해 로마가톨릭이 형성한 신앙과 은혜의 족쇄에 물려 숨도 제대로 쉬지 못했던 인간으로서의 개인이 가치관을 정립하고 실제적인 삶의 아름다움을 구가할 수 있는 만족감을 강조하게 되었다. 이는 고대의 위대한 작품에 나타난 고전적인 정신의 재평가에서 출발하였다. 이 운동은 이탈리아에서 처음으로 시작되었는데, 그 배경에는 세 가지 주요한 영향이 있었다.

첫째는 중세시대의 두 개의 지배 기둥이었던 교황청과 제국이 이상기류

---

346) Ibid., p.218.

를 맞이한 것이다.347) 13세기 후반에는 제국의 붕괴가 있었고, 14세기 초에는 교황청이 아비뇽 이전으로 실세를 상실하게 되었다. 둘째는 십자군에 의해 발달한 유럽의 상업이 이탈리아에서 가장 활발하게 되어 고도의 문화 발전을 가져왔다. 셋째는 이탈리아의 극심한 정치 분열은 도시들에게 새로운 특성이 있는 창의적인 생활을 할 수 있도록 지방인들의 재능을 인정해 주었고 개인주의를 잉태시켰다. 그리고 성직자들의 도덕적, 윤리적인 부패는 중세인이 기독교를 외면하게 된 원인이 되었다.348)

르네상스 정신을 불러일으킨 최초의 사람은 페트라르카였다. 아비뇽 성직 가문에서 자라난 그는 라틴 문학과 키케로의 저서를 부활시켰다. 그는 스콜라주의를 경멸했으며, 고대에 대한 새로운 관심과 세계관을 불러 일으켰다. 페트라르카의 제자인 보카치오는 「데카메론」을 저술하여 교회를 공격하였고, 고전 신화의 신비를 파헤치고 인문주의 연구의 폭을 넓혔다. 같은 인문주의자였던 발라에 의해 역사 비판주의가 소개되었고, 그는 콘스탄틴의 증여문서가 위조문서임을 밝혀냈다. 그리고 사도들이 사도신경을 제정했다는 것을 부인하였다. 그는 헬라어 성경을 연구하여 신약성경 연구의 기초를 놓았다.349)

르네상스 운동은 1450년에 마인쯔의 구텐베르크가 활판 인쇄를 발견하면서 더욱 활기를 띠게 되었다. 인쇄술의 발달은 넓게 보급된 고대의 저술과 문서 사본에 수많은 오류가 있음을 발견하게 해주었다. 사본들을 완전히 믿을 수 없음을 알게 되자 학자들은 존경하던 고대 문서들을 다시 연구하기 시작하였다. 특히 라틴어로 되었던 성경(Vulgate)을 헬라어 원어로 읽고 분석하기 시작하여 프로테스탄트 종교개혁의 여명을 밝히기 시작하였다.

---

347) cf. Williston Walker, Ibid., pp.392-399.
348) Alexander C. Flick, The Decline of the Medieval Church(New York: Burt Franklin, 1967) p.432.
349) 유스토 L. 곤잘레스, 「중세교회사」, pp.236-237.

한편 이탈리아는 도시들마다 부가 발달하여 거대한 건물들이 지어졌고, 이를 예술품으로 장식하는 유행이 번져 갔다. 이에 조각, 미술, 건축 등이 발달하였다. 귀족들과 부르주아들이 예술가들을 후원하였고, 이로 인해 대부분의 작품은 천국의 영광 대신에 재정을 지원하는 인물들을 영광스럽게 표현하는 경향으로 발전하였다. 이제 예술에서도 신이 아닌 인간의 위대함을 표현하면서 중세정신에 어긋난 경향을 띠게 되었다. 대표적인 인물로는 미켈란젤로, 레오나르도 다 빈치 등을 들 수 있다. 이들은 예술작품을 통해 인간의 무한한 잠재능력을 표현하였고, 죄악 속에 눌린 인간상이 아니라 화려하고 역동적으로 움직일 수 있는 생동적인 인간을 표현하였다. 그들의 조각과 그림은 대부분 종교적이었지만, 이전에 표현하지 못했던 '보편적 인간'의 모습을 묘사하였다.[350]

르네상스 운동은 교황들에게도 영향을 미쳤다. 르네상스의 이상을 배경으로 종교개혁 직전의 교황청은 사실 르네상스의 이상과 목표와 동일한 징조를 보이고 있었다. 교황들 자신이 열렬한 예술 후원자들이었고, 예술가들을 로마로 끌어들여 아름다운 저택과 성당의 기념물을 건축하였다. 이는 로마를 기독교의 수도로 부상시키는 데 공헌하였다. 유게네 4세의 뒤를 계승했던 교황 니콜라스 5세는 로마가 유럽 전체의 지적 수도가 될 수 있도록 당대의 저명한 예술가와 저술가를 초청할 정도였고, 그는 당시 유럽에서 가장 뛰어난 개인장서를 보유하고 있었다고 전해진다. 니콜라스 5세 이후에 르네상스의 이상을 구현하려 했던 대표적인 교황은 바울 2세였다. 바울 2세의 관심은 예술품, 보석, 금은 공예품 수집에 집중되어 있었다. 또한 사치와 향락이 절정에 달해 있었으며 그의 첩들이 교황청에 드나들 정도였다. 그는 고대 이교 로마의 기념품들을 복구하기 위해 막대한 자금을 투자할 정도로 광적인 사람이었다. 교황들의 예술과 사치에 관한 관심은 중세

---

350) Ibid., p.241.

말기에 두드러졌고, 이러한 풍조가 최고조로 달했던 사건이 바로 거대한 성 베드로 성당을 완성시키고자 하는 야망이었다. 이것의 경비 조달을 위한 무분별한 면죄부 판매는 결국 루터의 저항을 받게 되었고, 이는 종교개혁의 도화선이 되었다.[351]

생각해 볼 문제

1. 교황권의 절정기를 이루었던 인노센트 3세의 치적에 대해 말해 보라.
2. 인노센트 3세 이후 교황청의 몰락을 가져온 요소들은 무엇인가?
3. 교황청과 유럽의 국가들이 충돌하게 된 이유는 무엇인가?
4. 프랑스의 필립 왕과 교황청과의 충돌에 대해 설명해 보라.
5. 교황청이 아비뇽으로 옮겨 간 이유는 무엇인가?
6. 아비뇽 유수가 교황청에 미친 영향은 무엇인가?
7. 분열된 교황청의 단일화를 위한 모임은 무엇인가?
8. 종교회의에서 다룬 중요한 사항들은 무엇이 있는가?
9. 영국의 종교 개혁자로 등장한 인물과 그의 개혁 정신에 대해 말해 보라.
10. 보헤미아의 종교 개혁자인 후스에 대해 설명해 보라.
11. 이탈리아의 종교 개혁자인 사보나롤라에 대해 설명해 보라.
12. 상기 개혁자들의 공통점은 무엇인가?
13. 르네상스와 종교개혁은 어떤 관계가 있는가?
14. 르네상스 운동의 대표적인 특징은 무엇인가?

---

351) Ibid., pp.244-249.

제3부 종교개혁사

우리가 아직 죄인 되었을 때에 그리스도께서 우리를 위하여 죽으심으로
하나님께서 우리에 대한 자기의 사랑을 확증하셨느니라

- 롬 5:8

1. 개혁의 갈망

서방 중세 교회의 말기는 암울한 시대였다. 마치 아침을 기다리는 어두운 새벽처럼 교회는 말기현상에 빠져 있었다. 교회가 천 년간 정치와 더불어 세속화되다 보니 사도적인 단순한 믿음이나 그리스도에 대한 열렬한 사랑 그리고 진솔한 소망은 찾아볼 수가 없었다. 기독교는 외형적으로는 웅장하고 비대하였지만 본질의 문제에서는 내용이 결여되어 있었다. 실상은 하나의 종교문화를 형성하고 있는 것에 불과하였다. 소수를 제외하고 사제든 백성이든 간에 이기주의와 세상 쾌락 그리고 무지에 빠져 있었다. 아름다운 건축물은 세워졌지만 예배에는 참된 내용이 없었다. 설교는 라틴어로 선포되었는데, 라틴어를 아는 자들은 학자들과 종교적인 소수인들 그리고 일부 귀족층 외에 아무도 없었다. 따라서 굶주린 영혼에게 영적 양식을 채워주지 못했다. 교회의 성례전도 그리스도께서 제정한 두 가지, 즉 세례와 성찬 외에 다섯 가지를 첨가하여 사람들의 신앙생활을 족쇄로 채워버렸다. 교회는 그리스도가 연옥에 가서 영혼을 청결하게 한 후에 하늘나라로 갔다고 가르치기 시작하였다. 세례 받지 못하고 죽은 아이들은 림보(Limbo)에 간다고 하였다.[352]

또한 성인들을 위한 기도운동이 장려되었다. 1년 중 거의 매일 성인들을

---

[352] 시드니 M. 휴톤 저, 정중은 역, 「복음적 개혁의 관점에서 본 기독교 교회사」(서울: 나침판사, 1988), p.129.

위한 기념의 날들이 교회달력을 메꾸었다. 성인들의 은혜는 그들을 구원하고도 남아 있기 때문에 지상에 있는 사람들에게 베풀어질 수 있다고 믿었다. 마리아 숭배는 말할 것도 없고 모든 직업층, 연령층, 그리고 가정마다 거기에 걸맞는 수호성인들을 숭배하고 있었다. 그래서 불행한 일이나 질병이 있을 때마다 성인들에게 구원을 요청하는 기도를 드렸다. 모든 종교의식은 구원과 연관되어 있었다. 대성당마다 성자들의 유품들이 즐비하였다. 수많은 두개골, 턱뼈, 치아, 손가락뼈, 팔뼈 등이 성유물로 보존되었다. 백성들은 이러한 모든 미신적인 신앙이 얼마나 비기독교적인지를 판단할 능력이 없었다. 그들은 성경에 대해 무지했기 때문이었다.

그러나 이러한 암흑기에 새로운 개혁의 바람이 일기 시작했다. 그것은 종교적인 운동에서부터 출발하였다고 볼 수 있지만, 인문주의자들의 운동으로부터 시작되었다고도 볼 수 있다. 이 개혁은 고전학문의 부활과 더불어 일어났으며, 그 대표적인 인물은 로테르담의 에라스무스였다.[353]

에라스무스(1466-1536)는 어느 사제의 아들로 태어나 공동생활의 형제단에서 교육을 받았다. 그는 이곳에서 경건에 힘쓰고 가난한 소년들을 도와주는 교육과 선행의 교육을 받았다. 그 형제단에는 이 당시 가장 훌륭한 경건서적이었던 「그리스도를 본받아」라는 책을 저술한 토마스 아 켐피스(1380-1471)도 있었다. 처음에는 수도원에 입단하라는 권유를 받았으나 그는 학문과 지식의 추구에 헌신하였다. 그리하여 여러 대학을 다녔으며 옥스퍼드에 오랫동안 체류하였다. 그는 학식이 깊고 심오한 사람이었지만, 종교개혁적인 믿음과 헌신은 약한 인물이었다. 그럼에도 불구하고 개혁운동에서 그를 소홀히 할 수 없는 두 가지 이유가 있다. 첫째로 그는 종교개혁자들과 같이 성직자들의 도덕적 부패와 무지와 나태함을 공격하였다. 그는 '우신예찬'이라는 풍자적인 글을 통해 대부분의 사람들의 외형적인 신

---

353) Ibid., pp.130-131.

앙에 대해 가차 없이 공격을 가하였다.

"하나님의 심판대 앞에서 그들의 변명을 듣는 것은 아주 재미있는 일일 것이다. 어떤 사람은 오직 생선만 먹음으로써 육신의 정욕을 억제했다는 사실을 자랑할 것이고, 또 다른 사람은 여러 날을 금식하고 자신에게 혹독한 고행을 하였음을 자랑할 것이다. 또 자기 자신을 위하여, 그 양으로 따진다면 일개 선단의 상선들을 동원해야 할 만큼의 많은 종교 의식을 드렸음을 자랑할 것이다. 또 60평생 동안 두꺼운 장갑을 끼지 않고는 돈 한번 만지지 않았다는 사실을 자랑할 것이다. 또 어떤 사람은 자신의 거룩한 후드를 자신의 겸손의 표시로 증거할 것이다. 그것은 낡고 별 쓸모가 없어서 선원들도 그것을 쓰고서 매서운 바람을 맞느니 그냥 아무것도 쓰지 않고 갑판에 서 있는 편이 차라리 낫다. 또 어떤 사람은 거룩한 노래와 찬송을 너무 많이 불러서 목소리를 망쳐 버렸다고 자랑할 것이다. 또 어떤 사람은 혀로 범죄할까 봐 조심하라는 시편 기자의 교훈에 순종하기 위하여 항상 침묵을 지킴으로 인해 벙어리가 되어 버린 사실을 자랑할 것이다. 그러나 주님께서는 그들의 그럴 듯한 변명을 거부하시고 '화 있을진저 너희 외식하는 서기관과 바리새인이여 내가 너희를 도무지 알지 못하노라'고 말씀하실 것이다."[354]

둘째로 에라스무스는 1516년 희랍어 신약성경을 발행함으로써 종교개혁에 지대한 영향을 끼쳤다. 특히 이 성경은 독일 구텐베르크의 인쇄술의 발달로 인해 많은 사람들에게 배포되었다. 루터가 성경을 읽으면서 종교개혁의 횃불을 밝혔을 때도 에라스무스의 성경을 읽었을 것이다. 이 성경의 발간으로 인해 사람들이 참된 복음과 그리스도의 진정한 구원에 대해 관심을 갖게 되었다. 그리고 구원은 행위가 아니라 은혜로 말미암는다는 사실을 알게 되었다. 에라스무스는 다음과 같은 말을 통해 성경이 민중들에게

---

354) Ibid., pp.133-134.

읽혀져야 한다는 절실한 심정을 토로하였다.

"나는 농부가 쟁기질을 하면서 성경 구절을 노래할 수 있고, 베 짜는 아낙네가 베틀을 돌리며 성경을 노래할 수 있기를 하나님께 간구한다. 나는 여행자들이 성경을 읽음으로써 그 지루함을 달랠 수 있기를 원한다. 그리고 모든 그리스도인들의 대화가 성경을 화제로 삼았으면 좋겠다."[355]

에라스무스는 이와 같은 관점에서 종교개혁에 기여했다. 특히 인문주의자들은 원전으로 돌아가야 한다는 가치관을 확립하였다. 즉 히브리어와 헬라어 성경 자체나 초대교부들의 믿음으로 회귀하자는 운동을 불러왔던 것이다. 인문주의자들은 또한 교황과 성직자들의 부패한 삶, 수도원제도, 중세 스콜라 신학의 모호성 등 당시 교회 생활 전반에 대해 통렬한 비판을 가했다.[356] 그러나 그들은 한계를 갖고 있었다. 즉 에라스무스의 경우를 보면 평화와 화해를 우선으로 생각한 나머지 진리의 일부를 양보하더라도 분열을 위한 개혁의 선봉자가 되는 것은 원치 않았던 것이다. 그래서 에라스무스와 같은 인문주의자들은 종교개혁을 갈망하고 그 여명을 밝혔지만 개혁을 통해 성경의 진리의 빛을 발휘하는 데는 미흡하였다. 그러므로 '에라스무스는 알을 낳았으나 루터는 그것을 부화하였다'고 말할 수 있다.[357]

---

355) Ibid., p.134.
356) 토니 레인, Ibid., p.241.
357) 시드니 M. 휴톤, Ibid., p.135.

생각해 볼 문제

1. 종교 개혁의 배경은 무엇인가?
2. 에라스무스에 대해 설명하라.

2. 대륙의 종교개혁

16세기 종교개혁은 독일, 프랑스, 스위스 등의 대륙과 영국에서도 시작되었다. 이들의 개혁은 주로 교회를 중심으로 이루어졌으며, 중세기 1000년간 가톨릭교회에 의해 잘못된 기독교를 바로 세우는 데 있었다. 중세는 성경적으로 볼 때 병든 사회와 병든 교회의 대표적인 역사였다. 교회는 너무 부패하여 바른 양식을 가진 사람들은 누구나 이에 대해 분노하고 있었다. 교회 관례들의 비성경적인 요소는 물론 교리적 탈선이 심화되었고, 각종 신조들은 명확하게 정의되지 못한 상태였다. 이러한 교회의 내적인 부패와 더불어 사회적인 혼란도 절정에 달했다. 1500년경에 유럽의 인구는 6천 5백만 내지 8천만 명 정도였는데, 이중 약 60명 이상의 왕들, 왕자들, 대주교들, 기타 통치자들이 권력을 장악하고 있었다. 그러나 자본주의 발달과 새로운 부르주아 계급의 등장 그리고 중세 봉건제도의 붕괴는 새로운 사회질서에 대한 열망을 고조시켰다. 여기다가 뜨거운 종교적인 열정이 중세 말기에 일어나 종교개혁이 발생하기 1세기 전부터 이탈리아를 비롯하여 유럽 대부분의 지역에서 종교적인 열정이 가열되었다. 흑사병의 공포와 터키인들의 침략은 이 열정을 증폭시켰다. 이 시기 유럽 대륙은 종교개혁이 일어나야만 하는 시대적인 요청이 무르익었던 것이다.[358]

---

358) 루이스 W. 스피츠 저, 서영일 역, 「종교개혁사」(서울: 기독교문서선교회, 1988), pp.23-27.

루터와 독일의 종교개혁

16세기 종교개혁의 시작은 독일을 중심으로 확산되기 시작하였다. 독일 종교개혁의 선두주자는 마틴 루터(Martin Luther, 1483-1546)였다. 루터는 독일의 삭소니 지방의 아이슬레벤(Eisleben) 마을에서 광부생활을 하고 있던 부친 한스 루터와 신앙심 깊은 어머니 그레타 사이에서 태어났다. 그가 태어난 날은 성 마틴의 축제일이었다. 그래서 그는 성 마틴의 이름을 따서 마틴 루터라고 명명되었다. 태어난 지 반년 만에 그의 가족은 루터가 태어난 동네에서 10킬로나 떨어진 만스펠드라는 곳으로 이주하였다. 어린 시절 엄격한 교육을 받으면서 자란 그는 18세 때에 에르푸르트 대학에 들어가게 되었고, 어느 날 성경 한 권을 손에 쥐게 되었다. 지금까지 한 번도 보지 못한 성경이었다. 루터는 이 성경을 직접 읽으면서 많은 감동을 받았다.[359]

그러던 어느 날 루터는 무서운 벼락을 만났다. 너무도 두려웠던 그는 땅에 엎드려 "성 안나여, 나를 도우소서. 수도승이 되겠나이다."라고 서원하였다. 그리하여 대학 과정을 다 마친 이후에 그는 어거스틴파의 수도원에 입단하였다. 그러나 루터의 부친은 루터가 법학을 전공하여 법조계에서 일하기를 원했기 때문에 루터의 이러한 결정은 부자지간의 갈등을 심화시켰다. 수도승이 된 루터는 세상에서의 명성이나 욕망을 떠나 하나님과의 평화와 기쁨을 누리기 위해 최선을 다했다. 수도원의 규칙을 철저히 지켰고, 노동과 봉사를 충실하게 이행하였다. 또 가톨릭교회가 가르친 대로 인간의 노력으로 쟁취할 수 있는 구원의 완성을 위해 문자 그대로 자신의 육체까지도 학대하였다. 그런데 그렇게 해보아도 루터가 바라던 영적인 안식과 평안은 오지 않았다. 계속되는 갈등의 날들이 두려운 나머지 그는 하루에

---

[359] 시드니 M. 휴톤, Ibid., pp.136-139.

세 명씩 일주일간 21명의 성인들에게 매달려 기도해 보았다. 또 보름 동안 자지도 않고 금식하면서 기도하기도 했다. 그러나 평안을 얻지 못했다.[360]

이러한 시련의 날들을 보내던 루터에게 위로가 되는 한 사람이 있었다. 그는 독일 어거스틴파의 수도원 수장이었던 스타우피츠였다. 그는 종종 루터가 있는 수도원을 방문하여 젊은 수도승인 루터와 대화를 나누었다. 스타우피츠가 루터에게 준 영향은 그리스도에 대한 견해였다. 루터는 그리스도를 심판의 주로서 죄를 심판하고 벌을 주시는 분으로 강하게 인식하고 있었다. 그래서 그는 그리스도를 생각할 때마다 자신의 지워지지 않는 죄의식 때문에 견딜 수가 없었다. 그러나 스타우피츠는 루터에게 그리스도는 무서운 분이 아니라 위로하시고 용서와 평안을 주시는 분이라는 사실을 일깨워 주었다. 이러한 이야기는 루터에게 신앙에 대한 새로운 조명을 주었다. 이로 인해 루터는 죽음에 대한 불안은 결국 그리스도의 의로 인하여 해결될 수 있음을 믿게 되었다. 바울이 말한 "의인은 믿음으로 살리라"라는 로마서의 말씀이 루터로 하여금 새로운 광명의 길로 들어서게 하였다. 스타우피츠는 마침 이러한 루터를 비텐베르크 대학에 소개하여 그곳에서 신학을 가르치게 하였다. 거기서 루터는 마음의 평안을 찾고 기쁨을 누렸다. 진정한 구원의 기쁨을 맛보았던 것이다.[361]

그는 죄인의 구원은 고해성사나 율법을 지키는 인간의 공로에 의해서가 아니라, 그리스도의 삶과 죽음과 부활을 통해 이루어진다는 사실을 깨달았다. 그리고 성경이 바로 하늘로부터 온 생명의 책임을 믿게 되었다. 이러한 이신칭의 교리를 루터는 온 세상에 전하고 싶었다. 대학교 교수였지만 여전히 수도원에 살고 있던 그는 1510년 수도사로서 어거스틴파 수도회의 일로 로마에 가게 되었다. 로마는 루터에게 환상적인 도시였다. 그리스도

---

360) Ibid., pp.139-141.
361) 루이스 W. 스피츠, Ibid., pp.60-61.

의 지상 대리자로서 세상교회를 다스리는 교황이 있는 로마는 루터에게 오래 전부터 지고의 거룩하고 영원한 도성으로 인식되어 왔었다. 그러나 루터가 로마에서 발견한 것은 교황의 비행과 고위 성직자들의 부패상 그리고 도시 전역에 만연된 죄악이었다. 게다가 수도원의 사제들은 미신적인 신앙에 빠져 무식하기 짝이 없었고, 아무도 성직자들을 존경하는 것처럼 보이지 않았다. 이때의 심정을 루터는 아래와 같이 토로했다.

"나는 로마에서 미친 사람처럼 모든 교회, 모든 모임, 모든 유명한 장소를 찾아 다녔다. 나는 그 모든 장소에 얽혀져 있다는, 그 협잡꾼들이 지어낸 모든 이야기를 사실로 믿었으며, 미사를 열 번도 더 드렸다. 하지만 아버지나 어머니가 아직 죽지 않은 사실이 원망스러울 지경이었다. 왜냐하면 내가 미사를 드리고 다른 많은 선행을 행하여 그들의 영혼을 연옥에서 건져낼 수 있는 기회가 없었기 때문이다. 우리는 참으로 아무것도 모른 채 이처럼 어리석은 일들을 했던 것이다. 이러한 거짓말들을 조장하는 것이 교황의 관심사였다."[362]

로마의 방문은 루터의 삶에 있어서 최종적인 전환점이 되었다. 로마에는 예수님이 심문받을 때 빌라도가 서 있던 계단이라고 전해지는 소위 빌라도의 계단이 있었다. 이는 예루살렘에서 로마로 옮겨 온 것으로 로마교회는 맨무릎으로 그 계단을 올라가면 죄 사함을 받는다고 주장하였다. 루터는 이러한 사실을 체험하기 위해 그 계단을 올라갔지만, 아무런 죄사함의 경험을 하지 못했다. 그에게는 도리어 "의인은 믿음으로 살리라"는 하박국 선지자의 말씀이 떠올랐다. 이리하여 루터는 로마에 대한 실망과 더불어 "지옥이 있다면 로마가 바로 그 위에 세워져 있다"고 하였다.[363]

---

362) 시드니 M. 휴톤, Ibid., pp.144-145.
363) Ibid., p.145.

루터는 비텐베르크에 다시 돌아왔고, 신학박사 학위를 받은 후 1515년에는 교회에서 설교하기 시작하였다. 사람들은 루터의 설교를 듣기 위해 몰려들었다. 당시 로마교황청은 성 베드로 성당을 재건하기 위해 유럽의 기독교 국가들로부터 기부금을 모으고 있었다. 그리고 면죄부를 판매하여 성당 건축에 충당하려 하고 있었다. 독일 라이프치히에서 온 한 수도승 테젤은 간교한 계략으로 사람들의 신앙심을 유발시켜 면죄부를 판매하였다. 그는 "돈이 헌금함 속에 '땡그랑' 하고 떨어지는 순간 영혼이 연옥에서 벗어나게 된다"고 하였다.[364]

그러나 이러한 사건은 정치문제와 연계되어 있었다. 당시 제후였던 알베르트는 대주교직과 주교직을 임명받으면서 교황에게 막대한 금액을 지불하였다. 그런데 그는 그 돈을 푸가로부터 빌렸던 것이다. 푸가는 로마와 밀접한 관계를 맺고 있었고, 알베르트가 그에게 돈을 갚을 수 있도록 하기 위해 테젤로 하여금 독일에서 면죄부를 팔게 조처하였던 것이다. 이에 분노한 루터는 마침내 면죄부의 죄악성을 적은 95개조의 항의문을 1517년에 비텐베르크의 교회 문에 붙였다.[365] 바로 그 다음날은 만성절(All Saints' Day)이어서 도시에는 많은 사람들이 몰려들어 있었다. 사람들은 항의문을 읽고 복사하여 온 독일에 퍼뜨렸으며, 이는 곧 유럽 전역에 퍼졌다. 교황은 자신의 권위에 도전하는 루터를 독일 선제후 프레드릭으로 하여금 교황의 법정에 데려 오도록 요청하였다. 프레드릭은 자신이 직접 데리고 가는 것보다 교황사절을 보내 루터가 자신의 입장을 스스로 변호할 기회를 달라고 요청하였다. 교황은 이에 응하여 추기경 카제탄을 독일로 급파하였다.[366]

---

364) Ibid., p.148; 유스토 L. 곤잘레스, 「종교개혁사」, p.40.
365) 오언 채드윅 저, 서요한 역, 「종교개혁사」(서울: 크리스챤 다이제스트, 1999) p.45; 튜더 존스 저, 김재영 역, 「기독교 개혁사」(서울: 나침판사, 1994) pp.49-50.
366) Ibid., pp.148-150; 로랜드 H. 베인톤 저, 서영일 역(서울: 은성출판사, 1992) pp.46-70.

추기경은 루터를 만나 그가 주장을 철회하고 잘못을 인정할 것을 정중하게 요구하였다. 이에 루터는 자신은 실수한 것이 아니라 하나님의 말씀대로 한 것이라고 하였다. 루터의 이러한 태도에 실망한 추기경은 은밀하게 교황의 명령을 받고 루터를 체포하여 로마로 데려가려는 계략을 세웠다. 다행히 미리 이 사실을 알게 된 루터는 곧바로 피신하였다. 그 뒤 교황은 여러 사절을 통해 루터를 굴복시키려 했으나 루터는 자신의 입장을 굽히지 않았다. 결국 교황은 이단이라는 명목으로 1520년 루터를 파문시키고, 그의 저서를 불태우라는 교황의 교서를 전달하였다. 그러나 루터는 오히려 많은 학생들과 교수들이 지켜보는 가운데 교황의 교서를 불에 태우면서 "당신이 여호와의 거룩한 자를 괴롭힌 것처럼 영원한 불이 당신을 괴롭힐 것이다"라고 하였다.[367]

루터의 개혁이 심화되면서 교황의 박해는 더욱 강화되었다. 그러나 이러한 박해의 시대에 루터의 동역자로 활동하게 될 멜랑톤이라는 사람이 나타났다. 멜랑톤은 루터처럼 과격하지는 않으나 깊은 학식을 갖춘 사람으로서 루터에게 많은 도움을 주었다. 루터를 돕던 그는 독일 종교개혁의 제2인자 역할을 감당했다. 교회의 충직한 아들이면서, 당시 신성로마제국의 황제로 선출된 카를 5세는 이러한 두 사람의 투쟁을 지켜보면서 루터의 사건을 보름스 시의 회의에서 다루자는 요청을 허락하였다. 그는 루터에게 출두 명령을 내렸다. 루터의 동료들은 바로 한 세기 이전에 존 후스가 당한 예를 기억하면서 루터에게 가지 말라고 종용하였다. 그러나 강직한 사람이었던 루터는 "보름스에 있는 집들의 지붕 위에 놓인 기왓장만큼 마귀가 많아도 가겠다"고 쏘아부쳤다. 그가 보름스로 가면서 부른 찬송이 바로 '내 주는 강한 성이요'라는 찬송가였다고 한다.[368]

---

367) 시드니 M. 휴톤, Ibid., p.151.
368) Ibid., pp.153-154; cf. 유스토 L. 곤잘레스, 「종교개혁사」, pp.37-51.

1521년 4월 16일 루터는 많은 사람들이 지켜보는 가운데 보름스의 시가를 행진하였다. 국가와 교회의 권력에 진리로 맞선 한 사람의 용기를 사람들은 보고 있었다. 루터가 회의장에 들어섰을 때 회의장의 모습은 장관이었다. 신성로마제국 황제인 카를 5세가 중앙에 자리하고 있었고, 그 옆에 그의 형제들과 제국의 여섯 선제후, 24명의 공작들, 그리고 8명의 후작들이 앉아 있었다. 이 사람들은 모두 세상권력의 대표자들이자 교회와 동맹을 맺은 세력들이었다. 거기다가 교회의 세력도 합세하였다. 30명의 대주교들, 주교들과 수도원장들, 7명의 대사들, 교황 대사들, 자유시의 대표자들 등 모두 206명의 유명인사들이 모여 있었다.[369]

사회를 담당한 존 에크는 루터 앞에 책을 쌓아 놓고, 그것들이 루터의 저작들인지를 먼저 물었다. 루터는 살펴본 뒤에 맞다고 대답하였다. 그 다음에 에크는 교회가 승인하지 않은 이 책 속의 교리들을 취소할 수 없느냐고 물었다. 루터는 시간의 여유를 달라고 요청하였다. 이에 회의는 다음날로 연기되었다. 루터는 이 대답의 여부에 따라 생사가 갈라질 것이었다. 다음날 루터는 황제 앞에 나와 수많은 관중이 지켜보는 가운데 라틴어와 독일어로 지구촌을 흔들 만한 연설을 하였다.

"나는 성경과 정상적인 이성에 의하여 조정되지 않는 한 내가 말한 어느 것도 철회하지 않겠다. 그것은 서로 모순되는 이야기를 하는 교황이나 교회 회의들의 주장을 내가 받아들이지 않기 때문이다. 나의 양심은 하나님의 말씀에 사로잡힌 바 되었고, 내가 인용한 성경 말씀에 순종하고 있다. 양심을 거스르며 어떤 일을 하는 것은 불안하고 위험스러운 일이다. 나는 여기에 서 있다. 나는 달리 어찌 할 수가 없다. 하나님이여 나를 도우소서."[370]

---

369) 시드니 M. 휴톤, Ibid., p.155.
370) Ibid., pp.156-157.

이러한 루터의 비타협적인 발언과 태도에 회의장은 아수라장이 되고 말았다. 황제는 화가 나서 자리에서 일어나 회의장을 떠나고 말았다. 그리고 다음날 신하들에게 "어떻게 일개 수도승이 옳고, 천 년 동안 내려온 기독교의 증거가 잘못되었다는 것인지 이해할 수 없다"고 말했다. 그러나 그는 약속대로 루터의 신변을 보호해 주어 루터는 자신의 처소로 돌아올 수 있었다. 4월 25일 루터는 보름스를 떠나도 좋다는 허락을 받고, 비텐베르크로 옮겨 갔다. 그러나 그는 곧 제국의 파문령을 받게 되었다. 그는 범법자로 선고되어 누구라도 그에게 음식과 숙소를 제공하는 사람은 황제를 반역하는 죄를 범하는 것으로 간주되었다. 그런데 루터가 보름스를 떠나 비텐베르크로 가는 도중 한 골짜기를 지날 때 갑자기 숲 속에서 무장한 기병들이 습격하여 루터를 바르트부르크 성으로 데리고 갔다. 이 일은 루터의 친구들과 선제후 프레드릭이 루터를 피신시키기 위해 꾸민 사건이었다. 이렇게 해서 루터는 기사의 복장으로 변장하고 이곳에서 숨어 살게 되었다.[371]

루터가 이곳에서 이뤄낸 업적은 에라스무스가 헬라어 원어로 편집한 신약성경을 독일어로 번역한 일이었다. 그는 멜랑톤의 도움을 받아 교정을 끝내고 독일어 성경을 출간하였으며, 1522년경에는 독일의 서점에서 민중들이 쉽게 이를 구입해 볼 수 있게 되었다. 그 후 루터는 1534년에 구약성경도 완성하였다. 바르트부르크에서 바쁜 10개월을 보낸 후 그는 비텐베르크에서 학생들의 소요가 있었다는 급보를 듣고 프레드릭의 허락도 없이 그곳으로 달려갔다. 친구들은 그를 반겼다. 그런데 이 사건은 제후들을 반대하는 농민들의 반기였다. 루터는 처음에는 연민의 심정으로 농민들에게 호의적이었으나 피를 흘리는 잔인한 전쟁으로 돌변한 현장을 보면서 올바른 판단을 하기가 어려운 딜레마에 빠지기도 하였다. 이러한 봉기로 인해

---

371) Ibid., p.157.

서 개혁도 많은 방해를 받게 되었다.[372]

루터의 종교개혁은 대부분 그의 저술활동과 더불어 평가할 수 있다. 그는 25년간 방대한 저서를 남겼다. 가장 잘 알려진 그의 저작은 교리개혁의 지침서가 된 「대소요리문답서」이다. 이것은 성경에서 발견한 기독교진리를 정리한 교리교과서였다. 대요리문답은 목사와 교사들을 위한 지침서였고, 소요리문답은 주일학교나 가정에서의 학습자들을 위한 교리서였다. 그의 신학적인 대표작은 「의지의 속박」이라고 할 수 있으며, 이는 인간의 의지가 구원에 어느 정도 공헌할 수 있다는 에라스무스의 입장을 반박한 글이었다. 그는 이 점에 있어서 주로 어거스틴의 견해에 서 있었다. 루터의 수많은 성경 주석 가운데서 명작으로 알려진 것은 갈라디아서이다. 여기서 루터는 자신의 은혜의 교리를 누구나 감동받을 수 있도록 주해하였다.

루터는 1546년 자신의 고향인 아이슬레벤에서 운명하였다. 그는 병석에서도 열심히 기도하였으며, 운명 시에도 이렇게 세 번이나 기도하였다. "아버지여, 주님의 손에 나의 영혼을 맡깁니다. 진리의 하나님께서 나를 구속해 주셨습니다." 그는 자신이 가르치고 설교했던 곳이자 개혁의 진원지였던 비텐베르크 교회의 묘지에 안장되었다.[373]

그는 죽었지만 그가 이룬 개혁의 외침은 무로 끝난 것이 아니었다. 루터로부터 시작한 개혁의 물결은 독일 전역에 파장되어 독일교회뿐 아니라 사회 전체적인 개혁으로 번져갔다. 그 흐름을 살펴보면 루터가 제국의 파문령에 의해 외적인 활동을 할 수 없었을 때 주로 다른 사람들에 의해 신앙과 양심의 자유를 외치게 된 사건들이었다.

1521년 보름스 회의 이후에 루터는 공개적인 활동을 할 수 없는 몸이 되었다. 황제 카를 5세는 교황의 편에 서서 개혁을 반대한 인물이었다. 그런

---

372) Ibid., p.161.
373) Ibid., p.164.

데 당시의 정황은 카를 5세가 독일에서 일고 있던 종교개혁에만 관심을 쏟을 수는 없었다.[374] 제국은 너무 광대하고 그에 따른 여러 가지 다양한 문제들이 동시에 일어났기 때문이었다. 예를 들면 그의 통치 기간 동안 독일은 터키와 프랑스와 불편한 관계에 있었고, 그의 관심사는 이 문제를 해결하는 것이었다.

이런 정황 가운데서 1526년 황제는 스파이어(Spier) 회의를 개최하여 개혁자들의 복음적인 운동에 대해 일시적인 호의를 취하였다. 그러나 3년 후에 스파이어에서 또 다른 종교회의가 열렸을 때는 상황이 달라졌다. 이때 황제는 종교의 자유를 박탈하고 교황에게 무조건 복종할 것을 제후들에게 요구했다. 그러자 제후 중 6명과 도시들이 이에 반대하여 신앙의 양심을 선언하였다. 이들을 두고 '항의하는 사람들'이라 하여 프로테스탄트라는 이름이 붙여졌다. 1530년 아우크스부르크에서 소집되었던 국제회의에서 황제는 서로 상이한 점들을 토론하여 제후들과의 화목을 이루려고 하였다. 이때 멜랑톤이 대표로 참석하여 루터의 도움을 받아 개신교의 입장을 정리한 신앙고백서를 작성하였다. 이를 '아우크스부르크 신앙고백서'라 부른다. 이때 처음으로 라틴어가 아닌 독일어로 신앙고백서가 낭독되었고, 참석자들은 '이신칭의'의 진리와 성경의 위대한 교리를 듣고 감동하였다. 이 회의는 연장되었고 1531년 4월까지 개신교도들은 그들의 입장을 재고하도록 종용받았다. 그러나 이러한 황제의 압력은 먹혀들지 않았다. 제후들은 도리어 황제의 결정에 대항하는 공동전선을 다지면서 슈말칼덴 동맹을 결성하였다. 이는 최초의 개신교 동맹이었다.[375]

개신교가 동맹을 결성하자 이를 이용하여 카를 5세는 '자신은 터키와 프랑스와 전쟁 중에 있기 때문에 제후들과의 전쟁을 원치 않으므로 가톨릭도

---

374) 유스토 L. 곤잘레스, p.49.
375) 시드니 M. 휴톤, Ibid., p.165-166; cf. 튜더 존스, Ibid., p.89.

동맹을 결성해야 한다'고 주장하였다. 이에 가톨릭 교회도 개신교의 동맹에 대항하여 독일 내의 가톨릭 동맹을 결성하였다. 양 동맹은 1546년 루터의 죽음까지 얼마간 냉전 상태에서 불안한 평화를 유지하였다. 그러나 당시 개신교의 유능한 군인이었던 모리스가 황제에 맞서 전쟁을 하였고, 황제가 거의 사로잡힐 위경에까지 처하였다. 이렇게 증폭된 힘을 이용하여 개신교는 1555년 유명한 아우크스부르크 강호조약을 체결하게 되었다. 이 조약은 제후들이 자기 백성들의 종교를 결정할 수 있다고 선언함으로써 개신교 제후 아래의 백성들은 개신교를 선택할 수 있는 자유를 얻게 되었다. 이때의 개신교는 다른 형태의 개신교가 아닌 독일 루터교회를 말하는 것이었다. 이렇게 독일은 개신교의 신앙의 자유를 보장 받는 성과를 거두었으며, 유럽 종교개혁의 교두보를 확보하였다.376) 그러나 나중에 이 조약이 30년 전쟁의 도화선이 될 줄은 아무도 몰랐다.

스위스의 종교개혁과 츠빙글리

스위스의 북부지역은 독일과 근접한 지역으로 독일의 언어와 관습에 젖어 있었다. 아마 이런 지역적인 관계로 인해 이곳에서 종교개혁의 제3의 사나이로 불리는 울리히 츠빙글리가 종교개혁의 횃불을 점화했을 것이다.377) 그는 1484년 빌트하우스라는 마을에서 태어났고, 최고급 교육기관이 있는 바젤과 비엔나에서 수학하였다. 교부들과 후스 그리고 위클리프의 저술들을 읽고 많은 감명을 받은 그는 루터와 마찬가지로 면죄부 판매를 반대하였으며,378) 취리히에서 설교자가 되어 주로 그리스도의 순수한 복음

---

376) 시드니 M. 휴톤, pp.166-168.
377) 루이스 W. 스피츠, Ibid., p.142; 루터와 칼빈의 뒤를 이어 제3의 개혁자로 불린다.
378) Ibid., p.145; 1518년 츠빙글리는 면죄부를 판매하는 수도사 베르나르딘 삼손의 행위를 중단시켰다.

을 전파하였다. 그의 설교는 많은 사람들을 감동시켰고, 사람들은 그를 통해 진정한 복음의 소리를 들을 수 있었다. 그는 설교로 사람들을 움직였을 뿐 아니라 행동으로도 감동을 주었다. 당시 이 도시에는 무서운 전염병이 나돌아 총 인구 17,000명 가운데서 2,500명이 사망하는 사태가 발생하였다. 이에, 츠빙글리는 자신의 생명을 돌보지 않고, 환자들의 집을 방문하며 위로하다가 자신도 감염되어 사경을 넘나들었다.[379]

츠빙글리 개혁의 전환점은 사순절 기간 동안의 금식에 대한 문제로 인해 유발되었다. 츠빙글리는 사순절 동안에 반드시 금식할 필요는 없다고 주장하였는데, 그리하여 콘스탄스의 주교와 불화 관계에 놓이게 되었다. 이로 인해 시장과 시의회 의원들을 비롯한 많은 청중들 앞에서 공개토론이 이루어졌다. 이 토론에서 콘스탄스의 주교가 츠빙글리의 주장이 잘못이라고 지적하자 도리어 시민들은 츠빙글리의 편이 되었다. 그리고 취리히는 츠빙글리의 설교를 지지할 것을 선언하였다.

츠빙글리의 개혁은 여러 가지로 루터와 일치하였으나 성만찬 문제에 대해서는 의견이 달랐다. 루터는 공재설을 주장하였고, 츠빙글리는 기념설을 주장하였다. 이 문제에 대한 두 사람의 연합을 위해 독일의 한 제후였던 헤센의 필립 공은 1529년 말부르크에서 회의를 소집하여 교리적인 차이를 내세우기보다 두 사람 다 성경의 가르침에 충실한 자들이라는 공통점을 가지고 접근하려 하였다. 당시 츠빙글리는 눈물을 흘리면서 "나는 이 세상에서 그 누구보다도 비텐베르크 사람들(루터의 추종자들)과 사이좋게 지내기를 원한다"고 말하였다.[380] 그러나 루터는 츠빙글리와의 교리적 차이점 때문에 그를 받아들이지 않았고 츠빙글리를 향해 "당신은 나와 다른 정신을 가지고 있다"고 단절했다. 친구로는 인정하지만 형제교회로는 인정하지 않

---

379) 시드니 M. 휴톤, Ibid., p.174.
380) Ibid., p.176.

은 것이다.381)

이에 츠빙글리를 중심으로 한 스위스의 개혁주의자들은 개혁교회(the Reformed Church)라는 개신교 단체를 결성한다. 여러 연방주(canton)로 구성된 스위스는 츠빙글리의 새로운 교리를 받아들이는 도시들로 확산되어 갔다. 이에 가톨릭을 지지하는 도시들이 이들을 탄압하기 위하여 동맹을 결성하고 이들을 박해하기 시작하였다. 그러자 4개의 개신교 도시들이 분노하여 일어나 마침내 내란이 시작되었다. 8,000명의 무장한 가톨릭 군인들이 취리히를 공격하여 2,700명의 취리히 개신교 군대들과 결전을 하였고, 츠빙글리도 여기에 군목으로 참여하였다.382) 1531년에 캅펠에서 치열한 전투가 전개되어, 수많은 사상자들이 발생하였다. 츠빙글리도 이 전장에서 전사하였다. 그는 창에 다리가 찔리고 철모에 돌멩이를 맞아 일어설 수가 없었다. 죽어가는 츠빙글리를 보고 가톨릭 적군들이 기회는 지금이라며 마리아와 성인들의 이름을 부르면 하나님이 용서해 주실 것이라고 하였다. 그러나 그는 끝내 말을 듣지 않았다. 고집스런 츠빙글리를 지켜보던 군인이 그를 욕하면서 칼로 쳐서 죽였다. 그의 시신은 제국의 법에 따라 찢겨져 거름과 섞여 태워졌으며 그 재는 바람에 날렸다.383) 츠빙글리는 죽었지만 루터에게 멜랑톤이 있었던 것처럼 그에게도 계승자 헨리 불링거가 나타났다. 그리고 불링거의 가르침에 동참하는 여러 도시들이 개혁 신앙을 받아들였다. 이 신앙고백을 '헬베틱 신앙고백서'(Helvetic)라고 하였다. 이 신앙고백서는 존 낙스와 스코틀랜드의 목사들, 네덜란드 남부의 교회들, 폴란드와 헝가리의 개혁교회들이 받아들였다.384)

---

381) Ibid., p.176; cf. 유스토 L. 곤잘레스, 「종교개혁사」, pp.84-87.
382) 시드니 M. 휴톤, Ibid., pp.177-178.
383) 튜더 존스, Ibid., p.98.
384) 시드니 M. 휴톤, Ibid., p.177-178; cf 루이스 W. 스피츠, 「종교개혁사」, pp.142-155.

칼빈의 종교개혁

칼빈은 공증인 자격을 취득하여 교회의 사무장으로 일하는 아버지 제랄드의 둘째 아들로 프랑스의 피카르디에 있는 노용이라는 마을에서 태어났다(1509). 주교와 친분이 있던 아버지는 그의 나이 12살 때에 칼빈의 성직 임명 약속을 얻어냈다. 그래서 칼빈은 로마가톨릭식의 삭발을 하였고 성직록을 받기까지 하였다. 자라서 사제가 되겠다는 그의 의지였다. 후에 공부하기 위하여 파리에 간 칼빈은 얼마 지나지 않아 그의 부친이 노용의 주교와 마찰이 생겨 더 이상 성직자가 되기 위한 수학을 할 수 없게 되었다. 이에 칼빈은 올리안으로 가서 법률을 공부하였다. 그러나 1531년 아버지가 사망한 후 칼빈은 자유롭게 진로를 선택할 수 있게 되면서 파리로 돌아와 다시 공부를 시작하였다. 곧 그는 최초로 세네카의 책을 주석하는 작품을 출간할 정도로 학문적으로 성숙한 단계에 올랐다. 이미 독일 개혁주의 사상으로부터 깊은 영향을 받고 있던 그는 침착하고 진지한 성품과 엄격하고 날카로운 성품을 겸비하고 있었다. 그래서 그에게 라틴어의 속격인 '에큐지티브 케이스'라는 별명이 붙었다. 그는 정확한 판단력을 가지고 있었고 감정보다 지성에 순종하는 사람이었다. 그리고 마음속에는 하나님과 교회 그리고 양떼를 사랑하는 심정으로 가득 차 있는 사람이었다. 개혁가들 중에서 칼빈처럼 하나님의 말씀을 깊이 연구하고 주해하며 뜨거운 열정으로 진리의 금광을 캐낸 사람은 없을 정도다.[385]

칼빈이 언제 개신교로 전향했는지는 확실하지 않다. 그러나 그는 시편 등의 주석에서 갑작스럽게 회심이라는 말을 쓰곤 하였다. 칼빈의 개혁의 전환점은 그의 친구인 니콜라스 콥(Cope)이 파리 대학의 총장으로 취임하면서 한 연설과 관계되어 있다. 칼빈은 그의 연설문 작성을 도와 주었는데,

---

[385] 유스토 L. 곤잘레스, 「종교개혁사」, pp.103-116.

그것은 가톨릭을 공격하고 개신교도들을 옹호하는 내용이었다. 이 소식을 들은 프랑스의 국왕 프란시스 1세는 니콜라스와 칼빈 체포령을 내렸다. 그리하여 칼빈은 사랑하는 조국을 떠나 피신생활을 시작하였다. 1535년 칼빈은 바젤에서 피난처를 찾았다. 이 도시는 비교적 자유로운 도시로서 에라스무스, 불링거, 파렐(William Farel) 등 개혁의 거장들이 거주하였던 곳이다. 이곳에서 칼빈은 중요한 두 가지 일을 하였다. 그는 성경번역가 로버트(Peter Robert)를 도와 프랑스어로 성경을 번역하는 데 공헌하였다. 그리고 그의 위대한 신학 저작인 「기독교 강요」를 저술하였다. 이 책은 1535년 바젤에서 처음 출판되었고 날이 갈수록 인기가 높아져 1559년까지 5판을 내게 되었다.

바젤에서 1년을 지낸 후 칼빈은 스트라스부르로 가려 했으나 당시 프란시스 1세와 카를 5세와의 전쟁이 있어 바로 그곳으로 갈 수가 없어서 남쪽으로 우회하여 갈 수밖에 없었다. 그래서 제네바에서 하룻밤을 지내게 되었다. 그러나 제네바에서의 하룻밤은 칼빈이 일생을 저당잡히는 기회가 되었다. 칼빈이 제네바에 온다는 소식을 듣고 가장 기대에 차서 기다리던 사람은 칼빈 이전부터 제네바에서 개혁운동을 하고 있던 프랑스의 개혁자 윌리엄 파렐이었다. 칼빈과 파렐 사이에 어떤 드라마가 있었는지 칼빈의 증언으로 들어보자.

"하나님의 복음을 위하여 남다른 열심이 불타던 파렐은 나를 붙잡기 위하여 정신이 없었다. 내가 조용히 공부하는 데 몰두하고 싶다고 말하자 그는 자기의 간청이 허사가 된 줄 알고, 만일 자기의 부탁을 듣지 않는다면 하나님께서 나의 앞길을 저주하실 것이며, 내가 하려고 하는 공부도 순탄하지 못할 것이라고 말했다. 나는 너무나 겁에 질려 계획했던 여행을 포기했다. 그러나 나는 천성적으로 너무나 수줍어하는 성격이어서 어떤 특별한 직무에 얽매이는 것을 싫어했다."[386]

---

386) 시드니 M. 휴톤, Ibid., p.183.

파렐은 저돌적이고 정열적이었다. 결국 그는 칼빈을 제네바에 묶어 두는 데 성공하였다. 칼빈은 파렐과 함께 종교개혁을 제대로 실천하기 위하여 엄격한 권징을 시행하였다. 그러나 이러한 엄격한 신앙생활에 반기를 든 사람들이 있었는데, 그들은 자유사상가라고 불리는 자들로 인간의 자유로운 삶을 신의 도덕적인 법을 지키는 것보다 더 중요하게 생각하였다. 제네바의 권력층에 있는 사람들이었던 이들은 제네바 의회를 통해 자신들의 의견을 관철시키고, 파렐과 칼빈을 제네바에서 추방하였다.

1538년 제네바를 떠난 칼빈은 스트라스부르에서 프랑스 피난민을 상대로 3년간 목회의 삶을 보냈다. 여기서 그는 신약성경의 교훈에 따라 교회를 세우려고 노력하였고, 부처와 같은 친구들을 만나 개혁에 대한 좋은 교감을 나누었다. 특히 그의 장로교 정치제도는 부처에게서 영향을 받은 것이다. 칼빈은 시편 찬송을 편찬하여 시편을 가지고 찬송하는 예배 분위기를 보편화하였다. 또한 성경 주석을 집필하였고, 신앙에 대한 토론을 통해 자신의 개혁정신을 성숙시켜 갔다. 그는 여기에서 과부였던 이들레트 드 뷔르와 결혼하였고, 그동안 칼빈의 친구들은 제네바의 의회를 다시 장악하였다. 이들은 칼빈을 제네바로 다시 초청하기로 결정하고 1541년 칼빈을 공식적으로 초청하였다.

첫 번째와는 달리 칼빈의 두 번째 제네바 개혁은 시민들의 환영과 더불어 시작되었다. 칼빈은 시의회의 도움으로 하나님의 말씀대로 시정과 시민들의 생활을 고치려고 노력하였다. 그리고 젊은이들의 교육에 신경을 썼다. 처음에는 매 주일마다 두 번씩 설교하고 평일에는 세 번 설교하였다. 1549년부터는 주일에 두 번 설교하고 격주로 매일 설교하였다. 그는 설교를 통해 사람들의 영혼을 일깨우고 말씀대로 개혁해야 한다는 의지로 가득 차 있었다. 칼빈이 제네바에서 종교개혁을 본격적으로 시작했을 때는 루터가 세상을 떠난 이후였기에 서유럽의 개혁자들도 칼빈에게 찾아와 지도를 받게 되었다. 그래서 제네바는 개혁의 중심도시로 부상하였다. 게다가 이때의 제네바는 예전과는 달리 종교적 박해로부터 안전을 보장해 주었기 때문에 많은 개신교 피난민들이 몰려들었다. 칼빈은 대소요리문답과 여러 가지 신학 논문들을 저술하고 성경주석을 쓰면서 지성인들과 교인들을 일깨웠다. 칼빈에게 영향을 받은 제네바 시의회는 시민 전체의 생활을 위한 지침서를 만들었다. 제네바는 세 교구로 나뉘었고, 주일 새벽예배, 정오예배, 그리고 오후 예배를 위해 다섯 명의 목사와 세 명의 부목사가 임명되었다. 주중에는 월요일·수요일·금요일에 예배가 있었고, 13,000명의 인구가 사는 도시에 일주일에 17번의 설교가 있었다. 사람들은 말씀을 듣기 위해 교회로 몰려들었다.[387]

칼빈의 설교에 영향을 받고 동의한 시민들은 그들의 식생활, 경제생활, 그리고 의복 등 윤리생활 규정을 만든 제네바 자치단체의 결정을 환영하였다. 이것으로 인해 사실 그들의 생활은 이전과 달리 매사에 통제를 받게 되었다. 그러나 이것은 문제가 되지 않았다. 그들 스스로가 불경건하고 세상적인 정욕을 버리고 성경 말씀을 따라 의롭게 살기를 선택했기 때문이다. 그러나 이것을 싫어하는 대적들도 생겨났다. 이들은 늘 칼빈을 공격했으며, 칼빈의 종교개혁에 암적인 존재로 등장하였다. 이들이 칼빈을 공격한 한 가지 사건을 예로 들면 세르베투스의 죽음이다. 그는 이미 삼위일체 교리를 거부하고 로마가톨릭회로부터 사형선고를 받은 자였다. 그는 용케도 사형의 위험에서 도망하여 제네바로 피신하였지만 제네바 시민들이 그를 이단으로 회부하였다. 그는 자신을 변호하며 도리어 칼빈을 이단이라고 정죄하고 그를 화형시켜야 한다고 주장하였다. 그러나 제네바 시민들은 칼빈 편이었고 세르베투스는 곧 화형당했다. 칼빈의 반대자들은 세르베투스의 죽임을 받아들이고 이를 방치한 칼빈의 시대적인 오류를 지적하면서 공격

---

387) 로랜드 H. 베인톤 저, 서영일 역, 「16세기의 종교개혁사」(서울: 은성출판사, 1992), pp.131-145.

하였다.

그러나 칼빈의 전체적인 모습은 잔인하지 않았다. 그는 자신의 모든 것을 바쳐서 말씀의 교훈대로 몸소 사랑을 실천한 사람이었다. 그는 가난한 자들을 위해 노력했으며, 구빈원을 만들어 도움이 필요한 자들을 수용하게 하였다. 그리고 프랑스에서 온 난민들의 주거문제 해결을 위해서도 노력하였다. 그러나 진리를 양보할 수는 없었다. 그는 끝까지 세르베투스가 이단의 견해를 포기하기를 원했다.

칼빈은 제네바를 하나님 나라의 모델로 만들려고 노력하였다. 그래서 이러한 시도의 일환으로 그는 교육정책에 심혈을 기울였다. 어린 아이들을 위해서는 소요리문답을 가르치고 학교를 세워 기독교 인재를 양성하면서 하나님의 전체적인 계획을 배우도록 하였다. 유럽에서 몰려든 종교개혁 지도자들은 이러한 제네바에 와서 개혁정신을 이어받아 갔다. 대표적인 인물은 스코틀랜드의 존 낙스였다.

칼빈은 평소에 병약한 사람이었다. 그럼에도 불구하고 설교를 못하면 주석을 썼고 주석을 못 쓰면 편지를 쓰는 등 쉬지 않고 일했다. 그는 개혁을 위해 양초처럼 자신을 불태웠다. 1564년 그는 그동안 자신에게 호의를 베풀어 준 시의회에 감사를 드렸고 얼마 후 세상을 떠났다. 그의 나이 54세였다. 칼빈의 장례식은 그의 유언대로 검소했으며 사후에도 그의 추종자들이 새로운 종파를 만들지 않도록 하기 위하여 비석도 없이 공동묘지에 안장되었다. 그의 견해에 기초한 생활정신과 신학은 오늘날 개혁교회의 초석이 되었다.[388]

---

388) cf. 시드니 M. 휴톤, Ibid., pp.183-194; Roland H. Bainton, The Reformation of the Sixteenth Century(New York: Harper & Row Publishers, 1966), pp.160-182.

칼빈의 개혁사상

성경관

칼빈의 종교개혁은 성경말씀의 원리를 따라 교회를 개혁하는 것이었다. 이 점에서 루터보다 더욱 성경적인 원리에 충실하려고 했던 것으로 보인다. 루터는 성경에 하지 말라고 명시된 것들 외에는 인간의 자유가 있다고 한 반면에 칼빈은 성경에 명시되지 않은 것은 할 수 없다고 하였다. 칼빈에게 있어서 성경의 권위는 로마가톨릭의 교회 전통이나 교권보다 더 신적이고 절대적인 것이었다. 칼빈은 모든 신앙과 생활의 척도가 되는 성경을 해석하기 위해 일생을 주석학자로 보냈다. 그는 요한일·이·삼서와 요한계시록을 제외하고는 신약 모든 성경에 대한 주석을 썼다. 그리고 구약의 모세오경, 여호수아, 시편, 이사야도 주석하였다. 또한 구약 선지서에 대한 설교와 강의 등을 남겼다. 그리하여 총 45권의 영어 번역책에 달하는 방대한 성경 연구의 업적을 남겼다. 그의 신학과 신앙의 원리를 가장 잘 보여주는 영원한 불후작「기독교 강요」도 성경의 가르침을 기초로 형성되어 있다. 다음은 칼빈의 성경에 대한 견해를 잘 연구한 맥킴 교수의 분석을 중심으로 칼빈의 성경관을 정리한 것이다.

1. 성경의 필요성

칼빈은 인간이 존재론적으로 하나님을 아는 지식에 도달할 수 없기 때문에 하나님과 의사소통을 하고 그의 계시를 알기 위해서 성경이 필요하다고 언급하고 있다.[389] 하나님께서 만물 안에 신앙의 씨앗을 심어 주었기 때문에 사람은 생득적으로 신지식에 대한 의식을 갖고 있지만,[390] 범죄로 인해

---

389) 도널드 맥킴 편저, 이종태 역, 「칼빈신학의 이해」(서울: 생명의 말씀사, 1993), p.61.
390) John T. McNeill, Ibid., vol 1. 1.4.1; 1.3.1.

인간은 우상숭배의 길로 가게 되었고, 무지와 악의의 소치로 인해 하나님에 대한 참된 지식이 오염되어 있다는 것이다. 하나님에 대한 참된 지식을 회복하는 길은 다시 인간이 하나님을 경외하고 그분과의 올바른 관계를 정립하는 방법밖에는 없는데[391] 이 지식을 알려주는 유일하고 무오한 계시가 바로 성경이라는 것이다. 자연도 하나님에 대한 확실한 지식을 제공하지 못하며 하나님을 조물주로 안내하는 것은 성경뿐이다. 그래서 칼빈은 성경의 기능을 안경에 비유하여 설명한다.

"노안이나 근시 또는 시력이 약한 사람들에게 아름다운 장정의 책을 내민다면 그들은 그것이 글이라는 것은 알지만 단 두 글자도 알아볼 수 없다. 그러나 안경의 도움을 빌리면 분명히 읽을 수 있듯이, 성경도 우리 마음에 혼잡하게 흐트러져 있을 하나님에 대한 지식을 모으고 우리의 우둔함을 추방하여 우리에게 참 하나님을 선명하게 보여 준다."[392]

칼빈은 자연도 성경을 통해서 하나님의 일반계시를 발휘한다고 하였다.[393] 하지만 오직 성경만이 인간과 피조 세계가 하나님을 바르게 인식할 수 있도록 해준다고 하였다.

"타락한 인간의 마음이 하나님을 잘못 알기가 얼마나 쉬운지, 온갖 오류를 범할 가능성이 얼마나 큰지를 가만히 생각해 보라. 그러면 우리는 하나님의 가르침이 기록으로 남아 망각을 통해 없어지지도 않고, 오류를 통해 사라지는 일도 없고, 사람들의 만용 때문에 훼손되는 일도 없게 되는 것이 얼마나 필요했는가를 알게

---

391) Ibid., 1.2.1.
392) Ibid., 1.6.1.
393) 도날드 맥킴, Ibid., p.65.

될 것이다. 그러므로 하나님께서는 이 우주에 가장 아름다운 모습으로 자신의 모습을 새겨 놓았다 하더라도 그것이 충분히 효력을 발휘하지는 못할 것을 내다 보셨기 때문에 유용한 가르침을 주고 싶은 사람들 모두를 위해서 이 말씀의 도움을 마련해 주셨음이 분명하다."[394]

칼빈에게 있어서 성경이 존재하지 않았다면 인간과 자연이 모두 신의 지식을 알 수 없고, 영원한 어둠 속에 처해 있게 될 것이므로 성경은 인간과 자연이 하나님께로 가기 위해 절대적으로 필요한 진리의 말씀으로 이해되었다.

2. 성경의 권위

칼빈이 성경의 권위를 세우면서 로마가톨릭과 입장을 달리한 주된 포인트는 교회가 성경의 권위를 부여한다는 로마가톨릭의 전통적인 주장을 정면으로 거부한 것이다.[395] 교회는 교회가 존재하기 전에 선지자와 사도들이 세워놓은 터 위에 존재한다고 칼빈은 주장하였다. 이 말은 교회가 있기 이전에 이미 사도들과 말씀이라는 터가 있었다는 것이다. 교회는 선지자들과 사도들의 가르침 즉 말씀이 기초가 되어 존재해왔기 때문에 교회가 성경에 권위를 부여한 것은 로마가톨릭에서 만들어 낸 잘못된 것이라고 칼빈은 반박하였다. 그리고 더 나아가서 "살아 있는 하나님의 말씀이 들렸던 것처럼 사람들이 성경을 하늘에서 내려온 것으로 여길 때만이 성경은 신자들 가운데서 권위를 갖는다"고 하였다.[396] 하나님은 성경 안에서 자신의 입을 열어 말씀하시며,[397] 자신의 말로 말씀하고 계시며,[398] 그것이 글로 적히고

---

394) John T. McNeill, Ibid., vol 1, 1.6.3.
395) Ibid., 1.7.1.
396) Ibid., 1.7.1.
397) Ibid., 1.6.1.

날인되었으며,399) 말씀하고 계신다.400)

그래서 칼빈은 성경에서 전달되는 메시지는 전적으로 하나님께로부터 오는 것이지 교회로부터 오는 것이 아니라고 믿었다. 그리고 성경에 대한 이러한 확신은 인간 스스로 얻는 것이 아니며, 성령으로부터 오는 확신이라고 주장하였다. 그리하여 칼빈은 '성령의 내적 증거'라는 말을 사용하였다. 이는 "우리는 우리 확신을 인간의 이성, 판단, 추측보다 더 높은 곳에서, 즉 성령의 은밀한 증거에서 찾아야 한다."401)라는 뜻이다. 칼빈이 성경의 권위를 절대적인 것으로 인식하는 근거는 성경의 내적 증거와 더불어 성경의 자증이었다. 성경의 자증도 성령의 특별한 내적 증거로 인해 이루어지는 것이어서 칼빈은 성령과 말씀은 항상 분리되지 않는다고 주장하였다. 그리고 칼빈은 성경의 중심에 예수 그리스도께서 계심을 역설하였다. 그리스도는 우리 믿음의 대상이고 목적이시다.402) 이러한 것에 대한 인간의 확신도 성령의 사역인데, 성경과 함께 역사하시는 성령의 역할이 있기 때문이다. 그래서 칼빈에게 있어서 성경의 권위는 인위적인 로마가톨릭교회의 인정 여부에 달려 있는 것이 아니라, 신적 계시와 성령의 내적 증거 그리고 성경의 자증에 있는 것이다. 이는 그리스도를 중심으로 계시된 신적인 진리였다.403)

3. 성경의 영감

칼빈은 하나님께서 성경 안에서 성령을 통해 말씀하시며 이 성경은 바로

---

398) Ibid., 2.8.12.
399) Ibid., vol 2, 4.8.6.
400) Ibid., vol 1, 1.7.4.
401) Ibid., 1.7.4; 3.1.1.
402) Ibid., 1.7.4; 3.2.6.
403) 도널드 맥킴, Ibid., p.72.

하나님의 영감으로 기록되었기 때문에 절대권위가 있다고 보았다. 이는 성경의 신적 기원을 의미하는 것이다. 그래서 칼빈은 이에 대한 증거로 성경을 '하나님의 입', '성령의 학교', '말씀하시는 하나님' 등으로 표현하였다.404) 칼빈은 성경의 신적 기원과 권위를 말하면서 기계적인 성령의 영감을 주장하는 것처럼 보일 정도로 성경은 "모든 인간의 혼합물이 없는 하나님의 순수한 말(word)"이라고 하였다. 이로 인해 그의 주장은 마치 하나님의 말씀을 그대로 받아쓴 성령의 기계적인 영감설을 주장하는 것처럼 오해받기도 하였다. 그러나 칼빈의 '받아쓰기'라는 표현을 문자적으로 이해해서는 안 된다. 보다 넓은 의미로 사용해야 한다. 칼빈이 이렇게 표현한 것은 성경의 기자를 넘어 성경의 궁극적인 기원은 그 기자에게 영감을 준 하나님께 있다는 점을 우리에게 상기시켜 주기 위한 것이다.405)

이렇게 성경이 영감으로 된 것은 연약한 인간들의 양심을 보다 잘 채워주기 위한 것이며, 분명하고 자세한 가르침을 계시해 주기 위한 것이었다고 칼빈은 말한다.

"······주께서는 연약한 양심들을 보다 잘 채워주시기 위해 보다 분명하고 자세한 가르침을 계시하기를 기뻐하셨으므로 예언들 또한 글로 남겨져 자신의 말씀의 일부로 취급되도록 명령하셨다. 그와 동시에 역사서들도 여기에 덧붙여졌는데 이것 또한 선지자들의 노고이지만 성령의 구술아래 작성되었다. 또한 우리 모두 시편에 예언이 담긴 것으로 보기에 시편 또한 여기에 첨부시키겠다."406)

그러나 하나님은 자신의 메시지를 인간의 수용 능력에 맞도록 전달하셨

---

404) John T. McNeill, Ibid., vol 2, 3.21.3.
405) 도널드 맥킴, Ibid., p.77.
406) John T. McNeill, Ibid., vol 2, 4.8.6.

다는 것이 칼빈의 영감이론이다. 성경 기자들의 성품, 말, 생각 등을 통해서 영감으로 기록되었다는 것이다. 영감과 성령의 자율적인 개입, 그리고 인간의 성경기록은 역동적인 관계로 이루어져 있었으며 결코 기계적인 것은 아니었다. 그렇기 때문에 성경의 권위는 더욱 확실한 것이다.

교회관[407]

칼빈의 종교개혁에서 국가나 사회적인 개혁을 배제할 수는 없지만 그의 최대 관심은 역시 교회개혁이었다. 그리고 그의 신적인 소명은 단순히 제네바의 교회를 위한 것뿐만 아니라 지구촌의 총체적인 교회를 위한 것이었다. 칼빈은 시편 서문에서 자신의 짧은 전기를 서술하면서 교회 일에 관여한 자신을 구약의 다윗 왕이 목자로부터 불리움을 받아 최고 통치자의 위치에 오른 경우에 비유하였다. '그는 사도레토에게 보내는 서한'(Epistle to Sadoleto)에서도 자신을 지도자들의 표준을 고양시키고 그들의 직위를 회상시키는 병사로 비유했다. 그는 특히 1554년 폴란드 왕에게 보내는 서한에서 그의 개인적인 부름의 독특성을 주장하였고, 특별한 의무감과 결정의식을 강조하였다. 즉 하나님의 부름에 대한 특별한 소명의식을 견지하였다.

"주님이 그의 교회를 모으시기 위해 우리의 봉사를 이용하실 때 우리에게 지워주신 이 직분은 특별한 것이다. 온당하지 못한 방식으로, 인간의 기대와는 반대로 참 종교의 수호자로 등장한 자들은 그들의 직분을 가져서는 안 될 것이다. 그들은 이 특별한 목적을 위해 하나님으로부터 불리움을 받았기 때문이다."[408]

---

407) 칼빈의 교회관은 1996년에 한국교회문제소에서 발표한 "개혁주의 교회의 전통과 계승"이라는 논문을 참조하여 첨가 혹은 인용, 수록하였다.
408) Ronald S. Wallace, Calvin, Geneva, and the Reformation(Grand Rapids: Baker Book House, 1988), pp.131-132.

칼빈은 하나님으로부터 불리움을 받은 소명의 중심은 바로 교회이며, 이 것을 하나님의 특별한 초청으로 인식하고 있다. 그는 당시의 급진주의자들인 재세례파들처럼 교회 자체에 대한 존재론적인 중요성과 의미를 부인하지 않으며, 교회의 역사적인 정당성을 전혀 거부하지 않는다. 그리고 칼빈은 루터와 같이 말씀과 성례가 교회의 진정한 징표임을 말한다. 로마가톨릭 교회는 전통과 외형적인 종교 예식으로 교회의 징표를 삼지만, 칼빈에게 있어서 진정한 교회의 기준은 말씀의 올바른 선포와 바른 집행이었다.

성례관

칼빈의 교회관은 하나님의 말씀과 성례에 기초하고 있다. 칼빈은 "하나님이 목자와 교사들을 세워 그의 말씀을 통해 종들을 교훈하도록 하였으며 …… 더군다나 성례를 제정하여 우리의 신앙을 다지고 보존하며 그것을 은혜의 효과적인 수단으로 삼으셨다"고 하였다.[409] 칼빈은 말씀과 성례가 기독교인의 생활에 중요한 두 개의 축이라고 하였다. 그리스도인의 생활의 초점인 예배의 행위는 단순히 인간의 입술에서 나오는 하나님의 말씀에만 의존하는 것이 아니라, 무엇보다도 객관적인 실제에 있어서는 인간과 독립되어 있는 성례에 의존한다. 칼빈은 성례의 비중이 기독교인에게 말씀 못지않게 큰 영향을 미치고 있음을 강조하였다. 말씀은 개인에게 선포되는 것이지만 성례의 집행은 모든 회중의 현존과 참여를 절대적으로 요구하고 있다. 성례야말로 자발적으로 전체 회중이 참여하는 예배 행위이다. 이런 의미에서 칼빈은 교회를 본질적으로 성례적인 교제로 간주하였다.

"교회가 아무리 질서정연하고 공정하게 다스려진다 해도 주님이 제정하신 거룩한 만찬이 자주 행해지지 않고, 거기에 참여하지 않는다면 진정한 교회로 간주

---

409) John T. McNeill, Ibid., vol. 2, 4.1.1.

할 수 없다."410)

칼빈에게 있어서 예전의 진정한 의미는 무엇인가? 칼빈은 예전을 외적 징표에 의해 확인된, 우리에게 향한 '신적 은총의 표'(token of divine grace)라고 했다.411) 칼빈은 재세례파의 성례에 대한 오류를 공격하면서 성례에 대한 성격을 명확하게 밝히고 있다.

"우리의 자비로우신 주님은 …… 비록 이러한 땅의 요소들을 가지고도 우리를 그에게로 인도하신다. 그리고 땅의 요소 그 자체로는 육적인 것이지만 그것들을 통하여 우리에게 도리어 그의 영에 속한 것들을 숙고하게 해준다. 이러한 현상은 결코 성례식 때 우리에게 주어진 물질의 본성에 어떤 선물이 주어져 있기 때문이 아니라, 그것들이 하나님에 의해 이러한 의미를 갖도록 인정되었기 때문이다."412)

칼빈은 성례 그 자체로는 은총의 수단이 될 수 없지만, 하나님의 개입이 있을 때 효과적인 은혜의 수단이 될 수 있다고 말한다. 하나님이 개입하시는 수단이 바로 말씀이라는 것이다. 말씀 없이 가시적인 징표들이 제공될 때에 그것들은 아무런 능력이 없고 죽은 것이며 해로운 것이 될 수도 있다. 또한 성례의 효과는 수혜자의 믿음과도 상관되어 있다는 것이 칼빈의 입장이며, 이것이 또한 로마가톨릭교회의 입장과도 다른 점이다. 그리고 성례에는 성령의 효과적인 사역도 있어야 함을 그는 말하고 있다.

---

410) Inst. 17.43-44.
411) Ibid., 4.14.1: "token of divine grace towards us confirmed by an outward sign".
412) Ibid., 1.7.1.

"성례의 효율을 위해서는 첫째, 주님이 그의 말씀으로 우리에게 가르치고 교훈함이 있어야 한다. 둘째, 주님은 성례를 통해 우리의 신앙을 확인한다. 셋째, 주님은 우리의 마음속에 성령의 조명을 비추어 주신다."413)

성례는 우리가 전적으로 하나님과 교제를 이룰 수 있게 해주면서, 우리를 그에게로 이끌어 가는 작용을 한다. 칼빈은 바로 이 성례야말로 우리 가운데 모든 영적인 효과들을 불러일으키는 예전이라고 믿었다.

"성례의 집행으로 인해 그리스도의 참된 지식이 우리 가운데 심겨지고, 강하게 되며, 증가한다. 이에 비례해서 우리는 그와의 완벽한 교제를 얻게 된다. 그리고 우리에게 임한 그의 선물의 은혜(benefit of His Gift)를 즐기게 된다."414)

칼빈은 츠빙글리처럼 성례를 기념적인 것으로 보거나 혹은 재세례파처럼 단순한 영적인 해석으로 접근하지 않았다. 성례는 구원의 은혜가 주입되는 통로이며 사람이 제정한 것이 아니라고 하였다. 그러나 그것의 효과는 바로 인간의 신앙과 말씀의 가르침, 성령의 능력을 통해 완전한 성례가 이루어지는 것이라고 보았다. 그리고 이것이 참된 개혁교회의 모습이라고 하였다.

1. 세례

칼빈 당시의 재세례파들은 츠빙글리의 전통을 이어받아 세례는 단순히 군인들이 직업적으로 그들의 휘장을 들고 있는 것과 같이 사람들 앞에서 자신들의 신앙을 나타내는 표에 불과하다고 보았다. 이에 반하여 칼빈은

---

413) Ibid., 4.14.8.
414) Ibid., 4.14.16.

그들의 주장이 세례의 본질을 외면한 것임을 말하면서 세례는 죄 용서를 받는 것이라고 반박하였다. 뿐만 아니라 세례는 칼빈에게 있어서 죄 사함 이상의 의미가 있었다. 즉 성만찬과 같이 그리스도의 실재, 그와의 연합, 교회와의 연합, 그리고 하나님의 자녀 됨의 확인 등의 의미였다. 세례는 그리스도 안에서 죽고 다시 사는 징표이자 그리스도와 연합하는 징표로서 교제와 구원의 확인, 소망을 충전시켜주는 예전이었다.

"세례는 우리가 하나님의 양자로 교회라는 사회에 받아들여지는 징표이다. 그래서 그리스도의 몸과 연합되어 하나님의 자녀로 불릴 수 있도록 하나님께서 우리에게 주신 것이다."[415]

칼빈에게 있어서 세례는 단회적인 죄 사함의 의미가 아니라 전 생애를 정결케 하는 징표였다. 세례는 단순히 우리의 과거 모습을 해결해 주는 과거 청산적인 성격에 국한된 것이 아니라, 세례 이후에 우리가 범하게 되는 모든 죄에 대해서도 새로운 속죄를 보장하는 행위이다. 한 번 세례 받음은 단번에 모든 죄가 용서받았음을 의미하는 것이며 단번에 우리의 전생애가 정결하게 되었다는 뜻이다. 세례를 통해서 그리스도의 정결함이 우리에게 제공되었기 때문이다. 그래서 이제 세례 받은 신자들은 그리스도의 정결함의 능력으로 세례 이후에 의로운 삶과 위로의 삶을 살 수 있게 된다. 이는 그리스도 안에서 과거의 죄에 대하여는 죽고, 새로운 생명의 삶을 사는 성화를 포함한다. 비록 우리가 도중에 범죄하는 일이 있어도 세례를 회상하면서 다시 속죄함에 대한 확신과 소망을 가질 수 있는 것이다. 그래서 한 번 세례 받은 것이 무효한 것이 아니라 전 생애를 통해 우리에게 정결의 자

---

415) Ibid., 4.15.1.

양분을 제공해 주는 것이다.[416]

세례는 하나님의 자녀가 되는 징표이며 동시에 지속적으로 그리스도의 교회에서 그리스도와 연합을 이루고 성도의 공동체를 형성하는 기초이다. 칼빈은 다음과 같이 말하고 있다.

"누구라도 세례를 받게 되면 그는 전체 신자들의 회중에 알려지며 전체 교회가 그를 위해 기도하고 교회가 증인이 되어 준다. 그는 하나님께 드려지고 교육받은 대로 신앙고백을 암송하게 된다. 즉 세례 시에 갖게 될 약속들을 헤아리게 된다. 그리고 성부, 성자, 성령의 이름으로 세례를 베풀고 마지막으로 감사와 그를 위한 기도로 성찬이 종결된다.[417]

특히 세례의 단회적인 성격을 부인하던 재세례파에 반대하여 칼빈은 한 번 받은 세례는 사람에 따라 달라지거나 효과가 없어지는 것이 아니라고 주장한다. 당시 재세례파는 바울이 요한의 세례를 받았던 자들을 재세례했다고 주장하였다. 또 세례의 의미가 제대로 인식되지 않는 엉터리 세례로 인해 수혜자가 자신의 세례에 대하여 잘못되었다고 인정할 때는 재세례가 필요하다고 했다. 그러나 집행자가 완전하지 못하다 해도 이를 행하시는 이는 주님이시기 때문에 세례의 효과에는 전혀 문제가 없다는 것이 칼빈의 입장이었다. 이 점에 있어서 재세례파는 완전주의를 주장하였고 역사적인 교회의 전통세례를 거부하여 결국 유아세례도 거부하였다. 이에 비해 칼빈은 역사적인 교회의 세례를 인정했으며, 세례 없이는 아무도 죄 사함과 하나님의 자녀 됨, 그리고 승화의 삶을 위한 능력을 공급받을 수 없다고 주장하였다.

---

416) Ibid., 4.15.3.
417) Ibid., 4.15.19.

2. 성만찬

성만찬은 종교개혁에 있어서 성경말씀을 수호하는 것만큼이나 중요했다. 그 이유는 교회의 순수성을 유지하고 진정한 개혁교회의 갱신을 위해서는 성만찬도 갱신이 필요했기 때문이다. 초대교회 때부터 전통적으로 내려온 성례의 하나로서, 세례 이후에 우리에게 지속적으로 영적 양식을 제공하는 하나님의 징표가 바로 성만찬식이었다. 그런데 가톨릭교회는 이 성만찬 예식을 부패하게 만들었다. 가톨릭교회의 성만찬은 하나의 의식에 그쳐서 그 안에 있는 하나님과의 영적인 만남과 역동적인 영혼의 기쁨을 상실하였고, 빵과 포도주가 그리스도의 몸과 피로 변한다는 미신적인 신앙으로 교인들을 오도하고 있었다. 칼빈은 빵과 포도주를 우리에게 주의 은총을 제공해 주는 징표로 인식하였다. 하나님은 세례를 통해 우리를 자신의 자식으로 영접하신 후에도 우리를 혼자 방치해 두지 않으시고 필요에 따라 우리 삶의 전 과정을 통해 영적인 자양분을 제공해 주고 계신다는 것이 바로 성만찬의 의미였다.[418]

"성찬식 때 우리에게 배분되는 빵과 포도주는 눈에 보이지 않는 양식을 우리에게 제공해준다. 즉 성찬식 때 우리에게 배분되는 물질적인 요소들은 영적인 것들을 우리에게 가져다 주는 유비의 종류로 이해해야 한다. 빵이 그리스도의 몸의 상징으로 주어질 때 우리는 이와 같이 비교할 수 있다. 빵이 우리들의 육체의 생명에 필요한 영양을 공급하고, 유지하고, 지켜주듯이 성찬 때 우리의 육체 속에 들어오는 빵을 통해 영적인 양식이 주입된다. 그리고 포도주도 마찬가지의 원리로 마시는 것이다. 이때의 은혜와 유익은 정말 우리를 자양시키고, 새롭게 하고, 강하게 하고, 기쁘게 하는 것이다. 고로 우리가 그리스도의 몸과 피에 동

---

[418] Ibid., 4.18.1.

참할 때 설명할 수 있는 이상의 신비를 느끼게 되는 것이다."[419]

칼빈은 성만찬 시에 나타나는 그리스도의 임재에 대해 가톨릭교회의 화체설이나 루터의 공재설과는 다른 영적 임재를 주장한다. 하지만 칼빈은 이 이론들 이상으로 그리스도의 임재를 실존적 사건으로 이해하며 확실한 임재의 체험을 주장하고 있다. 이는 단순한 영적인 임재가 아니라, 우리가 "그리스도를 눈앞에서 보고 손으로 만지듯이 그의 실재함을 고려해야 한다"고 주장하였다.[420] 그는 우리를 속이거나 거짓말을 할 수 없는 분이기 때문이다. 그는 "먹으라 이것은 너희를 위해 주는 나의 몸이다"라고 하셨고, 또 "마시라 이것은 너희 죄 용서함을 위해 뿌리는 나의 피다"라고 했기 때문이다. 칼빈은 분명히 빵과 포도주를 그리스도의 영적 임재의 실상으로 보았으나, 그의 임재설은 화체설이나 공재설의 임재이론과는 달랐기 때문에 실제적인 영적 임재설의 창시자는 칼빈이었다고 할 수 있다.

성만찬은 우리에게 영적인 자양분을 제공해 주는 교회의 중대한 은혜의 수단이며 동시에 칼빈은 이것을 교회공동체나 성도를 하나로 묶고 평화와 사랑과 일치를 가져오는 예전으로 보았다. 성만찬은 우리의 연약해진 믿음과 사랑을 회복시키는 역할을 한다. 그는 '성찬은 사랑의 띠'(bond of love)라는 어거스틴의 말을 인용하여 어떤 분파도 갈라섬이 없도록 성만찬을 통해 하나로 결합하기를 추구해야 한다고 주장했다.[421]

성만찬을 통해 믿음과 사랑의 회복을 완벽하게 성취해야 한다는 것은 칼빈의 생각은 아니었다. 그러나 그는 다음과 같은 역동성은 필요하다고 강조했다.

---

419) Ibid., 4.18.3-4.
420) Ibid., 4.18.3.
421) Willem Balke, Calvin and the Anabaptist Radicals, p.56.

"신앙과 사랑의 이러한 의무가 당장 우리 안에서 완벽하게 성취되어야 한다는 것은 아니다. 그러나 우리는 온 마음을 다해 이 목적을 달성하도록 노력하고 열망해야 한다. 그래서 날마다 우리의 신앙을 다시 한 번 증진시키고 우리의 연약한 믿음을 강하게 할 수 있도록 해야 한다."[422]

성만찬은 일종의 치료제와도 같은 성격을 가진 것으로 보인다. 그래서 칼빈은 성만찬은 병자에게 치료약이 되고, 죄인에게 위로가 되며, 가난한 자에게는 자선이 된다고 하였다. 그러나 이러한 성만찬은 또한 하나님의 말씀과 성령의 사역 그리고 수혜자의 믿음이 동반되어야 함을 필요조건으로 한다. 이것은 성례에 대한 칼빈의 근본적인 과제였다.

연합정신

로마가톨릭교회와의 투쟁 가운데서도 칼빈의 생각 속에는 근본적으로 교회의 분리라는 개념은 없었다. 그는 오직 잘못된 교회를 개혁하려 했지, 교회 자체를 존재론적으로 거부하지는 않았다. 칼빈에게 교회는 그리스도의 몸과 같았다. 그는 교회의 일치를 주장하였다. 그래서 그리스도 안에서 전교회의 일치는 칼빈 개혁신앙의 주된 교리였다. 그는 이 점에서 초대교회의 교부 키프리안(Cyprian)의 견해를 인용하기를 좋아했다.

"오직 하나의 교회가 존재한다. 그리고 그것의 열매에 의하여 다수의 교회로 존재케 된다. 마치 그것은 하나의 빛밖에는 없지만 태양에 많은 광선이 있고 하나의 나무둥치가 있지만 많은 가지가 있으며, 또 하나의 샘의 원천에서 많은 물줄기가 형성되는 것과도 같다.…… 이와 같이 많은 가지와 지류들이 형성되어 있지만 원천적인 일치(source unity)는 보존된다. 태양의 본체에서 광선이 분리되

---

[422] John T. McNeill, Ibid., vol. 1, 1.13.24.

어 발산하지만 빛의 일치성은 나누어지지 않는다. 나무로부터 가지가 꺾이면 부러진 가지는 소생하지 못하는 원리와 같다. 물줄기가 샘물로부터 끊어지면 말라 버리는 것과 같다. 마찬가지로 교회도 한 하나님의 빛에 의하여 조명되고, 그 햇살을 온 지상에 보낸다. 그러나 그것이 어느 곳을 비추더라도 하나의 빛임에는 틀림없다."[423]

기본적으로 그리스도에 대한 신앙에 있어 우리의 양심은 하나의 교회를 염원한다는 것이 칼빈의 견해였다. 그러므로 칼빈은 우리가 그리스도를 믿을 때 교회의 일치가 전제되는 것으로 보았다. 한 그리스도에게 연합되어 있는 지체들이기 때문이다. 그래서 많은 신자들이 그리스도를 중심으로 몸과 영혼이 하나로 연합되어 있는 것을 '가톨릭'(Catholic) 혹은 '유니버설'(Universal)이라고 불렀다. 이런 의미에서 칼빈은 두 개나 세 개의 교회가 있을 수 없다고 주장하였다. 그리고 다른 교회가 있다고 주장한다면, 그것은 그리스도 몸을 찢지 않고는 불가능하다고 하였다.[424]

그러나 16세기에 칼빈은 자신의 주변에서 이미 종교개혁의 다양한 모습으로 인해 그리스도의 교회가 나누어지는 아픔을 겪었다. 그는 이러한 갈등과 분리가 교제와 일치의 부족으로 인해 발생했다고 보았으며, 이것은 바로 우리 시대 최대의 악한 일이라고 하였다. 그래서 그는 총대감독 크래머(Archbishop Crammer)에게 보내는 편지에서 개혁파에 속해 있는 모든 이들은 함께 모여 신학적인 이해를 증진시키고 신앙을 표현하기 위해 공동된 틀을 만들어 내야 한다고 했다. 그는 크래머에게 "교회 멤버는 갈라졌고 몸은 피 흘리고 있다"고 말하였다.[425] 칼빈은 자기의 적이었던 로마가톨릭의 추기경 사도레토(Cardinal Sadoleto)에게 "그리스도는 현재 분산되어 있

---

423) John T. McNeill, Ibid., vol. 2, 4.2.6.
424) Ibid., 4.1.2-3.
425) Ronald S. Wallace, Ibid., p.148.

는 우리를 불러내어 그의 몸의 교제로 연합하게 하실 것이다. 그래서 그의 한 말씀과 한 영을 통해 우리는 한 마음과 한 영혼으로 연합될 수 있을 것이다"라고 하였다.

교회의 연합에 대한 칼빈의 입장을 종합해 보면 칼빈은 당시 로마가톨릭 교회와도 분리할 수 없는 입장을 견지하려 했음에 틀림없다. 칼빈은 사람들이 그리스도와 마음을 같이하고 살아 있는 교제를 나누면, 그들의 교리적인 차이점은 축소된다는 것을 깨닫게 될 것이라고 하였다. 물론 칼빈의 연합은 진리와 참된 교리를 기반으로 한 것이다. 그러나 서로의 의견이 다르다고 해서 그리스도의 몸을 갈라 버리는 행위는 칼빈에게 용납되지 않았다. 칼빈은 의견이 서로 다른 사람들은 만나서 대화를 해야 한다고 주장하였다. 자신의 당대 사람들이 하는 것처럼 회의를 피하는 것은 빛을 피하려고 노력하는 것과 같다고 하였다. 의견을 덜 교환할수록 더 위험한 교리주의에 빠진다고 하였다.

1. 십자가를 지는 교회

칼빈이 주장하는 교회의 개혁은 교리적이고 교회의 예전적인 것에만 국한된 것이 아니었다. 그는 그리스도인의 삶이 변화되어야 한다고 보았다. 즉 세례와 성만찬을 통해 새로운 존재로 태어난 그리스도인들이 참된 회개의 삶을 통해 믿음과 복종을 보여주는 것이 하나님의 은혜에 대해 응답하는 길이라고 말하였다. 그래서 칼빈은 교회공동체는 오직 영적인 확신과 구원의 기쁨에만 잠겨 있을 것이 아니라 개인이 어떻게 살아야 할 것인가를 주요한 과제로 삼아야 한다고 하였다. 트뢸취는 이러한 칼빈의 이념이 유럽 문명 전체에 영향을 주었다고 보았다.[426] 칼빈은 1539년 스트라스부

---

[426] E. Troeltsch, The Social Teaching of the Christian Churches vol 2(Chicago: The University of Chicago Press, 1981), p.597.

르에서 쓴 「기독교 강요」에서 '그리스도인의 생활'(The Life of Christian Man)이란 부분을 첨가하였으며, 1559년판에서는, 특히 회개를 거론하는 부분에서 이 문제를 다루었다. 그리고 그는 성화나 중생은 회개와 구원의 서정에서 그 순서를 바꿀 수 있다고 보았다. 그러면 칼빈이 말하는 그리스도인의 삶은 어떤 것인가? 그것은 하나님께 헌신하는 것이며 그리스도의 부름에 응답하는 것이다. 그 응답은 바로 그들의 십자가를 지고 따르는 것이다. 즉 그리스도인의 공동체인 교회는 이러한 의미에서 자기부인을 위해 불리움을 받았다고 보았다.

개혁교회의 자기부인의 철학은 교부들과 어거스틴 그리고 많은 성자들과 중세 독일의 신비주의자들이 루터에게 미친 지대한 영향의 결과였다. 이는 칼빈에게도 마찬가지였다. 루터와 칼빈은 우리의 죄의 뿌리가 왜곡된 자기사랑이라고 하였다.[427] 그리고 칼빈은 우리의 최대의 적은 악마도, 박해자도, 세상도 아니고, 바로 바울이 말하는 육체 곧 자기중심의 삶의 원리라고 하였다. 하나님은 항상 우리의 신앙을 시험하시는데, 그 기준이 바로 자신을 부인하고 그리스도를 따르는 것이라고 하였다. 하나님을 섬기기 위해 첫 번째로 해야 할 일이 바로 자기 자신을 떠나는 것이라고 하였다.

"자신을 떠나는 것은 희생을 의미하며 이것은 또한 두 마음을 품지 않음을 뜻한다. 결국 이중 마음을 품지 않을 때 우리는 하나님께 온전한 헌신을 드리는 것이 가능하다. 그래서 자신의 육체적이며 자율적인 욕망을 부인하고 복종의 삶을 추구하는 것이 바로 십자가를 지는 것이며 이때 자기부인을 동반하게 된다. 이것은 바로 형제공동체(the Brethren of Common Life)의 그루트의 게하르트(Gerhard of Groote)나 토마스 아 켐피스(Thomas a Kempis)의 그리스도인

---

427) Ronald S. Wallace, Ibid., p.189.

의 삶과 같은 맥을 이루고 있는 것이다."[428]

또한 칼빈은 루터의 십자가 신학과 같은 견해를 보이고 있다. 자기를 부인하고 십자가를 지는 것은 수도원 안에서 성자들이 사념 속에 승화하는 차원이 아니라고 하였다. 진정한 승화는 하나님이 우리에게 말씀 속에서 보여주시고 소명을 주신 것들을 세상의 삶 속에서 매일 행하는 데 있다고 하였다. 그러나 그러한 삶은 우리 스스로 노력한 공로로 되는 것이 아니라 하나님의 인도하심과 주관하심이라고 해석하였다. 이것은 바로 중세의 인본주의를 허용하지 않으며, 교회의 본질이 인간에 의해 이루어진 것이 아닌 것처럼 신자의 삶도 전적으로 하나님께 달려 있음을 믿는 칼빈 신학의 근본 원리였다. 즉 그리스도인의 삶은 우리의 공로로써가 아니라 하나님의 도움으로 십자가를 지는 자기 부인의 삶임을 강조하고 있는 것이다. 그래서 칼빈은 그리스도인에게 임하는 십자가와 고통은 바로 우리를 그리스도와 연합시켜 주며 우리의 삶을 그와 교제케 하는 것으로 보았다. 이것은 바로 영광의 십자가가 아닌 고난의 십자가를 통해 그리스도를 보는 루터의 십자가 신학 논리와 맥을 같이한다고 볼 수 있다.

"우리는 항상 우리 자신을 하나님의 봉사를 위해 내어 맡기고, 우리를 그에게 복종하는 자로 확실히 할 때에 십자가 아래서 위로받고 지지받게 됨을 알게 된다. 그때에 우리는 의롭게 되는 것이다."[429]

칼빈의 개혁교회는 가톨릭처럼 영광과 번영의 논리 위에서 살찌우는 교회가 아니라 하나님의 진리를 기뻐하면서 진리를 위해 지상의 어떤 세력과

---

428) Ibid., pp.190-191.
429) Ibid., p.195.

도 타협하지 않고 저항하는 하나님의 백성들의 공동체였다. 이 때문에 칼빈은 자신이 많은 핍박을 받으면서도 개혁을 위해 고난의 십자가를 지고 가는 모습을 보여 주었다.

생각해 볼 문제

1. 마틴 루터는 어떻게 개신교로 개종하였는가?
2. 마틴 루터는 면죄부에 대해 어떤 입장을 가지고 있었는가?
3. 95개의 항의문은 어떤 의미가 있는가?
4. 독일의 선제후 프레드릭은 루터에 대해 어떤 입장을 취하고 있었는가?
5. 루터는 신성로마 황제 카를 5세 앞에서 재판받을 때 무엇이라고 말했는가?
6. 루터가 말한 종교개혁의 원리는 무엇인가?
7. 츠빙글리의 종교 개혁의 특징은 무엇인가?
8. 스위스의 정치적인 입장은 무엇이며 종교개혁과의 관계는 무엇인가?
9. 칼빈의 종교개혁의 원리는 무엇인가?
10. 칼빈이 남긴 저서로 그의 개혁사상을 대표할 만한 불후의 명작은 무엇인가?
11. 제네바의 종교 개혁에 대해 설명해 보라.
12. 세르베투스는 어떤 인물인가?
13. 칼빈이 종교 개혁에 가담하게 된 동기는 무엇인가?

급진주의의 종교개혁

루터, 츠빙글리, 칼빈의 종교개혁에 불만을 품은 무리들은 보다 급진적인 주장을 하면서 극단적인 종교개혁을 요구하고 나섰다. 그들은 역사적인 기독교의 정체성을 부인하였다. 기존교회의 모든 전통과 제도는 물론이고 세례의 효력까지도 의심하면서 엄격한 정교분리의 원칙을 요구하였다. 그들은 구원에 있어서도 완벽주의를 주장하였다.

종교개혁이 모든 사람들에게 자신의 힘으로 성경의 진리를 찾을 수 있도록 문을 열어준 결과로 이 자유를 오용한 무분별한 성경 해석과 적용에서 급진적인 종파들이 나타났던 것이다. 이들은 묵시적인 환상과 천국 이상론에 빠져 부자나 지식인 그리고 기존의 기득권층을 멸시하였다.

"하나님께서는 보통 사람들과 군중을 쓰셔서 전능하신 주 하나님이 다스리신다는 것을 선포하신다. 그리스도께서 처음 오셨을 때처럼, 가난한 자들이 복음을 받아들인다. 지혜로운 자들, 귀족들, 부자들 중에서는 복음을 받아들이는 자들이 많지 않지만, 가난한 자들은 다수가 복음을 받아들인다."[430]

이러한 생각을 가진 자들은 여러 그룹의 종교적인 집단들로 나타났으며, 유럽의 여러 지역에서 발생하였다.[431]

재세례파(The Anabaptists)

재세례파는 그 기원이 확실하지는 않지만 취리히의 개혁자인 츠빙글리

---

[430] 오언 채드윅 저, 서요한 역, 「종교개혁사」(서울: 크리스챤 다이제스트, 1999), pp.195-196.
[431] cf. Steven E. Ozment, The Age of Reform 1250-1550(Westford: Murray Printing), pp.340-351.

의 개혁에 불만을 품은 무리들로부터 시작되었다고 알려져 있다. 초기 지도자는 콘라드 그레벨(Conrad Grebel), 펠릭스 만쯔(Felix Manz)였고, 휩마이어(Hubmaier)와 호프만(Melchior Hoffmann) 그리고 슈벵크펠트(Caspar Schwenkfeld)로 이어지면서 독일을 중심으로 한 유럽 전역에 퍼져 나갔다. 이들은 때로 은혜의 수단으로 새로운 특별 계시를 받았다고 하였다. 그리고 하나님의 말씀인 성경 외에 성령의 내적인 말씀이 있다고 하였다. 특히 성령은 그들 안에 역사하며 그리스도와 개종과 회개와 신앙에 대한 지식을 준다고 하였다. 이들 주장의 공통점은 네 가지로 요약할 수 있다. 첫째, 재세례파는 모두 유아세례를 거부하였다. 그들은 어릴 때 받은 유아세례는 무효이고 성인세례를 다시 받아야 참 신앙인이 된다고 하였다. 이와 같이 세례를 다시 받아야 한다는 주장 때문에 이들을 재세례파라 불렀다. 둘째, 이들은 참 신앙은 기존 교회나 기독교인들과는 무관하다고 하였다. 그래서 현재의 기독교인과 교회는 모두 명목상의 기독교인 혹은 교회이며, 진정한 교회는 참 교인들만의 공동체라고 하였다. 셋째, 이들은 하나님의 외적인 말씀과 성례를 성령의 주관적인 내적 경험에 예속시켰다. 그리고 성령이 모든 것을 하기 때문에 외적 말씀의 형식논리에 얽매여서는 안 된다고 하였다. 넷째, 이들은 시민정부를 부인하는 무정부주의를 주장하였다. 그래서 어떤 지역에서는 정부의 요구에 대해 공적으로 맹세하는 것을 거부하는 운동이 일어나기도 했다. 물론 군대에 종사하는 것도 거부하였다.[432]

그러나 이들의 이러한 극단적인 사상은 점차 약화되었으며 후에 네덜란드의 메노 시몬스(Menno Simons, 1492-1559)에 의해 그 정신이 재정립되어 메노나이트(the Mennonites)라는 종파로 발전하였다.[433] 재세례파와 같

---

432) E. S. 모이어, Ibid., p.327; cf. 로랜드 H. 베인톤, Ibid., pp.114-130.
433) E. S. 모이어, Ibid., pp.333-339; cf. 유스토 L. 곤잘레스, 「종교개혁사」, pp.97-104.

은 급진주의 개혁파들은 특히 칼빈의 종교개혁에 방해 세력으로 등장하였으며, 칼빈은 그의 대작인「기독교 강요」에서 이들의 잘못된 가르침에 대해 많은 논쟁을 하고 있음을 볼 수 있다. 교회사가들은 일반적으로 재세례파의 후예들을 침례교회의 원조로 보고 있다. 초기 영국의 침례파는 1608년 네덜란드의 암스테르담에서 처음으로 설립된 침례교회에 기인하고 있기 때문이다.[434]

혁명주의적 급진파(토마스 뮌처)

재세례파 가운데서 무력을 동원하여 혁명적인 개혁을 요구하는 자들도 있었다. 토마스 뮌처(Thomas Munzer)가 바로 그 대표적인 인물이다. 뮌처는 하나님으로부터 직접적인 계시와 환상 그리고 꿈을 보았다고 주장하였으며, 교회당의 방에서 하나님과 직접적인 대화를 했다고 하였다. 그의 주된 주장은 이 땅에 하나님의 나라를 건설해야 한다는 것이며, 그 방법은 모든 물건을 공유해야 한다는 것이었다. 그리고 이것을 성취하기 위해 기존의 사회질서를 전복해야 한다고 믿었다. 그는 신명기 3장의 계명을 문자적으로 적용할 것을 주장하였으며, 이로 인해 모든 불경건한 것들을 무자비하게 파괴하고 죽여야 한다고 보았다. 이러한 그의 운동은 독일의 농민들의 반란(Peasant's War)과 합세되어 뮌처는 혁명의 주도적인 지도자로 등장하였다. 그는 농민들에게 불리하게 행동하는 루터 등에 대해 강한 불만을 표시하였다. 그러나 정부군에 의해 농민전쟁이 진압되면서 뮌처도 처형당하고 말았다. 그의 혁명 사상은 오늘날도 기독교 국가에서 무력을 통해 개혁을 주도하는 자들에게서 나타나기도 한다.[435]

---

434) E. S. 모이어, Ibid., p.339.
435) cf. Hans J. Hillerbrand, The Reformation(Grand Rapids: Baker Book House, 1981), pp.214-217; cf. 홍치모,「급진종교개혁사론」(서울: 느티나무, 1993), pp.25-120.

영국의 종교개혁

대륙에서 종교개혁이 일어나고 있을 때 영국은 헨리 8세(Henry Ⅷ, 1491-1547)가 통치하고 있었다. 그는 로마의 간섭을 싫어했기 때문에 영국에서 개신교가 활동하는 데 간접적으로 유익을 주었다고 볼 수 있지만 본질적으로 그는 개신교의 교리를 수용하지는 않았다. 이미 케임브리지와 옥스퍼드 대학 교수들은 루터의 교리를 받아들여 학자들 간에 논쟁이 있을 정도로 영국에서는 개신교의 영향력이 형성되어 있었다. 헨리 8세는 이들의 논쟁 중 오히려 개신교의 입장을 반대하는 편에서 공격했기 때문에 교황 레오 10세로부터 신앙의 수호자라는 칭호를 받을 정도였다. 이는 전통적으로 영국의 주화에 새겨진 국왕을 신앙의 수호자(F.D: Defensor Fidei)로 상기시키는 역사를 만들었다.436) 헨리 8세와 개신교의 관계는 그와 교황의 정치적인 관계와 연관되어 있었다.

헨리 8세는 동생 아더가 죽은 후에 그의 아내인 캐서린을 아내로 받아들이는 것에 대하여 교황의 허락을 받는 데 성공하였다. 헨리는 캐서린에게서 왕위를 계승할 아들을 낳아 줄 것을 기대하였으나 태어난 두 아들은 그만 죽고 말았다. 이에 헨리는 교황 클레멘트 7세에게 이혼을 허락해 줄 것을 요청하였다. 다른 사람과 다시 결혼하기 위해 자유의 몸이 되고 싶었던 것이다. 그러나 문제는 간단하지 않았다. 교황은 허락 대신에 유보하는 방향으로 결정하였다. 왜냐하면 캐서린은 당시 보름스에서 교황 편에 서서 루터를 재판했던 독일 황제 카를 5세의 조카였기 때문이다. 이에 분노한 헨리는 교황의 결정이 있기도 전에 앤불린과 결혼하였다. 그리고 교황 대신에 켄터베리의 대주교였던 토마스 크래머(Thomas Crammer)의 허락을 받았다. 또한 헨리는 이보다 더 큰 용단을 내려 이제 스스로를 영국교회의

---

436) 시드니 M. 휴톤, Ibid., p.196.

수장으로 선포하였다. 그리고 이를 반대하던 토마스 모어(Thomas More)와 존 피셔를 참수하였다. 교황권력의 끄나풀이었던 수많은 수도원들을 폐쇄시켰고, 교회의 새로운 법령과 국법을 의회를 통해 통과시켰다. 이는 로마가톨릭에 대한 일종의 정치적인 개혁이라고 할 수 있다. 그러나 그가 개신교에 호의를 보인 것은 아니었다. 교리에 있어서는 여전히 가톨릭의 입장을 고수하였고, 이를 어기는 개신교도들을 무참히 처형하였다. 헨리의 통치 하에서 이루어진 하나의 개혁적인 공적은 바로 그가 1538년에 영어로 번역된 성경을 전국 교구에 비치했다는 점이다. 하루종일 교회를 개방하고 많은 사람들이 교회에서 성경을 볼 수 있게 하였다. 이는 물론 영어성경을 번역한 순교자 틴들(Tyndale)의 공로가 기초가 되었다.437)

새로 왕비로 들어온 앤불린도 아들을 낳지 못하자 헨리는 제인 시모어(Jane Seymour)와 다시 결혼하여 에드워드라는 아들을 낳았다. 헨리 사후 에드워드 6세는 겨우 9세에 왕위를 계승하였으나 16세의 나이로 세상을 떠났다. 그의 죽음은 영국 왕실에 새로운 정치적인 판도를 가져왔고, 이와 더불어 종교개혁도 영향을 받게 되었다. 영국에서는 다행히도 어린 에드워드 왕의 통치기간 동안(1547-1553) 종교개혁이 진행되었다. 이 기간 동안 그의 외숙부인 서머셋 공이 섭정하였는데, 그는 개신교를 옹호하는 사람이었다. 영국의회는 곧 성찬식에 평신도의 참여를 허락하였다. 1548년에는 교회에서 성상을 철수하였으며, 이듬해에는 교직자들의 결혼을 허락하였다. 특히 순수한 개신교 지도자였던 크래머의 역할이 컸는데, 그는 왕의 섭정자들과 협력하여 교회에서 우상을 제거하고 개신교의 입장에 맞도록 공동기도서를 발간하였다. 서머셋은 스코틀랜드와 연합하기 위해 에드워드를 스코틀랜드의 여왕인 메리와 결혼시키려 하였다. 이에 분노한 스코틀랜드인들은 메리를 후에 프랑스 왕이 된 프란시스 2세에게 결혼시켰다. 스코틀랜드와의 연

---

437) Ibid., pp.196-197.

합에 실패한 서머셋은 섭정직에서 물러나고 노섬벌랜드 공 워윅(Warwick)이 강력한 세력을 가지고 영국을 통치하였다. 그러나 어린 왕 에드워드의 죽음은 이러한 개혁운동에 새로운 국면을 맞이하게 만들었다. 개신교도들은 개혁에 적합한 제인 그레이(Jane Grey)를 왕으로 세우려고 하였으나 실패하였고, 결국 헨리 8세와 캐서린 왕비 사이의 딸인 메리가 여왕으로 옹위되었다.[438]

새로운 여왕이 된 메리는 노섬블랜드를 처형하는 등 개신교 개혁운동을 포기하고 가톨릭교회의 복권을 위한 정책을 시도하였다. 그녀는 개신교를 박해하기 시작했으며, 황제 카를 5세의 아들인 스페인의 필립과 결혼하였다. 이때 많은 개신교도들은 박해를 피해 독일이나 스위스 같은 대륙으로 옮겨갔다. 메리 여왕의 통치기간 동안에 자행되었던 박해에 대해 존 폭스는 「순교자들의 열전」이란 책을 통해 기록을 남겼고, 그에 의하면 무려 300명의 개신교도들이 화형을 당했다고 한다. 이때 토마스 크래머도 화형당했다.[439] 사실 메리는 헨리 8세가 죽기 전의 상태로 복귀하기 위한 정책을 세웠다.

메리의 사후(1558) 그녀의 뒤를 이어 엘리자베스 여왕이 권력을 계승하였지만, 그녀는 종교관이 뚜렷한 인물이 아니었다. 그러나 어머니의 결혼을 무효로 만든 로마가톨릭교회에 원한을 갖고 있었고, 메리의 가톨릭 선호정책에 회의를 느꼈기 때문에 집권한 후 서서히 개혁을 추진하였다. 이러한 엘리자베스의 정책에 힘입어 메리 통치 시기에 핍박을 피해 영국을 떠났던 개신교도들이 츠빙글리나 칼빈의 사상을 가지고 대륙에서 다시 돌아왔다.[440]

---

438) Ibid., pp.198-199.
439) Ibid., p.199.
440) 유스토 L. 곤잘레스, 「종교개혁사」, p.130.

1559년에 국회는 수장령(Supremacy Act)을 통과시키는 등 교황청과의 단절을 시도하였다. 그러나 한편 엘리자베스는 에드워드 6세의 공동기도문에서 교황의 권위에 반항적인 기도문을 삭제함으로써 종교적으로 양면정책을 시도하였다. 엘리자베스 여왕은 개신교와 가톨릭교회와의 갈등 해소를 위해 지금까지 사용해 온 양편의 공동기도문을 수정하여 39개 신조로 된 영국교회의 공식적인 신앙고백문을 완성함으로써 개혁을 마무리 하려고 했던 것이다. 이러한 엘리자베스의 중용적인 종교개혁은 앵글리칸 교회의 특징으로 전승되었다.[441]

　영국의 종교개혁은 대륙에서보다 훨씬 정치적이었기 때문에 루터나 칼빈 같은 개혁자들은 나오지 않았다.

스코틀랜드의 종교개혁

　영국은 왕권이 강한 반면 스코틀랜드는 귀족의 권한이 강세를 보인 나라였다. 16세기 초에 이곳은 영국이나 프랑스에 비하여 후진지역이었고, 성 앤드류, 글래스고, 애버딘 등지에 대학은 있었으나 대륙에 뒤져 있었다. 특히 당시 스코틀랜드는 영국에 당한 3차례의 전쟁으로 인해 영국에 의한 합병이나 통치의 두려움을 갖고 있었다. 이에 스코틀랜드는 프랑스와 동맹을 맺었고, 이는 영국에게 위협이 되었다. 이런 정황 가운데서 영국과 프랑스는 스코틀랜드에 자국의 세력을 심기 위해 노력하여 스코틀랜드에는 친영, 친불 세력이 모두 형성되었다. 대체로 더글라스 가는 친영파였고 해밀턴 가는 친불파였다. 스코틀랜드는 이미 16세기 이전에 롤라드(위클리프의 추종자들)가 순교함으로 개혁의 싹이 움터 있었다. 그리고 1433년에는 보헤미아 출신의 폴 크로(Paul Craw)가 개혁을 외치면서 성 앤드류 성당에서

---

441) Ibid., pp.131-132.

화형당해 순교하였다.442) 그러나 스코틀랜드의 개혁은 비텐베르크와 마르부르크에서 유학하고 돌아온 해밀턴이 루터 교리를 설교하다 1528년 화형당하면서부터 서서히 본격화되기 시작되었다.443)

1543년 국회는 성서 읽기와 번역을 법적으로 허락하였다. 이에 대주교 비튼과 같은 친불파들은 강한 억압정책을 시도하였다. 그리하여 당시 가장 영향력이 있던 개신교 설교가인 위셔트(George Wishart)는 추기경 비튼에게 화형당했다. 이를 지켜본 사람들은 친불파에 대한 반감이 확대되어 비튼을 살해하고 성 앤드류 성을 점령하여 동지를 모았다. 이들은 1547년 위셔트의 동반자요 개신교 목사였던 한 사람을 그들의 지도자로 추대했는데, 그가 바로 스코틀랜드 종교 개혁의 횃불이었던 '벽력 같은 스코틀랜드인'(Thundering Scot) 존 낙스(John Knox, 1513-1572)였다.444)

존 낙스는 개신교 집단이 모였던 성 앤드류 성이 프랑스인에게 점령당하자 프랑스의 포로가 되어 19개월 동안 참혹한 선상 노예로 지냈다. 그는 영국의 에드워드 6세 치하에서 석방되어 영국의 왕실 목사가 되었다. 그러나 메리가 즉위하자 대륙으로 건너간 낙스는 처음에는 프랑크푸르트에서 영국 피난민들과 결합했다가 스위스 제네바로 가서 칼빈의 제자가 되었다. 그는 일차로 스코틀랜드에 돌아가 개혁을 단행했으나 큰 실효를 거두지 못하고 다시 제네바로 돌아와 영국 피난민들의 교회에서 사역하였다. 이는 스코틀랜드의 태후인 기즈의 메리가 섭정하여 친가톨릭 정책을 감행했기 때문이었다. 이로 인해 1557년 스코틀랜드의 귀족과 백성들은 프랑스에 대한 증오로 가득 찼고, 이를 계기로 개신교인들과 귀족들은 "하나님의 가장 복된 말씀과 그의 교회를 이룩하자"는 서약을 했다.445) 낙스도 기즈의

---

442) 시드니 M. 휴톤, Ibid., p.213.
443) Ibid., p.213.
444) 루이스 W. 스피츠, Ibid., p.293.
445) 유스토 L. 곤잘레스, 「종교개혁사」, p.136.

메리를 향해 "실수로 안장을 얹게 된 막돼먹은 암소"라고 야욕을 퍼부었다. 1558년에는 「괴물 같은 여인들의 통치를 향한 첫 번째 나팔소리」(First Blast of a Trumpet Against the Monstrous Regiment of Women)를 출판하여 여왕을 공격하였다.[446]

이런 상황 가운데서 영국의 여왕 메리가 프랑스 왕자와 결혼하자 스코틀랜드의 민심은 더욱 악화되었다. 스코틀랜드인들은 이제 영국을 프랑스의 속국으로 인식할 정도가 되었다. 마침 엘리자베스가 여왕으로 즉위하여 메리의 반격을 받게 되자 엘리자베스도 자신을 보호해 줄 도움이 필요하게 되었다. 이러한 기회를 놓치지 않고 1559년 스코틀랜드 의회는 사절을 보내 존 낙스의 귀국을 요청했다.[447]

의회의 청원에 의해 귀국한 낙스는 독립심과 개혁정신으로 뭉친 민중을 이끌고 개혁설교를 시작하였다. 자극을 받은 민중들은 수도원을 파괴하는 등 개혁운동을 시작하였다. 이를 저지하기 위하여 프랑스군이 지원되었으나, 전쟁은 쉽사리 끝나지 않았다. 이에 영국의 지원을 받은 스코틀랜드는 힘의 균형을 이루어 결국 1560년 영불조약을 통해 프랑스군을 철수하게 만들었다. 결국 스코틀랜드의 개혁은 영국의 도움으로 성공하게 되었다. 이를 주도한 사람은 물론 존 낙스였다. 드디어 1560년 8월 17일 낙스가 작성한 칼빈주의적 신앙고백 초안이 신조로 채택되었다. 낙스는 스코틀랜드의 개혁을 진척시키기 위해 1560년 12월에 제1회 총회를 열고 교회헌장(First book of Discipline)을 작성하여 다음 해 국회에 제출하였다. 이 헌장은 칼빈의 교회정치 제도를 도입하여 장로교회에 스코틀랜드 개혁교회의 제도로 정착시키는 역할을 하였다. 교구는 목사와 장로로 구성된 당회가 있고 최종적으로 총회를 두었다. 그리고 이 헌장에는 국민 교육과 구제 사업에 관한

---

446) 루이스 W. 스피츠, Ibid., p.294.
447) Ibid., p.294.

조항도 포함되었다. 이제 스코틀랜드 교회는 왕과 귀족의 교회가 아니라, 민중의 교회로 자리잡게 되었다. 낙스는 또 성경적인 근거가 없는 모든 제도를 고치기 시작하였으며, 예배규정을 만들어 1564년에 국회에 통과시켰다. 그러나 스코틀랜드는 정치적으로 새로운 국면에 접어들었다.[448]

1560년 12월 프랑스 왕 프란시스 2세가 죽자 메리는 다음 해 스코틀랜드로 귀국하였다. 사람들은 이전에 메리가 개혁을 방해했던 사실을 이미 망각하고 메리를 다시 환영하였다. 그러나 메리는 곧 미사를 행하고 로마교회의 전통을 사수하려 하였다. 낙스는 이 점을 맹렬히 비난하였다. 그러나 메리는 자신을 지지하는 귀족들과 연합하여 낙스의 개혁에 대항하는 방해세력을 확보하였다. 다행히도 메리가 여러 차례 결혼의 실패와 부도덕한 생활로 사람들로부터 외면당하게 되면서 메리의 존재는 스코틀랜드의 개혁에 결정적인 걸림돌이 되지 못하였다. 메리는 그의 사촌인 헨리 큐어트 즉 단리경(Lord Danley)과의 사이에서 장차 영국과 스코틀랜드의 통합왕이 된 영국 왕 제임스 1세를 낳았고 그는 스코틀랜드인으로서 제임스 4세가 되었다. 낙스는 제임스 1세의 대관식 설교를 하였고, 스코틀랜드의 개혁을 지속하였다. 스코틀랜드는 낙스의 후계자로 제네바에서 공부하고 돌아온 멜빌(Andrew Melville)을 중심으로 개혁을 지속하였으며, 특히 장로교회의 완성을 이룩하였다.[449]

프랑스의 종교개혁(위그노 혁명)

16세기 영국의 종교개혁에 헨리 8세라는 반개혁 통치자가 있었다면, 이와 비슷한 인물이 프랑스에도 있었다. 그는 바로 프란시스 1세였다. 프란시

---

448) Ibid., p.295
449) cf. 유스토 L. 곤잘레스, 「종교개혁사」, pp.139-141.

스 1세는 개신교 교리에 찬성하지 않았다. 그래서 루터의 가르침을 지지하는 자들이 프랑스에서도 점차 증가하자 이들 중 많은 사람들을 화형에 처했다. 1545년까지 수천 명의 사람들이 죽음을 당하거나 유배되었고 22개의 개신교 지지 도시와 마을들이 파괴되었다. 칼빈이 「기독교 강요」 서문에서, 프란시스 1세가 기독교에 대해 올바로 이해하게 하여 개신교들의 그의 박해를 무마시키기 위해 강요를 저술한다고 선언할 정도로 그는 많은 프랑스 개신교인들에게 크게 위협적인 존재였다. 1547년 프란시스가 죽자 그의 아들인 헨리 2세(Henry Ⅱ)가 왕위에 올랐고 그는 그의 부친보다 더 심하게 개신교도들을 핍박하였다. 이때 많은 개신교도들이 박해를 피하여 스위스의 제네바 등지로 이주하였다.[450]

이렇게 제네바에 피신해 온 개혁자들은 칼빈에게서 훈련을 받고, 위협을 무릅쓰고 입국하여 책자와 전도지를 프랑스에 배포하였다. 칼빈은 프랑스의 개혁자들에게 "우리에게 재목을 보내 달라. 그러면 화살을 만들어 당신에게 되돌려주겠다"라고 하였다.[451] 이러한 개혁자들의 운동에 대해 프랑스 왕은 심한 반대를 했다. 서적을 판매하는 행위와 종교적인 문제를 토론하는 것을 금하고, 국경지대에서 프랑스로 들어오는 화물에 대한 검색을 강화하였다. 1559년 헨리 2세가 사망하자 프랑스 개신교도들은 위그노(Huguenots)라는 이름으로 활동하게 되었다. 이들은 고위 귀족층은 아니었고 대부분이 하위 귀족, 상인, 그리고 중하층 계급으로 구성되어 있었다. 실제로 농민들은 여전히 보수 세력을 형성하고 있었고, 파리의 대학들도 아직은 교황세력의 요새로 건재하였다.[452]

헨리 2세의 사후 16세였던 그의 아들이 프란시스 2세로 왕위에 즉위하

---

450) 시드니 M. 휴톤, Ibid., pp.224-226.
451) Ibid., p.226.
452) Ibid., p.227.

였고, 스코틀랜드의 메리 여왕과 결혼하였다. 그러나 그는 곧 귓병으로 죽고 그의 동생 샤를르 9세가 10세의 나이로 왕이 되니, 자연히 어머니인 메디치의 캐서린(Catherine de Medici)이 섭정하게 되었다. 신교 분쇄를 위해 정책을 세운 그녀는 이 목적을 달성하기 위해 샤를르 9세의 누이인 가톨릭교도 마가레트(Margaret)와 나바르 왕국의 새로운 위그노 왕 부르봉가의 헨리(Henry de Bourbon)의 결혼을 주선하였다. 성 바돌로매의 날이었던 그 날 결혼식장에는 전국에서 모여든 유명 인사들이 참여하였다. 그리고 결혼식이 끝나기도 전에 역사에 길이 남을 잔인한 살육사건이 발생하였다.[453] 섭정체제의 샤를르 9세는 어머니의 계략에 넘어가고 말았다. 캐서린은 아들에게 위그노들이 왕족과 가톨릭 지도자들을 암살하려 한다는 거짓말을 하였다. 이에 왕은 어머니의 말에 굴복하여 살인을 자행하게 되었다. 지도자 꼴리니를 비롯한 위그노들은 개 같은 죽음을 당했다. 무서운 학살이 3일 동안 파리성 내에서 계속되었다. 그리고 곧 전국적으로 개신교 이단들을 박멸하기 위한 명령이 내려졌다. 그리하여 이때 수천 명이 목숨을 잃게 되었다. 개신교 지도자인 꼴리니의 잘려진 머리는 로마로 보내졌으며, 그레고리 교황 13세는 이것을 선물로 받았다.[454]

이러한 대학살 가운데서 가장 기뻐한 사람은 스페인의 필립 2세였다. 영국의 엘리자베스 여왕은 반대의사를 표명했고, 스페인의 위협 때문에 프랑스와 전쟁을 할 수가 없었다. 교황 그레고리 13세는 축포를 쏘고 모든 교회가 종을 울리며 하나님을 찬양하도록 하였다. 축제 분위기의 로마는 3일간 불을 끄지 않고 축제를 진행하였다. 그러나 성 바돌로매의 대학살에도

---

453) 루이스 W. 스피츠, Ibid., p.356; 수천 명에 달하는 위그노들의 무참한 죽음을 보면서 캐서린은 이런 행위는 "하나님과 찰스 9세에게 반항했던 자들을 깨끗이 소멸시켜 버리기 위한 것"이라고 찬양했다. 그리고 교황 그레고리 13세는 성가를 부르면서 이 만행을 찬양하였다. 또한 이를 기념하기 위해 메달을 주조하기도 하였다.
454) 시드니 M. 휴톤, Ibid., pp.228-230.

불구하고, 파리의 위그노 3/4 정도는 타국으로 피신하였다. 그리고 그들은 히브리서 11장의 말씀을 기억하곤 하였다.

"그들은 믿음으로 나라들을 이기기도 하며 …… 불의 세력을 멸하기도 하며 칼날을 피하기도 하며 연약한 가운데서 강하게 되기도 하며 …… 또 어떤 이들은 조롱과 채찍질뿐 아니라 …… 돌로 치는 것과 톱으로 켜는 것과 시험과 칼로 죽임을 당하고 ……"(히 11:33-37).[455]

샤를르 9세는 대학살 이후에 곧 사망하였지만, 그의 어머니 캐서린은 여전히 이세벨처럼 악행을 계속하였다. 그러나 이러한 악한 행위로 인해 그녀는 가톨릭으로부터도 종래에는 미움의 대상이 되었다. 1589년 그녀가 죽은 후 마가레트의 위그노 남편인 헨리 4세가 즉위하였다. 가톨릭과 위그노와의 전쟁은 위그노의 패전이 계속되었지만 종식되지 않고 2년간 지속되었다. 이러한 오랜 전쟁으로 인해 스페인과 같은 외세의 관여를 두려워한 가톨릭 측과 프랑스의 귀족들은 결국 위그노와 협정을 하게 되었다. 그래서 1598년 그 유명한 낭트칙령(Edict of Nantes)이 맺어진 것이다. 이 조약을 통해 위그노들에게도 예배의 자유 등 일정한 종교적 권한이 주어졌다. 위그노들은 양심의 자유를 회복하였고, 시민으로서 자유로운 권리를 누리며 학교를 세우는 등 기본적인 종교 활동을 보장 받게 되었다.[456]

이러한 개혁파들의 신앙적인 자유는 헨리 4세의 통치기간에는 잘 지켜졌다. 그러나 1610년 그가 사망하자, 예수회에 의해 새로운 도전의 물결이 다가왔다. 1534년 스페인의 '이그나티우스 로욜라'에 의해 창설된 예수회는 개신교를 박멸하기 위한 목적으로 세워진 것이었다. 이들은 교황의 명

---

455) Ibid., pp.230-232.
456) Ibid., pp.232-234.

령에만 복종하는 교황청의 맹견 역할을 하며, 가톨릭교회의 유익을 위해서는 모든 것을 바칠 준비가 되어 있는 자들이었다. 그들은 귀족자녀들의 교육을 받으면서 영향력을 넓혔고, 살인도 불사할 정도로 헌신적이었으며, 교황청의 군대와도 같은 자들이었다. 헨리 4세가 살해된 배경에도 이들의 사주가 있었다. 예수회의 영향과 더불어 17세기 전반에 걸쳐 개신교도들은 박해의 대상이 되었다. 예수회를 도왔던 리슐리외(Richelieu) 추기경은 위그노를 국가 안의 국가라고 단정하고 위그노와 전쟁을 벌여 1629년에 맺은 알래 강화조약(the Peace of Alais)을 통해 위그노의 예배의 자유와 시민의 권리만을 인정하고 그 밖의 모든 자유를 박탈하는 정책을 폈다. 대부분의 개신교도들이 이러한 정책을 수용하였으며, 이는 헨리 4세의 손자 루이 14세가 통치를 시작할 때까지 지속되었다.[457]

루이 14세가 즉위할 때는 어린 나이였기에 당시 추기경 마자랭이 대신 섭정하였다. 그러나 루이 14세가 성년이 된 후 그는 자신을 국가로 간주(짐은 국가)하면서 로마가톨릭의 교회 안에 모든 프랑스인을 예속시키려는 정책을 폈다. 이 일을 위해 그는 낭트 칙령을 폐기하였다. 그리고 프랑스 내의 모든 개신교를 멸절하기로 결심하고 여러 가지 방법을 통해 이 일을 추진하였다. 우선 개신교들은 밤에만 장례하도록 했으며, 결혼식이나 세례식 등 개신교도들이 12명 이상 모이는 것을 허락하지 않았다. 학교에서도 읽기와 쓰기 외에는 아무것도 가르치지 못하게 했고, 때로는 가난한 위그노를 매수하기도 하였다. 공직에서도 내어 쫓고 상업 활동도 제재하였다. 또 훈련받은 군인들을 동원하여 강제로 로마교회로의 개종서약을 받도록 하였다. 위그노들은 이런 박해를 피하여 도망하다 감옥에 투옥되기도 하였다. 그 후 1685년에 낭트 칙령이 폐기되면서 최후의 탄압이 시작되었다. 드디어 개신교의 예배의 자유가 박탈당하고 교회가 파괴되었다. 일주일에

---

457) Ibid., pp.234-235.

삼천 명 정도의 위그노가 스위스로 피신하였고, 네덜란드와 영국으로도 갔다. 이 중에서 이백 명의 목사들이 네덜란드 교회에 도착하였다. 아마 이때 삼십만 명 이상의 위그노들이 프랑스를 탈출한 것으로 추정된다. 이들은 고도의 숙련공들을 비롯한 유능한 인재들이었기 때문에, 이들의 망명은 근접 국가들의 산업 발달에 도움을 주었다.[458]

네덜란드의 종교개혁

낮은 땅이라고 불리는 네덜란드 지역에는 16세기 초 삼백만 명 정도의 인구가 거주하고 있었다. 이곳도 다른 서유럽 지역과 마찬가지로 로마가톨릭교회가 패권을 쥐고 있었다. 그러나 이곳에는 일찍이 르네상스의 영향이 밀려 왔다. 이곳은 르네상스 최고의 지도자였던 에라스무스가 탄생한 곳이었고 개혁의 선구자들이었던 공동생활형제단(the Brethren of the Common Life)과 그 단체의 지도자였던 그루트(Groote)가 일찍이 이곳에서 개혁을 추구하였다. 그는 존 위클리프와 동시대인으로 공동생활형제단을 통해 교회 안에 머물면서 온건하고 관용적인 방법으로 이미 개혁을 위한 토양을 길렀다. 이런 풍토에다 독일의 라인 강으로부터 루터의 신앙과 교리가 전해졌다. 그리고 후에는 칼빈의 사상이 들어와 루터의 사상보다 더 열렬한 환영을 받았다.[459]

당시 네덜란드는 정치적으로 황제 카를 5세의 통치하에 있었다. 그는 개신교의 확장에 대해 처음에는 방관하였으나 독일에서 개신교 제후들과의 관계가 나빠진 데다 교황과의 관계를 고려하기 시작하면서 개신교를 박해

---

458) Ibid., pp.235-238; cf. 김광채, 「근·현대교회사」(서울: 기독교문서선교회, 1992), pp.46-66; 곤잘레스, 「근대교회사」, pp.172-179.
459) 시드니 M. 휴톤, Ibid., pp.238-239.

하기 시작하였다. 개신교를 타도하려는 사람들과 추기경 및 교황에 의하여 시작된 종교재판을 통해 개신교도들은 고문과 위협 속에서 신앙에 대한 심문을 당했다. 교황과 교회의 요구에 반대하는 자들은 무자비하게 다루어져 화형은 물론이고 교수대에서 죽임을 당하거나 생매장 당하는 일도 있었다. 이런 박해는 1523년부터 시작되어 1555년 카를 5세가 양위할 때까지 계속되었다. 그의 통치기간 동안 적어도 오천 명 이상의 사람들이 이단으로 몰려 처형되었다. 네덜란드 개신교에 대한 박해는 카를 5세의 뒤를 이은 스페인의 필립 2세도 마찬가지였다.[460]

필립은 그의 누이인 파르마의 마가레트를 섭정 왕으로 세워 그녀로 하여금 네덜란드를 통치하게 하였다. 그녀는 적극적인 박해자는 아니었지만 여전히 개신교에 대한 박해는 계속되었다. 이러한 정치적인 박해 가운데서 네덜란드 개혁파의 지도자들은 신앙을 지키며 그들의 신교사상을 고수하였다. 중요한 인물로는 '네덜란드 신앙고백서' 또는 '37개조의 벨직 신앙고백서'를 작성한 기도 드 브레(Guido de Bres)가 있었다. 그는 1567년에 순교했지만 그가 만든 신앙고백서는 개신교 신앙의 유산이 되었다. 또 이 시대에 박해에 대한 반기를 든 대표적인 사람은 오렌지의 윌리엄(William of Orange)이었다. 파르마의 마가레트는 1566년 필립 2세의 박해 정책을 받아들여 신앙을 강요하기에 이르렀다. 그것은 종교개혁에 반대하여 로마교회의 신앙과 의식을 재확인하기 위하여 결성된 트렌트 종교회의(Council of Trent: 1545-1563)의 교령을 받아들이라는 명령이었다. 이 요구에 순응하지 않는 사람들은 다시 종교재판에 회부되었다.[461]

윌리엄은 강력한 가톨릭 군대를 거느리고 당시 네덜란드를 통치하던 알바 공작에게 무기를 들고 항거하기 시작하였다. 알바는 이에 대항하여 수

---

460) Ibid., pp.240-242.
461) Ibid., pp.243-244.

천 명을 죽이거나 그들의 재산을 몰수하는 등 종교재판을 시행하였다. 스페인 군대는 네덜란드 개혁파의 세력을 진멸하기 위해 나섰으며, 네덜란드인들은 바다에서 그들을 저지하기 위해서 '바다의 거지'(Gueux de la mer)라는 군대를 결성하여 항거하였다. 그들은 로테르담 근처와 해변의 마을들을 제지하였고, 일부에서는 제방을 열고 바닷물을 끌어들이면서까지 항거하였다. 스페인 군대는 육상전에서는 종종 승리했으나 바다에서는 패했다. 사태가 악화되자 필립 2세는 1580년 윌리엄을 체포하는 자에게 금화 이만 오천과 추가로 또 다른 포상을 하겠다고 공포하였다. 결국 윌리엄은 1584년에 암살되었고, 그가 암살되었다는 소식에 길가의 어린 아이들도 울었다고 전해진다. 마침내 네덜란드는 스페인과 교황으로부터 자유를 쟁취하였다. 17세기 초에는 칼빈의 가르침을 교리적으로 부인하는 알미니우스의 등장으로 신교 간의 갈등이 있었지만, 그 결과 도르트회의(Synod of Dort)에서 93개조에 달하는 도르트신조를 작성하였다. 이 신조는 칼빈주의자들을 표방하는 개혁교회에서 오늘날도 신조로 삼고 있는 고백서이다.[462]

---

462) Ibid., pp.244-246; 김광채, Ibid., 99; 도르트종교회의에서 알미니안주의를 반대하여 칼빈주의 5대 교리를 만들었다: 1. 인간의 전적 타락 2. 무조건적 선택 3. 제한적 구속 4. 불가항력적 은혜 5. 성도의 견인.

생각해 볼 문제

1. 재세례파의 주장이 개혁주의자들과 다른 점은 무엇인가?
2. 뮌처와 농민전쟁과의 관계를 연구하라.
3. 헨리 8세의 통치 철학은 종교개혁과 어떤 관계가 있는가?
4. 수장령이란 무엇인가?
5. 메리 여왕의 통치하에서의 종교개혁은 어떻게 이루어졌는가?
6. 엘리자베스 여왕하에서의 종교개혁은 어떻게 이루어졌는가?
7. 스코틀랜드 종교개혁의 대표자는 누구이며 그의 개혁 사상은 무엇인가?
8. 개혁을 위한 스코틀랜드의 정치적인 상황은 어떠했는가?
9. 바돌로매 대학살 사건에 대해 설명하라.
10. 캐서린 여왕의 섭정과 개혁은 어떤 관계가 있는가?
11. 위그노의 개혁정신은 무엇인가?
12. 네덜란드의 종교 개혁의 뿌리는 무엇인가?
13. 도르트신조에 대해 설명해 보라.

제4부 근대교회사

그러므로 우리가 믿음으로 의롭다 하심을 받았으니
우리 주 예수 그리스도로 말미암아 하나님과 화평을 누리자

- 롬 5:1

1. 17, 18세기의 교회

30년 전쟁(1618-1648)

16세기 종교개혁은 로마가톨릭과 개신교 사이의 분쟁으로 유럽 지역에서 발생한 사건이었다. 그러나 종교 간의 갈등은 근대에 들어와서도 지속되었을 뿐 아니라, 오히려 더욱 심화되어 유럽근대사에 30년에 걸친 종교전쟁으로 발전하였다. 이 전쟁으로 삼만 오천 개 마을 가운데서 육천 개 정도만 파괴를 면할 정도로 심각한 타격을 받았으며, 인구의 사분의 삼이 사라졌다. 그리고 신성로마제국의 인구는 삼분의 일 정도가 줄었다. 많은 대학이 문을 닫고 성곽이 파괴되었으며, 농지는 황폐화되어 목축도 할 수 없는 정황까지 이르렀다. 이러한 상황 가운데서 전쟁에 참여하지 않은 부녀자와 아이들도 고통받기는 마찬가지였다. 이 전쟁이 발발한 역사는 16세기로 거슬러 올라갈 수밖에 없다.[463)]

독일의 로마가톨릭교회와 루터 교회의 갈등을 마무리한 조약은 1555년 아우크스부르크에서 맺어졌다. 그러나 이러한 조약은 루터교와 로마가톨릭교회 둘만의 평화조약이었지 다른 개신교와 맺은 평화조약은 아니었다. 즉 루터교를 제외한 다른 개신교에 대한 신앙의 자유는 이 조약에서 보장되지 않았다. 그런데다가 독일은 여러 작은 통치 지구로 나뉘어 있었기 때

---

463) Ibid., pp.249-250.

문에 지역마다 통치자에 따라서 종교적인 박해가 지속되기도 했다. 예를 들면 가톨릭 통치자가 있는 지역에서는 루터교인이 박해를 받았고, 다른 지역에서는 그 반대 현상이 나타났다. 더군다나 독일에서 생긴 칼빈주의자들은 반세기 동안 종교의 자유를 획득하지 못하고, 예배의 자유도 허락받지 못하였다. 이러한 정황 가운데서 1618년에 개신교를 대표하는 복음주의 연합군과 가톨릭의 신성동맹군이 탄생하였다. 이 중에서 종교개혁의 뿌리가 일찍부터 강하게 내렸던 존 후스의 후예들인 체코슬로바키아인의 나라인 보헤미아에서 가톨릭에 대해 강한 반발을 하였다. 당시 왕이었던 페르디난드 2세는 독일의 황제이며, 열렬한 가톨릭 신자였다. 그는 "나는 로마교회가 멸망당하는 것보다는 차라리 내 몸이 여러 개로 쪼개져 죽는 것을 택하겠다"고 말할 정도로 강한 가톨릭 신봉자였다.[464]

박해를 당하던 보헤미아의 개신교도들은 프라그에 가서 거센 항의를 했으며 그들에게 파송된 페르디난드의 사절에게 박해를 가했다. 더 나아가서 이들은 왕을 거부하고 팔라틴의 선제후 프레드릭을 그들의 개신교 왕으로 선출하였다. 페르디난드 2세와 개신교의 전쟁은 프라그 근처 와이트 산에서 절정을 이루었다. 선제후였던 프레드릭은 전쟁을 감당하지 못하고 도망하였고, 패전당한 보헤미아 개신교도들은 이전보다 더 야만적인 박해를 받아야만 했다. 독일과의 전쟁에서 패한 이들은 200년간 종적을 감추고 외국 땅에서 버림 받은 채 살아야 했다. 그러나 이들이 제기한 문제는 쉽사리 없어지지 않았으며, 곧 유럽 전체의 종교전쟁에 대한 불씨로 남게 되었다. 얼마 후 독일의 북쪽 오스트리아 지역에서 전쟁이 일어났고, 덴마크 왕 크리스티안(Christian) 4세가 개신교도들을 돕기 위해 출정하면서 전쟁은 새로운 국면에 접어들었다. 황제는 두 번째 군대를 징집하여 크리스티안 4세의 군대를 패배시키는 성과를 거두었다.[465]

---

464) Ibid., pp.250-251; cf. Lars P. Qualben, Ibid., pp.347-348.

그러나 스웨덴 왕 구스타푸스 아돌푸스가 1630년 발트 해를 건너, 일만 팔천 명의 군사들과 함께 독일을 공격하여 개신교도들에게 새로운 희망을 안겨주었다. 스웨덴의 출정을 환영했던 대표적 도시 마그데부르크(Magdeburg)를 페르디난드 4세의 군인들이 포위하고, 삼만 명 인구 가운데서 사천 명만 살아남을 정도로 초토화시켰다. 이 당시 지휘관 틸리(Tilly)는 남아 있는 어린아이들도 죽이는 잔혹한 박해를 하였다. 그러나 이러한 잔인한 처사는 개신교도들이 함께 연합하게 만드는 자극제 역할을 하였다. 이것은 마치 프랑스 위그노 대학살이 프랑스 개신교도들을 하나로 뭉치게 했던 것과 같았다. 독일 개신교도들은 구스타푸스와 합세하여 틸리의 군대와 대전을 벌였다. 이 전쟁에서 틸리는 부상을 입고 패전하였다. 그 이듬해 틸리는 다시 레흐 강 근처에서 구스타푸스와 전쟁했지만, 치명적인 부상을 입었다. 스웨덴 왕은 승리의 행진을 거듭하며, 비엔나에까지 진군하게 될 지경이었다. 독일 황제는 급기야 전쟁의 베테랑인 발레스타인에게 도움을 요청하였다. 그리하여 독일과 스웨덴은 1632년 뤼첸에서 격돌하게 되었고, 이 전쟁에서 황제들의 군대들이 격퇴되긴 했으나 스웨덴 왕도 전사하였다.[466]

전쟁은 18년간 지속되어 나중에는 프랑스도 전쟁에 가담하였다. 가톨릭 국가이지만 국익을 위해서는 개신교 편에서 싸우는 아이러니컬한 경우도 있었다. 결국 1648년 웨스트팔리아에서 평화조약을 맺음으로 전쟁은 종결되었다. 이를 웨스트팔리아 조약이라 한다. 이 조약으로 인해 유럽의 종교 분포는 넓게 형성되었다. 그리고 칼빈주의자들에게도 종교의 자유를 허락하였다. 그러나 아직 재세례파에게는 종교의 자유를 허락하지 않았다.[467]

---

465) 시드니 M. 휴톤, Ibid., p.252.
466) Ibid., pp.252-255.
467) Ibid., pp.255-256; Lars P. Qualben, Ibid., pp.348-351.

영국의 청교도 혁명

영국의 청교도 혁명은 엘리자베스 시대부터 전개되기 시작하였다. 메리 여왕의 개신교 탄압과는 달리 엘리자베스는 개신교를 수용하였다. 엘리자베스의 교회 정책은 두 개의 의회법령(1559)을 기초로 세워졌다. 엘리자베스는 수장령(Act of Supremacy)을 만들어 자신이 영국교회 최고의 통치자로 군림하였다. 그리고 가톨릭교회와 개신교를 만족시키기 위하여 공동기도문을 수정하고 여러 정책을 수립하였으나, 양쪽에서는 서로 다른 해결책을 제시하였다. 특히 개신교 쪽에서 좀 더 과감한 변화를 요구하는 분위기가 형성되었다. 이들을 청교도(Puritan)라고 불렀는데 원래의 의미는 '빗자루로 잘못된 것들을 쓸어버린다'는 뜻이다.[468]

청교도들은 초기에 예복(Vestments)을 문제삼았다. 청교도들은 성직자의 예복이 '적그리스도의 옷'이라고 하였으며 '우상에게 바친 음식'과 같다고 주장하였다. 여왕은 이런 청교도들을 뿌리뽑겠다고 했을 뿐만 아니라 그 옹호자들까지도 제거하려 하였다. 일부 청교도들은 여왕이 로마 쪽으로 기울어졌다고 했다. 청교도들과 여왕 사이에 논쟁이 된 또 다른 문제는 '예언(Prophesying) 모임'에 관한 것이었다. 당시의 이러한 모임은 성경을 연구하고 말씀을 전파하기 위한 비공식 종교 회집이었다. 그러나 여왕은 이러한 모임을 교회 개혁을 더욱 심화시키려는 의도로 여겼다. 1577년 여왕은 켄터베리의 대주교 에드먼드 그린달(Edmund Grindal)에게 이러한 모임을 갖는 자들을 체포하여 처벌하도록 지시함으로 실질적인 탄압을 가하였다.[469]

다행히도 그린달은 여왕의 명령을 수용하지 않고 청교도들에게 호의적으로 대처했기 때문에, 그의 직임 기간 동안 청교도들은 어려움없이 지낼

---

468) 시드니 M. 휴톤, Ibid., pp.256-257.
469) Ibid., pp.257-258; cf. Williston Walker, Ibid., pp.481-496.

수 있었다. 그러나 그린달의 후임자인 휘트기프트(Whitgift) 때 다시 탄압은 시작되었다. 특이한 것은 많은 청교도들이 이때 장로교적 교회 정치 형태를 지지하는 쪽으로 기울어졌다는 것이다. 그들의 대표격 지도자는 케임브리지 대학 교수였던 토머스 카트라이트(Thomas Cartwright)였다. 카트라이트는 박해를 피하여 얼마 동안 유럽 대륙에서 지내야만 했다. 그는 후에 영국으로 다시 돌아와 1603년에 사망했지만, 교회 정치에 대한 그의 견해는 그 후에도 오랜 세월 동안 영향을 미쳤다. 대부분 청교도들은 기존 교회 체제 내에 머물면서 개혁을 추진하였지만, 헨리 배로우(Henry Barrow), 존 그린우드(John Greenwood) 같은 자들은 영국 국회와의 완전한 분리를 주장함으로써 심한 탄압을 당했다. 이들은 분리주의자들(Separatists)이라고 불렸다.[470]

영국의 청교도들의 종교개혁은 열렬한 가톨릭 신봉자인 스페인의 필립 2세가 분노를 일으킬 정도로 널리 전파되었다. 필립은 영국의 청교도 신앙을 몰아내기 위해 스페인의 무적 함대를 동원하였다. 필립은 사실 유럽 각지의 개혁사상을 멸절시키겠다는 종교적 의지를 갖고 있었다. 그는 1588년 130척의 함대를 동원하여 영국의 도버해협을 가로질러 공격하였다. 그러나 악천후의 날씨와 영국군의 신속한 대처로 스페인의 영국 정복은 실패로 끝나고 청교도들의 역사는 명맥을 유지하게 되었다.[471]

1603년 엘리자베스 여왕이 죽은 후 스코틀랜드의 제임스 6세가 영국의 제임스 1세 왕으로 세워졌다. 이 소식은 영국 청교도들에게는 기쁨과 소망의 소식이었다. 왜냐하면 스코틀랜드 개혁의 주동자였던 존 낙스가 그의 대관식을 거행했으며, 그 자신이 장로교 신자였기 때문이다. 그는 영국에 오기 전에 사실 런던의 일천 명 성직자들로부터 '천 명의 청원서'(The Millenary

---

470) 시드니 M. 휴톤, Ibid., pp.258-259.
471) Ibid., pp.259-260.

Petition)를 받았으며, 이는 청교도들의 개혁을 위한 소원서였다. 그러나 그가 청교도들의 청원서를 받아들이지 않음으로써, 영국 개신교도들의 기대는 곧 무너지고 말았다. 당시 목사들은 사실 영국교회에 남아 있는 옛 것들을 '교황의 누더기'(the rags of popery)라고 부르며 제거하려 하였다.[472)]

나름대로의 사상을 갖고 있었으며, 현명한 학자의 자질을 갖고 있던 제임스 1세는 1598년 「자유로운 왕국의 복장법」(The Trew Law of Free Monarchies)을 저술하여 자신의 왕국신수설을 주장하였다. 그래서 그는 "주교 없으면, 왕도 없다."(No Bishop No King)라는 유명한 모토를 남겼던 것이다.[473)]

불편한 분위기가 계속되자 왕은 604년에 회의를 소집하였다. 주교들과 청교도들이 회의에 참석하였고, 왕은 의장이 되었다. 논쟁을 하던 중 한 청교도가 총회(Synod)라는 용어를 사용하였다. 그 말은 장로교 색채를 풍기는 말로서 왕을 노하게 만들었다. 그때 왕은 다음과 같이 말했다.

"당신들이 스코틀랜드의 장로교를 지향한다면 군주를 마귀이자 하나님으로 간주하는 것이오. 감독(주교)이 없이는 왕도 없소."[474)]

왕은 또 노회란 용어가 곧 감독(주교)들이 장로로 대치되며, 이것은 왕이 왕위에서 쫓겨날 것을 의미한다고 보았다. 회의는 곧 결렬되었고, 주교들은 300명이 되는 성직자들의 직책을 박탈했다. 그러나 왕은 이 회의에서 성경의 새로운 번역을 제안했으며, 번역된 성경이 민중들에게 보급되어 널리 읽혀지기를 소망하였다. 드디어 성경 번역이 추진되어 1611년 흠정역

---

472) Ibid., pp.256-261.
473) Clyde L. 맨슈랙, Ibid., p.388.
474) 시드니 M. 휴톤, Ibid., p.262.

(the Authorized Version)이 출판되었다. 이 성경은 영국의 유식한 사람이나 무식한 사람 누구나 즐겨 읽을 수 있게 만들어졌으며, 관용구와 표현들을 만들어 영어의 발전에도 크게 공헌하였다. 이 회의에서는 양심상 영국의 국교회와 교구에 속할 수 없다고 한 분리주의자들은 다른 곳으로 이주할 수 있도록 결정하였다. 이로 인해 분리주의자들은 네덜란드나 영국인들이 정착해 있던 북아메리카로 이주하였다.[475]

제임스 1세의 뒤를 이어 왕위에 오른 찰스 1세(Charles I)는 가톨릭교도인 프랑스의 앙리에타 마리아(Henrietta Maria) 공주와 결혼하였다. 이렇게 되자 그는 영국의회의 청교도에 대한 호의에 불만을 품게 되었다. 그리하여 국왕은 의회와 충돌하게 되었다. 찰스는 이러한 분위기 속에서 의회에 대한 불만을 품고 1629부터 1640년까지 의회를 소집하지 않고 국가를 통치하였다. 이러한 찰스의 정책에 자문역할을 했던 사람은 켄터베리의 대주교인 윌리엄 로드(William Laud, 1573-1645)와 스트라포드의 공작인 토머스 웬트워드(Thomas Wentworth)였다. 그러나 왕의 종교정책에 직접적인 영향력을 끼친 사람은 윌리엄 로드였다. 로드의 정책은 청교도 성직자들을 박해하고, 그들의 예배 조례를 영국국교 형태로 다시 바꾸는 것이었다.[476]

그는 간악한 박해정책을 세웠는데 자신의 정책을 거부하는 청교도들의 뺨에 S. L. 즉 '선동적인 중상자'(Seditious Libeller)라는 의미의 글자 또는 S. S. '난동 선동자'(Sower of Sedition)라는 글자를 찍게 했다.[477] 그 외에도 막대한 벌금을 부과하거나, 귀를 자르기도 하였다. 로드는 찰스 왕의 절대적인 후광을 받으며, 소위 앵글로-가톨릭 전통의 개혁을 추진하였다. 그는 교회의 의식과 성직자들의 복장 그리고 예배를 통일시키고, 청교도들을

---

475) Ibid., p.264.
476) Ibid., pp.269.
477) Ibid., p.269.

박해하였다. 그는 영국의 중심교구로서 청교도 세력이 가장 강하게 자리잡고 있던 켄터베리의 주교로 임명되었다. 청교도들은 이러한 찰스 왕과 로드의 탄압정책에 절망하고, 설교의 자유와 교회 조직의 자유를 누릴 수 있는 미국 이민의 길을 택하였다. 청교도 지도자였던 윈드롭(John Windrop)은 1630년에 1,500여 명의 청교도를 이끌고 미국 메사추세츠에 가 이민생활을 시작하였다. 그래서 1640년까지 이민한 청교도들은 모두 2만 명을 훨씬 넘었다.[478)]

로드의 개신교에 대한 박해와 영국국교회에 대한 충성은 여기에서 그치지 않고, 자신의 정책을 스코틀랜드의 장로교에도 적용하려 하였다. 그는 영국국교회의 기도서는 스코틀랜드에서도 읽혀져야 한다고 강요하였다. 이에 스코틀랜드에서는 곧 반란이 일어났다. 그러나 스코틀랜드 사람들은 오히려 장로교 신앙을 위한 국민계약서에 서명하였다. 그들은 스코틀랜드의 교회는 주교에 의해 통치될 수 없다고 선포하였다. 마침내 양국은 전쟁을 치르게 되었으며, 이는 감독들의 전쟁(The Bishops' Wars: 1639-1640)이라 불렸다. 전쟁을 하기 위해 의회의 지원이 필요했던 찰스 왕은 의회를 소집하지 않을 수 없었다. 그리하여 단기 의회(1640년 4-5월)와 장기 의회(1640-1660)가 연속적으로 열렸다. 그러나 의회는 왕과 로드의 지배에서 벗어나 의회를 지배하고자 함으로써 의회와 왕 사이에는 1642년 전쟁이 벌어졌으며, 이는 의회파와 왕당파 사이의 전쟁이었다.[479)]

의회파 지도자였던 청교도 존 핌(John Pym)은 의회파 동맹자들을 규합하였고, 스코틀랜드와도 1643년 동맹을 맺었다. 그래서 스코틀랜드 군대의 원정을 얻게 되었다. 그들은 영국과 아일랜드에서는 교리, 예배 의식, 치리, 그리고 교회 정치 등을 하나님의 말씀과 개혁교회의 가장 훌륭한 모

---

478) Clyde L. 맨슈랙, Ibid., p.393.
479) 시드니 M. 휴톤, Ibid., pp.270-171.

범에 따라 개혁할 것을 맹약하였다. 이러한 일을 추진하기 위하여 이들은 총회를 열기로 결의하였다. 그 총회 장소는 런던의 웨스트민스터 사원(Westminster Abbey)이었기 때문에, 이 총회는 웨스트민스터 회의(Westminster Assembly)로 알려지게 되었다. 이 웨스트민스터 회의에서는 오늘날 장로교회의 기본 신앙고백서요, 지침서인 대소요리문답과 유명한 신앙고백서를 작성하였다. 이러한 청교도들의 줄기찬 신앙 투쟁은 결국 세계개혁파교회 신앙의 뼈대인 웨스트민스터 신앙고백서(Westminster Confession of Faith)를 만들어 냈다. 이는 참 신앙의 자유를 얻어내기 위해 수많은 사람들의 목숨이라는 희생의 역사를 거쳐온 결과였다.[480]

청교도들의 승리는 독립파의 올리버 크롬웰(Cromwell)의 공헌이 결정적이었는데, 특히 크롬웰이 호민관으로 공화정을 수립함으로 그 승리는 절정에 달했다. 이는 청교도 신앙의 정치적 승리를 의미하였다. 이제 공화정은 개신교의 정신으로 통치하기 시작하였으며, 영국 국교회파들에게 신앙의 자유를 구속할 정도로 강요성을 띠기도 하였다. 크롬웰은 국회군을 편성하여 왕군을 섬멸하는 전적을 올렸으며 의회의 주도권을 완전히 장악하게 되었다. 대주교였던 윌리엄 로드도 1645년에 처형시켰고, 청교도의 대적이었던 찰스 1세는 스코틀랜드로 도망갔다가 다시 돌아와 크롬웰에게 굴복할 정도였다.[481] 그러나 크롬웰이 조직한 신식 군대가 독립당으로 실권을 장악하자, 상황은 달라졌다. 그들은 극단적인 장로교파들의 개혁을 싫어했으며, 크롬웰도 이들의 편에 서게 되었다. 결국 군인들의 이러한 태도로 인해 국회가 승인하였던 장로교회의 완전수립이 불가능하게 되자 스코틀랜드는 불만을 토로하였다.[482]

이 기회를 이용하여 찰스는 영국에 장로교회 수립을 후원한다는 약속 아

---

480) Ibid., pp.271-272.
481) Clyde L. 맨슈랙, Ibid., p.395.
482) 시드니 M. 휴톤, Ibid., p.275.

래 스콜틀랜드인들로 하여금 영국을 침략하도록 하였다. 그러나 영국의 군대는 이 침략군을 1648년 프레스톤에서 격파하였고, 이로 인해 찰스 1세는 모반죄로 처형되고 국회의 장로회파 의원들은 축출되었다. 이 여세를 몰아 크롬웰은 아일랜드와 스코틀랜드를 차례로 정복하였다. 크롬웰은 사실 청교도에 가담하지도 않았으며 독립당적인 경향이었다. 그는 종교의 자유를 최대한 허락하였지만 2천 명의 감독 교회파(Episcopal church) 교직들을 면직시키도록 하였다. 그는 양심적이고 유능하며 정치가다운 인물이었지만, 종교를 무력으로 다스림으로 인해 호감을 사지는 못하였다. 그러나 그가 죽을 때까지(1658) 평화는 유지되었다.[483]

크롬웰의 사망 후 그의 아들 리처드(Richard)가 권력을 계승하여 호민관이 되었지만, 그는 무력하여 무정부 상태를 초래하였다. 왕당파와 장로파들은 독립당에 대항하여 왕정을 복구하기로 결심하였다. 드디어 1660년 찰스 2세가 왕위를 회복하고 장로회파를 국교회에 흡수하기로 계획하였다. 그래서 장로회파의 지도자였던 박스터(Richard Baxter)에게 주교직을 주었으나 거절당하고 말았다. 왕은 자신의 주장을 실현시키기 위해 1661년 사보이 궁에서 주교들과 장로들이 회합을 갖도록 하였다. 그러나 이 회의도 아무런 결과를 가져오지 못하였다.[484]

찰스 2세는 모든 시민들에게 양심의 자유를 보장했지만 이를 신뢰할 수가 없었다. 그 후 청교도 사역자들에 대한 박해가 시작되었다. 주교들이 다시 세력을 확보하기 시작하였으며, 박해를 위한 법률들이 제정되었고, 이것들이 합법화되었다. 그 중요한 사례는 1662년에 제정된 통일령(Act of Uniformity)이었다. 이 법령에 의하여 모든 성직자들은 공중 기도서에 있는 모든 내용에 전적으로 동의해야만 했다. 이는 개신교인들의 신앙 양심을

---

483) Ibid., pp.256-275.
484) Ibid., pp.277-278.

무시한 처사였다. 이러한 법령에 동의하지 않는 자들은 박해를 감내해야 했다. 이 법령을 어긴 양심범 2000여 명의 성직자들이 비국교도라는 이름으로 생계와 생활의 터전을 몰수당했다. 이외에도 비밀 집회금지법(Act of Conventicle)과 5마일법(The Five Miles Act) 등을 제정하여 비국교도들을 박해하였다. 바로 이러한 찰스 2세의 치하에서 존 번연은(John Bunyan)은 신앙양심의 문제로 투옥되었으며, 유명한 「천로역정」(The Pilgrim's Progress)을 남겼다. 결국은 지난 20년 동안 투쟁을 했던 청교도들의 공적이 아무런 성과 없이 끝나고 말았다.[485]

찰스 2세의 뒤를 이어 찰스 1의 동생인 제임스 2세(1685-1688)가 왕위에 오르면서, 가톨릭교회를 수립하고자 군관의 중요직에 가톨릭파를 임명시켰다. 그는 자유령(Declaration of Indulgence)을 만들어 신앙의 완전자유를 허락했으나, 이것은 가톨릭화하기 위한 수단에 불과하였다. 이러한 정책에 타격을 입은 반 국교도들은 제임스 2세의 정책에 반대하기 시작하였다. 이들은 정치적으로 대응할 묘안을 찾다가 제임스의 딸 메리와 결혼한 네덜란드의 총독 오렌지의 윌리엄에게 지원을 요청할 수밖에 없었다. 1688년에 '개신교 자유령'(Act of Toleration)을 선포하여 30년 전쟁 이후에 맺어진 지역적인 자유와는 달리 개인적인 자유를 허용하였다.[486] 즉 윌리엄과 메리에게 충성을 서약한 자와 로마교회적인 요소를 거부하고, 39개 신조에 서명하고 왕실에 충성을 맹세하는 자들에게는 예배의 자유를 허락하였던 것이다.[487] 이 법령으로 다양한 신교의 예배형식이 출현했다. 장로교, 회중교, 침례교 등이 신앙과 예배의 자유를 얻게 된 것이다.

윌리엄과 메리는 영국에서만 청교도와 같은 개신교 신앙에 자유를 허용

---

485) Ibid., pp.278-279.
486) Ibid., p.282.
487) 유스토 L. 곤잘레스, Ibid., p.252.

한 것이 아니라, 정치적인 이유로 개혁이 난관에 부딪쳤던 스코틀랜드에도 개신교 복구를 가져오게 하였다. 윌리엄과 메리의 통치 하에서 1690년에 스코틀랜드 국회는 1661년 이후 추방당했던 장로교 목사들을 복귀시키고, 웨스트민스터 신앙고백을 수정 승인하여 장로회를 선택하도록 하였다. 그리고 1707년 영국과 스코틀랜드를 하나로 통합하여 대영제국을 이루었다. 그리고 개신교의 자유정신에 따라 스코틀랜드 교회의 독립권이 동시에 인정되었다.

이 시기에 소위 퀘이커파(Quakers)라는 불리는 동우회가 나타났다. 그들은 예배를 드릴 때 몸을 떨기 때문에 그런 이름이 생겼다. 이 단체를 결성한 조지 폭스(George Fox)는 형식적인 예배의 전통적인 의식을 반대하고, 참된 예배의 본질은 내적인 것이어야 한다고 주장하였다. 그리고 세례, 또는 성찬 등의 형식을 중요시하지 않고 신조의 고백도 거부하며, 영혼의 조용한 대화, 찬양, 기도 등을 강조하였다. 그들은 아주 검소한 복장을 하였으며 자신의 '내적 조명'을 상당 부분 의지하였다. 이것은 한편으로 성경(기록된 말씀)을 통한 하나님의 인도하심을 소홀히 하는 결과를 초래하기도 하였다. 이들은 박해를 받아 서인도 제도와 북아메리카에 정착하였으며, 1681년에는 퀘이커 교도인 윌리엄 펜(William Penn)이 펜실베이니아 식민지(The Colony of Pennsylvania)를 건설하였다. 초기에는 이 지역을 실베이니아로 부르려고 했으나 펜의 이름을 붙여서 펜실베이니아로 칭하였다.[488]

과학과 이성의 도전

1648년 30년 전쟁이 종식되고 유럽대륙의 개신교에 신앙의 자유가 허락되었다. 이 시대에 영국에서는 청교도 혁명을 통한 개신교 신앙이 뿌리

---

488) 시드니 M. 휴톤, Ibid., p.277.

를 내렸고, 찰스 2세로부터 드디어 신앙 자유령이 내려져 퀘이커와 같은 종파들도 예배의 자유를 얻었다. 근대유럽에서 이렇게 종교개혁의 결실이 맺어지는 동안 한편으로는 신앙의 전형을 위협하는 과학과 합리주의가 일어나고 있었다. 전통적인 기독교에 영향을 준 과학은 일찍이 이탈리아 코페르니쿠스(Nicolaus Copernicus, 1473-1543)의 지동설로부터 시작되었다. 그는 이전의 지구 중심 우주관을 태양 중심의 우주관으로 바꾸어 놓았다. 그는 종교재판에서는 정죄되었지만 그의 뒤를 이은 과학자들은 지속적으로 그의 이론을 확립시켜 나갔다. 케플러(Johannes Kepler, 1571-1630)는 코페르니쿠스의 이론을 명확하게 발전시켜 체계화했다. 갈릴레이(Galileo Galilei, 1564-1642)는 망원경을 확대 발견하여 우주를 보기 시작해 코페르니쿠스의 이론을 실증적으로 경험하게 만들었다. 천체학자들로 하여금 천체의 정기적인 움직임을 관찰하게 만들었고, 이는 뉴턴(Sir Isaac Newton, 1642-1727)으로 하여금 다시 한번 유럽을 흥분하도록 만들었다. 그는, "해, 행성들, 혜성들의 가장 아름다운 조직은 지적이고 강력한 통제에 의해서만 계속될 수 있었다"라고 외쳤다. 뉴턴은 수학 이론으로 천체의 운행을 설명할 수 있는 '만유인력 법칙'을 내놓았다.[489]

뉴턴의 수학적 인과 관계의 법칙은 우주에 나타난 자연법으로 우주관을 설명하는 근거를 만들어 내었고, 이는 하나님이 우주의 주재라는 신학적 가설을 해체시키는 역할을 했다. 이제 지구는 우주의 중심이 아니요, 만물의 핵심도 아니며, 수많은 천체들 중에서 지극히 작은 별 하나에 불과함을 보여주었다. 이는 기독교의 전통적인 신앙과 위신에 결정적인 몰락을 가져왔다.

과학이 하늘을 해부하고 새로운 우주관으로 기독교에 도전할 때, 철학에서는 이성이 교회의 권위에 도전하는 모습을 보이기 시작하였다. 이성의

---

[489] Clyde L. 맨슈랙, Ibid., pp.415-416.

시대를 여는 개척자로 등장한 사람은 데카르트(Rene Descartes, 1596-1650)라는 가톨릭 신자였지만, 그는 지식이란 오직 마음이 충분히 이해할 수 있는 것만이라고 단정하여 유럽 사상계에 심각한 혼란을 야기시켰다. 모든 개념은 입증될 때까지 의심의 대상이며, 어떠한 입증도 수학적인 정확성을 가지고 증명할 때까지는 받아들일 수 없다고 말함으로, 인식에 있어서 역사적인 전환점을 형성하였다. 그는 「담화론」(*Discourse on Method*)에서 다음과 같이 말하였다.

> "우리가 도달할 수 없을 정도로, 우리에게서 그렇게 멀리 제외된 곳은 아무 것도 없다. 그러므로 우리는 항상 우리의 사고 안에 또 다른 것으로부터 하나의 진리를 연역해 내기에 필요한 질서를 보존해야 한다."[490]

그는 이성이 모든 것을 판단하는 기준이 되지만 자신이 회의하고 있다는 사실에 대해서는 의심을 떨쳐버릴 수 없었기에 "나는 생각한다, 고로 나는 존재한다"(Cogito, ergo sum)라는 유명한 말을 남겼다. 그래서 이러한 회의가 출발점이 되어 우주의 신비를 해명할 수 있는 이성이 논리적인 전개를 진행해 간다는 것이다.

뒤이어 나타난 스피노자(Baruch Spinoza, 1632-1677)는 데카르트의 입장을 강화시키는 데 공헌하였다. 그는 만물을 신이요, 본질로 보았으며, 자연으로서 사상과 연장(extention)에서 우리에게 지각된다고 보았다. 그래서 신의 초월성을 부인하였고 신을 내재적인 원인으로 규정하였다. 그리고 모든 인간의 인격과 속성들은 그 표현에 불과하다고 보았다. 그리고 신과 인간 사이에 본질적인 차이가 없다고 보았다. 자연과 신이 하나의 실체를

---

[490] Ibid., p.412.

이루고 있다는 일원론(nomism)은 그가 범신론자로 불리도록 했다.[491]

그런데 문제는 인간이 어떻게 지식을 획득할 수 있을까 하는 점이었다. 여기에 대해서 독일의 철학자 라이프니츠(Gottfried Wilhelm Leibniz, 1646-1716)는 스피노자와는 달리 만물의 본질과 바탕은 하나가 아니라 그 수가 무한하다고 보았다. 그는 그 하나하나의 개체를 단자(monad)라고 보았다. 즉 개체는 독특하고도 개별적인 본성의 중심을 가지고 있다고 주장하였다. 그래서 수많은 개체들이 우주를 개별적으로 반영한다고 보았다. 그 반영의 단계는 무의식의 단계에서부터 시작하여 여러 수준의 의식을 거쳐 최고 활동성의 단계까지 반영된다는 것이다. 하나님은 이 반영도가 가장 완전한 그런 단자라고 하였다. 그는 지식과 이념의 문제도 이와 같이 우리에게 생득적으로 심어져 있기 때문에 우리는 그것들을 드러내는 데 불과하다고 보았다. 사람은 이러한 생득적인 진리와 이념을 이끌어내고 표현하려고 노력하는 데서 지식을 얻게 된다고 하였다.[492]

대륙의 이성주의가 신과 자연에 대한 인식에 있어 전통 기독교 신앙에 위협적인 존재로 등장함과 더불어, 영국에서는 경험주의가 나타나 기독교에 동일한 상처를 입혔다. 영국의 존 로크(John Lock, 1632-1704)는 인간의 오성에서 생득적인 지식이 공급될 수 있다는 이성주의자들의 주장을 부인하였다. 그는 인간의 마음은 백지라고 하였다. 그 백지의 마음에 우리의 감각이 형상으로 새겨지고, 그것을 마음이 이념으로 형성하여 지식으로 인식하게 된다는 것이다. 그래서 로크는 바로 지식의 합리성은 감각이나 경험에 의해서 판단되야 하고, 신의 존재도 인과 관계에서 증명될 수 있다고 보았다. 그는 「기독교의 합리성」이란 책에서 기독교가 이성의 힘을 초월하고 기

---

[491] 김광채, Ibid., p.167; cf. Gerald R. Cragg, The Church and the Age of the Reson 1648-1789(New York: Penguin Books, 1985), pp.37-49.
[492] Gerald R. Cragg, Ibid., pp.43-44.

적으로 가득 차 있지만 기적조차도 이성적이라고 했다. 특히 로크는 신앙의 관용에 관한 열렬한 지지자였음에도 불구하고 종교에 대한 그의 사상은 자연종교인 이신론의 가교 역할을 하였다.[493]

대륙의 철학적인 이성론자든 영국의 이성론적 경험론자든 그들은 종래에 볼 수 없었던 인간의 지적 힘으로 신을 증명하거나 부인하려는 풍조를 야기시켰다. 동시에 이러한 합리적인 사고가 신앙을 압도하는 시대를 도래시킴으로 결국에는 비과학적이고 비합리적인 신앙의 요소들을 제거하고 기독교 종교도 합리적인 종교로 인식하려는 분위기를 형성하였다. 이는 곧 기독교의 초월적인 신앙을 무너뜨리는 시도임을 의미했다. 그리고 신보다는 인간의 본성을 의지하려는 위험에 빠지도록 하였다. 이들의 합리적인 사상은 근대 사상을 주도한 계몽주의 운동(Enlightenment)의 기초를 형성하게 하였다. 서양 기독교는 이 계몽주의 사상의 시대 속에 자율과 이성의 조화라는 틈바구니에서 살아가야 했다. 특히 계몽주의 사상은 종교개혁 이후에 17세기 서구 종교전쟁으로 인해 잔인성과 폭력이 나타난 것을 재확인한 지성인들이 종교에 대해 반발한 결과이기도 하였다.

계몽주의의 우산 아래 전통 기독교 신앙에 보다 직접적으로 혼란을 가져다 준 사상은 바로 이신론(Deism)이었다. 이신론은 자연에는 자연법칙이 존재하며 우주는 바로 이 자연법칙에 따라 기계적으로 움직인다는 사상이었다. 이들의 주장 가운데 기독교에 직접적인 혼란을 가져온 부분이 바로 계시 문제였다. 그들은 자연법칙으로 계시의 자리를 대치함으로 일대 혼란을 가져왔다. 그래서 영국의 이신론자였던 톨랜드(John Toland, 1670-1722)는 「신비하지 않은 기독교」(Christianity not Mysterious, 1696)라는 책을 저술하여 이 점을 체계화하였다. 이신론자들은 이성의 건너편에 있는 것들은 다 입증할 수 없이 소유되는 지식이기 때문에 그것들은 사람을 속

---

[493] Clyde L. 맨슈랙, Ibid., p.417.

박할 힘이 없다고 보았다. 그래서 인간은 미신적인 구속에서 자유로워져야 한다고 하였다. 이런 미신적인 형태의 신앙을 인간에게 주입시키는 사제들은 인간의 적이라고 하였다. 이들은 계시를 초자연적인 것으로 보기보다는 인간의 자연스런 본성에 이미 주어져 있는 것이라고 보았다. 이러한 주장은 기독교의 역사성과 계시를 철저히 파괴하는 역할을 하였다.[494]

존 톨랜드에 이어 매튜 틴달(Matthew Tindal)은 「창조만큼 오래된 기독교」(Christianity as Old as the Creation)라는 저서에서 자연종교를 더욱 강조하면서 그것은 하나님이 인간에게 주신 근원적인 선물이며 완전하다고 했다. 그리고 성경은 자연종교의 대변에 불과하며, 예수는 단순히 하나님의 뜻을 순종하고 실행하는 인류의 모범자일 뿐이라는 것이다. 하나님의 창조 세계는 하나님이 계시한 완전한 산물이다. 그래서 자연법이 계시법에 선행한다는 것이다. 만약에 이성에 위배되는 사물이 있다면 그것은 미신의 소산이다. 자연종교는 이러한 논리를 통해 주장하기를, 성경의 기적들은 자연법칙들을 무시하고 발생한 것이기 때문에 오히려 미신적인 것이라고 하였다. 이러한 자연종교의 영향은 곧 독일의 크리스찬 볼프(Christian Wolf, 1679-1754)와 레싱(G. E. Lessing, 1729-1781)에게 나타났다. 볼프는 이로 인해 독일의 할레의 경건주의자들을 핍박했다. 레싱은 특히 인간교육을 이성의 원리에서 전개하여 인간의 성장발달 단계를 설명하였다. 그리고 성경을 경시하면서 이성이 성경보다는 성숙하다고 역설하였다. 이러한 이신론은 프랑스의 볼테르에게서도 나타났으며 미국에서도 대중적인 인기를 모았다. 미국의 대표적인 인물은 18세기 후반의 토머스 제퍼슨(Thomas Jefferson)과 토머스 페인(Thomas Paine) 등이다.[495]

그러나 이러한 이신론자들의 주장은 모두에게 수용된 것은 아니었다. 이

---

494) Ibid., pp.418-419.
495) Ibid., pp.418-421.

들에 대한 반대 세력도 만만치 않았다. 이신론을 정면으로 반대한 대표자는 프랑스의 대표적인 명상가 파스칼(B. Pascal, 1623-1662)이었다. 그는 이신론자들과 달리 인간의 이성 저 너머에 있는 종교성에 대한 경험을 이야기하였다. 1654년 그는 황홀한 개종의 경험을 하면서 환희에 찼던 모습을 기록하였다: "불이여! 철학자들과 과학자들의 하나님이 아닌, 아브라함과 이삭과 야곱의 하나님이여." 파스칼은 인간의 이성을 하나님의 선물로 생각했다. 그리고 인간은 이성적인 존재이지만 완전하지 못함을 그는 다음의 유명한 말에서 잘 표현하였다: "인간은 단지 하나의 갈대이기에 본성적으로 약하다. 그러나 그는 생각하는 갈대다." 인간은 오직 제한적인 이성의 힘에 의해 우주의 일부만을 이해할 수 있을 뿐이라고 그는 말했다.[496)

「걸리버 여행기」의 저자인 조나단 스위프트(Jonathan Swift, 1667-1745)도 자연종교의 대표적인 반대자였다. 그는 합리주의자들을 신랄하게 비판하면서「무너져가는 기독교에 대한 논의」(Argument Against Abolishing Christianity)를 통해 인간의 원시적인 이기성을 비판하였다. 윌리엄 로오(William Law, 1686-1761)도 자연종교의 반대자였다. 그는 「이성의 진상」(The Case of Reason, 1732)이란 책을 통해 이성이 도리어 무질서와 인간 심정 파탄의 원인이라고 쏘아부쳤다. 그는 하나님의 초월하심은 인간의 이성으로는 논란할 수 없다고 논박하였다. 버클리(George Berkeley)도 신은 우주적이고 항존적인 신만의 영적 활동 이외에 실재하는 것은 없다고 주장하였다. 이들의 주장은 우주와 자연에서 신의 계시와 활동을 중단시킨 이신론의 개념을 극복하고, 다시 신의 활동을 인정하는 이론적인 대립이었다. 버클리보다도 보다 체계적으로 이신론에 대항한 사람은 버틀러(Joseph Butler, 1736)였다. 그는 「종교의 유추」(Analogy of Religion)에서 이신론자들이 계시를 반대하는 것과 같은 방법으로 우주와 자연의 과정에 대해서도

---

496) Ibid., pp.422-423.

반대할 수 있기 때문에 역으로 설명한다면, 이신론자들에게도 하나님을 우주 위의 창조자로 믿게 될 개연성이 있다고 하였다. 특히 계시와 자연의 유사성을 조사한다면, 이러한 확신은 증폭된다고 보았다.[497]

실제로 인간은 이신론자들에 의하면 자연에 대한 지식도 제한되어 있지만, 계시는 기적과 예언의 성취에 의해 도리어 입증된다고 하였다. 그래서 도리어 계시를 이성보다 부인할 수 없는 것으로 인정하였다. 이러한 버틀러의 주장을 당시 영미 대학들은 수용하였으며, 그의 책을 교과서로 사용하기도 하였다. 그러나 그의 이론은 또 다른 반론을 야기시킨 문제로 남게 되었다. 그는 이신론에 대한 대답보다는 문제만 던지고 답을 피해가는 허점을 보였다. 따라서 그가 인간의 이성과 경험 저편의 하나님에 대한 찬양과 도덕적인 열의 면에서는 공헌하였지만, 이신론자들의 이론을 절대적으로 반박한 것은 못 되었다.

그런가 하면 이신론자들과 반이신론자들 사이에 또 다른 이론이 등장하였다. 그것은 흄(David Hume, 1711-1776)을 비롯한 경험론자들의 이론이었다. 흄은 「종교의 자연 역사」(Natural History of Religion)를 통해 이신론과 반이신론을 따돌리면서 철저한 회의주의 입장을 취하였다. 그는 인과관계 이론으로 자연법칙을 해석하고 이제까지 믿어왔던 이신론의 이론은 우리의 경험을 하나 둘 연결시킨 정신작용의 허구에 불과하다고 보았다. 그리고 신의 존재를 제1원리로 보는 이신론자들의 주장을 일축하였다. 그는 이신론자들이 공박한 것과 못지않게 기독교의 입장을 반대하였다. 기독교는 이신론과의 논쟁에서 언제나 기적을 최후의 증거로 내세워왔었다. 그런데 그는 도리어 기적을 부인함으로 교회에 심각한 도전을 안겨주었다. 이로써 사람들은 기적이 기독교의 가장 신빙성 있는 보증물이 아님을 인식

---

497) Ibid., pp.423-424.

하게 되었다. 이는 기독교 초기 역사에 대한 회의론을 불러 일으켰다.[498]

이제 기독교의 역사적인 뿌리는 신적인 것이라기보다는 인간적이라는 극단적 회의론이 대두되었다. 기본(Edward Gibbon, 1737-1794)은 「로마 제국의 쇠퇴와 멸망」(History of the Decline and Fall of the Roman Empire, 1776)에서 기독교의 확장은 유대교의 계승된 종교적인 열정, 교회의 영생교리, 기적적인 은총의 신뢰, 엄격한 도덕적 생활과 능률적인 조직체의 운영과 같은 요소 때문이었다고 해석하였다. 기본적으로는 이러한 주장을 하면서 당시 학자들이 무식하여 기독교의 이와 같은 본질을 파악하지 못했다고 피력하였다. 이것은 지금까지 역사적인 기독교의 초기 확장과 생성이 다만 기적에 의한 복음의 진리 때문이라고 믿어 왔던 전통적인 견해에 큰 타격이었다. 결국 기독교의 확장이 초자연적인 힘이 아닌 인간적인 요소와 힘의 작용이라고 보는 그의 이런 태도는 19세기에 와서 성경에 대한 역사 비판적 연구의 효시가 되었다고 볼 수 있다. 이신론으로 출발해서 이성의 시대로 접어든 기독교는 이제 인간의 생각과 권리를 종교적인 권위로 억압할 수 없는 시대로 빠져들게 되었다. 이성론자들은 엇갈린 찬반으로 기독교를 해석했지만, 결국 이러한 활동들의 결과는 기독교에 대한 과격한 냉소주의를 잉태시켰다.[499]

경건주의 운동

16세기 종교개혁 이후에 발달된 교리 논쟁은 개신교의 정체성을 다지기 위한 중간 노력이었다. 이러한 교리적 발달은 이성주의의 합리적인 사고

---

498) cf. Ibid., pp.424-425.
499) cf. James C. Livingston, Modern Christian Thought(New York: Macmillan Publishing Co., 1971), pp.40-79.

논리와 병행하여 신앙을 신학화하고 논리화하는 정통주의(Orthodox)를 잉태시켰다. 이는 중세의 스콜라주의 색깔을 띠고 있었다. 이때의 신앙은 순수한 교리라고 주장하는 것을 받아들이고, 설교를 규칙적으로 청종하며, 성례의식에 엄격하게 참여하면, 참된 신앙인이 된다고 생각하였다. 그러나 이러한 신앙형태는 매너리즘을 야기시켰고, 종교생활의 형식화를 초래하여 죽은 정통주의에 얽매이는 모순을 가져왔다.

그리하여 이러한 신앙의 모습에 만족치 못한 사람들이 경건주의라는 이름으로 등장하였는데, 이들은 신앙의 교리적인 고백보다는 경험과 감정의 중요성을 드러내기 시작하였다. 그리고 세상에 대해서는 금욕적인 태도를 취하였다.[500] 경건주의의 시작은 필립 스페너(Philipp Jacob Spener, 1635-1705)로 거슬러 올라간다. 스페너는 독일 북부 알사스 지방에서 태어나 스트라스부르에서 성경 석의학을 연구하였다. 그는 또한 바젤과 제네바에서 교육받았기 때문에 루터와 장로교 신앙을 둘 다 잘 알고 있었다. 그에게 정신적인 도움을 주었던 자는 신비주의 경향이 짙었던 아른트(Johann Arnt, 1555-1621)였고, 또한 게하르트(Paul Gerhart)와 '네덜란드의 경건주의자'들에게서도 영향을 받았다. 그는 1666년 프랑크푸르트 교회에서 목회를 하면서 교인들의 영적 고갈 상태에 대한 환멸을 느끼고 개혁을 시도하였다. 그는 처음에 몇몇 사람들과 함께 소집단을 형성하여 자신의 집에 모여 성경연구와 기도 등 신령한 신앙생활을 시도하였고, 이것을 경건의 모임(Collegia pietas)이라 칭하였다.[501]

스페너는 당시 신앙의 부패현상을 여러 가지로 지적하였다. 기독교의 악은 정부의 교회 간섭, 성직자들의 삶의 부패, 이론적이며 신학적인 논쟁, 평신도들의 무절제한 생활 등이라고 하였다. 이를 개선하기 위해 그는 교회

---

500) Gerald R. Cragg, Ibid., pp.100-106.
501) Clyde L. 맨슈랙, Ibid., pp.433-434.

내 소집단을 형성하여 성경과 기도로 피차의 삶을 권면하고 서로의 신앙을 돌아봐야 한다고 주장하였다. 이는 그들이 주장하는 교회 안의 작은 교회를 의미하였다. 스페너는 특히 참된 모습의 경건한 삶을 살아야 한다고 주장하였다. 이런 주장은 그로 하여금 극단적인 영국의 청교도 신앙사상을 선호하게 만들었다. 그래서 그는 극장, 춤, 카드놀이 등 음식과 의복에 이르기까지 금욕적인 삶을 추구해야 한다고 하였다. 그는 신조 중심의 교회를 성경연구와 경건생활 중심의 교회로 바꾸려고 시도하였다. 즉 신비주의자들처럼 사람들을 공동체로부터 분리시키는 것이 아니라 성경적인 겸손과 실천을 강조하여 착한 행실이 열매로 나타나는 신앙을 강조하였다.502)

스페너가 베를린 궁정목사로 초청받아 그곳에서 경건주의적인 신앙 활동을 성공적으로 하고 있을 때, 할레 대학을 중심으로 경건운동이 일어났다. 할레 대학에서는 스페너에게 경건주의 영향을 받은 프랑케(August Hermann Franke)라는 재주와 지성이 겸비된 인물도 교수와 목사로 강의하였다. 할레 대학은 프랑크에 의해 경건운동 중심 대학으로 발전하였다. 프랑크는 매년 200명의 목사 후보생들을 교육시키면서 경건주의 신앙을 지도하였다. 그리고 그는 다양한 실천운동을 전개하였다. 그것은 사회사업이었는데 고아원, 빈민학교, 성경연구원, 출판사, 진료소, 부속기업 등을 통한 것이었다.503) 특별히 할레 대학의 유명한 점은 선교에 대한 열정이었다. 프로테스탄트가 선교에 눈을 뜨기 전, 프랑케와 그의 동료들은 선교에 대한 사명감으로 충만하여 대학에서 선교사들을 훈련시켜 파송하기 시작하였다. 바로 이들이 18세기 근대 선교의 문을 열었던 것이다. 이들이 파송한 선교사는 일찍이 인도까지 들어오게 되었다. 경건주의의 영향은 노르웨이, 스웨덴, 덴마크 등지에도 보급되었고, 대중들의 신앙생활에 파고들어 순수한

---

502) 시드니 M. 휴톤, p.303.
503) Clyde L. 맨슈랙, Ibid., p.435.

국민정신 함양에 기여하였다.

프랑크와 스페너의 뒤를 이어 경건주의의 활동을 계승할 유능한 지도자가 나타나지는 않았지만, 괄목할 만한 결과 중의 하나는 진젠도르프 백작(Nicolaus Ludwig von Zinzendorf)의 지도하에 있었던 모라비안 형제단(Moravian Bretheren)이 생겨난 것이다. 진젠도르프 백작은 스페너와 막역한 친구 사이였던 작센 선제후 궁전의 고위층 아들로 태어났다. 그는 경건한 할머니의 영향을 받았고, 어릴 때에 할레에 있는 프랑케의 파에다고기움에서 교육받았다. 그리고 자신의 영토인 베르텔스토르프에 30년 전쟁 이후 신앙 때문에 피난생활로 전전 긍긍하던 잔 후스의 후예들인 모라비아의 피난민들을 위해 촌락을 만들어 이들이 안주하게 도와주었다. 이 촌락의 이름은 유명한 헤른후트(Herrnhut)였다. 진젠도르프는 그의 이상에 따라 이들의 신앙훈련을 강하게 시켰다. 바로 이러한 운동을 통해 오늘날의 모라비안 교회가 탄생한 것이다(1727).[504]

모라비안 교회의 특징 중 하나는 열정적인 선교 열기였다. 진젠도르프 자신이 선교 사업에 직접 뛰어들어서, 1738년 서인도 섬 선교여행을 감행했으며, 1741년에는 런던에 건너가 모라비안 교회의 확장을 시도하였다. 그리고 뉴욕으로 가서 펜실베이니아에 있는 베들레헴이라는 곳에 미국 내 모라비안 본거지를 삼도록 하였다. 진젠도르프를 중심으로 모라비안들은 인디언들에게 선교사업을 추진하고 학교를 세우는 등 선교활동을 적극 추진하였다. 이처럼 진젠도르프의 헤른후트는 세계 선교활동의 근거지가 되어 서인도, 북아메리카, 기아나, 이집트, 남아프리카, 네덜란드, 영국 그리고 발틱 해의 국가에서 눈부신 활동을 하였다. 그러나 모라비안들은 종국에 진젠도르프와 분리하여 독립교회를 형성하였고 오늘날의 모라비안 교

---

504) 시드니 M. 휴톤, Ibid., pp.307.

회가 탄생했다.505)

이 운동이 독일 전체에 광범위하게 영향을 미친 것은 사실이다. 경건주의는 독일에 생동하는 신앙을 불러 일으켰고, 목사들의 영적 능력과 설교의 질을 향상시켰으며, 청년들에게는 기독교 훈련의 실천을 일깨워 주고, 평신도의 교회생활 확장을 가져왔다. 또한 성경에 대한 친숙함과 신앙생활의 구체화를 가져왔다. 그러나 경건주의 운동이 미친 부정적인 요소도 적지 않았다. 그들은 하나님의 나라에 들어가기 위한 공로 사상에 치우쳤고, 세상에 대한 금욕적인 태도, 경건주의자가 아닌 사람들에 대한 신앙적인 질타, 그리고 신앙에서 지적 요소의 경멸 등을 불러왔다.506)

웨슬리의 복음주의 운동과 영국교회의 부흥운동

독일에서 정통주의와 이성주의에 반하여 순수한 신앙의 경건운동이 일어났던 것과 마찬가지로, 영국에서도 스페너의 생각과 같은 뜻으로 교회의 영적 고갈을 모색하기 위한 복음주의 부흥운동이 일어났다. 이러한 운동의 근저는 일찍이 성경 읽기와 기도운동 그리고 빈번한 성만찬 등을 집행하며 경건생활을 했던 집단들로부터 찾아볼 수 있고, 런던에만 이러한 그룹이 백여 개가 존재했다. 스코틀랜드에서는 이미 어스킨이나 에벤에젤 등을 통해 복음주의 운동이 일어나고 있었다. 그러나 이러한 운동을 규합하여 영국의 부흥을 유발시킨 사람은 존 웨슬리와 찰스 웨슬리 그리고 조지 윗필드(G. Whitefield, 1714-1770)였다. 이들은 옥스퍼드 대학에서 성경공부와 신앙생활의 규칙적인 모임을 갖고, 매일 일정한 시간에 기상하여 성경을 읽고 기도했으며, 정기적으로 감옥에 가서 복음을 전하는 등 규칙적인 생

---

505) Clyde L. 맥슈랙, Ibid., pp.436-437.
506) 시드니 M. 휴톤, Ibid., pp.302-309.

활방식(method)에 따라 신앙생활을 했다. 이들의 모임을 '신성한 모임'(Holy Club)이라 불렀고, 그들의 생활방식을 본따서 후에 '감리교'(Methodist)란 말이 나오게 되었다. 직역하면 규율주의자란 의미이다.[507] 그런데 이들이 시작한 복음주의 부흥운동에는 세 갈래가 존재하였다. 웨슬리가 주도하는 감리교, 윗필드가 주도하는 칼빈주의 감리교, 그리고 전통적인 앵글리칸교회 계통의 복음주의이다.[508]

옥스퍼드 대학을 졸업한 웨슬리(John Wesley, 1703-1791)는 그의 동생과 함께 선교사로 임명받아 1735년 미국 조지아 주의 인디언을 위한 선교사로 파송된다. 그들은 대서양을 건너다가 큰 풍랑을 만나 두려움에 휩싸여 있을 때, 폭풍우 속에서도 하나님을 찬양하며 희망의 의지를 보이는 모라비안들을 통해 강한 감화를 받는다. 그는 미국의 사바나에 도착하여 모라비안 선교사인 슈팡겐베르크를 만나 다시 감화를 받았다. 웨슬리는 모라비안들과의 접촉에서 자신의 신앙에 대한 점검과 반성의 기회를 가졌다. 그리고 1738년 영국에 다시 돌아왔을 때 모라비안인 뵐러(Peter Bohler)를 통해 완전한 회심의 기회를 얻게 되었다. 웨슬리의 일기에 의하면 그는 1738년 5월 24일 알더스게이트(Aldersgate)에 있는 모라비안의 모임에 참석하게 된다.[509] 거기서 그는 뵐러 목사의 로마서 주석을 듣다가 변화를 체험한 것이다.

"언젠가 나는 마지못해 알더스게이트에 있는 모임에 참석한 적이 있다. 어떤 이가 루터의 로마서 주석 서문을 읽고 있었다. 9시 15분경, 그가 그리스도 안에 있는 신앙을 통해 그의 가슴속에 일으키신 변화를 묘사할 때, 나는 나의 심장이 이

---

507) Ibid., p.323.
508) cf. Gerald R. Cragg, Ibid., pp.141-156.
509) Clyde L. 맨슈랙, Ibid., p.437.

상하게도 뜨거워지는 것을 느꼈다. 나는 내가 구원을 위해 그리스도 한 분만 의지한다고 느끼게 되었다. 또한 그가 다른 이들이 아닌 나의 죄를 없이 하셨으며, 죄와 죽음의 율법으로부터 바로 나를 구원하셨다는 확신을 갖게 되었다."[510]

모라비안을 통해 참된 신앙을 깨달은 웨슬리는 모라비안의 집단 거주지인 헤른후트에 가서 진젠도르프를 만나 2주 동안 머무는 등 새로운 변화의 모습을 나타냈다. 그러나 그는 이들의 지나친 신비주의나 주관성은 마음에 들지 않았다. 그는 신비주의를 좇기보다는 더 체험하고 폭넓은 신앙활동에 관심을 기울이게 되었다. 이후에 웨슬리는 설교할 수 있는 기회도 얻게 되었다. 수년 전 웨슬리와 비슷한 체험을 한 윗필드는 런던과 브리스톨에서 일하고 있었는데, 웨슬리는 윗필드의 초청을 받아 광부들에게 외치기 시작하였다. 그는 여러 날 동안 야외 집회를 통해 설교하였다. 설교 도중에 사람들은 신체적인 변화를 체험하게 되었다. 어떤 이는 외치고, 어떤 이는 땅에 거꾸러지거나 몸을 뒤틀곤 하였다.[511] 이 일들로 인해 웨슬리는 성직자들로부터 비난을 받게 되었다.

웨슬리는 복음 전파를 위해 생애의 마지막 15년 동안 250,000마일을 여행했다. 그리고 4만 번 설교를 한 것으로 알려져 있다. 그는 영국뿐만 아니라 아일랜드, 스코틀랜드, 웨일즈, 독일, 네덜란드까지 복음 전파 여행을 하였다. 그의 영향을 받은 순회설교자가 그의 사후에 13,000명으로 증가하였고, 신도 수는 8만 명에 이르렀던 것이다. 그의 영향은 단순히 영혼구원의 성과에 머문 것은 아니었다. 노예제도 철폐운동이 그의 영향으로 나타나는 등 사회적인 변화를 가져오는 데도 기여하였다. 어떤 역사가는 영국이 불란스 혁명과 같은 소용돌이가 일어나지 않게 된 것은 웨슬리 부흥

---

510) 유스토 L. 곤잘레스, 「종교개혁사」, pp.331.
511) Ibid., p.332.

운동의 공적이라고 말한다.[512]

웨슬리의 세력은 확장되어 갔고 종래에는 감리교회단을 창설하게 되었다(1739). 그러나 초기에 웨슬리 추종자들은 뷜러가 조직한 페터-레인회(Fetter-Kabe Society)라는 모라비안회에 참여하였다. 그러나 이들과 갈등이 빚어져서 결국 감리교인들은 이곳에서 분리되어 나와서 연합회단(United Society)을 조직하여 본격적으로 독립된 집단을 형성하였다(1740). 그러나 감리회라는 이름으로 정식 설립된 것은 1779년이었고, 웨일즈 감리교회가 최초의 감리교회였다. 웨슬리는 1791년 런던에서 복음을 전하다가 세상을 떠났다. 그의 공적은 영국의 상·하류의 종교적 조건을 혁신한 데 있으며, 미국에 미친 영향도 지대하였다. 그는 교회의 분리를 반대하였지만, 그의 추종자들은 성공회와의 마찰로 인해 교회를 분리하지 않을 수 없었다.

웨슬리와 함께 영국과 미국의 부흥운동에 커다란 공헌을 했던 칼빈주의 감리파였던 조지 윗필드는 웨슬리에 못지않게 영향을 미쳤다. 웨슬리와 마찬가지로 윗필드도 초기 회심의 경험을 가지고 있었다. 그는 웨슬리보다 사실 3년이나 앞서서 신앙체험을 하였다. 윗필드는 자신의 일기장에 다음과 같이 기록하고 있다.

"하나님께서는 나로 하여금 당신의 아들을 믿음으로 의지할 수 있게 하셨다. 그리고 양자의 영을 허락하심으로 영원한 구원의 날까지 나를 인치시며 무거운 죄의 짐을 벗겨 주시기를 기뻐하셨다. 나의 영혼은 말할 수 없는 기쁨으로 충만하다."[513]

그리고 그는 만년에 당시의 일을 회고하면서 다음과 같이 기록하였다.

---

512) Clyde L. 맨슈랙, Ibid., p.442.
513) 시드니 휴톤, Ibid., p.337.

"나는 그 장소를 잊지 않고 있다. 미신적인 행동일지 모르지만 옥스퍼드에 갈 때마다 예수 그리스도께서 나에게 자신을 계시하시고 새로운 생명을 주셨던 장소에 가보지 않을 수 없다."[514]

윗필드가 신앙의 체험을 한 것은 그의 나이 20살 되던 때였다. 윗필드는 1736년 글로스터의 주교에 의해 사역자로 임명되었으며, 영국의 각 섬 구석구석을 돌며 설교를 하였다. 그리고 미국의 13개 식민지를 다니며 순회 사역을 하였다. 처음에 그는 옥스퍼드에서 웨슬리 형제와 '신성한 모임'에 합류하여 그들과 동역했으나, 나중에는 독자적인 노선을 걸었다. 그 이유는 신학적인 이유 때문이었다. 웨슬리는 구원에 있어서 인간의 공로나 노력이 필요하다는 알미니우스의 입장을 취했고, 윗필드는 그와 반대로 칼빈주의의 입장을 따랐기 때문이다. 윗필드는 주로 야외집회를 많이 인도하였고, 당시 웨슬리도 마찬가지였다. 그는 운반하기 쉬운 강단을 가지고 다니며 설교하였다. 그의 목소리는 우렁차고 아름다웠기 때문에 복음 전파에 도움을 주었다. 그의 주 사역지는 브리스톨과 런던이었다. 브리스톨의 광부들에게 복음을 전할 때, 그는 일기에 이렇게 기록하고 있다.

"4시에 나는 서둘러서 킹스우드로 갔다. 나의 설교를 들으려고 일천 명 정도의 청중이 운집해 있었다. 나무들과 산울타리에도 사람들이 가득 찼다. 내가 설교를 시작하자 사람들이 잠잠해졌다. 태양은 밝게 빛났으며, 하나님께서 힘을 주사 큰 능력으로 한 시간 동안 설교할 수 있게 하셨다. 나의 목소리가 컸으므로 모든 사람이 다 들을 수 있었다. 이 지역에서 신앙의 불길은 타올랐으며, 지옥의 모든 악마들도 그것을 끌 수 없을 것이다."[515]

---

514) Ibid., p.337.
515) Ibid., p.339.

윗필드의 설교는 영국에서뿐만 아니라 스코틀랜드에서도 인기가 대단하였다. 특히 스코틀랜드인들은 윗필드의 칼빈주의 복음 설교를 환영하였다. 윗필드는 35년간 사역하면서 미국의 식민지를 일곱 차례나 방문하였다. 그는 조지아 주에 고아원을 설립하였고, 이를 위한 모금 운동차 전도 여행을 떠나곤 하였다. 그리고 뉴잉글랜드나 중부권의 식민지들을 자주 방문하였다. 중부지역의 농부들은 윗필드의 설교를 듣기 위해 연장을 농장에 버려둔 채 달려가곤 할 정도였다. 윗필드는 전통교리와 복음주의적인 열심과 전도가 서로 상충하지 않는 진리를 보여주었다. 그의 장점은 교파를 초월하여 성령을 통해 회심하고 거룩하게 되었다고 판단하는 모든 사람들을 따뜻하게 맞아주었던 것이다. 이렇게 그가 교파의 장벽을 극복할 수 있었던 것은 하나님의 자녀를 사랑하는 마음 때문이었다. 그는 1770년 55세의 나이로 세상을 떠났으며, 뉴잉글랜드의 뉴베리포드에 묻혔다. 그는 천식으로 자신의 생명이 다한 것을 알고 세상을 떠나기 며칠 전 다음과 같이 말하였다.

"주 예수여, 나는 피곤합니다. 그러나 주님의 사역에 싫증이 난 것은 아닙니다. 만일 나의 갈 길을 아직 끝마치지 않았다면 한 번 더 밖에 나가 주님을 위해 외치게 하소서. 그리고 진리를 외치고 집에 돌아와 숨지게 하소서."516)

18세기 북미 신앙과 대각성운동

미국에는 17세기 동안 이미 많은 사람들이 유럽대륙과 영국에서 이주해 와서 살고 있었다. 이들 대부분은 유럽과 영국의 신앙 형태를 미국 땅에서

---

516) Ibid., p.346.

그대로 유지하면서 완전한 신앙의 자유를 누릴 수 있었다. 결국 미국에는 다양한 신앙을 가진 그리스도인들이 거주하게 되었다. 미국 이민 초기의 한 정착지였던 뉴잉글랜드에는 루터교, 칼빈주의파, 장로교파, 독립파, 퀘이커파, 로마가톨릭파, 중생파(New Born), 형제파(Dunkers), 신광파(New Lights), 계약파(Covenanters), 브라운파(Brownist), 분리파(Seceders) 등 각종 교파와 종파들이 정착하였다. 이런 교파들이 교회를 형성하고 사는 동안 이들에게 신앙의 영속적인 영향을 준 운동은 바로 대각성운동(The Great Awakening)이었다.517)

50여 년간 지속된 이 운동은 미국의 신앙 형태를 결정하는 데 큰 영향을 미쳤다. 이 운동도 독일의 경건주의나 영국의 복음주의 부흥과 마찬가지로 합리주의의 팽창과 문화의 혼란 속에서 발생하였다. 이 운동은 미국의 교회생활에 변화를 가져왔고, 특히 입교의 개념 즉 교인 됨의 개념을 회개의 변화를 겪은 중생한 사람들이라고 정하였다. 또한 교회는 그러한 경험을 한 사람들만의 공동체라는 독특한 정의를 내리기에 이르렀다. 이 대각성운동은 뉴저지의 라리탄 계곡의 네덜란드 개혁교회에서부터 일어났다.

당시 미국에 이주해 온 네덜란드인들에게 이 교회가 그들의 향수를 달래는 장소였다. 플레링후이센이라는 사람은 이곳에 모여드는 사람들을 영적으로 좀 더 일깨우며 생생한 신앙 지식을 가지도록 6년 동안 부흥운동을 계속하였다. 이것이 효시가 되어 미국 전역으로 부흥의 물결이 흘러가기 시작하였다. 이러한 운동에 대해 교회는 찬반의 난상토론과 분열을 경험하게 되지만 흐르는 격류를 쉽게 막을 수는 없었다.

이러한 운동에 매력을 느꼈던 한 청년은 플레링후이센의 영향을 받아 영국 청교도의 확신에 따라 교육에 열중하여 당시 필라델피아 북쪽 오늘날의

---

517) Ibid., p.311; cf. 김광채, Ibid., pp.229-240.

프린스턴에 오늘날 프린스턴 대학의 전신인 로그(Log) 대학을 설립하였다. 그의 이름은 바로 윌리엄 테넨트 2세(William Tennent, Sr., 1673-1745)였다. 테넨트는 성직자로서 1718년 아일랜드로부터 필라델피아에 이주해 왔는데, 그는 원래 영국의 성공회 소속이었으나, 미국에 와서는 장로교에 가입하였다. 테넨트의 네 아들은 로그 대학에 다녔는데, 장남인 길버트(Gilbert, 1703-1764)는 졸업 후에 장로교 목사로서 부흥회를 인도하는 중심인물이 되었다.518)

당시 미국에는 두 개의 장로교가 있었는데, 하나는 청교도 계통으로서 신앙을 경험적으로 생생하게 느끼는 것에 최고의 관심을 가진 부류와 다른 하나는 정확한 교리의 중요성을 강조하는 스코틀랜드장로교였다. 결국 이들은 서로 대립적인 관점에서 대치하게 되었다.

청교도 측을 따랐던 테넨트 가는 반대에 부딪쳐서 뉴브룬스윅에 새로운 노회를 조직하지 않을 수 없었다. 스코틀랜드계 아일랜드인을 대표하는 반테넨트파를 대표하는 구파는 청교도 진영을 신파로 규정하고 종교회의에서 제명 처분하여 종국에는 뉴욕종교회의(신파-테넨트파)와 필라델피아회의(구파-반테넨트파)와의 분열을 가져오게 되었다. 이때 조지 윗필드가 미국에 와서 뉴욕계의 교회에서 활약하여 이들의 운동에 활력소가 되었다. 1758년 양회의가 다시 결합되기는 했으나, 그 앙금은 그대로 남아 있었다. 이 운동은 뉴잉글랜드의 조나단 에드워드(Jonathan Edwards, 1703-1758)에게 영향을 미치게 되었고, 이것이 바로 에드워드 부흥운동의 고전이 되었다.

이 지역의 부흥 운동은 에드워드로 말미암아 점화되어 갔다. 에드워드가 메사추세츠의 노햄프턴에서 목사로 있었을 당시 미국은 종교적, 윤리적으

---

518) 시드니 M. 휴톤, Ibid., p.314.

로 침체기의 길을 걷고 있었다. 에드워드는 1734년경 젊은이들의 환경을 다음과 같이 묘사한다.

"지금은 극도의 종교적 침체기로 보인다. 마을의 젊은이들 사이에는 수년 동안 방종의 풍조가 휩쓸어 왔다. 많은 젊은이들이 밤거리를 배회하고 선술집 등지에서 탈선된 행동을 했다. 그 중에도 다른 사람들보다 특히 더 방탕한 무리들이 있었다. 그들은 흔히 남녀가 한데 어울려 불 잔치와 난잡한 장난을 즐기기 일쑤였다. 그들은 자신이 속한 가정을 생각하지 않고 친구들과 밤을 지새우는 일이 많았다. 사실 이 마을에서는 가정도 별다른 힘을 발휘하지 못하였다. 많은 젊은이들이 모임에서 예의 바르지 못한 행실을 보이는 것은 흔한 일이다(교회 안에서도 마찬가지였다). 나의 조부께서 그들을 보살피지 않으셨더라면 지금보다 훨씬 더 상태가 나빴을 것이다."[519]

에드워드의 집회에 참석한 많은 사람들은 회개하고 각성하며 영원한 진노를 피하여 영생을 얻으려는 데 관심이 고조되었다. 사람들은 의인은 오직 믿음으로 산다는 진리를 이해하게 되었고, 남녀노소를 막론하고 설교를 들은 사람들은 영원한 세계에 관심을 갖게 되었다. 에드워드를 통해 사람들이 영생에 대한 새로운 관심을 가지게 되면서 교회들은 부흥하게 되었다.[520] 부흥은 주로 회중교회를 중심으로 일어났고 여기에 테넨트나 윗필드도 가세하여 부흥의 열기가 더욱 고조되었다. 이들의 설교를 듣고 쓰러져 몸을 뒤튼다든지 울음을 터트리고 아우성을 치는 사례가 많이 나타났다.

이러한 현상이 나타나자 중부에서 일어났던 찬반 논란이 다시 일기 시작

---

519) 시드니 M. 휴톤, Ibid., p.317.
520) E. S. 모이어, Ibid., p.422.

하였다. 윗필드는 이러한 반대에 부딪치자 그들을 회개치 않은 사람들이라고 공격하기도 하였다. 또한 그와 함께하던 동료 가운데 조금은 극단적이었던 데이브포트는 준비 없이 설교를 몇 시간 동안 함부로 하였고, 당시 저명한 목사들의 이름을 들면서 회개하지 않는다고 공박하는 등 도가 심한 행동을 하였다. 에드워드를 비롯한 대각성운동 주역들의 노력으로 북아메리카의 많은 지역에서 놀라운 결과가 나타났음에도 불구하고 분열된 모습도 불가피하게 나타났다. 이들의 부흥을 반대하는 집단이 보스턴의 촌시(Charles Chauncy, 1705-1787)를 중심으로 나타났다. 이들은 옛 빛파(Old Light)라는 조직을 형성하였고, 부흥사들은 새 빛파(New Light)를 구성하였다. 묘하게도 두 개 파의 분열된 틈 사이에서 미국교회는 알미니우스주의와 유니테리안 사상이 급진적으로 번식하기 시작하였다.

회중교회의 성장 둔화와 소요가 계속되는 가운데 침례교회가 발전하는 이상한 기류가 나타났다. 그러나 침례교회 내에서도 부흥회를 중심으로 논란이 발생하면서 남부의 버지니아 지역 부흥 목사들이 독립침례교회를 조직하였고, 잔존한 부류는 기존파로 자처하여 분열되었다. 감리교회는 1766년부터 발전하기 시작하였고, 1769년 웨슬리가 파송한 8명의 선교사 가운데 한 사람이었던 에스베리를 통해서 활발해졌다. 이후 감리교 최초의 연회는 1773년 필라델피아에서 개최되었다.

한편 대각성운동의 영향을 제대로 받지 않은 교단은 루터교였다. 비록 미국에서 대각성운동의 영향은 받지 않았지만, 독일 할레에서 온 물렌베르트로 인해 이주해 온 루터교인들 사이에도 자체적으로 경건주의 열의가 마치 부흥운동처럼 번져 갔다. 그로 인해 루터교는 상당한 발전을 하였고, 경건한 주의와 정통사상을 잘 조화시킨 전통을 만들었다. 그리하여 1748년에 최초로 미국 내 루터회의가 조직되었다.

이 각성운동에서 미국 신학계와 교회에 대표적 역할을 한 사람 역시 에드워드(J. Edwards, 1705-1758)였다. 그는 부흥운동을 주도하면서도 놀라울 정도로 이지적이어서 당시 철학과 과학 분야에도 통달하였으며, 존 로크와 뉴턴에도 심취하였다. 그는 미국에서 칼빈주의 철학인 신의 주권과 예정론을 골자로 한 칼빈주의 신학을 대성시켰으며, 부흥회를 지나친 정서적 폭발이라고 불신하는 자들을 향해서 부흥회에 대해 옹호하는 입장을 취했다. 하지만 부흥회를 절대화하는 자들을 향해서는 경계하는 자세로 각성운동을 전개하였다. 그러나 그는 교회의 표준을 지나치게 높여 교회란 참 선택된 자들의 회집이라고 고집함으로 1750년 극단론자로 몰려 자신의 교회에서 면직당했다. 그는 그 후 인디언들에게 선교하였으며, 조직신학자로서 방대한 저술을 했고, 18세기 자유주의 신학의 우두머리가 알미니우스주의라고 비난하면서 칼빈주의를 확고하게 정리, 집대성하였다. 그는 1758년 프린스턴 대학의 총장직에 올랐으나 1개월 만에 천연두에 걸려 세상을 떠나고 말았다.[521]

복음주의 운동과 근대선교

영국에서 일어나 미국에까지 영향을 미쳤던 복음주의 운동은 교파를 초월해서 광범위한 영향을 미쳤다. 그들은 복음 전파를 통한 개인의 중생뿐만 아니라 인도주의적인 정신으로 사회개혁에도 공헌하였다. 하워드라는 사람은 형무소의 비참한 환경을 개혁하기 위해 영국의 전 형무소를 방문하여 열악한 상황들을 문서로 작성하여 1774년 의회에 보고하였다. 뿐만 아니라 스코틀랜드와 아일랜드까지 방문하여 형무소의 환경 개선을 위해 노력하였다. 그는 형무소 개혁의 아버지가 되었고, 이로 인해 형무소의 형편이 실제로 개선되는 계기를 만들었다. 그는 전염병의 방역을 위해서 헌신하였으며, 결국 자신이 병에 걸려 남러시아에서 여생을 마감하였다.

---

521) E. S. 모이어, Ibid., p.422; cf. 시드니 M. 휴톤, Ibid., pp.317-320.

또한 복음주의자들은 영국의 노예제도를 반대하는 운동을 전개하기도 하였다. 이들의 노력으로 영국에서 노예제도가 박멸하게 되었다. 그들은 일치운동을 위해서도 소임을 다했다. 그리하여 1799년 초교파적인 종교소책자협회를 조직하였고, 1804년에는 영국 및 외국 성서공회가 창설되었다. 이들은 또한 어린이를 위한 주일학교 교육의 장도 열었다.[522]

레이크스(Raikes Robert, 1735-1811)는 당시 영국의 산업화 현장에서 가난하고 배우지 못한 노동자들의 아이들을 위해서 1780년 주일학교를 설립하였다.[523] 이 조직은 급속한 성과를 거두어 1785년에는 주일학교촉진회가 조직되었으며, 1791년에는 미국 필라델피아에서도 협회가 창설되었다. 물론 보수주의자들은 주일학교를 위해 유급교사를 주일에 채용하는 것을 반대하였고, 이들을 위한 일반교육이 예배의 날을 더럽힌다는 반론도 있었다. 결국 유급교사는 무급교사로 대체되어 자원 형식으로 운영하게 되었다.

복음주의자들은 사회복음을 위한 운동을 활발히 전개하여 개신교의 활력소 역할을 하였지만, 그들이 남긴 더 큰 공헌과 사업은 선교에 대한 열정과 업적이었다. 사실 개신교는 16세기 종교개혁 이후에 종교의 자유를 위한 정치권력과의 싸움, 그리고 개신교 간의 교리 논쟁 등으로 생존문제에 급급한 나머지 선교에 대한 관심이나 실행이 미흡하였다. 그러나 복음주의 운동은 개신교 선교운동에 대대적인 혁신을 가져왔다. 개신교의 선교는 이제 북방의 그린랜드의 얼음 산맥에서 인도의 산호 해안까지, 갠지스 강에서 아프리카 남부의 림포포 강까지, 북극해의 피요르드에서 정글까지, 에스키모인들에서부터 아프리카의 줄루족에게까지 뻗쳐갔다.

이러한 선교 열정이 진전되기 시작한 것은 네덜란드의 식민세력이 아시아에 영향을 미치면서부터였다. 영국에 최초의 선교기관인 뉴잉글랜드 복

---

522) Ibid., pp.350ff.
523) Ibid., p.384.

음전파회가 1649년 결성되었고, 1701년에는 할레-덴마크 선교단 사업을 시작하여, 1732년에는 모라비안 선교활동이 전개되었다. 특히 영국에서 외국에 대한 선교 열기가 고조된 것은 쿠크 선장의 태평양 항해기가 세상에 알려지면서부터였다. 유명한 침례교 선교사 윌리엄 케리(William Carey, 1761-1834)도 원래 평신도 설교자이자 양화공이었으나 이 책을 읽고 선교에 뛰어들게 되었다.

케리는 오랜 연구 끝에 「이방인을 회심시키기 위해 수단을 사용해야 할 기독교인의 의무에 대한 연구」를 발간했다. 그의 영향을 받은 동료들은 침례교 이교도 전도복음협회를 결성하였다. 선교회의 지원으로 케리는 몇 명의 동료와 함께 인도 선교사로 가게 되었다. 1793년 인도의 캘커타에 도착하여 그는 1834년 숨을 거둘 때까지 한 번도 인도를 떠나지 않았다. 케리 선교단 일행은 동인도회사의 선교활동에 대한 적대세력 때문에 캘커타를 떠나 내지 선교를 할 수밖에 없었다. 그래서 그들은 그곳에서 23km 떨어진 세람포어에서 네덜란드인들의 지배 아래서 선교하기도 하였다. 케리는 인도 선교를 위해 영국을 떠나기 전에 히브리어, 헬라어, 라틴어 지식을 습득하였다. 그를 낙담케 하는 일들이 한두 가지가 아니었으나, 그의 열정은 식을 줄 몰랐다. 그는 뛰어난 언어실력을 소유하고 있었기 때문에 성경 전체 혹은 일부를 40개 언어와 방언으로 번역하여 20만 권을 배포하였다.[524]

또 다른 선교의 모습들이 곳곳에 나타났는데, 회중교회의 목사였던 보그의 노력으로 1795년에 초교파적인 런던선교회(London Missionary Society)가 결성되었다. 한국의 대동강에서 순교한 토머스 목사를 파송한 것도 선교회였다. 당시 유럽의 백인들은 기독교 신앙과 교리를 미개인들의 언어로는 도저히 설명할 수 없다고 믿을 정도로 비백인계 종족들을 무시했다. 그러나 윌리엄 케리로부터 용기를 얻은 영국인들은 지역적으로, 문화

---

524) 시드니 M. 휴톤, Ibid., pp.352-353.

적으로, 언어적으로 전혀 불가능하게만 여겨졌던 이방인 선교에 대한 의식을 깨나갔다. 이러한 의식의 전환과 함께 선교회 조직이 더불어 활성화되었다. 1799년에는 성공회를 주축한 교회선교회가 결성되었고, 1818년에는 영국 웨슬리감리교회가 설립되었다.

스코틀랜드에서도 선교회가 조직되었다. 대표적으로 1825년 외국 선교국을 상설기관으로 설치하고 자유 연합교회에서도 선교회의 조직과 더불어 선교활동을 전개하였다. 한국의 서상윤을 만주에서 만나 그의 도움으로 성경을 한글로 번역했던 존 로스 목사와 매킨타이어 목사는 바로 이 선교회 출신 선교사들이었다. 영국을 중심한 선교 사업은 미국과 유럽대륙에도 영향을 미쳤다. 미국은 아메리카 선교후원회가 조직되어 선교사들을 파송하기 시작하였다. 메사추세츠 출신의 아도니람 저드슨은 인도에 간 대표적인 선교사로 알려져 있다. 저드슨은 미얀마의 사도로 알려질 정도로 미얀마에서 선교의 성과를 거두었다.

아프리카 선교는 19세기 중엽에 문호가 개방되기 시작하였다. 암흑의 대륙 아프리카 개척의 선구자인 리빙스턴의 활동으로 아프리카 선교가 점화되기 시작하였다. 리빙스턴(David Livingstone)은 아프리카 탐험가로 알려져 있지만 선교사로도 크게 활약하였다. 그는 아프리카를 동서로 횡단하면서 「선교 여행기」(Missionary Travels, 1857)를 기록하였다. 이 책은 리빙스턴 이후의 선교사들에게 많은 도움을 주었다. 그는 남아프리카의 개척 선교사였던 로버트 모파트(Robet Moffat)의 딸 메리 모파트(Mary Moffat)와 결혼하여 사역에 박차를 가하였다. 로버트 모파트는 1820년부터 50년간 선교하였으며, 그는 남아프리카 선교의 초석인 네덜란드의 요한 반 더 켐프(John Van der Kemp) 이후로 이 지역 선교에 공을 세웠다.[525]

19세기는 또한 태평양의 섬들에도 개신교 선교사들에 의해 복음이 전파

---

[525] Ibid., p.355.

되는 시기였다. 태평양 선교의 발단은 제임스 쿠크(James Cook)의 탐험 항해를 자극하였고, 이는 오스트레일리아와 뉴질랜드를 획득하게 하였으며, 남태평양 선교의 발판이 되었다. 선교 초기에 이 지역 원주민들은 식인종으로 알려져서 유럽인들은 선교하기를 가장 꺼렸다. 그런 가운데 스코틀랜드인들이 초기 개척자로 나섰으며, 그 중 한 사람인 존 윌리엄스가 원주민들에게 맞아 죽었다. 그러나 그의 동료였던 존 페이턴은 생명을 부지하였고, 결국은 원주민들이 무서운 죄로부터 회개하고 그리스도의 품으로 돌아와 성만찬에 참여하는 감동적인 이야기가 전해지기도 하였다. 존 게디라는 선교사는 페이턴 이전에 이미 장로교회 선교사로 파송되어 있었다. 그가 뉴헤이브리디즈에 상륙했을 때는 한 사람의 기독교인도 없었으나 그가 섬을 떠날 때는 한 사람의 이방인도 없었다고 할 정도로 선교에 성공을 거두었다.[526]

이 시기에 개신교는 아시아의 가장 큰 용인 중국에도 선교의 문을 두드리기 시작하였다. 중국은 오랫동안 기독교에 대하여 폐쇄적인 태도를 취하고 있었다. 개신교의 중국 접근은 중국 선교의 개척자 역할을 감당하였던 노섬벌랜드의 로버트 모리슨(Robert Morrison)에 의해서였다. 모리슨은 중국어를 습득하여 중국어를 쓰고 말할 수 있는 대표적인 유럽인이었다. 당시 동인도회사는 선교 사업을 반대했지만 모리슨의 중국어 실력으로 인해 중국과의 교역에서 도움을 받았기 때문에 선교사들을 내쫓을 수 없었다. 모리슨은 1819년에 성경 전체를 중국어로 번역하는 공적을 남겼다. 그러나 아편 전쟁(1839-1842)이라는 불행한 사건이 일어나면서 영국이 중국에서 무역을 강요하는 정책이 강화되자 중국 당국의 선교사들에 대한 감정은 악화되었다. 그러나 이러한 와중에도 중국에서 활발하게 활동한 선교사가

---

526) Ibid., p.356.

있었다. 바로 19세기 후반의 허드슨 테일러(Hudson Taylor, 1832-1905)였다. 초창기 중국의 선교사들은 대부분 해안 중심의 사역을 펼쳤으며 방대한 대륙의 깊은 곳까지 가지 못했다. 그러나 테일러는 내륙까지 진출하여 상당한 성공을 거두었다.527) 테일러가 창설한 중국내지선교회는 오늘날의 해외선교회(O.M.F)로 발전되었다. 중국내지선교회는 선교회 원칙을 마련하였으며, 이것은 종래의 개신교 정책과 사뭇 다른 바가 많았다. 선교회의 회칙은 상당히 진보적이며, 현실적인 효과를 거두는 정책들이었다.528)

테일러는 많은 어려움과 싸워야 했지만 선풍적인 성공을 거두었다. 많은 선교사 후보들이 그의 이야기에 감동되어 중국 선교에 지원하였다. 그리하여 1882년까지 중국의 모든 성에 선교사들이 들어가 활동하였으며, 무려 641명의 선교사들이 내지선교회 산하에서 일을 하였다. 그러나 기독교에 대한 박해는 테일러의 공적에 치명적인 손실을 유발시켰다. 그 박해는 기독교를 포함한 중국 내 모든 외세를 몰아내는 의화단 사건이었다. 이로 인해 많은 선교사들이 중국에서 쫓겨나야 했으며, 순교하기도 하였다.529)

미국의 독립운동과 교회

아시아와 아프리카 그리고 태평양 섬들에 대한 복음의 역사가 진행되던 시기에 미국에서는 미국 교회의 역사와 부흥에 간과할 수 없는 독립전쟁을

---

527) Ibid., p.358.
528) cf. Williston Walker, Ibid., pp.611-614; cf. 시드니 휴톤, Ibid., pp.349-359; 1.초교파적인 선교활동 2.교육이 부족하더라도 헌신과 사명과 능력 위주의 선교에 참여 3.선교회의 지휘가 영국에 있는 것이 아니라 중국에 둠으로 선교지 활동의 독립성 확보 4.선교사들은 중국인 복장을 해야 하며, 될 수 있으면 중국인과 자신을 동일시해야 함 5.선교회의 일차적인 우선 과제는 복음 전파임.
529) Williston Walker, Ibid., p.614.

겪고 있었다. 18세기 말 미국은 영국의 통치하에서 벗어나 독립을 하였으나(1776) 정부 조직은 1789년에야 가능하였다. 따라서 그동안 정치적인 혼란기를 겪어야 했다. 그런 가운데 미국의 새로운 정부의 인물들은 이미 유럽에서 유행하던 합리주의나 이신론의 영향을 받았다. 이전보다는 국가 위주의 정책이 이루어졌고, 교회생활에 대한 관심 등은 저하되었다. 독립전쟁 이후 종교제도는 정교분리 정책이 제퍼슨의 입안으로 제정되었고(1785), 각 주의 종교 관여와 종교로 인한 과세를 금지시켰다. 그리고 헌법상 공직 위임 시 종교상 시험을 금지시켰으며,[530] 추가 헌법에도 종교 설정이나 신앙 금지의 법률제정을 금지시켰다.

이러한 정치적인 입장과 더불어 이 시기의 미국교회는 교회 내에도 문제를 안고 있었다. 그것은 독립된 미국 내에 존재하고 있으면서 사실상 영국이나 유럽 국가의 각 교파들로부터 독립하지 못하고 있는 점이었다. 가장 심각한 시련을 경험한 교파는 성공회(Church of England)였다. 미국이 독립된 상태에서 기존의 성공회는 이름부터 영국 냄새를 풍기고 있었다. 그리고 어떤 보수주의자들은 미국에 합류하기보다는 신앙을 위해서 영국으로 돌아가고자 했다. 마침내 이러한 고민을 안고 1780년 메릴랜드에서 가진 성직자와 평신도 연석회의에서 교회 이름을 프로테스탄트 감독교회(Protestant Episcopal church)로 변경하기로 결정하였다.

코네티컷에 있는 성공회 성직자들은 다른 회의를 소집하고 시베리를 주교로 선임하는 등 내분의 조짐이 있었으나, 1789년 총회에서 화합하여 미국 풍토에 맞는 기도서를 채택함으로 미국의 감독교회는 기초를 잡아가고 차츰 발전하게 되었다. 미국의 감리교회도 이때를 같이 하여 영국과의 관계에서 독립교회를 발족하였다. 1784년 볼티모어에서 가진 크리스마스연

---

530) cf. Williston Walker, pp.615-622; cf. 김광채, Ibid., pp.229-241.

회에서 감리교 감독교회로 출범하였다. 이어 네덜란드의 개혁교회도 1792년 본국과의 관계에서 독립하였고, 독일 개혁교회도 1793년 독립하였다. 가톨릭교회는 본질상 교황청의 소속에서 독립할 수 없었지만, 여러 가지 운영 면에서 자율권을 획득하였다. 모라비안 교회가 늦게 자립하기는 했지만 대부분의 다른 교회들은 자율적인 체제 속에서 운용하는 독립을 얻게 되었다. 독립운동의 여파로 미국의 각 교파들이 본국의 간섭에서 벗어나 독립교단으로 서로 다른 독자 노선을 가고 있을 때, 보편주의(Universalism)를 주장하는 사람이 있었다. 칼빈주의자였던 존 머레이(John Murry, 1741-1815)였다. 그는 그리스도께서 특수한 사람들만의 죄를 위해서 돌아가신 것이 아니고, 전 인류를 위해 희생당하셨다고 선포하면서 그리스도인들이 한 교파가 되어야 한다고 하였다. 1790년 그를 따르는 자들이 필라델피아에서 첫 모임을 갖고 1803년에는 신조를 만들어 교회를 정식으로 창설하였다. 주로 가난하고 신분상 하류층의 사람들로 구성되어 있었다.[531]

독일교회와 18세기 계몽운동

영국에서 이신론이나 합리주의가 일어난 동안 독일에서는 경건주의가 발생하였다. 하지만 경건주의 운동은 신학적인 지도자나 체계를 배출하지는 못하였다. 독일의 이러한 공백 기간이 지속되는 가운데 그 틈을 비집고 나타난 것이 계몽주의 사상이었다. 계몽주의 사상가로 등장한 인물은 볼트(Christian Wolf, 1679-1754)였다. 그는 할레 대학에서 강의하면서 수학적으로 입증이 불가능한 것은 진리일 수 없다는 전제를 남겼다. 진리는 순수

---

531) 시드니 M. 휴톤, Ibid., pp.371-383.

한 이성에서 합리적으로 이끌어낼 수 있어야 하며, 인간의 경험이란 진리를 증명하는 것이 아니라, 확인시키는 것밖에 없다고 보았다. 그는 계시를 단적으로 부인하지는 않았으나 이성에 반하는 계시는 존재할 수 없다고 규정하였다.532)

모든 것은 이성적이기 때문에 인간은 합리적으로 완성을 추구할 수 있고 신이 존재하는 것도 합리적 사고나 법칙들을 통해 알 수 있다고 하였다. 또한 인간은 이성적이므로 완성을 실현시킬 능력이 주어져 있으며, 완성을 실현시키는 것이야말로 최고의 미덕이라고 보았다. 그의 인간관은 낙관적이었기 때문에, 전통적인 신학의 견해와는 단절되었다. 그리고 그는 종교의 관심사는 신, 자연, 인간의 도덕성, 개인과 종족의 완성을 위한 발전이라고 하였다. 이러한 그의 주장은 대학에서 쉽게 용납되지 않았고 결국 그는 황제의 명으로 대학을 떠나야만 했다. 그러나 17년 후에 그는 복직되었는데, 그것은 할레 대학의 경건주의 풍조가 약화되었기 때문이었다.

볼프 외의 계몽주의 사상가로는 괴팅겐 대학 교수였던 모샤임(Johann Lorentz Mosheim)이 있었다. 그는 볼프의 극단론을 지지하지는 않았지만, 그렇다고 경건주의 열풍에 휩싸이지도 않았다. 합리적 초자연주의자였던 그의 중요 사상은 역사학에서 나타났다. 그는 교회사를 기술하는 데 있어서 어떤 종교적인 배려를 위해 사실을 변경하거나 반박하지 않고 그대로 기술하였다. 이런 의미에서 그는 신앙과 이성의 눈을 분리하여 역사를 기록한 최초의 교회사가 되었다.

실제로 극단적인 합리론을 전개한 사람은 라이마루스(Hermann Samuel Reimarus, 1694-1768)였다. 그는 영국에서 수학하면서 이신론의 영향을 받아 많은 논문을 저술하였는데, 그의 논문은 레싱(Gotthold Ephraim Lessing,

---

532) cf. 김광채, Ibid., pp.171-172.

1729-1781)에 의해 출판되어 신학적인 논쟁이 거세게 일기도 했다. 그는 신과 원초적인 도덕 및 영생 사이에는 구별이 없다고 하였다. 성경의 저술가들은 사기성과 이기심으로 가득 차 있으며 정직하지 못하다고 선포하였다. 라이마루스의 논문을 편집해 낸 레싱은 유명한 극작가요, 문예 비평가로 합리론을 주창하였다. 그는 기독교의 진리를 발전단계로 설명하였다. 인간이 유년기, 소년기, 청년기, 장년기의 단계를 거쳐 발전하고 진보하는 것처럼 성경도 이러한 과정을 거쳐 필요에 따라 적용하기 위하여 기록되었다고 하였다. 유년기에 해당하는 구약성경은 징벌과 보상의 원리로 말하며, 신약성경은 청소년기로서 청년이 더 큰 꿈을 갖고 사는 것과 같이 희생 다음에 오는 영생의 축복이라는 대망을 기록한 책으로 보았다. 그러나 성년기의 사람들은 얄팍한 보상의 원리에 따라 사는 것이 아니라, 대의와 의무에서 살며 이것은 이성의 힘으로 가능하다고 보았다. 이러한 논리는 신구약의 시대는 지나고 인간은 이제 이성에 의해 살아야 한다는 의미로 전달되었다. 이러한 그의 이론은 독일인에게 영향을 미쳐 사람들은 이제 기독교가 시대적으로 낙후된 것으로 인식하였다.[533]

독일의 계몽주의는 기독교에서 초월적인 요소를 제거하고 하나의 자연종교 차원으로 끌어내렸으며, 진리와 도덕만이 기독교에서 얻을 수 있는 최상의 것이라는 결론에 도달하였다. 예수 그리스도는 더 이상 신앙의 대상이 아니라 도덕선생으로 인식되었다. 이러한 입장은 19세기 독일 신학 사조를 잉태시키는 효시가 되었다. 특히 그들은 성경 연구에서 비판적인 방법론의 터전을 이루어 나갔다.

영국에서는 이미 교리와 신학적인 입장을 정당화하기 위하여 성경을 해석하는 방법을 거부하고 성경 본문 그대로 충실히 이해하려는 사람들이 나

---

533) Clyde L. 맨슈랙, Ibid., p.420.

타났다. 이 일을 위해서 밀(John Mill, 1645-1707)은 희랍 원어로 된 성경을 출간하였고, 클레크(Jean le Clerc, 1657-1736)는 성경 본문을 그대로 해석하기에 이르렀다. 이러한 풍조가 독일에서 계몽주의 사상과 더불어 더욱 진보된 단계로 발전되었다. 벵겔은 신약성경의 사본 분류작업에 들어갔으며, 최초로 사본들을 그들의 특징에 따라 재구성하고 묶을 수 있다고 하였다. 성경의 의미를 제대로 발굴하기 위해 이러한 노력이 필요하다고 본 것이다. 1742년 그가 출간한 「신약색인」은 많은 사람들에게 영향을 미쳤으며, 영국의 웨슬리도 그의 영향을 받아 신약주석을 집필하였다. 파리에서도 유사한 현상이 나타나 아스트루라는 한 의학 교수는 창세기는 단권의 책이 아니고 여러 복합적인 재료의 편찬이라고 하였다. 그 후에 성경에 대한 연구는 더욱 진보하여 신약성경을 일반문서와 마찬가지로 비판하고 분석하게 되었다.

  이는 성경을 정확하게 이해하고자 일반문서를 해석할 때와 마찬가지로 문법적, 역사적 방법을 사용해서 해석의 정확성을 기하는 것이었다. 이를 강하게 주장한 사람은 에르네스티(Johann August Ernesti, 1707-1781)와 할레 대학의 교수였던 젬러(Johann Salomo Semler, 1725-1791)였다. 젬러는 성경에 불변의 진리가 있지만 모든 성경 구절이 다 그렇지는 않다고 주장하였다. 그는 또한 성경의 계시론을 달리하였다. 성경 안에 계시가 있지만 모든 성경이 다 계시가 될 수 없다고 보았다. 경건주의에 대한 반동으로 나타난 독일의 계몽주의 사상은 특히 성경관에 대한 개방을 불러오는 데 중추적인 역할을 하였다.[534]

---

534) cf. James C. Livingston, Modern Christian Thought, pp.1-9.

생각해 볼 문제

1. 30년 전쟁이 미친 종교적인 영향은 무엇인가?
2. 30년 전쟁의 발단은 무엇인가?
3. 30년 전쟁의 결과로 맺은 조약은 무엇인가?
4. 청교도란 의미는 무엇인가?
5. 청교도 혁명이 일어나게 된 동기는 무엇인가?
6. 제임스 1세의 통치와 청교도의 개혁과의 관계에 대해 설명해 보라.
7. 천 명의 청원서는 무엇인가?
8. 윌리엄 로우드의 정책과 청교도와의 관계를 설명해 보라.
9. 단기회의와 장기회의에 대해 설명하라.
10. 개신교 자유령에 대해 설명해 보라.
11. 웨스트민스터 신앙고백서의 작성에 대한 역사적 배경을 설명해 보라.
12. 이신론이 기독교에 미친 영향은 무엇인가?
13. 이성주의자들의 신앙 기준은 무엇인가?
14. 자연과학이 기독교 신앙에 몰고 온 악영향에 대해 설명하라.
15. 경건주의 운동이 일어나게 된 동기는 무엇인가?
16. 모라비안 형제단에 대해 설명해 보라.
17. 경건주의의 주된 사상은 무엇인가?
18. 웨슬리는 어디에서 복음주의적인 신앙의 영향을 받았는가?
19. 웨슬리 부흥운동의 특징은 무엇인가?
20. 웨슬리의 주된 신앙관은 무엇인가?
21. 조지 윗필드에 대해 설명해 보라.
22. 미국에 이주해 온 유럽 개신교들의 미국 정착에 대해 설명해 보라.
23. 조나단 에드워드의 부흥운동에 대해 설명해 보라.

24. 주일학교의 기원에 대해 설명해 보라.
25. 윌리엄 케리의 선교에 대해 설명해 보라.
26. 런던 선교회에 대해 설명해 보라.
27. 허드슨 테일러에 대해 설명해 보라.
28. 허드슨 테일러의 선교정책은 무엇인가?
29. 해외선교(OMF)의 기원에 대해 설명해 보라.
30. 리빙스턴의 아프리카 선교에 대해 설명해 보라.
31. 미국의 독립운동이 각 교파교회에 미친 영향에 대해 설명해 보라.
32. 독일의 계몽주의가 현대 신학사상에 미친 영향은 무엇인가?
33. 라이마루스의 주장은 무엇인가?
34. 레싱에 대해 설명해 보라.

2. 19세기의 교회

19세기 독일교회의 신학사상

인간이 만들어 내는 사조는 언제나 반대 극복 현상의 저울질 가운데 움직여 왔다. 이성을 중심한 합리적 사고가 서구인들의 사조를 풍미하면서 반정서적, 비감각적인 시대를 창출하였다. 그러나 이러한 차가운 이성의 집단을 거부하면서, 인간의 근본을 이성에 두지 않고 감성에 호소하는 자연으로의 복귀 사상이 나타났다. 이 운동은 종교에서는 초자연적 자원의 재흥과 감정적인 인간의 바른 인식을 주장하였다. 이 운동을 이끈 인물은 프랑스의 루소(Jean Jacques Rousseau), 독일의 괴테(Johann Wolfgang von Goethe) 및 쉴러(Johann Christoph Friedrich von Schiller)였다. 물론 이들의 출현으로 합리주의가 물러간 것은 아니었다. 단지 합리주의의 독주를 제어하는 새로운 사조가 나타났다는 것이다. 결국 18세기에 유럽을 휩쓸었던 사조는 세 가지로 분류되었다. 독일의 라이프니츠나 볼프와 같은 이는 모든 지식은 인간의 생득적인 순수한 이성이나 단자에서 온다고 보았고, 이에 반하여 영국의 흄이나 로크는 모든 것은 외부로 오는 경험에 의해 주어질 뿐 내적인 생득적 지식은 존재하지 않는다고 단언하였다. 그리고 생득적이든 외부에서 인식되든 이성을 중심으로 합리적인 사고에 집착해 왔던 양파와는 달리 감성에 호소한 낭만주의자들이 있었다.

이러한 18세기의 모든 사조를 비판하고 통합하면서 새롭고 종합적인 사조를 불러 온 사람이 임마누엘 칸트(Immanuel Kant, 1724-1804)였다. 칸트는 라이프니츠, 볼프, 흄, 루소 등의 지성인들에게서 영향을 받았지만, 1781년 「순수이성 비판」을 출판하여 서양 사조의 새로운 전환기를 가져왔다. 그는 이전의 이성 체계를 무너뜨리고 지식의 새로운 이론을 만들어 냈다. 그는 로크가 주장하는 것처럼 마음은 텅 비어 있는 것이 아니라 그 자체의 법을 가지고 있으며, 밖에서 들어오는 것들은 이 법에 의해 분류된다고 보았다. 이것을 범주라고 규정하였다. 그에 의하면 지식은 밖에서 들어오는 법(경험론)과 마음 안에 있는 법(생득적인 것), 이 두 요소의 소산이었다. 그러나 지식 자체가 다 나타나는 것은 아니고, 어떤 의미에서 마음이 만들어 놓은 범위 안의 것만이 지식이 된다. 그래서 우리의 지식이란 존재하는 것 모두를 보여주지는 못한다는 것이다. 따라서 신이나 자연 종교를 객관적으로 다 서술할 수 없다고 하였다.[535]

그런데 인간이 절대 지식에는 도달하지 못하지만 행동을 할 때 일종의 도덕적 의무감 같은 감정을 의식한다는 것이다. 그는 이 문제를 「실천이성 비판」(1788)에서 다루면서 사람이 행동을 할 때 어떤 '범주적 명령'을 받게 된다고 하였다. 범주적 명령이란 사람을 사람답게 하는 도덕적 법칙이며 우리 속에 의식되며 내재해 있다는 것이다. 이 범주적 명령의 개념에는 자유, 영생, 하나님 세 가지가 있는데, 이들에 대한 도덕적 의무감을 실천함으로 사람은 하나님의 아들이 되며, 이 아들을 가장 상징적으로 잘 나타내 보이신 이가 바로 그리스도라는 것이다. 교회란 이 도덕적 명령을 실천하는 자들의 공동체라고 했다. 이러한 주장을 한 칸트가 기독교에 공헌한 바는 이성주의와 낭만주의의 극단을 피하고 인간의 심원한 감정을 실천적인 종교의 확신과 도덕적 행동의 기초로 보았다는 것이다.[536]

---

535) Clyde L. 맨슈랙, Ibid., pp.424-426.
536) Ibid., pp.426-428.

결국 그의 이론은 기독교 진리를 도덕적 실천 차원에서 해석하려는 사람들의 도구가 되었다. 그리고 기독교를 인간 감정의 가장 깊은 곳에서 이해하려는 판도를 열었다. 바로 이러한 근거로 나타난 사람이 19세기 초반 근대 기독교 사상에 지대한 영향을 미쳤던 슐라이어마허(Friedrich Ernst Daniel Schleiermacher, 1768-1834)이다. 그는 어린 시절에 모라비안 학교에서 교육을 받았으며, 그 영향은 일생 동안 지속되었다. 비록 그들의 반지성적인 경건에 대해 동의하지는 않았지만, 1810년에 베를린 대학의 조직신학 교수가 되었으며 그곳에서 여생을 보냈다. 칸트가 이전의 철학을 총정리하여 새로운 철학 체계를 이루었던 것과 마찬가지로 슐라이어마흐는 신학계에서 칸트와 같은 역할을 했다.[537]

당시에 유행했던 정통교리주의나 합리주의적인 신학 방법은 서로 상반된 주장을 하고 있었지만 신앙에 대한 지적 접근이었음에는 틀림없었다. 그러나 슐라이어마허는 종교라는 것은 교리나 합리적 설득, 행위의 체계로 대체되거나 이해될 수 있는 것이 아니라 '감정'의 영역에 속하는 것이라고 하였다. 그러나 그 감정은 애인과 헤어졌을 때의 슬픈 감정이나 연민이나 동정과 같은 그런 것을 의미하는 것은 아니었다. 그것은 보다 본질적인 것으로서 인간은 절대적인 것에 대해 자신의 유한성 곧 의존성을 느낀다는 것이며, 이 의존의 감정이 바로 모든 종교의 기초이자 신과 인간의 깊은 심연을 이어주는 교량 역할을 한다는 것이다. 슐라이어마허의 기독론은 그의 신학의 중심 과제였다. 그리스도는 무한과 유한의 화해자이며 가교이다. 그리고 도덕은 종교가 될 수 없지만 종교는 도덕의 빼놓을 수 없는 친구요, 옹호자다. 그러나 이러한 슐라이어마허의 주장은 절대의존의 감정을 종교의 씨라고 규정함으로, 정통주의자들이 주장하는 성경을 통해 나타난 인격적인 그리스도와 신의 존재에 대한 확신보다는 주관적인 의존의 감정에 호소하는

---

537) Ibid., pp.452-453.

결과를 초래하였다.538)

슐라이어마허 이후에 독일 신학이 새로운 전환기를 맞이한 것은 헤겔(Georg Wilhelm Friedrich Hegel, 1770-1831)에서부터였다. 헤겔은 우주를 절대자 곧 신의 세속적인 발전으로 보았다. 이 발전은 마음 스스로 논리적으로 생각해 내는 법칙에 따라 진행되는데, 세 단계 발전이 있다고 보았다. 즉 정·반·합의 단계이다. 이것은 소위 변증법적인 원리였다. 그는 이 원리에 의해 마음이라는 정과 물질이라는 반의 합인 그것들의 총화가 인간이라고 정의하였다. 그의 논리는 인간론에 그치지 않았다. 그의 신관도 변증법적인 원리에서 이해되었다. 정은 하나님 아버지, 반은 성자, 그리고 합은 사랑의 성신으로 보았다. 이러한 주장은 기독교 진리가 발전 단계를 거쳐 형성된 것처럼 인식되게 하였고, 이는 완성을 위해 발전하는 진리의 상대성을 몰고 왔다. 그리고 기독교의 진리에 대한 절대성을 무너뜨리는 결과를 초래하였다. 예를 들면 성육신의 과정을 변증법적으로 해석하여 그리스도의 완전한 양성을 파괴하는 것을 볼 수 있다. 그의 논리는 그리스도의 성육신을 점점 되어 가는 과정으로 이해하고 있는 것이다. 이는 처음부터 완전한 그리스도의 신성과 인성을 파괴하는 이론 체계로 볼 수 있다. 이러한 헤겔의 방법론이 더 무섭게 적용된 것은 성경 신학에서였다.539)

바우르(Ferdinand Christian Baur, 1792-1860)는 헤겔의 발전 이론을 신약성경 연구에 적용하였다. 헤겔의 이론을 받아들인 그는 튀빙겐 학파의 창시자로 모든 역사적 발전은 정·반·합의 변증법적 원리에 적용된다고 하였다. 그는 그리스도는 메시아 유대교 곧 정에서 출발하여 바울의 신학에서 반으로 작용하여 3세기 바울과 베드로의 신학을 총괄하는 합의 단계로 로마가톨릭교회가 출현하였다고 보았다. 그는 이러한 역사 발전의 논리에 의

---

538) Ibid., p.453.
539) Ibid., p.454.

해 신약성경 각 권의 저작 연대와 저작자의 재조정을 시도하였다. 그래서 로마서, 고린도서, 갈라디아서만이 바울의 저작이라는 이론을 내세웠다. 왜냐하면 그가 보기에 이 책들만이 반의 특징을 갖고 있기 때문이었다.[540]

헤겔과 바우르의 영향을 받고 독일 신학에 결정적인 영향을 미친 사람은 역시 튀빙겐 대학의 교수였던 슈트라우스(David Friedrich Strauss, 1808-1874)였다. 그는 지상에서의 예수의 생에 관해 성경에 기록된 것보다 훨씬 더 많이 알 수 있다고 보고, 이것은 예수를 한 인간으로 보고 관찰할 때 가능하다고 하였다. 그는 마태복음을 최고의 가치 있는 복음이며, 성경은 기적으로 가득 차 있다고 보았다. 그러나 기적 자체를 가능하다고 보지는 않았으며, 그렇다고 합리주의자들처럼 기적을 송두리째 매도하지도 않았다. 그는 이러한 기적은 소박한 예의 모습을 뒤덮고 있는 신화라고 하였다. 이는 제자들이나 초대교인들이 예수를 초인간으로 보려는 데서 파생된 신화 조작이라고 단정했다. 그래서 이것을 걷어내고 인간 예수에 대한 모습을 볼 때 진정한 그리스도를 볼 수 있다고 주장하였다.[541]

독일 신학은 19세기에 급격히 변화하면서 자유주의 물결을 형성하게 되었다. 그리고 세계 신학계에 엄청난 반향을 일으켰다. 이러한 때 리츨(Albrecht Ritschl, 1822-1889)이 기독교 신앙을 도덕적 가치로 규정한 자유주의 선구자로 등장하였다. 리츨은 칸트의 도덕적 감정이 실천적 확실성의 기초라는 이론과 슐라이어마허의 종교적 의식의 강조 등에서 영향을 받았다. 그러나 그는 슐라이어마허의 종교 감정을 개인적인 의식의 규범적 가치로 인식해서는 안 되며, 기독교 공동체 즉 교회의 의식이 되어야 한다고 하였다. 그리고 그 의식은 사변적, 추상적 지식과는 관계없이 실제적이고 인격적이어야 한다고 하였다. 이런 종교적인 의식을 증명하기 위해 성경의

---

540) Ibid., p.454.
541) Ibid., p.456.

영감설은 도출할 필요가 없고 일반적인 역사적 연구 방법만 가지고도 증명할 수 있다고 하였다. 리츨은 인격적인 관계의 강조에서 예수 그리스도는 영적 구원의 메시아로서가 아니라, 우리에게 도덕선생으로 계시되었다고 하였다. 리츨을 거쳐서 그의 영향을 받은 하르낙이 나왔고, 1890년에는 종교사학파들이 독일 교회에 등장하였다.

종교사학파들은 종래의 기독교의 우월성은 인정하지만, 종교에 대한 역사적 연구를 보편화하여 기독교를 일반 종교 중의 하나로 인식하게 하였다. 그래서 기독교를 고대 극동 아시아의 제 종교와 같은 배경에서 연구해야 한다고 하였다. 대표적인 학자로서 「기독교 교회의 사회적 가르침」 (Social Teachings of the Christian Church)을 저술한 트뢸취(1865-1923)가 있었다.542)

19세기 영국의 개신교

17, 18세기에 청교도 혁명과 웨슬리를 중심으로 한 복음주의는 영국의 개신교에 영적인 성장을 이룩하였다. 그러나 19세기에 들어오면서 부흥의 물결을 일으켰던 개신교는 '저교회'(low-church)파로 남게 되고 국교가 다시 회복되어 '고교회'(high-church)파가 기세를 몰아 군림하기 시작하였다. 여기에 '광교회'(broad-church)파도 나타나게 되었다.543) 개신교는 감리교를 중심으로 여러 교단으로 분열되지만, 감리교는 영국 국교회의 많은 사람들에게 복음으로 깨우침을 주는 데 공헌하였다. 영국 국교회 사역자들이 속한 복음적 단체로는 클래팜(Clapham)파가 있었다. 클래팜이라는 지

---

542) cf. Bruce L. Shelley, Ibid., pp.420-425.
543) 윌리스턴 워커 저, 송인설 역, 「기독교회사」(서울: 크리스챤 다이제스트, 2002), p.708.

역에 이 단체의 평신도들이 운집해 살았는데, 이 단체의 회원이었던 사람이 바로 영국의 노예해방을 위해 투쟁을 인도하였던 윌리엄 윌버포스(William Wilberforce, 1759-1833)였다.544)

그는 대화와 연설을 통해 주위 사람들이 참된 기독교를 인식하도록 노력하였다. 그리고 요크셔 의회원으로서도 복음으로 영향을 미쳤을 뿐만 아니라 특별히 당시 영국에서 유행하던 노예매매를 반대하는 투쟁을 벌였다. 윌버포스 외에 클래팜파 회원으로 헨리 쏜튼이라는 사람은 전도자들의 사역을 위해 은행가로서 많은 돈을 헌금하였다. 그리고 맥콜리와 같은 사람도 내적으로는 청교도 정신을 갖고 있었으며, 1804년 '영국 및 해외 성서공회'(the British and Foreign Bible Society)를 창설하는 데 큰 공헌을 하였다. 이 성서공회는 식민지 지역에 복음을 전파하는 데 결정적인 공헌을 하였다.545)

19세기 후반에는 샤프츠베리 백작 7세가 클래팜 회원은 아니었지만 그들과 유사한 복음 사역을 하였다. 그는 복음의 정신으로 사회의 낮은 계층에 있는 사람들의 생활 여건을 개조하기 위해 노력하였다. 그래서 그는 구체적인 구조 개선을 위해 '정신 이상자들을 위한 대헌장'(the Magna Charta of the Insane) 법안을 의회에 제출하였다. 여기에는 고용주가 어린이들을 굴뚝 청소부로 고용하는 일들을 저지하는 등의 법 조항들이 포함되었다. 그리고 그는 1842년 광산의 노무자들을 위한 광산법(the Mine Act)도 제정하였다. 이 법령에 의하면 광산주들이 부녀자나 소녀들, 특히 10세 이하의 소년들을 고용하여 지하 작업을 하지 못하도록 금지하였다. 그는 부녀자들과 아이들의 노동 조건 개선을 위해 노력했을 뿐 아니라, 노동자 계층을 위

---

544) 시드니 M. 휴톤, Ibid., p.385.
545) Ibid.

한 주택개량, 빈민학교 설립, 사회복지 신장 등을 혁신하였다.546)

　사회개혁을 위한 복음주의자들은 기독교 사회주의를 탄생시킬 만큼 개혁 운동을 일으켰다. 그들 가운데 유명한 사람은 모리스와 찰스 킹즐리(Charles Kingsley, 1819-1875)였다. 이들은 노동자들을 위한 국민헌장 운동참가자로서 설교와 책자 등을 발간하여 개혁운동을 시도하였다. 이렇게 19세기 영국 교회는 복음주의적인 개혁운동가들이 활발했으며, 이들은 영국 국교회 내의 사람들로 구성되어 있었는데, 이는 그동안 싸워온 개혁운동이 끼친 영향 때문이었다. 영국 국교회 내의 복음주의 운동은 사회개혁뿐만 아니라 유능한 설교자들을 배출하는 데도 현저한 활동과 영향을 미쳤다. 이 설교자들은 땅 끝까지 복음을 전파시키며 종교개혁의 교리를 보존해야 한다는 사명을 갖고 있었다. 1880년 리버풀의 초대주교였던 라일(J. C. Ryle, 1815-1900)은 성경에 대한 철저한 헌신으로 리버풀에 복음주의의 뿌리를 내렸다. 그는 많은 복음주의 저서를 냈으며, 특히 노동자 계급에 관심을 기울였다.547)

　19세기 영국의 복음주의 운동을 확장시켜 지구촌화시키는 데 기여한 것은 1804년에 세워진 '영국 및 해외 성서공회'였다. 이 성서공회는 세계의 주요 언어로 성경을 번역하여 선교사역에 지대한 공헌을 했다. 119년 만에 무려 3억 3천 6백만부의 성경을 발부하였다. 그리고 무려 558개 국어로 성경을 번역하였다. 이 영향으로 스코틀랜드에 많은 성서공회가 창설되어 복음화의 길을 열었다. 예를 들면 국립성서공회(the National Bible Society of Scotland), 삼위일체성서공회(the Trinitarian Bible Scotland), 성서선물선교회(the Scripture Gift Mission), 포켓성서연맹(the Pocket Testament League) 등이 있었다.548)

---

546) Ibid., pp.386-387.
547) Ibid., pp.387-388.
548) Ibid., pp.388-389.

19세기에는 또한 영국 교회의 연맹, 연합운동 단체들이 활성화한 시기였다. 이로 인해 교회활동이 활발하게 펼쳐졌으며, 이들은 상호 협력하여 효과적으로 선교의 결실을 거두는 데 공헌하였다. 이렇게 세워진 기관으로는 1846년 교회와 국가 안에 존재하는 문제들을 복음적인 원리로 해결하기로 한 복음주의 연맹(Evangelical Society)이 있다. 이 연맹은 아메리카와 유럽 지역에 보급되어 교회 안팎으로 기독교인의 사명을 감당하였다. 기독교청년연합회(the Young Men's Christian Association/YMCA)는 1846년 조지 윌리엄스에 의해 창설되었으며, 기독청년들의 친교와 연합 그리고 사회활동의 장을 열었을 뿐만 아니라 세계적인 조직체로 발전하여 오늘날에 이르고 있다.549)

19세기에는 고아원을 위한 사업도 활발히 일어났다. 이는 고아를 돌보아야 한다는 그리스도인들의 양심의 자각이었다. 그리스도인들은 그들의 믿음을 행동으로 나타내야 한다고 믿었기 때문이다. 그중 브리스톨의 뮬러는 고아원의 아버지로 알려져 있다. 또한 바너도(Barnardo) 박사는 런던의 빈민에 있는 수많은 소년들이 처참한 환경 가운데 있음을 인식하고 1866년 소년들을 위한 집을 열었다. 제임스 퍼건도 런던에 학교를 세워 부랑아들을 위한 복지사업을 하였으며, 이러한 운동의 여파는 스코틀랜드에까지 미쳐 그곳에서도 유사한 운동이 전개되었다. 자선 사업운동은 19세기 영국 기독교인들에게 유행병처럼 전파되었다. 그리하여 대니얼스(Miss Daniels)의 '병사들을 위한 집'(Soldiers Homes), 아그네스 웨스턴(Miss Agnes Weston)의 '선원들의 안식처'(Sailors Rest Homes), 그리고 '노인 순례자 교우회'(An Ages Pilgrims Friend Society)가 창설되었다. 이러한 단체들은 모두 복음에 기초한 단체였으며 이 외에도 유대인을 위한 선교회가

---

549) Ibid., pp.389-390.

조직되기도 하였다.550)

　사실 어떤 면에서 보면 19세기야말로 기독교 신앙이 현실적으로 뿌리내리기 시작한 때였다고 볼 수 있다. 16세기에는 종교개혁이 있었고, 17세기에는 청교도 운동이 있었으며, 18세기에는 감리교 운동이 있었다. 그리고 19세기에는 영적인 복음주의 운동이 일어나 하늘의 복보다는 땅의 복을 갈구하는 전환점을 이루었다. 그리하여 많은 사람들이 마음속 성령의 영적 은혜보다는 의회 선거권 확보와 정치적인 진보 그리고 노동자들의 실리에 관심을 갖게 되었다.551)

　이제 교회는 하늘의 양식과 땅의 번영을 동시에 추구하면서 행복과 궁핍으로부터 자유를 낙관하면서 사람들에게 비전을 보여주었다. 상당히 많은 사람들이 교회에 출석하였고, 교육 열기가 높아졌으며, 위대한 설교자들도 나타났다. 19세기 영국의 가장 훌륭한 설교자는 스펄전(Charles Haddon Spurgeon)이었다. 스펄전은 마지막 청교도라고 불릴 정도로 사람들에게 영향을 미친 설교의 대가였다. 그가 설교하는 교회당 근처는 어디서나 교통 혼잡을 이루었다. 1861년 그는 메트로폴리탄 교회를 세우고 무려 6,000명의 청중들을 수용하였다. 그는 설교로 사람들에게 하나님의 은혜를 증거했을 뿐 아니라, 고아원을 세워 운영하기도 하였다. 그리고 설교자와 전도자 양성을 위한 대학도 세웠다. 그는 57세의 나이로 세상을 떠났지만, 오늘날도 그의 설교집은 출판되고 있다.552)

　하지만 19세기 영국의 복음주의 운동이 아무런 방해 없이 순탄하게 진행된 것은 아니다. 19세기 초반에 소위 옥스퍼드 운동(The Oxford Movement)이 일어났다. 혹은 소책자 운동(The Tractarian Movement)이라

---

550) Ibid., pp.390-392.
551) Ibid., pp.394-407.
552) Ibid., pp.394-395.

고도 했는데,553) 이유는 주동자들이 그 시대에 나타난 신앙의 모습을 생각하면서 논문집을 발행했기 때문이다. 이 운동은 영국 국교회 출신으로부터 시작되었다. 대표자들은 존 헨리 뉴맨(John Henry Newman), 페이버(F. W. Faber), 존 케이블(John Kebble), 퓨지(E. B. Pusy) 등이다. 이들은 로마가톨릭으로의 복귀사상을 주장하면서, 교회는 16세기 이전의 성직제도로 돌아가야 한다고 주장했다. 그들은 영국 국교회의 39개 조항을 개신교의 입장과 달리 해석하면서, 그것은 로마가톨릭 정신과 배치되지 않는다고 역설하였다. 이로 인해 일부 지도자들이 가톨릭으로 회귀하는 일들이 일어나기도 하였다.554)

19세기에 복음주의의 확산을 약화시키고 복음주의자들을 괴롭힌 또 하나의 사건은 바로 영국에서 일어난 진화론이었다. 진화론은 복음주의자들에게만이 아니라 기독교 전체에 엄청난 피해를 가져왔고, 동시에 사람들의 의식에 큰 지각변동을 일으켰다. 원래 성공회 목사가 되려고 했던 찰스 다윈(Charles Darwin, 1809-1882)이 「종의 기원」이라는 책을 출간하여 일대 변화를 일으킨 것이다. 그는 세계를 일주하면서 자신의 진화론을 연구하고 알렸다. 그는 모든 생명체들은 하등한 생명체로부터 고등 생명체로 진화되었다는 학설을 주장했으며, 그것은 적자생존의 원리에 따라서 진행된다고 보았다. 그의 이론은 창세기의 창조론을 뒤집는 견해였다. 더군다나 인간이 하나님의 형상대로 창조되었다는 창세기의 기록을 기본 교리로 믿고 있는 기독교는 엄청난 타격을 받지 않을 수 없었다. 인간이 발전과 진보를 계속해 온 것으로 인식하는 진화론은 죄로 인한 인류의 타락까지도 부인하는 셈이다. 이 진화 사상은 19세기 유럽인들의 사고에 일대 변혁을 가져왔다. 사람들은 이제 과학만이 낡아빠진 기독교를 대치할 수 있다고 생각하기까

---

553) 윌리스턴 워커, Ibid., p.710.
554) 시드니 M. 휴톤, Ibid., p.396.

지 하였다. 그들이 살고 있는 집 안의 거실 벽난로 위에는 「성경」과 다윈의 「종의 기원」이 나란히 꽂힐 정도로 상황은 달라졌다.555)

기독교가 진화론의 타격을 받은 직후 또 다른 충격적인 사건이 발생하였다. 성경에 대한 비평의 물결이 일기 시작한 것이다. 본문을 정확히 이해하기 위해 시도된 본문비평 등도 있지만 그 당시 특히 유행한 고등비평(the Higher Criticism)은 다른 범주였다. 고등비평은 성경의 기자들이 사용한 원자료를 추적하여 어떤 자료들을 사용했는지 알 수 있다고 보았다. 그래서 그들은 신명기가 예레미야 후기에 기록되었다고 주장하거나 모세오경과 여호수아의 역사적 신빙성을 거부하는 등 성경의 권위에 도전하는 이론들의 근거를 남겼다. 어떤 이들은 신구약 성경이 성령의 감동으로 기록되었다는 성경의 진정성도 부인하였다. 그들은 이제 성경도 다른 책들과 같은 선상에서 다루어져야 한다고 보았다. 원래 독일에서 시작된 고등비평은 이렇게 19세기 영국교회 안에 침투되어 영국 교회에 타격을 주었던 것이다.

진화론과 고등비평의 등장으로 영국 교회가 긴장 속에 꿈틀거리고 있을 때 새로운 교파운동이 영국에 나타났다. 19세기에 형성되어 두드러지게 활동한 교파로는 플리머스 형제단(the Plymouth Brethren)과 구세군(the Salvation Army)이 있었다. 전자는 교회가 신약성경의 모범으로 돌아가야 한다고 주장하였으며, 교회의 불안과 부패는 신약교회의 모범으로부터 교회가 이탈하였기 때문이라고 보았다. 이들은 자신들의 신앙이 다른 교회의 신앙보다 우월하다는 자부심을 갖고 있었다. 1820-1830년경에 출현한 이들 교파의 대표적인 인물로는 넬슨 다비, 뉴톤 같은 이가 있지만 우리에게 고아의 아버지로 잘 알려진 뮬러도 이 교파에 속해 있었다.556)

구세군은 1865년에 시작되었으며 윌리엄 부스(William Booth)와 그의

---

555) Ibid., pp.398-400.
556) Ibid., pp.400-403.

아내의 노력으로 이루어졌다. 이들은 감리교회의 한 파에서 분리되어 나왔으며, 하층 계급 사람들을 구원하자는 관심에서 출발하였다. 당시 영국에는 산업혁명과 빈부의 격차 그리고 여러 사회적인 불안정으로 하층 계급 사람들이 극심한 생활난을 겪고 있었다. 더구나 사회적으로 퇴폐한 문화까지 만연되어 있었다. 구세군은 이런 상황 가운데서 복음을 전하려면 전통적인 방법과는 다른 식으로 접근해야 한다고 생각했다. 그래서 군대식 조직으로 단체를 활성화하고, 가난한 사람, 버림받은 사람, 쫓겨난 사람들을 위한 사회사업을 주로 하였다. 그들은 모든 영어 사용 국가뿐만 아니라 프랑스, 독일, 스위스, 이탈리아, 스칸디나비아, 그리고 아시아 지역에서도 전도활동을 전개하여 세계적인 단체로 성장하였다.[557]

19세기 이러한 복잡한 분위기 가운데 이단들도 등장하게 되었다. 대표적인 종파로는 크리스천 사이언스, 여호와의 증인, 몰몬교 등이 있는데, 그들은 주로 미국에서 출현하였고, 영국에서는 '그리스도 형제단'이 나타났다. 이들은 성경을 믿는다고 주장하지만 실제로는 성경과 거리가 먼 이설을 주장하면서 교인들을 미혹하였다. 또한 기존 교인들에 비해 이들은 굉장한 열심과 헌신 그리고 성실한 증거들을 보여주었기 때문에 많은 사람들이 쉽게 빠져 들어갔다.[558]

19세기 유럽대륙의 교회

18세기 유럽대륙의 개신교 교회는 17세기 30년 전쟁의 결과로 회복한 신앙의 자유로 복된 시대를 약속하는 것처럼 보였다. 특히 프랑스, 스위스, 독일, 네덜란드 등과 같은 나라는 그들 신앙의 신조를 만들어 개혁신앙의

---

557) 윌리스턴 워커, Ibid., p 714; cf. 시드니 M. 휴톤, Ibid., pp.404-405.
558) Ibid., p.406.

발판을 마련하였다. 비록 로마교회와의 갈등은 지속되었지만 성경적인 신앙 회복은 이들에게 새로운 소망을 주었다. 그러나 그들의 예상과는 또 다른 적대 요소가 나타났다. 어떤 면에서 이것은 개신교도들에게 로마가톨릭교회보다 더 무서운 질병과 같았다. 그것은 바로 계시종교에 치명적인 타격을 준 계몽주의 운동이었다. 루소와 볼테르 같은 지성인들은 기독교를 공공연하게 조소하면서 공박하였다. 볼테르는 기독교를 향해 "수치스런 것들을 때려 부숴라"라는 슬로건을 내걸었다.[559]

기독교 신앙에 대한 이성의 횡포와 더불어 18세기 말 교회와 신앙에 절대적인 적대감과 아픔을 주었던 사건은 프랑스 혁명(1789)이었다. 혁명군에 의해 장악된 프랑스 정부와 의회는 군주를 몰아내고 왕과 황후를 죽인 후 교회 폐지령을 내리고 이성에 대한 숭배를 강요하였다. 그리고 노틀담 사원과 지방의 교회당에 이성의 상을 세우고 경배하도록 했다. 기독교의 월력이 폐지되었고, 일주일을 10일로 수정하였으며, 교회의 종들을 녹여서 대포와 동전을 만들었다. 교회 예배는 금지되었고, 대신에 열흘마다 한 번씩 정치적인 연설을 하였다. 그리고 흥겨운 잔치와 무도회가 번갈아 가며 열렸다. 후에 나폴레옹 보나파르트(Napoleon Bonaparte)가 권력을 잡으면서 가톨릭과 화해하여 교회의 예전을 회복시켰으나, 교회가 입은 상처는 쉽사리 사라지지 않았다. 그리고 비록 프랑스 혁명의 공격 대상은 로마가톨릭교회였지만 개신교도들도 침체 분위기를 벗어날 수가 없었다.[560]

프랑스의 교회 박해로 인한 영향이 19세기로 이어져 오는 동안 스페인과 이탈리아 같이 전통적인 가톨릭 지배하에 있던 국가에서는 개신교 교회가 두말할 것 없이 타격을 받았다. 로마가톨릭은 수단과 방법을 가리지 않고 개신교의 성서공회 사업을 방해하였다. 1816년 교황 피우스 7세는 개

---

559) Ibid., p.408.
560) Ibid.

신교를 전염병으로 규정하였고, 레오 12세는 개신교가 전하는 기독교 복음을 마귀의 말이라고 공박하였다. 또 어떤 교황은 개신교의 성경을 '무서운 전염병의 근원자'라고 하였고, 교황들은 눈에 띄는 모든 성경을 찢어버리라고 명령하였다.561)

스위스 각 광역구(canton)의 경우도 정통 기독교가 버림을 받고 프랑스의 이성주의자들의 사조가 밀려들고 있었다. 자연 종교가 범람하여 성경의 진리를 대신하였고 칼빈의 신학은 퇴조해 버린 지 오래되었다. 이상한 현상이지만 16세기 말엽에 일어난 삼위일체를 부인하는 소시누스의 주장을 받아들인 소시니안주의(Socinianism) 혹은 유니테리안주의(Unitarianism)와 같은 이단들이 이때 다시 성행하여 19세기 초 스위스의 대부분 목사들은 그리스도의 신성을 포기한 믿음을 갖고 있었다. 1815년 4년간의 제네바 신학교 교육을 받은 부스트라는 학생이 회심한 후 고백하기를 신학교 교수들은 강의 시간에 신약이나 구약성경을 전혀 활용하지 않았다고 진술하였다. 그 시대에 이성론자들이 얼마나 성행했는가를 보여 준다.562)

19세기 독일 개신교의 모습도 어둡기만 했다. 18세기 이성론의 지배는 차갑고 일방적인 지적 운동이었다. 그러나 18세기가 지나면서 감정을 중요하게 생각하는 경향이 두드러지게 나타났다. 이에 대한 요청으로 '자연으로 돌아가자'는 목소리가 높아졌고, 감정의 요구대로 초자연적인 것에 대한 감각이 발전하게 되었다. 순수한 사고보다는 일단은 모호하고 불분명하지만 감정을 우선시하는 경향이 나타난 것이다. 이런 운동의 초기 사도는 장 자크 루소(Jean Jacques Rousseu, 1712-1778)였다.

그리고 독일에서도 곧 유행한 이 운동의 탁월한 문호는 볼프강 폰 괴테(Johann Wolfgang von Goethe, 1749-1832)였다.563) 독일에서는 19세기

---

561) Ibid., p.411.
562) Ibid., p.413.
563) 윌리스턴 워커, Ibid., p.695.

초반을 괴테의 시대라고 부를 만큼 괴테는 당시 독일어권에서 막대한 영향을 미친 사람이었다. 그는 "종교개혁 이래 무섭고 악마적인 요소가 예술 작품에 스며들었다"고 할 정도로 반개신교적이었다. 반면에 로마가톨릭에 대해서는 찬사를 보냈다. 그것은 그가 가톨릭을 지지해서가 아니라 고전적인 예술 때문이었다. 이와 더불어 19세기 중반에는 독일에 불신앙의 사조가 범람하기 시작하였다. 이미 언급한 바와 같이 독일 신학은 고등비평을 받아들였고, 성경의 기본적인 요소들에 대한 불신앙이 일어났다. 또한 그리스도의 신성을 부인하며 부활 등을 실제 사건으로 인정하지 않는 풍조가 만연하였다. 그들은 그리스도가 실제 죽은 것이 아니라, 아사 상태에서 제자들이 그를 다른 곳으로 옮겼다고 주장하였다. 스트라우스(G.F. Strauss)는 「예수전」(Life of Jesus)을 출판하여 복음서 대부분의 내용이 단순한 신화에 불과하다고 주장하였다. 벨하우젠(J. Wellhausen)은 또 성경의 영감, 통일성, 기자들에 대한 정통적인 가르침의 반대 입장에서 사람들에게 영향을 주었으며, 유럽과 아메리카 신학자들에게 큰 영향을 미쳤다.[564]

그러나 이러한 독일 신학의 자유주의적인 경향에도 불구하고 잊혀진 복음의 진리를 증거하려는 일련의 운동이 발생하였다. 베를린 신학교의 교수였던 헹스텐베르크(H.W. Hengstenberg)는 성경의 무오성을 주장하며, 치명적인 자유주의의 악영향에서 벗어났다. 그는 종교는 삶의 내면과 경건미에서 찾아야 한다고 주장하였다. 또한 헹스텐베르크의 영향을 받아 신학계에 지대한 영향을 미친 사람은 뛰어난 주석가였던 카일(J. K. F. Keil)이었다. 참된 경건주의를 주장했던 요한 게르하르트 옹켄(Johann Gerhard Oncken)은 형식적이고 극단적인 루터교회의 차가운 신앙을 실감하고 함부르크에 일대 개신교 혁신을 가져왔다. 또한 스코틀랜드를 방문하여 여러

---

564) Ibid., pp.416-417.

경건주의 책을 읽었고, 런던에서 로마서 8장 1절의 설교를 듣고 회심하여 독일 함부르크에 돌아와서 많은 복음주의 일을 하였다. 그는 스코틀랜드 국립성서공회 대표가 되었고, 함부르크에 최초의 침례교회를 세웠다. 19세기 독일의 복음주의 부흥운동은 바로 옹켄의 영향이 컸다. 비스마르크가 당시 독일을 통일하기 위해 프랑스와 오스트리아로 더불어 전쟁하고 있을 때, 옹켄과 그의 동료들은 십자가의 보혈을 통한 영혼 구원을 선포하며, 하나님의 나라를 확장하는 데 전력을 다했던 것이다.[565]

한편 보수주의적인 경향도 강하게 나타났다. 프레드릭 윌리엄 3세에 의해 개혁교회와 루터교회의 연합교회(Prussion Union)가 강제로 이루어지자 루터교 정통 보수주의자들은 칼빈주의와의 통합을 반대하고 나섰다. 1840년에 와서 루터교의 보수연대 세력은 외국으로 이주하는 것이 자유롭게 되자, 장기간의 박해를 피해 미국으로 이주하여 버팔로와 미주리에 정착하면서 루터 보수주의 교회를 세웠다.

19세기 독일 신학의 변화 속에서도 국내 선교에 열심을 내는 이도 있었다. 1833년 비헤른(Johann Heinrich Wichern)은 불행한 어린이들을 위한 숙소를 마련하여 복음을 전하였고, 이를 계기로 전국에 수백 개에 달하는 어린이 기숙사가 생겼다. 그는 도시 선교, 문서전도 운동을 전개함으로써 '내적 선교'의 아버지로 불렸다. 내적 선교란 단순한 돌봄이 아니라 포괄적인 복음 활동을 통하여 삶 속에서도 불신과 투쟁하는 것을 의미한다.[566] 복음에 대한 그의 열심은 곧 스칸디나비아 지역에까지 영향을 미쳤다. 덴마크에서는 철인 키에르케고르(Soren Kierkegaard, 1813-1855)가 형식주의에 빠져 힘없는 덴마크 교회에 역설적인 신앙과 실존적인 입장에서 도

---

565) Ibid., pp.417-419.
566) 쿠어트 디트리히 슈미트 저, 정병식 역, 「교회사」(서울: 성서와신학연구소, 2004), pp.552-553.

전을 주었다.567)

　사실 19세기 유럽교회는 태풍과 같은 악재들이 밀려왔지만, 부흥의 기치를 다시 높이기 위해 노력하였다. 복음주의자들의 부흥이 일어날 때마다 기존 교회의 심각한 반대는 여전했다. 왜냐하면 기존 교회는 이미 합리주의의 늪에 빠져 지배를 받고 있었기 때문이다. 네덜란드 목사인 콕(Hendrik de Cock)은 합리주의자들의 지배하에 있던 기존 교회에 반발하여 개혁교회를 창설하여 분리하는 운동을 벌였고(1843), 스위스의 비네(Alexander Vinet)는 복음주의자들을 이끌고 합리주의 교회의 반대에 부딪쳐 교회와 국가를 분리하여 보드자유교회(Free Church of Vuad)를 창설하기도 하였다. 분명히 19세기의 교회 분열은 복음주의자들에 의해 이루어졌지만, 복음주의자들에게는 분명한 명분 가운데 진리를 위해 갈라선 것이었다.

　19세기 유럽 기독교의 또 다른 변화는 기독교의 사회적 해석이 진지하게 진행되었다는 것이다. 슈퇴커(Adolf Stoeker)라는 사람은 근로자들에 대해 지대한 관심을 가짐으로써, 노동법과 사회보장 등을 확립하기 위해 노력하였다. 그는 기독교가 너무 세속화되어 버려서, 복음의 확대 해석을 통해 얼마든지 사회적으로 해석할 수 있다고 보았다. 그의 이러한 행동과 사상은 지나치게 정치적이라는 이유 때문에 큰 성과를 거두지는 못하였지만, 근대 기독교의 새로운 방향을 열게 하였다. 기독교의 사회적 운동은 역시 개혁교회에서 더욱 풍부한 토양을 일구어 냈다. 미국, 영국에서 기독교의 사회적 출발이 바라는 만큼 완성을 이루지는 못했지만, 이들의 노력으로 인해 기독교가 좁은 개인구원의 길로만 생각했던 벽을 극복하고 사회문제에 도전하는 의미심장한 변혁의 문을 두드렸다.568)

---

567) Lars P. Qualben, Ibid., p.397.
568) 쿠어트 디티리히 슈미트, Ibid., pp.553-554; cf. Williston Walker, Ibid., pp.627-639.

19세기 미국교회

　조나단 에드워드와 조지 윗필드에 의한 미국의 제1차 부흥운동은 상당한 기간 동안 영향을 미쳤다. 교회 숫자가 증가하고, 그 여파로 각 지역에서 별로 알려지지 않은 사람들에 의해서도 주목할 만한 부흥운동이 일어났다. 사무엘 데이비스(Samuel Davies)는 조나단 에드워드의 뒤를 이어 프린스턴 대학 총장으로 설교를 통한 각성운동을 주도하였다. 프린스턴에서는 이러한 전통이 계속되어 그가 죽은 지 10년이 지난 후 지역적인 부흥운동이 프린스턴 대학에서부터 일기 시작하였다. 그리고 그 영향이 수년간 미국 전역으로 퍼져 나갔다. 1773년 프린스턴 대학을 졸업한 29명의 학생 중 3명이 주지사가 되고, 23명이 복음사역자가 될 정도였다. 미국은 1776년부터 1783년까지 아메리카 독립전쟁으로 인해 여러 상황이 바뀌었다. 13개의 식민지가 영국으로부터 독립을 하게 되었고 자주적인 공화정 체제를 갖추어 자신들의 문화를 이룩하고 방대한 영토를 확장해갔다. 독립을 통해 미국은 영국이나 유럽의 간섭에서 벗어나 자유롭게 신세계에 대한 미래를 설계할 수 있었다.569)

　독립전쟁은 긍정적인 영향도 있었지만, 미국인들의 신앙에는 악영향을 미치기도 하였다. 전쟁이 가진 생리적 현상인 공공도덕의 훼손, 개인의 행동 규범의 저질화 등이 나타났다. 그리고 주일을 무시하게 되고 여러 가지 전통적인 기독교 신앙관을 위협하게 되었다. 독립전쟁 후인 18세기 말에는 미국 교회들의 영적 생활이 상당하게 쇠퇴한 모습을 볼 수 있다. 사람들은 이제 하나님의 교회의 외침보다는 땅의 현실적인 문제에 더 관심을 갖게 되었다. 이는 결국 현실 추구 신앙으로 사람들의 의식전환을 가져오게

---

569) 시드니 M. 휴톤, Ibid., pp.361-362.

하였다.570)

　벤자민 프랭클린(Franklin)과 토머스 제퍼슨(Jefferson)은 건국 초기 지도자로서 이러한 흐름에 상당한 영향을 미쳤으나, 신앙에 있어서는 이성론자들의 이론대로 이신론을 따랐다. 그들의 중심사고는 인간의 권리와 자유의 회복이었고, 따라서 그들은 신앙을 배제한 인간적인 안목으로 미국 사회 건설을 주장하였다. 이러한 영향은 프린스턴 대학에도 영향을 미쳐 1782년경 프린스턴은 영적인 공황 상태가 올 지경이었다. 그러나 갑작스런 영적 각성의 조짐이 프린스턴 대학 등을 중심으로 다시 일기 시작하였다. 그리하여 버지니아 주의 햄프든 시드니 대학에도 새로운 신앙운동이 일어날 정도였다. 대학에서 학생들의 회개와 기도운동이 일기 시작했다. 곧 미국의 제2차 대각성 운동이 햄프든 시드니 대학에서부터 일어났다.571)

　뉴잉글랜드에서도 부흥의 불길이 일어났다. 150개 이상의 교회들은 성령의 특별한 역사를 힘입고 새로운 신앙의 열심을 회복하였다. 이 기간에 예일 대학의 학생들도 230명 가운데 3분의 1이 회심하는 역사가 일어났다. 에드워드의 손자였던 티모시 드와이트는 예일 대학의 총장이 되어 고무적인 신앙운동을 주도하였다. 그는 총장직을 맡은 후 6개월 동안 하나님의 말씀인 성경에 관하여 설교하였다. 학생들과 공개토론을 통해서 성경의 영감설을 토론하기도 하였다. 총장의 강의는 학생들에게 지대한 영향을 미쳤다. 그러나 뉴잉글랜드의 회중교회를 중심으로 이루어진 부흥운동에 대해 서부의 교회들은 현격한 반응의 차이를 보였다. 서부의 교회들은 동부의 교육받은 자들의 점잖고 지성적인 신앙생활에 싫증을 느꼈으며, 이런 경향은 테네시나 켄터키 주에서 더욱 강하게 나타났다. 켄터키 주에서 장로교 목사들이 중심이 되어 감리교와 침례교의 도움으로 소위 천막집회

---

570) Ibid., pp.362-363.
571) Ibid., p.363.

(Camping meetings)를 열기 시작하였다. 때로는 2-3만 명의 사람들이 몰려와 일주일 동안 집회를 지속하였다. 사람들은 당시의 부흥운동을 다음과 같이 보고하였다.572)

"켄터키에서의 부흥운동은 여건상 부흥이 꼭 필요한 때에 온 것이었다. 불신앙이 판을 치고 신앙은 소멸되어 가고 있었기 때문이다. 이 부흥 운동은 불신앙을 깨뜨리고 수많은 사람들에게 진지한 인상을 남겨주었다."573)

이 지역의 부흥회는 18세기 초처럼 심하지는 않았지만, 정신적인 발작, 신체의 경련, 울음 등 극단적인 형태의 집회가 열리기도 하였다. 그리고 이것을 신앙의 요체로 자처하는 경향도 깊어졌다. 어쨌든 이 부흥운동은 서부의 도덕적인 생활 개선에 기여하였다. 이 부흥운동의 대표자는 신학교육도 제대로 받지 못했던 장로교 목사인 찰스 피니(Charles G. Finney, 1792-1875)였는데, 그는 새로운 부흥회를 인도하였다. 예배 시에 순서를 갑자기 바꾼다든가 거칠고 반복적인 언어를 구사하는 방법을 사용하기도 하였다. 이러한 피니의 방법은 지적인 분위기에 젖어 있던 동부에서도 환영을 받았다. 곧 그의 부흥운동의 영향은 전국적으로 퍼져 나갔으며, 매일의 기도회, 평신도의 교회 지도 참여가 두드러지게 나타났다. 피니는 1835년에 새로 설립된 오하이오의 오벌린대 학장이 되었고 1846년에 그는 「조직신학 강의」를 간행하였다. 그는 이 책에서 모든 교리의 진실성 여부는 그것이 구원에 기여하느냐 못하느냐에 의존한다고 강론하였다.574)

미국에서 일어났던 이러한 부흥회는 몇 가지 공적을 남겼다. 첫째는 부

---

572) Ibid., pp.363-364.
573) Ibid., pp.363-365.
574) E. S 모이어, Ibid., pp.425-426; cf. 토니 레인, Ibid., pp.388-392.

흥회를 통해 조직된 소그룹 모임인 자발적인 회조직으로 외국 선교회 조직이 활성화되었다는 것이다. 윌리엄스 대학의 학생 다섯 명이 인도 선교사로 지원하여 떠났고, 미국 외국선교위원회가 1810년에 조직되었으며, 곧 침례교회에서도 외국선교협회가 창설되었다. 1817년에는 장로교가 1818년에는 감리교가, 1820년에는 성공회가 선교회를 조직하였다. 둘째로 이들이 공헌한 것은 주일학교 활성화를 위한 사업과 성경의 반포에 기여했다는 것이다. 1816년에 미국성서공회가 창설되었고, 그 이듬해에는 주일학교연맹이 창설되었다. 그리고 1825년에는 미국책자협회가 세워졌다. 셋째로는 도덕성의 회복과 인도주의의 향상이었다. 이들 부흥회는 사람들의 건전한 삶을 위해서 금주, 절제, 성수주일, 노예제도 폐지 운동 등을 전개하였다. 메인(Maine) 주에서는 금주법을 정하기도 하였다.

　부흥운동의 여파가 사회 문화 운동으로 전개되면서 미국 사회 전체의 발전에 자극제가 되었다. 이런 영향으로 각 교파는 교인들의 숫자가 증가 추세를 보였다. 감리교는 1784년 1만 5천 명에 불과했던 숫자가 2백만을 넘었다. 장로교 역시 숫자 면에서 발전을 가져왔다.[575]

　물론 이 운동에 대한 반대현상도 무시하지는 못했다. 회중교회가 분열된 이유는 이 운동에 대한 자유주의자들의 극렬한 반대 때문이기도 했던 것이다. 1815년 이들은 유니테리언이라는 이름으로 독립하였다. 이들은 삼위일체를 부인하고 칼빈의 예정론을 심하게 공격하였다. 코네티컷에서도 반대의 물결이 일어났다. 부쉬넬(Horace Bushnell, 1802-1876)이라는 목사는 부흥회를 비판하였고, 기독교 신앙은 광란과 경륜의 정서적인 반응이 아니라 조용한 생활을 통해 집안에서의 교육을 통한 훈련이라고 하였다. 그는 「기독교인의 양육」(Christian Nuture)에서 "하나님 나라에 들어가는 정상적인

---

[575] E. S. 모이어, Ibid., pp.423-424; 부흥운동의 결과는 1) 불신앙 사상을 물리쳤고 2) 각 교회가 영적으로 소생되었고 3) 큰 박애 사업, 교육사업, 선교사업열이 일어났다.

길은 경건주의나 감리교 전통에서 유일하게 정당한 경험이라고 생각하는 고통스러운 회심이 아니라 적절한 환경 속에서 조용하게 그리스도인으로 양육하는 것"이라고 역설하였다. 이렇게 말함으로 감리교나 경건주의의 부흥사들이 말하는 구원의 길에 대한 반론을 제시했다.576)

장로교회의 분열도 이어졌다. 장로교회의 분열은 아일랜드 출신의 목사로부터 시작되었다. 1807년 아일랜드에서 미국으로 이주해 온 켐벨(Thomas Campbell)은 펜실베이니아에서 목회하면서 누구나 성찬식에 참여할 수 있도록 문호를 개방하였다. 이것은 당시 노회에서 문제가 되어, 곧 그는 노회의 치리를 받게 되었다. 여기에 반발하여 켐벨은 노회를 탈퇴하고 교리나 신조의 표준 없이 성경을 믿는 그리스도인들의 융합을 외치면서 제자단을 조직하여 분리하게 되었다(1832). 루터교회에서도 분열의 아픔을 겪어야만 했다. 루터교회의 목사로서 부흥운동을 옹호하였던 슈무커(Samuel Simon Schmucker, 1799-1873)는 독일 사람과 스칸디나비아 사람을 중심으로 미국의 루터교 총회에서 분리해 나가면서 미국의 루터교회가 전통적인 루터에서 떠났다고 비난하였다. 1867년 그들은 총회를 새롭게 창설하였고, 에어리 산에 또 하나의 루터신학교를 세웠다.577)

그러나 19세기 미국 개신교의 큰 분열의 주된 원인은 부흥운동이 아니라 노예문제였다. 이것은 교파에 관계없이 발생한 지역적인 대립이었다. 남부에 있던 교회들은 노예제도를 인정하였으나, 북부에 있는 교회들은 대부분 노예제도에 대해 반대 입장을 취하였다. 1843년 미국의 감리회에서는 노예를 소유한 교인을 제명하는 사태가 일어났고, 남부지역의 교인들은 이에 강력하게 반대하였다. 이 반발로 인해 남부의 감리교회는 1845년 분리해서 나갔다. 이 문제는 침례교회의 경우도 마찬가지였다. 알라바마 주

---

576) 윌리스턴 워커, Ibid., p.725.
577) Ibid., pp.726-727.

의 침례교협의회가 1844년 미국 선교국에 노예를 소유한 선교사를 외국에 파송해 달라고 요청했지만 거절함으로써 분열이 시작되었다. 미국 선교국은 노예제도를 인정할 수 없는 상황에서 허락이 불가능함을 주장하자, 1845년 남부에 있는 침례교회는 남침례교협의회를 결성하였다. 분열의 열풍은 장로교 안에서도 일어났다. 남부의 장로교회는 1864년에 미국장로교회를 형성하였고, 북부에서는 아메리카합중국장로교회(PCUSA)가 조직되었다(1869-1870).[578]

19세기는 또한 부흥의 영향으로 미국에서 신학교 설립이 성황을 이루었다. 일찍이 1784년 네덜란드 개혁교회에 의해 뉴브런즈윅에 신학교가 세워졌고, 1794년 크세니아에 피츠버그 신학교의 전신이 설립되었다. 1808년에는 회중교회의 신학교인 앤도버 신학교가 설립되었고, 1812년에는 장로교 신학교인 프린스턴 신학교가 뉴저지에 세워졌다. 1819년에는 유니테리언의 영향으로 하버드 신학부가 세워졌고, 회중교회에서는 예일 대학 신학부를 발족하였다. 1860년에는 무려 50여 개의 목회훈련을 위한 신학교들이 생겨났다.[579]

19세기 미국교회에는 기존 교회의 영적인 무능함과 형식적인 신앙의 매너리즘에 반대하여 부흥운동이 일어났지만, 동시에 신흥 종파 운동이 발생하였다. 침례교의 한 농부인 밀러(William Miler, 1782-1849)라는 사람은 다니엘서에 나오는 숫자들을 계산하여 1843년에 주님이 재림한다고 주장하였다. 그의 예언을 추종하는 자들은 1845년 재림파를 설립하고, 1863년에 와서 제칠일안식교를 정식으로 발족하였다. 안식교의 뒤를 이어 나타난 것은 몰몬교였다. 조셉 스미스(Joseph Smith)라는 사람은 1827년 신비의 계시를 받고 뉴욕 근처의 만체스터 근교에서 비밀 문자로 된 몰몬경(Book of

---

578) Ibid., p.728.
579) Ibid., pp.727-728.

Mormon)을 발견했다고 주장하였다. 그 책의 내용은 아무나 알 수 없어서 그 자신이 마술적 안경을 쓰고 번역하였으며, 번역 후에 원본은 천사가 회수해 갔다고 하였다. 이렇게 시작된 몰몬교가 공식적으로 처음 세운 교회는 1830년 뉴욕의 페이예르(Fayerre) 교회였다. 그리고 영(Brigham Young, 1801-1877)이 교단의 지도자가 되었다. 창시자 스미스(Joseph Smith, 1805-1844)는 일부다처제의 계시를 받았다고 주장하면서 스스로 이를 실천하기도 하였다. 몰몬교는 미국의 여러 지역으로부터 박해를 받았으나 유타의 솔트레이크 시로 이주하여 그들의 사업의 성공과 함께 발전하였다.[580]

19세기 후반 미국의 교회는 유명한 전도자 드와이트 무디(Dwight Lyman Moody, 1837-1899)가 등장하여 마지막 부흥운동을 주도하면서 복음 전파와 외국선교에 지대한 공헌을 하였다. 무디는 생키와 함께 전도여행을 시작하여 새로운 형태의 찬송가를 만들어 선풍적인 인기를 모았다. 그는 1873년과 1883년에 영국으로 건너가서 집회를 인도하여 영향을 미쳤다. 그리고 시카고에 무디 성경학교를 세워 많은 젊은이들을 복음 사역자로 배출하는 데 기여하였다. 그는 또한 메사추세츠의 헬몬 산 집회를 통해 학생들이 세계적인 선교 비전을 갖도록 하였고, '우리 시대 안에 세계의 복음화'라는 슬로건을 내걸어 많은 학생들이 선교에 헌신하도록 하였다.[581]

19세기 미국에는 열정적인 복음주의자들의 교회 부흥을 위한 몸부림이 있었다. 하지만 근대 문명이 몰고 온 지식의 보급, 특히 과학지식의 발달과 인본주의의 대두, 그리고 신학적 자유주의의 위협으로 인해 전통적인 신앙이 큰 도전을 받기도 했다. 새로운 성경 연구 방법은 전통적인 성경의 견해를 무너뜨렸고, 창세기의 기사 등도 막대한 도전을 받게 되었다. 이에 반대하는 보수적인 성격을 강하게 가진 일부 교수들과 교인들은 성경의 무오성

---

580) Ibid., pp.729-730; cf. 시드니 M. 휴톤, Ibid., pp.376-378.
581) Ibid., p.730.

을 제창하고 보수를 다짐하는 운동을 벌였다. 이 일을 위해 록키 산이나 나이아가라에서 여러 차례의 집회가 있었다. 1895년 이들은 드디어 나이아가라에서 회의를 갖고 '다섯 가지 근본주의의 입장'을 표명하면서, 근본주의라는 새로운 신앙의 사조를 창출하였다.[582] 이 입장을 고수하기 위해서 대표적으로 나선 사람은 장로교회의 메이첸(J. Gresham Machen, 1881-1937) 교수였고, 자유주의 입장에 서서 이를 저지하려는 대표적인 사람은 침례교의 포스딕(Harry Emerson Fosdick)이었다. 메이첸 교수는 또한 프린스턴의 자유주의를 반대하여 웨스트민스터를 설립하는 공을 세웠다.[583]

19세기는 또한 미국의 기독교가 사회적인 관심을 갖는 때였다. 글래든(Washington Gladden, 1836-1918)과 리우쉔부쉬(Walter Rauschenbusch, 1861-1918) 같은 사람은 자유주의 계통의 진영에서 주로 일어난 '사회복음' 운동을 일으켰다. 이 운동은 어떤 개인 중심의 박애 사상이나 도덕적인 실현을 통한 개혁의 차원을 넘어서 사회의 불의에 대한 공동체적인 대응과 정의 실현을 목표로 삼았다. 이들은 하나님의 나라가 이 땅 위에 실현될 수 있다고 보았다. 19세기 말의 자유주의자들이 공통적으로 가지고 있던 사상이 바로 역사에 대한 낙관적인 생각이었다. 이 땅 위에 유토피아 건설의 가능성을 믿었던 것이다. 신학교에서는 기독교 윤리학이 개설되었고, 교과과정의 변화가 일기 시작하였다. 각 교파의 총회국에서도 사회국이 신설되는 등 이 운동에 적극적인 태도를 보였다.[584]

19세기 미국교회는 유럽에서 몰려온 이주민들로 인해 종교 분포가 새롭게 형성되었다. 1790년에 인구조사가 최초로 이루어졌을 때, 미국의 인구

---

582) Ibid., p.730; 근본주의 5개 조항은 1.성경의 문자적 무오설 2.예수의 신성 3.동정녀 탄생 4.대속적 속죄 5.육체적 부활과 그리스도의 육체적 재림이다.
583) Ibid., p.732; cf. Williston Walker, Ibid., pp.652-665.
584) Ibid., pp.733-734.

는 400만이었다. 그런데 19세기 중·후반부에 무려 550만 명의 유럽인들이 이주해 왔다. 1840년 이후에는 아일랜드인들이 대거 이주해 왔고, 특히 1845-1847년 사이에 아일랜드에 감자 흉년이 들었을 때, 그 절정을 이루었다. 이때 대부분의 이민자들은 로마가톨릭 교인이었다. 네덜란드에서도 이주민들이 들어왔다. 1830년 네덜란드의 칼빈주의자들 일부가 정부와 교리적으로 이완된 네덜란드 개혁교회에 반발하다가 기독교 개혁교회라는 교단을 결성하였고, 이들 중 많은 이들이 1846년에 미국의 미시간 주에 정착하였다. 이들은 오늘날의 칼빈신학교를 주축으로 해서 기독교 개혁교회 (Christian Reformed Church)를 중심으로 한 교단을 형성하고 있다.[585]

미국의 남북전쟁 이후의 이주민들은 대부분 독일인이었다. 그리고 그 대부분이 루터교인들이었다. 그들은 서부지역에 자리잡았으며, 그 결과로 북아메리카의 서부지역은 루터교파가 주류를 이루는 개신교 세력을 형성하였다. 또한 19세기 후반에는 스칸디나비아에서 100명 정도의 이주민들이 들어와서 루터교인들의 숫자를 증가시켰다.[586] 이때 대각성운동으로 일어난 세계선교의 열기는 젊은 신학생들과 의학도들에게 선교의 비전을 심어 주었다. 언더우드와 아펜젤러가 바로 이러한 선교 비전의 열기에 편승하여 1885년 개신교 복음을 들고 인천의 제물포에 상륙하였다.

---

585) 시드니 M. 휴톤, Ibid., p.367.
586) Ibid.

생각해 볼 문제

1. 생득적인 인식은 무엇인가?
2. 칸트가 신학에 미친 영향은 무엇인가?
3. 슐라이어마허의 사상은 무엇인가?
4. 바우르의 신학사상은 무엇인가?
5. 19세기 독일신학이 세계교회에 미친 전반적인 현상은 어떠하였는가?
6. 19세기 영국의 복음주의 교회의 특징은 무엇인가?
7. 성경의 고등 비평에 대해 설명해 보라.
8. 윌리엄 부스에 대해 설명해 보라.
9. 다윈의 진화론과 복음과의 관계를 설명해 보라.
10. 19세기 영국의 복음주의가 만든 운동단체들은 무엇이 있는가?
11. 프랑스 혁명과 교회와의 관계에 대해 설명해 보라.
12. 스트라우스의 「예수전」이 미친 영향은 무엇인가?
13. 19세기 유럽대륙 교회들의 일반적인 경향은 무엇인가?
14. 벤자민 프랭클린과 토머스 제퍼슨의 신앙관은 무엇인가?
15. 대각성운동에 대해 설명하라.
16. 찰스 피니에 대해 설명해 보라.
17. 노예문제에 대한 미국교회의 입장은 무엇이었는가?
18. 19세기 이단들에 대해 설명해 보라.
19. 무디의 부흥운동에 대해 설명해 보라.
20. 19세기 미국 장로교회의 신학논쟁에 대해 설명해 보라.
21. 19세기 미국으로 이민 온 유럽 기독교인들의 상황을 설명해 보라.

결론

교회는 예수 그리스도 한 사람에 의해 출발했지만 2000년을 지나는 동안 여러 형태의 교회들이 존재하게 되었다. 그리고 맨슈랙의 주장처럼 확실했던 교회로부터 불확실한 모습의 교회로 점점 다양해지기 시작했다. 또한 그들 각자가 펼치는 주장들에는 장점과 단점들이 있지만, 그리스도 안의 지체들로서 그들 모두가 구원의 역사에 나름대로 참여하고 있음을 볼 수 있다. 바울은 이미 고린도와 같은 선교교회에서 다양성과 단일성의 조화를 강조했었다. 그러나 우리는 성경의 진리를 왜곡되게 전파하고 주장하는 비성경적인 가르침과 교회 존재들에 대해 항상 경계심을 가져야 한다. 우리들의 더욱 큰 과제는 교회의 에큐메니컬 운동에 대한 새로운 자세와 올바른 평가이다. 이런 점에서 20세기의 주된 교회운동인 에큐메니컬 운동에 대해 다루지 못한 것을 유감스럽게 생각한다. 교회를 제대로 이해하지 못하고서는 하나님의 나라 실현을 위한 역사적 사명을 제대로 이행할 수 없기 때문이다. 그리스도의 몸인 교회에 대한 올바른 인식과 안목을 갖게 될 때 이런 과업을 이루게 될 것이다.

참고문헌

⟨단행본⟩

Bainton, Roland H., *Christendom*(New York: Harper & Row Publishers, 1966)

Bredero, Adriaan H., *Christendom and Christianity in the Middle Ages* (Grand Rapids: Eerdmans, 1994)

Bromiley, Geoffrey W., *Historical Theology* (Grand Rapids: Eerdmans, 1979)

Dhadwich, Henry, *The Early Church*(Harmondsworth: Penguin Books, 1983)

Cragg, Gerald R., *The Church and the Age of Reason 1648-1789* (New York: Penguin Books, 1985)

Deerrarl, Roy, J., *Eusebius Damphili Ecclesiastical History* (Washington: The Catholic University of America, 1981)

Drane, John W., *The Early Christians* (New York: harper & Row, 1982)

Flick, Alexander, C., *The Decline of the Medieval Church*(New York: Burt Franklin, 1967)

Johnson, Paul, *A History of Christianity*(New York: Macmillan Publishing, 1976)

Hillerbrand, Hans J. edit., *The Reformation*(Grand Rapids: Baker, 1981)

Knowles, David, *The Evolution of Medieval Thought*(New York: Vintage Books, 1962)

Kyrtatas, Dimitris J. *The Social Structure of the Earl Christian Communities* (London: Verso, 1987)

Latourette, Kenneth Scott, *A History of Christianity*, Vol II (New York: Harper & Row Publishers, 1975)

Latourette, Kenneth Scott, *A History of Christianity, Vol I* (New York: Harper & Row Publishers, 1975)

Livingston, James C., *Modern Christian Thought*(New York: Macmillan Publishing Co., 1971)

Manschreck, Clyde L., Edit., *A History of Christianity, Vol 2*(Grand Rapid: Baker, 1981)

Ozment Steven E., *The Age of ReForm 1250-1550*(Westford: Murray Printing Company, 1980)

McNeill, John T., Ed., *Calvin: Institutes of the Christian Religion, Vol 1* (Philadelphia: The Westminster Press)

McNeill, John T., Ed., *Calvin: Institutes of the Christian Religion, Vol 2* (Philadelphia: The Westminster Press)

D'aubigne, J. H. Merle, *History of the Reformation*(Grand Rapids: Baker Book House, 1846)

Petry, Ray C., Ed., *A History of Christianity, Vol. 1*(Grand Rapids: Baker Book House, 1962)

Placher, William C., *A History of Christian Theology*(Philadelphia: The Westminster Press, 1983)

Praamsma L., *The Church in the Twentieth Century, Vol VII*(Ontario: Paideia, 1981)

Qualen, Lars P., *A History of the Christian Church*(New York: Thomas Nelson and Sons, 1936)

Shelley, Bruce L., *Church History in Plain Language*(Dallas: Word Publishing, 1982)

Shim, Chang Sup, *An Evaluation of Calvin's Theologicl Position Against the Libertiness*(Potchefstroom: Potchefstroom University Press, 1987)

Southem, R. W., *The Middle Ages*(New York: Penguin Books, 1986)

Stevenson, James, *The Catacombs*(Cambridge, Lawson Falle Ltd., 1985)

Thompson Bard, *Liturgies of the Westem Churdh*(Philadelphia: Fortress Press 1985)

Troeltsh, Emst, *The Social Teching of the Christian Churches, Vol 2* (Chicago: The Universty of Chicago Press, 1981)

Wallace, Ronald S., *Calvin Geneva, and the Reformtion*(Grand Rpids: Baker Book House, 1988)

Walker, Williston, *A History of Christian Church*(New York: Charies and Scriber's Sons, 1985)

Wilken, Robert L., *The Christians as the Romans Saw Them*(Ann Arbor: Edwards Brothers Inc., 1984)

곽안전 · 심재원 공역, E. S. 모이어 저, 「인물중심의 교회사」, 대한기독교서회, 서울, 1986
김광채 저, 「근세, 현대교회사」, 기독교문서선교회, 서울, 1990
김재영 역, 튜더 존스 저, 「기독교 개혁사」, 나침반, 서울, 1994
김응국 역, 토니 레인 저, 「기독교 사상사」, 나침반, 서울, 1991
심창섭 역, 맨슈랙 글라이드 저, 「세계교회사」, 총신대학교출판부, 서울, 1991
박경범 역, 에버렛 퍼거슨 저, 「초대교회 변경사」, 은성, 서울, 1989
박희석 역, 마가렛 딘슬리 저, 「중세교회역사」, 기독교문서선교회, 서울, 1993
백성호 역, 해리 R. 보어 저, 「단편 초대교회사」, 개혁주의신행협회, 서울, 1989
서영일 역, 로랜드 H. 베인톤 저, 「16세기의 종교개혁」, 은성, 서울, 1992
서영일 역, 루이스 W. 스피츠 저, 「종교개혁사」, 기독교문서선교회, 서울, 1988
서영일 역, 윌리엄 R. 캐논 저, 「중세교회사」, 기독교문서선교회, 서울, 1993
서영일 역, 유스토 L. 곤잘레스 저, 「근대교회사」, 은성, 서울, 1988
서영일 역, 유스토 L. 곤잘레스 저, 「근대교회사」, 은성, 서울, 1989
서영일 역, 유스토 L. 곤잘레스 저, 「근대교회사」, 은성, 서울, 1987
서영일 역, 유스토 L. 곤잘레스 저, 「근대교회사」, 은성, 서울, 1995
심창섭 · 박상봉 공저, 「교회사 가이드」, 아가페, 서울, 1998
심창섭 · 최은수 공역, J. 포스터 저, 「초대교회의 역사」, 웨스트민스터, 서울, 1998
오창윤 역, 랄프 마틴 저, 「초대교회 예배」, 은성, 서울, 1986
정중은 역, 시드니 휴톤 저, 「기독교 교회사」, 나침반, 서울, 1988
홍치모 외 공저, 「급진 종교개혁사론」, 느티나무, 서울, 1993
이종태 역, 도널드 맥킴 편집, 「칼빈신학의 이해」, 생명의말씀사, 서울, 1996

〈학술논문〉

1. 심창섭, "교회역사에 있어서 천년왕국과 종말", 천년왕국과 종말, 한국교회연구 시리즈 7, 7권, 1993
2. 심창섭, "한국장로교 내의 오순절운동의 평가", 신학지남 제62권 4집, 통권 245호, 1995.
3. 심창섭, "시한부 종말론의 종파들", 한국기독교연구논총, 제8집, 통권 14호, 1995
4. 심창섭, "Role of American Missionaries and U. S Policy during the Onset of the Japanese Annexation of Korea", Jouenal of American Studies., Vol. 28, No. 2. 1996
5. 심창섭, "A Theological Exposition of Luther's View of the Peasant War", Chongshin Theological Journal, Vol., No. 1. 1996
6. 심창섭, "정보(미디어)문화시대의 교회의 사명과 윤리적 과제", 신학지남, 제63권 1집, 통권 246호, 1996. 및 다수

현대인을 위한 신학총서6
기독교 교회사

초 판 발 행 1998년 7월 30일
개정판발행 2007년 7월 12일
개정판5쇄 2018년 10월 26일

지은이 심창섭 교수

편집 대한예수교장로회총회 교육부
제작 대한예수교장로회총회 출판부
발행 대한예수교장로회총회

주소 서울시 강남구 영동대로 330
전화 (02)559-5655~6
팩스 (02)564-0782
인터넷서점 www.holyonebook.com

출판등록 제1977-000003호
ISBN 978-89-8490-301-2 03230

ⓒ2007, 대한예수교장로회총회